미국문화의 이해

Understanding of Amercan Culture

김현숙 지음

신아사

머리말

영문과에서 오랫동안 영문학 강의를 하면서 학생들이 영국과 미국의 역사와 문화에 대한 기본적인 지식을 익히면 좋겠다는 생각을 자주했다. 한 나라의 문학을 제대로 이해하려면 그 나라의 역사와 문화에 대한 이해가 선행되어야 하기 때문이다. 영국과 미국의 역사와 문화에 대해서는 훌륭한 저서가 많이 있기는 했으나, 막상 필자의 목적과 개인적 취향에 꼭 들어맞는 마땅한 교재를 찾기는 쉽지 않았다. 그래서 오래 전부터 적절한 교재를 기획하다가 영국에 대한 기초적인 책으로 『영국문화의 이해』를 출판했고, 이제 미국의 문화를 집중적으로 다룬 『미국문화의 이해』를 마무리하게 되었다. 이 책에서 필자는 미국의 과거와 현재를 함께 담으려고 노력했지만 굳이 미국에 대한 전체적이고 포괄적인 이해나 공평한 시각을 목표로 하지는 않았다. 필자의 목적과 취향에 따른 선택과 집중으로 인해 다소의 편향된 시각이 드러날지도 모른다는 점에 이해를 바랄 뿐이다. 한편 문학을 이해하는 기초 작업이라는 의미에서 문학 작품의 일부를 실어 문화를 문학과 연계시키고자 했다. 또 미국문화에 대한 이해와 필연적으로 연결되는 다양한 영어 표현을 학생들이 익힐 수 있도록 일부러 영어를 많이 병기했다. 같은 내용을 일부 반복한 것도 학생들의 이해를 돕기 위해서이다. 이 책을 집필하는 과정에서 기존의 많은 도서에서 도움을 받았으며, 사소한 모든 정보는 Wikipedia와 Google, 수많은 인터넷 자료의 도움을 얻었음을 밝힌다. 하워드 진(Howard Zinn)의 『미국 민중사』(*A People's History of the United States*)에서도 많은 깨우침을 얻었다. 이 책이 미국문화에 관심을 가진 학생들에게 다소나마 도움이 되기를 바란다.

2014년 겨울

저자 김현숙

목차

U n d e r s t a n d i n g o f
A m e r c a n C u l t u r e

미국문화의 이해

서론: 문화란 무엇인가?

우리에게 제 2의 자연이자 제 2의 본성이라고 여겨지는 문화(Culture)를 한 마디로 정의하는 것은 쉬운 일이 아니다. 먼저 사전적인 정의를 살펴보면, 우리말 문화(文化)의 영어 번역은 "culture"이다. "culture"는 동사로 "경작하다," "세균을 배양하다"라는 뜻을 가지고 있으며, 명사로는 인간 사회의 정신적인 유산을 뜻하는 "문화"로 번역된다.[1] 웹스터(Webster) 사전은 문화를, "일정 시점의 일정한 사람들의 생각, 관습, 기술, 예술 등"(the ideas, customs, skills, arts, etc. of a given people in a given period)이라고 정의한다. 우리가 특정한 문화를 지칭해서 영국문화, 혹은 한국문화라고 이야기할 때 우리는 문화를 일정한 땅에 거주하는 일정한 사람들의 예술이나 믿음, 인간 사상의 산물이라고 가정하는 것이다. 문화는 문명(civilization)과 같은 뜻으로 쓰이기도 하지만, 문명은 구체적인 어느 사회와 연결되는 더 구체적이고 유형적인 자산을 의미하는 반면, 문화는 더 추상적이고 무형적이라는 점에서 구별된다.

영어 "culture"에 대한 번역은 시대와 상황에 따라 다소 달라진다. "culture"는 처음에 우리말로 "교양"으로 번역되었다. 19세기 영국의 문명비평가인 매슈 아놀드(Matthew Arnold, 1822-1888)의 유명한 저서 *Culture and Anarchy*가 『교양과 무질서』로 번역된 것이 그 예이다. 사실 아놀드가 "culture"라고 생각한 것은 오늘날 우리가 생각하는 보편적인 문화, 즉 고급문화와 더불어 대중문화, 저급문화까지 포함한 문화가 아니라, 수준

1) 웹스터(Webster) 사전은 "경작하다"는 의미를 맨 앞에 두고 "문화"라는 의미를 뒤쪽에 둔 반면, 롱맨(Longman) 사전은 "문화"의 의미를 앞쪽에, "경작하다"는 의미를 뒤쪽에 두고 있다는 점에서 사전 편찬진의 의도의 차이를 엿볼 수 있다.

높은 고급예술을 의미하는 것이었다. 그러므로 "교양"이라는 번역은 아놀드의 "culture" 개념을 잘 포착한 번역이다. 그러나 오늘날 문화는 고급예술 뿐 아니라 대중예술, 민중예술, 언더그라운드예술도 포함한다. 인간의 정신과 상상력, 예술, 사상 등의 산물이라면 모두 문화의 범주에 들어가는 것이다. 그런 점에서 오늘날 "culture"는 교양이라고 번역되기보다는 문화로 번역되는 것이 더 적절할 것이다.

문화는 크게 고급문화적 관점, 인류학적 관점, 사회학적 관점에서 그 정의가 달라진다. 먼저 고급문화적 관점을 살펴보자. 19세기의 유럽에서는 산업 사회가 급속도로 팽창하면서 교육의 기회가 확대되었고 그로 인해 점차 지식의 민주화가 이루어지면서 대단위 공장 지역의 노동자들을 중심으로 새로운 도시문화가 형성되기 시작했다. 이런 변화에 위협을 느낀 상류 계층은 산업 발전과 더불어 등장하기 시작한 대중문화가 훌륭한 전통문화를 쇠퇴시켜 문화적 퇴보를 가져오게 될 것이라고 비판하였다. 이런 정치적 비판 작업의 일환으로 등장한 것이 고급문화적 관점의 문화관이다. 즉 고전음악이나 고전문학, 연극, 발레, 회화 등 소위 순수예술이라고 부를 수 있는 문화적 작업만이 진실된 "문화" 영역에 포함된다는 견해이다. 이런 견해를 대표하는 문화 비평가가 영국의 매슈 아놀드이다. 아놀드는 교양인(cultured)과 속물(Philistine)을 구별하면서, 교양인이 만드는 정신적인 유산이 바로 "culture"라고 규정했다. 이때 아놀드가 의미한 것은 오늘날 "교양"이라고 번역되는 것에 해당된다. 인류 역사상 전 시대에 걸쳐 민중/대중문화가 존재하지 않았던 적은 없었지만 19세기에 문화를 주도하던 층인 상류 지식 계층이 본격적으로 "culture"의 개념을 논의하면서 민중/대중 사이에 존재하던 문화는 무시된 것이다.

20세기 모더니즘의 시대에 이르면 문화에 대한 구별(discrimination)은 더욱 심화되어, 문화는 고급문화와 대중문화[2]로 확연히 분리되었고, 대중

문화는 저급한 문화로 경시의 대상이 되었다. 그러나 20세기 후반에 포스트모더니즘이 모더니즘의 이데올로기를 대신하면서 고급예술과 저급한 대중예술의 차별이 극복되었고, 대중문화는 하나의 분명한 영역으로 자리 잡아 문화연구의 중심적인 대상이 된다.

문화를 정의하는 또 다른 관점은 인류학적 관점이다. 문화가 특정 엘리트 집단뿐만 아니라 모든 계층의 사람들에 의해서 자발적으로 만들어지는 것으로 보는 것이다. 따라서 문화는 순수하고 상업화되지 않은 것이며, 각 민족이나 국가의 의상, 음악, 건축 양식, 결혼식이나 장례식과 같은 다양한 풍습 등 사람들의 모든 생활양식을 가리킨다.

문화를 정의하는 다른 관점은 사회적 관점이다. 모든 사회 계층의 생활양식들을 문화의 범주에 포함시킨다는 점에서 인류학적인 관점의 문화관과 유사하다. 단지 사회적 관점은 모든 사람들의 문화적 행위가 항상 사회라는 전체적인 맥락 속에서 무엇인가를 표현한다는 점을 중시한다. 문화는 단순히 어떤 특정한 사물이나 대상만을 가리키는 것이 아니라, 일상적인 사회 현실 속에서 일어나는 다양한 사회 계층들 사이의 모든 소통 작용이라고 보는 것이다.

이런 정의들을 염두에 두고 문화의 특징을 보편적으로 정의한다면, 문화는 공유하는 것이며, 문화는 언어를 통해 전달되며, 문화는 환경에 계속 적응하며 변하며, 문화화(inculturation)라는 과정을 통해서 한 세대에서 다음 세대로 이어진다.

결론적으로, 문화는 각 민족의 삶의 토양이다. 한국문화는 한국인의 삶의 토양이며 미국문화는 미국인의 삶의 토양이다. 이 토양은 원래부터 본질적으로 존재하는 것이 아니라 그 나라 사람들이 삶의 역사 속에서

---

2) 우리가 대중문화라고 부르는 것도 상당히 다양한 영역을 포함하고 있다. 영어로는 좀 더 구체적으로 "folk, urban, popular, mass(-produced, disseminated, mediated, consumed) culture"로 세분된다.

키워온 것이다. 특정한 나라의 특정한 민족의 역사, 철학, 문학, 예술 모든 것이 어우러져서 하나의 집성체로 나타나는 것이 문화이다.

1 미국과 미국인

1) 미국의 구성

미국의 정식 명칭은 아메리카 합중국(United States of America)이다. 약어로는 "USA" 혹은 "U.S.A."라고 한다. 통상적으로 "the United States" (약어로 US 혹은 U.S.), 혹은 "America"로 지칭되며, 때로 "the States"라고 지칭된다.

미국은 남북으로 길게 뻗어 있는 아메리카 대륙 중에서 북아메리카 대륙의 절반을 차지하고 있는 거대한 국가이다. 아메리카 대륙의 존재를 최초로 파악한 사람은 크리스토퍼 콜럼버스(Christopher Columbus, 1450[51?]-1506)로 알려져 있다. 그러나 사실 콜럼버스가 도달한 곳은 아메리카 대륙 자체가 아니라 근처의 섬으로, 오늘날 서인도 제도(the West Indies = the Caribbean)로 알려진 곳이다. 1492년 인도로 가는 항로를 개척하기 위해 스페인을 떠나 항해 중이던 콜럼버스는 이곳을 발견하고 인도로 착각한다. 그래서 아메리카 대륙의 원주민(natives)은 인디언(Indian)[1]이라는 이름을 얻게 되었다. 실제 아메리카 대륙을 발견한 사람은 1499년에서 1502년 사이에 남아메리카로 항해했던 이탈리아의 상인 아메리고 베스푸치(Amerigo Vespucci, 1454-1512)였고 그의 발견을 기념

1) 현재의 공식적인 명칭은 아메리카 원주민(Native Americans)이다. 이 책에서는 상황에 따라 인디언, 아메리카 원주민, 혹은 원주민으로 지칭한다.

해서 이 신대륙을 아메리카라고 부르게 되었다.

아메리카 합중국은 아메리카 대륙에서 북아메리카의 남쪽 지역인 총 면적 9,518,323㎢에 이르는 광활한 지역을 차지하고 있다. 북아메리카 대륙의 본토에 48개 주(state)가 있으며, 북아메리카의 북서쪽 끝에 따로 떨어져 있는 알래스카 주와 군도로 이루어진 하와이 주를 합쳐 50개의 주로 구성된 연방 공화국(federal republic)이다. 50개 주 외에, 수도인 워싱턴 D.C.와 푸에르토리코(Puerto Rico), 미국령 사모아(American Samoa),[2] 괌(Guam), 미국령 버진 제도(the Virgin Islands of the United States)[3] 등의 해외 속령, 국제 연합(United Nations)의 신탁통치령인 캐롤라인 제도(Caroline Islands)[4] 등을 보유하고 있다.

합중국은 대륙의 동부에 있는 버지니아 식민지를 비롯한 13개 주로 시작되었으나, 아메리카 원주민을 밀어내면서 점차 서부로 영토를 확장해 나갔으며, 프랑스에게서 루이지애나를 매입하였고, 멕시코와 전쟁을 벌여 캘리포니아 지역을 점령했으며, 소련에게서 알래스카를 매입하고, 하와이를 편입하여 오늘과 같은 형태를 갖추게 되었다.

50개의 주 중에서 캘리포니아가 가장 인구가 많으며, 와이오밍의 인구가 가장 적다. 면적으로 볼 때 가장 큰 주는 알래스카이며 가장 작은 주는 로드아일랜드이다. 미국의 광활한 영토는 그 특징에 따라 뉴잉글랜드, 남부, 미시시피 유역, 캘리포니아, 중서부 지방 등으로 나누어 구분하기도 한다.

---

2) 독립국인 사모아와 구별하기 위하여 미국령 사모아 또는 동사모아(East Samoa)라고 불린다.

3) 버진 제도는 카리브 해 서인도 제도 남쪽의 리워드 제도(Leeward Islands)에 속해 있는 160여개의 화산섬과 암초로 이루어진 제도이다. 영국령과 미국령으로 나뉜다.

4) 서태평양에 위치한 제도로, 500여 개의 작은 산호섬들로 구성되어 있다. 뉴기니 섬 북쪽과 필리핀 동쪽에 위치하며 서반부는 팔라우 공화국(Republic of Palau), 동반부는 미크로네시아 연방(Federated States of Micronesia)의 영토이다.

미국의 영토는 가로로 광활하게 퍼져 있으므로 4개의 표준시, 즉 〈태평양 표준시〉(Pacific Standard Time, PST, UTC-08),[5] 〈산악 표준시〉(Mountain Standard Time, MST, UTC-07), 〈중부 표준시〉(Central Standard Time, CST, UTC-06), 〈동부 표준시〉(Eastern Standard Time, EST, UTC-05)로 나누어 사용한다. PST는 〈LA 시〉, EST는 〈뉴욕 시〉라고 한다.

* 워싱턴 D.C. (Washington, D.C.)

공식적으로는 "컬럼비아 특별구", 간단히 "워싱턴," "특별구"(District), 혹은 "D.C."라고도 한다. 포토맥 강(Potomac River) 북쪽 유역에 자리 잡고 있으며, 남서쪽으로 버지니아 주, 다른 쪽으로는 메릴랜드 주와 맞닿아 있다. 1871년 어느 주에도 속하지 않고 연방의 특별 관리를 받는 "컬럼비아 특별구"(District of Columbia)를 설정하고,[6] 초대 대통령인 조지 워싱턴의 이름을 따서 워싱턴이라고 명칭을 붙였다. 최초의 수도는 뉴욕이었으나 〈헌법〉(Constitution) 제 1조에서 워싱턴 D.C.를 독립된 행정 구역으로 규정하고 영구적인 수도로 지정하였다. 약 170 미터인 "워싱턴 기념비"(Washington Monument)보다 높은 건축물을 건설하지 못하도록 하여 초고층 건물이 드물다. 백악관(White House), 국방부 건물인 펜타곤(Pentagon), 연방 의사당(Capitol) 등 미국의 주요 정부 기관이 모여 있다. 연방주가 아니므로 상원 의석을 할당받지는 못했으나, 하원 의석 1석과 대통령 선거인단 3표를 확보하고 있다.

---

5) UTC-08(Coordinated Universal Time, 협정 세계시-08)은 그리니치 천문대의 표준 시간에서 8시간을 뺀다는 뜻이다.

6) 문학에서 미국은 주로 컬럼비아라는 여성형으로 표현되었다.

2) 미국의 상징

미국의 국가는 〈성조기〉(Star-Spangled Banner)이다. 프랜시스 키(Francis Scott Key)가 쓴 시, 〈맥헨리 요새의 방어〉(Defence of Fort McHenry, 1814)[7]에다 존 스미스(John Stafford Smith)가 작곡한 〈천국의 아나크레온에게〉(To Anacreon in Heaven)[8]의 곡을 붙였다. 이 노래는 1889년 미해군에서 처음 공식적으로 사용했고, 1916년 우드로 윌슨 대통령의 인가를 받았으며, 1931년 의회에서 결정하고, 허버트 후버 대통령에 의해 공식 국가로 인정되었다. 1931년 이전에는 〈컬럼비아 만세〉(Hail, Columbia), 〈나의 나라는 그대의 것〉(My Country, 'Tis of Thee) 등이 국가로 쓰이기도 했다.

미국의 국기(American flag)는 〈성조기〉(Stars and Stripes)라고 불리며 "Old Glory," "The Star-Spangled Banner"라는 별칭으로 불리기도 한다. 맨 위에 붉은 가로줄로 시작해서 흰 색 줄이 교대로 나오다가 맨 마지막에 붉은 색 줄로 끝나는 13개의 수평선은 미국이 13개 주로 시작했음을 의미한다. 왼쪽 상단의 푸른색의 작은 구획(canton)에는 50개의 별이 들어 있는데, 이것은 미국의 50개 주를 나타낸다. 1959년 하와이가 미국의 50번 째 주로 확정되면서 1960년 현재의 50개의 별의 국기로 완성되었다. 미국인들은 사적인 공간에도 국기를 걸어두며 가까이 한다. 미국의 국기는 오늘날 미국 내에서 뿐 아니라 전 세계적으로 가장 널리 알려진 상징이 되었다.

---

7) 키는 1812년 〈영미 전쟁〉 중에 현재의 메릴랜드 주 볼티모어의 해안가에 있는 별 모양의 요새인 맥헨리 요새가 영국 해군의 전함에 의해 폭격당하는 것을 목격한 후 이 시를 썼다.

8) 원래 이 노래는 18세기의 아마추어 음악가들의 모임인 아나크레온 협회(Anacreontic Society)의 공식 노래였다. 아나크레온(570?-480? B.C.)은 사랑과 술을 찬미한 그리스의 서정 시인이다.

독립 전쟁 당시 대륙 회의(Continental Congress)는 공식적으로 〈대륙기〉(Continental Colors)를 사용했다. "푸른 바탕에 흰 별"(white stars in a blue field)이 있는 깃발이 일부 사용되기도 했으나 공식적인 인정을 받은 것은 아니었다. 1777년 2차 대륙 회의에서 〈국기 조례〉(Flag Resolution)를 통과시키면서, "13개의 빨간 색과 흰 색 직선, 푸른 바탕에 13개의 흰 별"이 있는 국기가 확정되었다. 한편 국기의 구체적인 디자인은 각양각색이었다. 한 일화는 베치 로스(Betsy Ross)라는 여성이 워싱턴 장군의 스케치를 받아 바느질로 최초의 국기를 만들었다고 한다. 〈독립 선언문〉(Declaration of Independence)의 발기인 중 한 명인 프랜시스 홉킨슨(Francis Hopkinson)은 1777년, 6각형 별(six-pointed star)을 도안한 국기를 발표하며 특허권을 주장했다. 1818년 의회에서 최종적으로, "13개의 직선에 20개의 5각형 별"로 확정하였고, 이후 주가 늘어날 때마다 별이 추가되는 것으로 결정되었다. 성조기의 도안은 1777년 13개의 별로 시작된 이래 공식적으로 26회의 변화를 겪었다. 48개의 별이 표시된 성조기가 47여 년 간 쓰이다가 1957년 7월 4일 49개 별로 바뀌었고, 1960년 50개 별로 확정된 후 계속 유지되고 있다.

미국의 국화는 장미로, 1986년 로널드 레이건 대통령 재임 시에 채택되어 법으로 제정되었다. 특별한 품종이 지정되지는 않았지만 대체로 아메리칸 뷰티(American Beauty)라는 이름의 붉은 장미를 가장 많이 사용한다. 아메리칸 뷰티는 수도인 워싱턴 D.C.를 상징하는 꽃이며, 백악관이 위치한 컬럼비아 거리를 상징하는 꽃으로 선정되었다. 아이오와 주 등 몇 개 주 역시 주화(state flower)로 장미를 선택했다. 단 각 지역의 대표 장미를 선택하였으므로 아이오와 주는 야생 장미(wild rose)를, 노스다코타 주는 들장미(wild prairie rose)를 선정했다.

미국을 생각할 때 가장 많이 연상되는 것은 흰머리수리(bald eagle)[9]이다. 흰머리수리는 1782년 이후로 미국을 상징하는 새로 자리매김했으며 꾸준히 사랑받고 있다. 원래 북아메리카의 원주민 문화에서 흰머리수리는 신과 인간 사이의 메신저 역할을 한다고 여겨졌고, 목표를 달성한 영예, 다산, 평화의 상징으로 여겨지는 신성한 새이다. 미국의 독립을 주도한 사람들은 자신들의 새로운 공화국을 로마 공화국과 비교하여 황금 독수리를 미국의 상징으로 나타내곤 했다. 1782년 대륙 회의에서 13개의 활과 13개의 올리브 잎을 발톱으로 잡고 있는 흰머리수리를 미국의 국장(Great Seal)의 디자인으로 결정했다.

* 〈성조기〉

오, 그대는 보이는가, 이른 새벽 여명 사이로
어제 황혼의 미광 속에서 우리가 그토록 자랑스럽게 환호했던,
넓은 띠와 빛나는 별들이 새겨진 저 깃발이, 치열한 전투 중에서도
우리가 사수한 성벽 위에서 당당히 나부끼고 있는 것이.
포탄의 붉은 섬광과 창공에서 작렬하는 폭탄이
밤새 우리의 깃발이 휘날린 증거라.
오, 성조기는 지금도 휘날리고 있는가,
자유의 땅과 용자들의 고향에서!

* "Star-Spangled Banner"

O say, can you see, by the dawn's early light,
What so proudly we hailed at the twilight's last gleaming,

9) "bald" 때문에 대머리수리로 자주 번역되나 더 적절한 명칭은 흰머리수리이다.

Whose broad stripes and bright stars, through the perilous fight,
O'er the ramparts we watched, were so gallantly streaming?
And the rockets' red glare, the bombs bursting in air,
Gave proof through the night that our flag was still there;
O say, does that star-spangled banner yet wave
O'er the land of the free and the home of the brave?

3) 미국인

2014년 현재 약 3억을 넘는 미국인은 다양한 인종, 다양한 민족으로 구성되어 있는데, 크게는 아메리카 원주민(Native Americans), 백인(White people), 아프리카계 미국인(African Americans),[10] 아시아계 미국인(Asian Americans), 히스패닉계 미국인(Hispanic Americans)으로 구분된다. 아메리카 원주민은 원래 약 1,500,000명에 달했으나 미국의 식민, 건국, 발달 과정에서 거의 도태되어 현재는 극히 적은 수가 주로 인디언 거류지(Indian Reservation)에서 전통문화를 지키며 살아간다.

미국의 주 인종은 유럽 대륙에서 대규모로 이주해 온 백인들이다. 처음에는 주로 스페인 사람들이 현재 미국의 남서부 지역에서 멕시코 이남의 중남미 지역까지 자리를 잡았다. 19세기 초에는 영국을 비롯한 북서 유럽의 백인들이 대규모로 이주를 했다. 그래서 대체로 미국의 동부 지방에는 영국인, 미시시피 강 유역에는 프랑스인, 서부에는 스페인인 이민자들이 식민지를 건설했다. 그 중 미국 동부 지역에 자리 잡은 영국계식민지가 미국의 독립과 건국에 중심 역할을 하면서 영국계 이민자들이 미국인의 주류를 이루게 되었다. 오늘날까지지도 "와스프"(WASP, White Anglo-

10) 처음에는 "니그로"(Negro)(Nigger는 경멸적인 호칭)라고 지칭되었으나 1960년대에 인종 차별적 편견을 벗어나기 위해 "흑인"(Black people)이라고 부르다가, 현재는 인종적 기원을 존중해 "아프리카계 미국인"을 공식적인 명칭으로 사용한다. 이 책에서는 상황에 따라 흑인과 아프리카계 미국인을 함께 사용한다.

Saxon Protestant)라고 불리는 영국계 신교도들이 미국의 정치, 경제, 문화를 주도하는 주류 집단을 형성하고 있다.

미국이 독립 국가로서 자리매김하고 국내의 산업이 발전하여 공장이 증가하고 도시가 커지면서 이민의 양태가 달라진다. 농업 이민이 주류를 이루던 초기와 달리 공장에서 일하려는 노동 이민이 더 많아지게 되었고, 동유럽과 남유럽 출신의 이민자들이 증가하는 추세를 보였다. 미국은 1927년까지 이민자에 대한 개방 정책(open door policy)을 유지하여, 1880년에서 1930년 사이에 약 27,000,000명의 이민자들이 미국에 정착했다. 1840년에서 1890년대까지는 약 5,000,000명의 아일랜드 이민이 영국의 식민 통치와 억압을 피해서, 또 유례없는 흉년과 극도의 기근을 피해서 미국으로 건너왔다. 마찬가지로 빈곤과 정치적 불안정에 시달리던 이탈리아인들 5,000,000명 정도가 미국으로 몰려들었고, 러시아, 폴란드, 기타 동구권 국가에서도 수백만 명이 일자리와 자유를 찾아 미국으로 건너왔다. 이들은 주로 뉴욕, 보스턴, 혹은 시카고 같은 동부의 대도시의 공장에서 일자리를 찾거나 중서부의 개척지에서 새로운 땅을 개간했다.

백인 이민자들 사이에서도 경제적 차이, 민족적 차이로 인한 차별과 갈등이 발생했다. 이민의 선발 주자인 서유럽 이민자들은 이미 정착을 완료하여 안정된 삶을 누리고 있었으므로, 가난하고 대부분 가톨릭이며 미국의 공식어가 된 영어를 제대로 구사하지 못하는 후발 이민자들을 멸시하는 경우가 많았다. 공장에 취직한 후발 이민자들은 저임금을 받았고 이미 기반을 다진 노동자들로 구성된 노동조합에서 배척을 받기도 했다. 기존의 이민자들에게서 위화감을 느낀 후발 이민자들은 자기들끼리 더 협조하면서 뭉치게 되었고 그 과정에서 리틀 이탈리아(Little Italy) 같은 집단 구역이 형성되었다. 또 후발 이민자들은 이미 개발과 정착이 완료된 동부를 떠나서 미지의 개척지인 서부에서 새로운 삶의 기회를 포착하고자 했다. 윌라 캐서(Willa Cather)의 소설 『나의 안토니아』(*My Ántonia,*

1918)는 체코를 떠나 서부의 네브래스카에 정착한 안토니아 쉬메르다(Ántonia Shimerda) 가족의 이민사를 통해 1세대 이민자와 2세대 이민자의 갈등을 보여준다.

미국의 중요한 인종적 구성원인 아프리카계 미국인은 아프리카에서 자신의 의지와 상관없이 강제로 끌려왔다는 점에서 좀 다른 의미의 이민자이다. 이들은 노예로 잡혀와 주로 미국의 남부 지방에서 면화를 재배하는 대규모 플랜테이션에서 필수 노동력으로 이용되었고, 인간이 아닌 동물로 취급되면서 말로 표현할 수 없는 갖은 고초를 겪었다. 19세기 중반에 벌어진 남북 전쟁(Civil War)에서 노예 해방을 정책으로 내세운 북부의 연방군이 승리한 결과, 이후 흑인은 미국인의 주요 구성원이 되었다. 남부의 대규모 농장 지역에 주로 거주했던 흑인들은 남북 전쟁 이후 남부인들의 인종 차별과 박해를 피해서, 또 일자리를 찾아서, 공장이 많은 북부와 캘리포니아 등지로 이주하였으므로 현재는 남부보다 북부에 더 많은 흑인이 살고 있다.

19세기 중반부터 20세기 초에는 정치적, 경제적 이유로 아시아의 이민이 대거 발생했다. 이들은 중국, 일본, 한국 등 사실상 서로 다른, 심지어 배타적인 민족적 정체성을 가지고 있지만 정치적 이유로 아시아계 미국인으로 지칭되는 것을 받아들였다. 최초의 대규모의 아시아계 이민은 주로 중국인들이었다. 19세기 중엽 미국 정부가 서부 개척에 따른 노동력의 부족을 보충하기 위한 저임금 노동자로 중국인들의 대대적인 이민을 허용했기 때문이다. 1848년 캘리포니아에서 다량의 금이 발견되자 너도 나도 금을 캐는 사업에 뛰어드는 골드러시(Gold Rush)가 일어나는데 이때 동원된 중국인 노동자는 약 300,000명에 달했고, 또 대륙 횡단 철도의 건설이 시작되면서 더 많은 중국인 노동자가 수입되었다.

그러나 중국인 노동자들은 백인 노동자들에 비해 월등히 낮은 임금을 받았으며 시민으로서의 권리도 없었다. 노동자의 수요가 어느 정도 충족

되자 미국 정부는 1882년 이후 더 이상 중국인 노동자의 이민을 허락하지 않았다. 1차 세계 대전 후에는 캘리포니아처럼 동양인이 많이 거주하는 태평양 연안 지역에서 황화론(Yellow Peril)[11]이 퍼졌고, 정부에서는 중국계 이민을 억제하는 〈중국인 제외법〉(Chinese Exclusion Act, 1882)을 제정하여 중국인의 이민을 금지시켰다. 뒤 이어 미국 정부는 아시아계 이민 자체를 제한하는 〈이민법〉(Immigration Act, 1924)을 제정하는 등 인종 차별적 정책을 시행했다. 1965년 〈이민법〉의 개정으로 아시아계 이민에 대한 금지가 풀리면서 아시아계 이민은 그 숫자가 크게 증가했을 뿐 아니라 민족적 구성이 다양해졌다. 베트남이나 캄보디아 등 전쟁이나 독재로 인해 정치적 불안정을 겪던 동남 아시아의 이민이 크게 증가했던 것이다. 아시아계 미국인은 2011년 통계로 볼 때 미국 인구의 약 5%에 달하며, 캘리포니아 인구의 13%를 넘는다. 캘리포니아의 명문 대학인 캘리포니아 대학 버클리 분교(University of California at Berkeley)에 가면 아시아계 학생이 전체 학생의 거의 절반을 이루고 있어 마치 동양의 어느 대학에 와 있는 느낌이 들 정도이다.

20세기 후반부터 가장 많은 이민자는 스페인어를 하는 나라들, 즉 멕시코나 푸에르토리코 등 중남미권의 나라 출신이다. 이들을 히스패닉(Hispanic 혹은 Latino)이라고 한다.[12] 이들은 자국의 경제적 빈곤과 정치적 억압을 피해서 미국으로 이주를 하며, 심지어 목숨을 걸고 불법 이민도 감행한다. 1980년 이후로 히스패닉은 60,000,000명 이상이 들어와 있

11) = "Yellow Terror." 황색 인종이 서구의 백인 사회를 위협하는 시대가 올 것이라는 주장이다. 〈청일 전쟁〉 말기인 1895년경 독일 황제 빌헬름 2세(Kaiser Wilhelm II)가 중국을 침략하기 위한 구실로, 동양인은 위험하므로 미리 제거해야 한다고 주장했다. 미국에서는 동양인 노동자들이 백인 노동자의 일자리를 빼앗고 백인 노동자의 임금과 노동 조건을 낮추는 요인이 된다면서 동양인을 내쫓자는 주장으로 발전했다.

12) 히스패닉계는 인종적 백인을 포함하므로, "white hispanic"과 "non-white hispanic"으로 구별한다.

으며 향후 미국의 가장 큰 구성원이 될 것으로 전망된다. 현재 스페인어는 미국의 제 2의 언어이다.

미국은 이론적으로는 인종과 문화의 다양성을 기본적인 특성으로 인정하지만 사실 미국을 주도하는 인종은 백인이다. 현재 미국의 인구 구성을 보면 영국, 독일, 아일랜드 등 유럽 출신의 백인이 36%로 압도적으로 많고, 사실상 경제적, 정치적 주도권을 잡고 있다. 또 백인 중에서도 와스프, 즉 영국계 백인 신교도라는 엄연한 현실을 부정할 수 없다. 백인이 아닌 인종에 대해서는 은연중에 인종 차별이 작용하는 것이 현실이다. 그러나 인종 차별적 과거와 현재에 대해 많은 각성이 이루어지고 있고, 아프리카계 미국인이나 아시아계 미국인들도 점차 경제적, 정치적 힘을 결집하고 있다. 히스패닉계 미국인은 아직 강력한 경제적, 정치적 입지를 구축하지는 못했지만 그 인구가 급속히 불어나고 있으므로 이후 상당한 힘을 가질 것으로 예상된다.

* 양키 (Yankee)

양키는 미국인을 얕잡아 이르는 호칭이다. 원래는 뉴잉글랜드 지방 사람들을 가리키는 말이었으나, 남북 전쟁 당시 남부인들이 북군 병사에 대한 경멸적인 칭호로 사용했다. 이후 양키는 미국인 일반을 가리키는 속칭이 되었다. 어원은 분명치 않으나, 영어의 "존"(John)에 해당하는 네덜란드어로, 허드슨 강 유역의 네덜란드인들이 사용한 데서 유래했다는 설이 유력하다. 아메리카 원주민인 체로키족(Cherokee)의 언어인 "enakee"(겁쟁이)에서 나왔다는 설, 영국 사람을 가리키는 영어인 "잉글리시"(English), 혹은 프랑스어인 "앙글레"(Anglee)가 변화한 말이라는 설도 있다.

4) 미국성 (Americanness)

미국은 “인종의 전시장”이라고 할 수 있을 만큼 지구상의 모든 인종과 민족이 뒤섞여 있는 특이한 복수 인종 국가이며 복수 민족 국가로서, 다양성과 복합성을 기본적인 특징으로 한다. 미국의 복합적인 정체성을 표현하는 용어로 “멜팅 팟”(Melting Pot)과 “샐러드 보울”(Salad Bowl)이 있다. 멜팅 팟은 다양한 재료가 하나의 냄비에 들어가서 맛있는 스튜가 되듯이 다양한 민족이 하나로 어우러진 것이 미국적 정체성이라는 의미이다. 요즘은 샐러드 보울이라는 비유가 더 선호된다. 멜팅 팟에서는 각각의 재료가 원래의 모습을 상실하는 데 반해, 샐러드 보울은, 각종 야채와 고기, 치즈 등의 각 재료가 원래의 모습이 조금도 훼손되지 않은 채 섞여서 새롭고 조화로운 맛을 내듯이, 각 민족이 원래의 고유한 인종성과 민족성을 잃지 않으면서도 미국인으로서의 단일한 조화로움을 추구한다는 것을 강조한다.

이처럼 서로 다른 인종(race)과 민족(nation)이 섞여서 한 국가(state)를 형성한 만큼 모두의 동의를 이끌어낼 수 있는 미국과 미국인의 정체성에 대한 논의가 항상 주요한 화두였다. 미국인의 정체성을 이루는 미국적인 특성을 한 마디로 규정하기는 쉽지 않지만, 거칠게 말해서 미국의 대표적인 특성은 이중성이다. 미국은 대조적인 두 속성을 함께 가지고 있다. 첫째, 긍정적인 특성으로, 미국은 자유의 나라이며, 각 개인이 자신의 능력을 무한히 발휘할 수 있는 곳이며, 민주주의, 개인 존중, 인간성의 해방, 정의의 실현을 의미한다. 또 미국의 거대하고 순수한 자연이 상징하듯 순진함을 대표하며, 그 개념은 “미국의 아담”(American Adam)과 “미국의 꿈”(American Dream)으로 나타난다. 둘째, 부정적인 특성으로, 미국은 물질주의, 실용주의, 기계주의를 대표하며, 기본적으로 전통이 부재한 문화의 불모지로서, 세련되지 못하고 조야하며, 말초적인 오락을 선도하는 타락의 선봉에 서 있다. 이 두 이미지는 미국의 정책에서도 나타나며, 미국에 대한 세계인의 시각에서도 노출된다. 미국은 기본적으로 자국의 국민, 자국 정부의 이익을 위해 행동하는 개별 국가이지만, 동시에 자국을 국제 정치의 정의로운 지도자로 설정하여 도덕적 딜레마를 겪는다. 세계인들은 냉혹하고 때로는 비도덕적인 국제 관계에서 미국만은 정의롭기를 요구하면서 미국의 벌거벗은 이기적인 모습에 당혹해 한다.

2 미국인의 언어

미국인의 기본 언어는 영어이다. 영어는 연방 정부 차원의 공식적인 언어로 규정되지는 않았지만 가장 보편적이며 공통으로 사용되므로, "사실상의"(de facto) 미국의 공식 언어이다. 영어는 50개 주 정부 중 30개 주에서 공식적인 지위(official status)를 부여 받고 있다.

미국의 실생활에서 사용되는 영어는 처음에는 영국 영어(British English)였다. 1607년 영국인이 건설한 버지니아 식민지와 1620년 매사추세츠 식민지의 영국인 이주자들이 미국문화의 주류가 되었기 때문이다. 이후 다양한 인종과 다양한 민족의 이민자들이 영어를 학습하는 과정에서 그들의 모국어와 상호 관계를 맺으면서, 또 광활한 영토에 따른 다양한 지역적 사투리(vernaculars)로 발달하면서, 미국인의 영어는 영국 영어와 다소 차이가 있는 미국 영어(American English)로 발전했다. 그러나 사실 미국 영어는 영국 영어의 방언(dialect)이라고 할 정도로 두 영어의 차이는 미미하다. 어휘(vocabulary), 발음(pronunciation), 철자법(orthography) 등에서 다소의 차이가 있으나 문법의 차이는 극히 사소하여 상호 의사소통에 거의 영향을 끼치지 않는다.

미국 영어는 지역에 따라 크게 세 개의 방언으로 구별된다. 첫째, 동부 방언으로, 보스턴을 중심으로 뉴잉글랜드 지방에서 사용된다. 동부 방언은 영국의 표준어에 가까우며 오랜 문화를 배경으로 한 세련된 영어로 여겨진다. 둘째, 남부 방언으로, 버지니아 주부터 남서부 일대와 텍사스

동부에 이르는 지방에서 사용된다. 남부 방언은 지역에 따라 다시 다양한 소 방언으로 나누어진다. 셋째, 일반적으로 미국 영어라고 보는 서부 방언으로, 허드슨 강 서쪽의 뉴욕 주와 펜실베이니아 주로부터 태평양 연안에 이르는 광대한 지역에서 사용된다. 여기에는 뉴욕, 필라델피아, 시카고, 샌프란시스코 등의 대도시가 포함된다. 서부 방언은 전국토의 4분의 3, 전 인구의 3분의 2가 사용하는 대 방언이다. 한편 본토에서 멀리 떨어진 알래스카나 하와이는 다른 방언으로 구별된다. 특히 하와이에서 사용되는 영어를 "하와이 혼성어"(Hawaiian Pidgin)라고 한다. 그 외 교육을 많이 받은 사람들이 공적 생활에서 사용하는 일종의 계급 방언이 있는데 이것을 미국의 표준어로 볼 수 있다.

* 미국 영어와 영국 영어의 차이

미국 영어와 영국 영어가 다소 다르게 발전하는 중에도 뉴잉글랜드 지역의 영어는 영국 영어와 가장 유사하다. 뉴잉글랜드의 이주민들은 영국과 접촉하는 빈도가 높았기 때문이다. 또 이들은 문화적으로 우월한 영국의 영어를 모방하려는 성향이 강했기 때문에 영국 영어가 변화하면 그 변화를 모방하면서 유사성을 유지했다. 반면 미국 대륙의 내륙에 거주하는 이주민들은 영국과의 접촉이 드물었으므로 영국 영어의 변화와 상관없이 자체적인 변화를 이루어나갔다.

미국 영어가 영국 영어와 가장 달라지는 부분은 "r음을 발음하는"(rhotic) 양식이다. 17세기의 영국 영어에서는 "r"음이 발음되었으나 이후 점차로 생략되었다. 그러나 17세기에 영국에서 미국으로 이주한 미국인들은 여전히 "r"음을 고수했다. 또 "r"음을 발음하는 아일랜드 영어(Hiberno-English), 스코틀랜드 영어(Scottish English), 잉글랜드의 남서부 영어(West Country English)의 영향을 받아 "r"음이 그대로 고수되었다.

그러나 영국문화의 영향을 많이 받은 지역인 뉴잉글랜드 동부의 보스턴 지역, 뉴욕 주와 뉴저지 주 주변 지역, 필라델피아 남부, 그리고 남부 지역의 해안 등에서는 "r" 발음을 하지 않는 경향이 있다.

미국 영어와 영국 영어는 철자법에서 몇 가지 차이가 있다. 1828년 노아 웹스터(Noah Webster)가 발간한 최초의 『미국 영어 사전』(*An American Dictionary of the English Language*)은 미국과 영국의 철자법의 차이에 주목했다. 웹스터 사전은 미국 영어와 영국 영어를 구별 짓는 철자로, 단어의 끝 부분의 "-er(미) / -re(영)," "-ize(미) / ise(영)"[1]를 예로 들었다. "center(미) / centre(영)," "theater(미) / theatre(영)," "meter(미) / metre(영)," "realize(미) / realise(영)" 등이 그 예다. 영국에서는 19세기의 빅토리아조 영국의 친 프랑스적(francophile)인 성향이 철자에 반영되어 "Programme, manoeuvre, cheque"라고 쓰는데 비해, 미국 영어는 "program, maneuver, check"라고 쓴다. 그 외에도 "color(미) / colour(영)," "traveler(미) / traveller(영)" 등 다른 철자법을 보인다.

어휘를 살펴보면, 영국 영어는 더 간결한 형태(clipped forms)를 사용하는 반면 미국 영어는 오히려 더 복잡한 과거의 형태를 그대로 간직한 면이 있다. 예로 "transportation(미) / transport(영)"를 들 수 있다. 영국의 중세 영어나 근대 영어에서 기원했으나 현재의 영국 영어에서는 사라진 어휘가 현재의 미국 영어에서 살아남은 것도 있다. 예로 "fall"(가을)은 영국에서는 거의 쓰지 않고 대신 "autumn"을 사용하지만 미국 영어에서는 자주 사용한다. 영국 영어에서 사라졌으나 미국 영어에 남아 있는 어휘로는, "faucet / tap(영)," "diaper / nappy(영)," "candy / sweets(영)" 등이다. "get"의 과거형 "gotten"도 미국 영어로 여겨지지만 사실은 원래는 영국 영어였다가 사라진 어휘로, 영국 북서부의 랭커셔(Lancashire)와 북동 잉

1) 그러나 영국의 옥스퍼드 사전은 "-ize"를 더 선호한다.

글랜드(North East England)에서는 아직도 사용된다.

미국 영어에서 자주 사용되어서 20세기 후반에 다시 영국 영어로 자리 잡은 어휘도 있다. "hire(to employ), quit(to stop), I guess, baggage" 등이다. 영국 영어는 역성어(back-formation)[2]을 사용하는 경향이 있다. "burglar"에서 나온 동사를 미국 영어에서는 "burglarize"로 쓰는데 영국 영어에서는 "burgle"로 사용하는 것이 그 예이다. 한편 미국 영어는 각종 원주민어와 독일어, 네덜란드어, 스페인어, 프랑스어 등 여러 이민자들의 언어에서 차용한 말이 많다. "gerrymander, teenager, belittle" 등은 미국 영어에서 만들어진 표현들이다.

미국 영어에서는 접속법(subjunctive)[3]을 더 선호한다. 또 동사의 과거형에서 빈번하게 사용하는 선호도가 미국 영어와 영국 영어가 다르다. 예로 "learned(미) / learnt(영), burned(미) / burnt(영), snuck(미) / sneaked(영), dove(미) / dived(영)" 등을 들 수 있다. 집단을 이루는 단수 명사를 영국 영어에서는 복수로 취급하는 경우가 많지만 미국 영어에서는 대체로 단수로 취급한다. 정관사를 사용하는데 있어서, "to the hospital(미) / to hospital(영)," "actress Elizabeth Taylor(미) / the actress Elizabeth Taylor (영)" 등의 차이를 보이며, "in school(미) / at school(영)"처럼 전치사를 달리 사용하기도 한다.

이런 "미국 영어"(Americanisms)에 대한 영국인들의 반응은 다소 예민하게 나타난다. 매슈 엥겔이 「관점: 왜 어떤 미국 영어는 신경에 거슬리

2) 어떤 단어를 다른 단어에서 나온 파생어로 오해하여, 원래의 형태를 찾아가는 것. 예를 들면 "typewriter"가 원래 만들어진 단어인데, "typewrite"라는 동사에 사람을 나타내는 접미사 "-er"을 붙여서 만든 파생어로 여김. "editor"도 파생어로 보고 "edit"를 동사로 쓰고 있다.

3) "The city Attorney suggested that the case not be closed."의 that 절에서 "should" 대신에 동사 원형을 쓰는 법.

나?」[4]에서 영국 영어와 미국 영어의 차이에 대한 견해를 밝히자 많은 영국인 독자들이 자신들이 거부감을 느끼는 미국식 영어에 대한 댓글을 달았다.

* "Viewpoint: Why do some Americanisms irritate people?" by Matthew Engel

Yet in the course of my own lifetime, countless routine British usages have either been superseded or are being challenged by their American equivalents. We no longer watch a film, we go to the movies. We increasingly have trucks not lorries. A hike is now a wage or price rise not a walk in the country.

Ugly and pointless new usages appear in the media and drift into everyday conversation:

Faze, as in "it doesn't faze me"

Hospitalize, which really is a vile word

Wrench for spanner

Elevator for lift

Rookies for newcomers, who seem to have flown here via the sports pages.

Guy, less and less the centrepiece of the ancient British festival of 5 November - or, as it will soon be known, 11 /5. Now someone of either gender.

And, starting to creep in, such horrors as ouster, the process of firing someone, and outage, meaning a power cut. I always read that as outrage. And it is just that.

I am all for a living, breathing language that evolves with the times. I accept that estate agents prefer to sell apartments rather than flats - they sound more enticing. I accept that we now have freight trains rather than goods trains - that's more accurate.

I accept that sometimes American phrases have a vigour and vivacity. A relative of mine told me recently he went to a

4) 2011년 7월 13일 자 〈BBC 뉴스 매거진〉(*BBC News Magazine*).

business meeting chaired by a Californian woman who wanted everyone to speak frankly. It was "open kimono". How's that for a vivid expression?

But what I hate is the sloppy loss of our own distinctive phraseology through sheer idleness, lack of self-awareness and our attitude of cultural cringe. We encourage the diversity offered by Welsh and Gaelic - even Cornish is making a comeback. But we are letting British English wither.

Britain is a very distinct country from the US. Not better, not worse, different. And long live that difference. That means maintaining the integrity of our own gloriously nuanced, subtle and supple version - the original version - of the English language.

* "Americanisms: 50 of your most noted examples"[5]

* The phrase I've watched seep into the language (especially with broadcasters) is "two-time" and "three-time". Have the words double, triple etc, been totally lost? Grammatically it makes no sense, and is even worse when spoken. My pulse rises every time I hear or see it.

* I caught myself saying "shopping cart" instead of shopping trolley today and was thoroughly disgusted with myself. I've never lived nor been to the US either.

* People that say "my bad" after a mistake. I don't know how anything could be as annoying or lazy as that.

* "Normalcy" instead of "normality" really irritates me.

* I hate "alternate" for "alternative". I don't like this as they are two distinct words, both have distinct meanings and it's useful to have both. Using alternate for alternative deprives us of a word.

* The most annoying Americanism is "a million and a half" when it is clearly one and a half million! A million and a half is 1,000,000.5 where one and a half million is 1,500,000.

5) 2011년 7월 20일자 〈BBC 뉴스매거진〉.

* My worst horror is expiration, as in “expiration date”. Whatever happened to expiry?
* My favourite one was where Americans claimed their family were “Scotch-Irish”. This of course is totally inaccurate, as even if it were possible, it would be “Scots” not “Scotch”, which as I pointed out is a drink.
* I am increasingly hearing the phrase “that'll learn you” - when the English (and more correct) version was always “that'll teach you”. What a ridiculous phrase!
* My brother now uses the term “season” for a TV series. Hideous.
* Having an “issue” instead of a “problem”.

3 미국의 정신적 배경

미국은 다양한 언어와 문화를 가진 다양한 인종과 민족이 이룩한 국가이지만 미국문화의 주류를 형성한 정신적 배경은 청교도주의(Puritanism)와 프런티어 정신(Frontier Mind)이다.

1) 청교도주의(Puritanism)

프랑스의 철학자 토크빌(Alexis de Tocqueville)이 저서 『미국의 민주주의』(*Democracy in America*, 1835)에서 청교도주의가 미국의 민주주의의 확고한 기초를 제공했다고 말한 것처럼, 청교도주의는 미국의 토대를 이루었다. 청교도주의는 원래 17세기 잉글랜드의 개혁적인 종교적 분파인 청교도(Puritans)[1]의 이념을 지칭하는 말이지만, 광의의 의미로는 근면과 인내를 강조하는 도덕적 정신과 실용적 규범을 가리킨다.

영국에서 영국국교회(Anglican Church), 가톨릭교(Roman Catholic

---

1) 국교도이지만 국교회의 개혁에 충분히 만족하지 못한 일부 사람들과 개신교 중에서 칼뱅주의(Calvinism)를 믿는 사람들 중 일부는 더 철저한 개혁을 이룬 기독교를 추구했는데, 이들을 청교도라고 한다. 청교도들은 대체로 영국의 중산층에 속했고, 신학적으로는 인위적 권위와 전통을 인정하지 않았고, 성서에 철저할 것을 주장하는 성서주의적인 입장이다. 이들은 예정설, 무의지, 원죄 등을 강조하였다. 도덕적인 순수성을 추구하여 현실에서의 금욕적인 삶과 근면을 강조하고 낭비와 사치를 배격하였다.

Church), 개신교(Protestant Church) 사이의 갈등이 한참이던 제임스 1세(James I, 재위 1603-1625) 시절, 청교도 중의 일부가 자유로운 종교 생활을 영위하기 위해 잉글랜드를 떠나 신세계인 미국으로 향했다. 나중에 필그림 파더스(Pilgrim Fathers)로 불린 이들은 메이플라워 호(Mayflower)를 타고 9주간의 항해 후에 1620년 9월 6일 미국에 도착했다. 이들은 이곳에 고향의 이름을 붙여 플리머스(Plymouth)라고 부르고 식민지를 건설하여 신정정치에 입각한 청교도 사회를 건설하였다. 이후 미국의 독립 전쟁에서 이 청교도 식민지가 핵심적인 역할을 했으므로 청교도주의는 미국 건국을 뒷받침하는 철학이 된다.

철학으로서의 청교도주의는 금욕, 순수, 근면 등을 이상적인 도덕으로 제시한다. 신세계에서 청교도적 도덕심을 실행하는 미국인은 마치 태초의 아담처럼 순수한 존재로 비유된다. 한편 지상에서 물질적 성공을 거두는 것은 개인의 미덕의 결과이므로 당연시되었고 존중받았다. 따라서 미국의 아담(Amerian Adam)이 에덴동산 같은 신세계 미국에서 자신의 꿈을 현실화시켜 성공하는 미국의 꿈(American Dream)은 기본적으로 청교도주의와 연결되어 있다.

한편 청교도주의는 도덕적 경직성을 내포하고 있으며 타자의 존재와 타자의 종교에 대한 관용이 부족했다. 따라서 식민지의 청교도들은 자신들과 다른 존재를 억압하고 박해했다. 식민 초기에 퀘이커(Quaker)교도[2]를 박해한 것이나 마녀 재판으로 많은 사람을 처형시킨 사건은 청교도들의 도덕적 편협성을 증거한다. 종교의 자유를 주장하면서 다른 사람의 종교를 억압하는 이중성을 드러낸 것이다.

2) 1650년대에 영국의 조지 폭스(George Fox)가 창시한 개신교의 한 교파이다. “하나님 앞에서 몸을 벌벌 떤다.”는 폭스의 말에서 붙여진 별칭이고 원래는 종교 친우회(Society of Friends)라고 한다. 퀘이커는 영국 정부의 탄압을 받자 펜실베이니아로 이주하였다.

세일럼 마녀 재판(Salem Witch Trials, 1692-1693)은 매사추세츠 주의 세일럼에서 행해진 일련의 마녀 재판으로 식민지 초기의 종교 박해이다. 세일럼의 목사 파리스(Samuel Parris)는 두 딸이 이유 없이 발작을 일으키고 고통을 호소하자 이것을 마녀의 소행으로 몰면서 일부 여성들을 고소했다. 식민지 총독이 임명한 위원회는 수백 명을 체포했으며 그 중 유죄 판결을 받은 20명을 교수형에 처했는데 이들 대부분이 여성이었다. 작가 너새니얼 호손(Nathaniel Hawthorne, 1804-1864)은 자신의 할아버지가 이 재판에 관여했던 치안 판사라는 점 때문에 평생 죄의식을 느꼈다.

호손은 대표작 『주홍 글자』(*The Scarlet Letter*, 1850)에서 경직되고 편협하며 가혹한 청교도 사회를 비판했다. 여주인공 헤스터 프린(Hester Prynne)은 남편이 탄 배가 난파된 지 7년이 지났지만 아직 남편의 시체를 찾지 못한 상태이다. 그런 상황에서 헤스터가 누군가와 사랑을 하고 임신을 하자, 청교도 사회는 유부녀인 헤스터가 간통죄를 저질렀다며 고발하여 법정에 세웠고, 헤스터는 공개적으로 망신을 당하는 처벌을 받았다. 호손은 엄격하고 혹독한 청교도들을 소설의 첫 장면에서 비판적으로 묘사하여 헤스터에 대한 연민을 간접적으로 나타내었다.

*『주홍 글자』 너새니얼 호손

지금부터 200년 전쯤 되었을 어느 여름날 아침, 프리즌 레인의 감옥 앞 잔디밭에는 보스턴 주민이 꽤 많이 모여 있었다. 모두 한눈도 팔지 않고 쇠못이 박혀 있는 참나무 대문을 뚫어지게 바라보고 있었다. 어딘가 다른 지방 사람이든가, 아니면 이 뉴잉글랜드의 역사상으로도 좀 더 후세였더라면, 이들 양민들의 수염투성이 얼굴을 돌처럼 굳어지게 한 엄청난 준엄함은 무언가 무시무시한 사건이 지금 일어나고 있는 증거라고 생각될 것이다. 그것은 누군가 유명한 죄인에 대하여 일찍이 예상했던 대로의 사형이 집행되는 것임에 틀림없고, 또 법정의 판결도 일반 대중의 감정의 판단을 반드시 확증하는 수준이었을 것이다. 그러나 초기의 청교도의 준엄한 성격을 생각해 본다면 그렇듯 뚜렷하게 이와 같은 추측을 내릴 수가 없었다. 그것은 나태한 노예라든가, 아니면 양친이 관리에게 인도한 불효한 자식이 형장에서 매를 맞고 있는 것이었는지도 모른다. 또는 도덕률 폐지론자라든가 퀘이커 교도 또는 다른 이교도가 시외로 내쫓긴다든가, 건방진 뜨내기 인디언이 백인의 위스키를 마시고 취해서 주정을 부리다가 매를 맞고 숲으로 쫓겨나는 것이었는지 모른다. 또는 관리의 미망인으로서 성정이 사나운 히빈스 여사와 같은 마녀가 교수대에서 죽임을 당하려 하고 있었는지도 모른다. 어쨌든 구경꾼들은 당시의 사람들에게 어울리도록 한결같이 엄숙한 얼굴을 하고 있었다. 그들 사이에서는 종교와 법률은 거의 일체며, 그 성격에는 양자가 적절히 뒤섞여서 대중의 규율을 다스리는 것이라면, 가벼운 것이건 막중한 것이건 다 같이 존중되고 두려워해야 하는 것으로 되어 있었다. 죄인이 처형대에 서서 이러한 방관자로부터 얻을 수 있는 동정은 실로 보잘 것 없고 쌀쌀한 것이었다. 또 한편으로는, 오늘날의 기준으로 생각해보면 매우 시시한 수치나 웃음거리로밖에 생각할 수 없는 형벌도 당시에는 사형에 못지않을 정도의 준열한 위엄을 가지고 있었는지 모른다.

이 이야기가 시작되는 그 여름날 아침, 그들 군중에 섞여 있던 몇 사람의 부인이 지금부터 벌어지려고 하는 형벌이 어떠한 것이건 간에 그것에 비상한 흥미를 가지고 있는 듯이 보인 사실에 주목해야겠다. 그 무렵은 충분한 격식이 있었던 시대가 아니었기 때문에, 페티코트나 파딩게일을 입은 여자들이 대중 앞에 나서거나, 때로는 사형이 집행되는 처형대 가까이에 몰려 있는 사람들 속으로 작지 않은 몸집을 비집고 들어가는 것을 꺼리지 않았다. 영국에서 태어나 자란 이들 아낙네와 아가씨들은 정신적으로나 물질적으로나 그녀들보다 6, 7대 후의 훌륭한 자손에 비해 훨씬 거친 성질을 지니고 있었다. 혈통이 이어져 내려오는 동안 대대의 어머니들은 누구나 다 아이들에게 자기들보다 연약한 마음가짐과 섬세하고 덧없는 아름다움이며 날씬한 몸매를 물려주었기 때문이다. 그렇다고 해서 자손들이 그들의 어머니보다 성격이 무기력하고 약하다는 것은 아니다. 당시 감옥의 대문 옆에 서 있던 여자들은 저 사내와 같은 엘리자베스 여왕이 당시의 여성 대표자로서 무난했던 시대로부터 반세기도 지나지 않았을 무렵의 여자들이었다. 그 날 아침 빛나는 태양은 떡 벌어진 어깨와 잘 발달된 젖가슴에 비치고, 불그레한 둥근 두 볼 — 그것은 멀리 떨어진 본국의 섬에서 성숙하여 뉴잉글랜드의 공기 속에서도 아직 창백해지지도 않고 살도 빠지지 않았다 — 위에서 빛나고 있었다. 게다가 그 여자들 대부분의 말씨를 들어보면 대담하고 명랑하여, 그 말의 뜻으로 보나 음향으로 보나 오늘날의 우리들이라면 크게 놀랐을 것이 틀림없다.

"이봐요, 아기 엄마들." 험상궂은 얼굴을 한 쉰 살쯤 된 여자가 말했다. "나는 이런 생각이 드는데 말예요. 우리 여자들도 이제 나이 지긋하고 교회의 신자로서도 거리낄 데가 없으므로, 이 헤스터 프린과 같은 죄인은 우리가 취급하는 것이 훨씬 여럿을 위하는 것이 아닐까요. 아기 엄마들, 어떻게 생각해요? 만일 저 여자가 이렇게 모여 있는 우리 다섯 사람 앞에서 재판을 받는다고 하면, 저 훌륭하신 판사 나리가 한 것 같은 판결로야 어림도 없지. 암 어림도 없고말고. 그렇게 될 수는 없지."

"소문을 들으면," 다른 사람이 말했다. "저 여자의 목사인 딤즈데일 님은 자기 교회의 신자 중에서 저런 치사스런 년이 나왔다고 하여 굉장히 마음이 상했대요."

"판사님들은 신앙심이 두터운 분들이지만 너무 인자하셔. 정말이야." 세 번째 중년부인이 덧붙였다. "아무리 가볍다고 해도 헤스터 프린의 이마에 낙인쯤은 찍었어야 했어. 그 잘난 헤스터도 그렇게만 했더라면 틀림없이 뜨끔했을 거야. 그러나 저년이 — 지독한 잡년이니까 — 윗옷 앞가슴에 무엇을 붙여준다고 해서 눈도 깜짝 안 할는지도 모르지 않아! 두고 보라지, 브로치나 무슨 장식을 달아서 감춰 버리지 않는가. 그러고는 아무렇지도 않다는 듯이 거리를 쏘다니겠지."

"그렇지만," 어린애의 손목을 잡고 있던 젊은 아낙네가 훨씬 부드러운 목소리로 입을 열었다. "표적이야 어떻게 가릴 수도 있겠지만, 쓰라린 생각만은 언제까지나 가슴에 남을 거예요."

"옷에다 표적을 달거나 이마에 낙인을 찍는 따위가 뭐 대단한 거요!" 하고 또 한 여자가 소리쳤다. 이 자칭 재판관들 중에서도 가장 냉혹할뿐더러 제일 못생긴 여자였다. "이 여자는 우리들 여자 전체에게 치욕을 안겨주었으므로 죽는 것이 당연해요. 그런 년에게 적용시킬 법률이 없는 것이 아녜요. 있고말고요. 성서에도 법률 책에도 있어요. 이렇게 되면, 이 법률을 적용 안 시킨 판사들은 그들의 아내나 딸이 아무리 타락하더라도 할 말이 없을 거야."

"이봐요, 부인네들." 하고 군중 속에서 한 사나이가 소리쳤다. "부인의 덕이라는 것은 교수대가 두렵지 않으면 생겨나지 않는 것입니까? 너무 심한 말들을 합니다요. 이봐요, 여러분, 문의 열쇠가 돌아가고 있소. 프린 부인이 곧 나오게 될 거요."

2) 프런티어 정신(Frontier Mind)

청교도주의와 더불어 미국인의 정신적 근간을 이루는 정신은 프런티어 정신이다. 프런티어의 사전적 의미는 개척지와 미개척지의 경계구역인 변경지대를 가리키지만, 일반적으로 인간의 발이 닿지 않은 미개척지(virgin land)를 통칭한다. 미국에서의 프런티어는 최초의 합중국을 구성한 13개 주 이외의 서쪽 지역을 통틀어 일컫는다.

독립을 성취한 미국인들은 계속해서 서쪽으로 영토를 확장해 나가서 마침내 태평양 연안에 도달하는데, 이 시기를 "서부 개척 시대"라고 하며, 개척자들의 모험 정신을 프런티어 정신이라고 한다. 프런티어에서는 전통, 혈통, 가문이 아니라 오로지 개인의 능력으로만 성공할 수 있으므로, 프런티어 정신은 평등을 추구하는 미국의 민주주의의 이상을 가장 잘 대변하는 것이었다.

프런티어 정신은 일견 청교도주의와 반대되는 면이 많은 듯하다. 청교도주의가 어둡고 금욕적이며 내세 지향적인 데 반해 프런티어 정신은 밝고 낙천적이며 현실 만족적인 특성을 가지고 있기 때문이다. 그러나 종교의 자유를 찾아서 머나먼 미개척지 미국으로 항해한 청교도들은 불굴의 프런티어 정신을 실행한 사람들이다. 또 창의적인 노력을 통해 현실에서 성공하는 것이 신이 부여한 인간의 권리이며 의무라는 청교도주의의 철학은 프런티어 정신과 일맥상통한다.

언제라도 개척할 수 있는 프런티어가 서부에 존재한다는 사실은 미국인들에게는 큰 희망을 주는 것이었다. 충분한 임금을 받지 못하고 가난에 시달리던 동부의 노동자들과 이민자들은 성공의 가능성을 꿈꾸며 서부의 개척지로 향했다. 프런티어에서는 비교적 싼 값으로, 어떤 경우에는 무료로 토지를 획득하여 목축을 하거나 자작농이 될 수 있었기 때문이다. 개척기 초기에는 주로 목축이 성행하여 수많은 카우보이들이 개척지에서 활약했다. 곧 농업이 유망해지면서 토지를 개간하여 농사를 짓고자 하는 사람들이 몰려들었고 거대한 땅에 옥수수를 비롯한 각종 농작물이 재배되었다. 1869년 대륙 횡단 철도의 개통으로 서부 개척지의 농산물을 신속하게 동부로 운송하여 판매하는 것이 가능해지면서 프런티어는 더욱 발전해갔다.

한편, 모험을 두려워하지 않는 프런티어 정신은 인간의 영웅적인 자질이기도 하지만, 필연적으로 확장과 팽창과 연결되어 있다는 점에서 위험성을 내포하고 있다. 한정된 공간에서 한 존재가 확장하고 팽창하고자 할 때 다른 존재의 권리와 소유를 침해하게 되기 때문이다. 미국의 역사에서 팽창의 직접적인 피해자가 된 대상은 아메리카 원주민이었다.

식민지 정착민이나 서부의 개척민들은 기본적으로 타자를 무시하는 식민주의자의 오만함을 가지고 있었다. 사실 북미 대륙은 서구인들에게 발견되기 오래 전부터 원주민들이 일정한 문화를 이루며 살고 있는 땅이었지만, 서구의 식민주의자들에게 이 대륙은 "비어 있는 땅"이었고, 그 땅에 사는 원주민들은 "보이지 않는 존재"였다. 다시 말하면, 식민주의자들은 원주민들을, 그 땅의 나무나 풀이나 동물들처럼 존재는 하지만 땅에 대한 소유권은 없는, 자연의 일부라고 여겼고, 따라서 미국 대륙을 텅 빈 공간이며 누구도 밟은 적이 없는 처녀지(virgin land)로 여길 수 있었다. 미국 대륙은 그들이 발견함으로써, 그들이 신세계(New World)라는 이름을 붙임으로써, 그제야 존재하게 되었다고 여겼던 것이다. 그러나 원주민들은 실제로 존재하면서 땅을 "소유"[3]하고 있었기에 자신들의 터전을 빼앗으려는 시도에 격렬하게 저항했고 백인 이주민들과 충돌하였다. 개척민들은 자신들의 영역을 확장해가는 과정에서 원주민들을 잔인하게 몰아내거나 정복했고, 원주민들은 점점 서쪽으로 쫓겨 가다가 결국 정부가 정해준 인디언 거류지에서 우리 속의 동물 같은 존재로 전락해버렸다.

미국 대륙에서 프런티어가 다 소진되고 더 이상 나아갈 수 없는 바다와 부딪치면 팽창의 욕구는 어떻게 될까? 미국이 강대국으로 부상하면서 이제 전 세계가 미국의 새로운 프런티어가 된 게 아닐까? 서부 개척의 역사에서 아메리카 원주민이 미국의 팽창을 가로막는 타자였다면 미국이 활동 범위를 넓혀갈 때마다 미국의 가치와 반목하면서 미국의 팽창을 가로막는 새로운 타자는 늘 생겨났다. 냉전 시대에는 공산주의 국가들이, 오늘날에는 이슬람권 국가들이 적대적 타자로 존재하며, 아마도 SF 영화

3) 원주민들의 소유 개념은 백인과 달리 함께 "공유"하는 것이었다.

에서 볼 수 있듯이, 우주 시대에는 우주인들이 적대적 타자로 등장할 듯 하다.

프런티어 정신이 추구하는 팽창주의는 내적인 공허와 연결되어 있다. 밖으로 자꾸만 확장하기를 원한다는 것은 역설적으로 자신의 내부가 텅 비어있다는 것을 암시한다. 뭔가가 공허한 사람은 밖에서 활동함으로서 만족을 얻으려 한다. 이런 사람이 많은 성과를 얻는 것도 사실이지만, 동시에 실존의 공허감을 느끼는 사람들도 이런 사람들이다. 내적인 충만감이 없기 때문이다. 그러므로 프런티어 정신은 긍정적인 면과 부정적인 면을 다 가지고 있으며, 미국인의 이중성을 시사한다.

(1) 미국 소설에 나타난 프런티어 정신

제임스 페니모어 쿠퍼(James Fenimore Cooper, 1789-1851)는 연작 소설 〈가죽양말 이야기〉(Letherstocking Tales)의 하나인 『모히칸족의 최후』(*The Last of the Mohicans,* 1826)에서 미국이 아직 독립하기 전, 영국과 프랑스가 더 많은 식민지를 확보하기 위해 각축을 벌이고 있을 당시의 개척민의 삶과 원주민의 모습을 재현했다. 주인공인 호크아이(Hawk Eye)[4]는 본명이 내티 범포(Natty Bumppo)이며, 자연과 문명, 숲과 정착지, 백인과 원주민의 경계를 오가는 인물이다. 그는 백인이지만 백인의 문명 세계를 거부하고 모히칸족인 칭가치국(Chingachgook)[5]과 그의 아들인 웅카스(Uncas)[6] 같은 인디언과 함께 숲속에서 사냥하는 원주민의 삶을 더 선호한다. 호크아이는 프런티어 정신을 대표하는 전형적인 인물이다.

허먼 멜빌(Herman Melville, 1819-1891)의 『모비 딕』(*Moby-Dick*, 1851)

---

4) 그 외에도 "가죽양말," "길잡이"(Pathfinder), "사슴 사냥꾼"(Deerslayer) 등의 별명이 있다.

5) 큰 뱀이라는 뜻.

6) 날쌘 사슴이라는 뜻.

은 바다라는 프런티어에서 무모할 정도의 모험을 하는 개척자들을 그려 내었다. 이슈메일(Ishmael)은 늘 새로운 모험을 열망하므로 육지에서의 안정된 생활을 거부하고 새로운 개척지인 바다로 떠난다. 이슈메일이 탄 포경선 피쿼드(Pequod) 호의 에이허브 선장(Captain Ahab)은 무작정 흰 고래 모비 딕을 쫓다가 결국 모비 딕에게 목숨마저 잃지만 그의 영웅적인 집념과 장대한 모험은 프런티어 정신을 드러낸다.

마크 트웨인(Mark Twain, 1835-1910)은 『톰 소여의 모험』(*The Adventures of Tom Sawyer*, 1876)과 속편인 『허클베리 핀의 모험』(*The Adventures of Huckleberry Finn*, 1884)에서 톰과 허클베리(헉)라는 소년 주인공들을 등장시켜 프런티어 정신을 표출했다. 특히 헉의 마지막 선택은 전형적인 프런티어의 정신을 드러낸다. 헉은 보물을 찾았고 마을의 유지인 더글러스 미망인(Widow Douglas)의 양자가 되었으므로 안정된 중산층의 삶을 살 수 있다. 그러나 헉은 지긋지긋한 문명을 벗어나고 싶어 하며, 미시시피 강을 뗏목을 타고 내려가면서 각종 모험을 하며 자유를 실감한다. 소설의 결말에서 헉은 문명을 거부하고 개척지로 가겠다고 공표한다.

> 그러나 나는 나머지 사람들보다 앞서 〈인디언 부락〉으로 떠나야겠다고 생각했어요. 샐리 아줌마가 나를 양자로 입양해서 “교양 있게” 만들려고 했거든요. 나는 그 일은 참을 수 없어요. 전에도 그렇게 해 본 적이 있으니 말입니다.

*『모히칸족의 최후』 제임스 페니모어 쿠퍼

이처럼 어슬렁거리는 두 사람 중 하나는 원주민의 붉은 살갗과 야만의 장신구를 갖고 있었고, 다른 하나는 거칠고 거의 야만스러운 도구로 가린 틈으로, 비록 햇볕에 그을리고 오랫동안 노쇠하긴 했지만, 유럽 조상의 후예라고 주장할 수 있는 흰 살결을 드러내고 있었다. 전자는 진중하지만 풍부한 손짓을 이용해 진지하게 건네는 말의 효과를 더하는 자세로, 이끼가 자라는 통나무 끝에 앉아 있었다. 거의 벌거벗고 있는 그의 몸에는 하양과 검정으로 무시무시한 죽음의 상징이 그려져 있었다. 그의 머리는 용맹을 상징하는 유명한 정수리 머리만 남고 바짝 깍여 있었는데, 그 정수리로부터 왼쪽 어깨까지 늘어져 있는 독수리 깃털 하나 말고는 아무런 장식도 없었다. 허리춤에는 손도끼 하나와 머리 가죽을 벗기는 데 쓰는 영국제 칼이 꽂혀 있었다. 백인들이 야만인 동맹군을 무장시키는 데 쓰는 짧은 군용 소총은 그의 앙상하게 드러난 무릎 위에 아무렇게나 놓여 있었다. 이 전사의 널찍한 가슴, 잘 발달된 팔다리, 근엄한 표정은 그가 한창의 체력을 지녔으며 아직까지는 노쇠로 인해 남자다운 용기를 잃은 적이 없음을 보여 주었다.

옷가지로 감춰지지 않은 부분으로 판단하건대, 후자인 백인은 일찍이 청년 시절부터 힘들게 일하고 고생하며 살아온 사람 같았다. 근육질이기는 했지만 살이 쪘다기보다는 마른 편이었다. 풍상과 고생을 겪은 덕분에 신경 하나하나, 근육 하나하나가 팽팽하고 단단하게 긴장하고 있는 것 같았다. 그는 연노란 술이 달린 녹색 사냥복에, 털을 깎아 낸 가죽으로 만든 여름 모자를 쓰고 있었다. 또한 인디언이 얼마 안 되는 옷가지에 두르는 조가비 구슬 허리띠에 칼을 차고 있었고 손도끼는 없었다. 가죽신은 원주민의 화려한 치장에 따라 장식되어 있었던 반면, 사냥복 아래 걸치고 있는 유일한 하의는 사슴 가죽으로 지은 각반으로, 구두끈 묶듯이 사슴의 힘줄로 양옆을 꿰어 무릎 위에서 묶어 놓았다. 주머니 하나와 뿔피리가 그의 복장을 완성해 주었지만, 더 영리한 백인들이 그에게 가르쳐 준 대로 모든 화기 가운데 가장 위협적인 긴 총 한 정이 바로 옆 어린 나무에 기대어 서 있었다. 사냥꾼인지 척후병인지 알 수 없는 그의 눈은 작고 재빠르고 예리했는데, 말하는 사이에도 쉴 새 없이 사방을 살피면서 사냥감을 찾거나 어딘가 도사리고 있는 적의 갑작스러운 접근을 대비하고 있었다. 의심이 몸에 배었음을 보여 주는 이러한 습관에도 불구하고 그의 모습에서는 교활함이 느껴지지 않을 뿐만 아니라 오히려 믿음직스럽고 정직한 표정을 볼 수 있었다.

*『모비 딕』 허먼 멜빌

내 이름을 이슈메일이라고 해두자. 몇 년 전 — 정확히 언제인지는 아무래도 좋다 — 지갑은 거의 바닥이 났고 또 뭍에는 딱히 흥미를 끄는 것이 없었으므로, 당분간 배를 타고 나가서 세계의 바다를 두루 돌아보면 좋겠다는 생각을 했다. 그것은 내가 우울한 기분을 떨쳐버리고 혈액 순환을 조절하기 위해 늘 쓰는 방법이다. 입 언저리가 일그러질 때, 이슬비 내리는 11월처럼 내 영혼이 을씨년스러워질 때, 관을 파는 가게 앞에서 나도 모르게 걸음이 멈추거나 장례 행렬을 만나 그 행렬 끝에 붙어서 따라갈 때, 특히 우울증에 짓눌린 나머지 거리로 뛰쳐나가 사람들의 모자를 보는 족족 후려쳐 날려 보내지 않으려면 대단한 도덕심이 필요할 때, 그럴 때면 나는 되도록 빨리 바다로 나가야 할 때가 되었구나 하고 생각한다. 이것이 나에게는 권총과 총알 대신이다. 카토는 철학적 미사여구를 뇌까리면서 칼 위에 몸을 던졌지만, 나는 조용히 배를 타러 간다. 이것은 전혀 놀라운 일이 아니다. 바다를 알기만 하면 누구나, 정도의 차이는 있겠지만, 언젠가는 바다에 대해 나와 비슷한 감정을 품게 될 것이다.

그런데 여기 맨해튼 섬에 세워진 그대들의 도시는, 인도의 섬들이 산호초에 둘러싸여 있듯이, 띠처럼 이어진 부두에 둘러싸여 있고, 밀려오는 교역의 파도에 에워싸여 있다. 오른쪽으로 가도 왼쪽으로 가도 길들은 바닷가로 이어져 있다. 시내가 끝나는 곳에는 포대가 있고, 그곳의 웅장한 방파제는 파도에 씻기며, 몇 시간 전만 해도 육지에는 불지 않았던 산들바람에 열기를 식힌다. 보라, 바로 그곳에 사람들의 무리가 바다를 바라보며 서 있다.

꿈꾸는 듯한 안식일 오후의 도시를 거닐어보라. 콜리어스 곶에서 코엔티스 선창까지 걸어간 다음, 그곳에서 화이트홀을 지나 북쪽으로 걸어가보라. 무엇이 보이는가? 시내 곳곳에서 수천 명의 사람들이 말없는 보초병처럼 서서 바다에 대한 몽상에 잠겨 있는 것을 볼 수 있을 것이다. 말뚝에 기대 서 있는 사람, 잔교 끝머리에 앉아 있는 사람, 중국에서 온 배들의 뱃전 너머를 바라보는 사람, 바다를 좀 더 잘 보기 위해 삭구 위에 높이 올라가 있는 사람도 있다. 하지만 이들은 모두 뭍의 인간들이다. 평일에는 욋가지 지붕과 회반죽 벽 안에 갇힌 채 계산대에 묶여 있거나 의자에 못 박혀 있거나 책상에 붙잡혀 있는 사람들이다. 그렇다면 이건 어찌된 일인가? 푸른 들판이 사라져버렸나? 그들은 도대체 여기서 무엇을 하고 있단 말인가?

그러나 보라! 더 많은 무리가 이쪽으로 오고 있다! 바다를 향해 곧장 걸어오고 있다. 바다 속으로 텀벙 뛰어들 것처럼. 이상한 일이다! 육지가 끝나는 곳이 아니면 그들은 만족하지 못하는 듯하다. 저기 창고 그늘에서 빈둥거리는 것만으로는 충분치 않다. 그렇다. 물에 빠지지 않는 한, 될 수 있으면 물에 가까이 다가서고 싶은 것이다. 그런 자들이 저곳에 몇 마일이나 줄을 서 있다. 모두 뭍사람인 그들은 오솔길과 골목길에서, 가로와 도로에서, 북쪽에서 동쪽에서 남쪽에서 서쪽에서 오고 있다. 하지만 결국은 모두 이곳에 모여 한 무리가 된다. 말해 달라. 저 모든 배의 나침반 바늘의 자력이 그들을 이곳으로 끌어당기는 것일까?

(2) 서부 개척 영화에 나타난 프런티어 정신

프런티어 정신은 서부 개척 시대를 배경으로 한 다양한 대중 매체에서 재생산되면서 미국인의 주요한 특성으로 인식되었고 미국인에게 자부심을 심어주었다. 냉전 시대인 1950년대와 '60년대에는 프런티어 정신을 미국인의 기본 정신으로 새로이 조명하는 홍보용 서부 개척 영화들이 양산되어 애국심을 고취시켰다. 한 가문의 4대(1839-1889)에 걸친 서부 개척의 역사를 조명한 5편의 연작인 〈서부 개척사〉(*How the West Was Won*, 1962)[7]가 대표적인 영화이다.

서부 개척 영화에서 목장주나 농장주 등의 개척민들은 영웅적인 모습으로 그려진다. 반면 개척을 방해하는 인디언들은 벌거벗은 몸에 이상한 칠을 하고 칼이나 도끼를 휘두르는 잔인하고 야만적인 존재로 재현된다. 따라서 영화 관객에게는 개척민이 인디언을 몰아내고 그 땅을 개척하는 것이 정당한 것으로 각인된다. 필자도 어린 시절 텔레비전에서 방영하는 서부 영화를 즐겨 시청하면서, 인디언들을 쫓아내거나 죽이고 서부를 개척하는 카우보이와 개척민들을 숭배하는 시선으로 바라보았고, 말을 타고 괴상한 소리를 지르며 개척민들에게 덤벼드는 인디언들을 제거해야 할 악당으로 여겼던 기억이 난다. 정복자인 개척민들을 순박한 양민이자 희생자로 포장하면서, 삶의 터전을 빼앗긴 희생자인 인디언들을 잔인한 존재로 왜곡한 것이 서부 개척 영화의 일면이다.

(3) 농업 개척민의 신화

서부 개척 영화가 목축업을 하는 카우보이와 같은 남성 개척자들을 주로 다루면서 그 과정에서 인디언과의 투쟁을 부각시켰다면, 농업 개척민의 삶을 다룬 영화나 드라마에서는, 가혹한 자연 환경을 이겨내면서 땅을 개간하는 개척민의 용기, 개척지 내의 빈부 격차를 극복하면서 성공

7) 존 포드(John Ford), 헨리 헤서웨이(Henry Hathaway), 조지 마셜(George Marshall) 등 3명의 명감독이, 캐롤 베이커(Carroll Baker), 헨리 폰다(Henry Fonda), 그레고리 펙(Gregory Peck), 데비 레이놀즈(Debbie Reynolds), 제임스 스튜어트(James Stewart), 존 웨인(John Wayne) 등의 명배우들과 함께 만들었다.

적으로 정착하는 개척민들의 이야기가 그려졌다. 이런 개척 신화는 개척지가 원주민에게서 빼앗은 것이 아니라 개척민들의 힘과 노력의 진정한 결과임을 강조한다. 동화 작가 로라 잉걸스 와일더(Laura Ingalls Wilder, 1867-1957)의 동화 시리즈와 그것을 각색해서 만든 텔레비전 드라마 〈초원의 집〉(*Little House on the Prairie*)이 대표적인 작품이다. 와일더의 동화는 1870년대의 서부를 배경으로 로라 잉걸스와 그녀의 가족이 황량한 개척지를 개간하면서 가족 간의 사랑으로 극복하는 모습을 그렸다. 1974년 NBC는 이 동화를 텔레비전 드라마로 제작하여 개척지 가족의 성실함, 인내심, 정의로움, 가족애를 강조하면서 그것을 미국인의 이상적인 미덕으로 부각시켰다. 1983년까지 총 10시즌에 걸쳐 방영되어 엄청난 인기를 얻었고, 한국에서도 방영되어 미국인의 개척지 역사에 대한 호감을 심어 주었다.

3) 미국 문학의 미국성

미국은 건국 후 미국적 정체성을 확립하려고 노력하면서 문학에서도 미국 문학의 특성, 즉 유럽 대륙의 문학, 특히 영국 문학과 다른 특성이 무엇인가에 대한 활발한 논의를 계속했다. 초창기의 미국 문학은 영국 문학의 일부로 여겨졌으므로 영국적인 요소를 훌륭한 문학적 성과로 인정했다. 호손을 비롯한 19세기 중반까지의 미국 작가들은 여전히 영국 영어로 작품을 집필했다. 미국 문학의 시작을 알린 작가는 19세기 후반의 마크 트웨인으로 여겨진다. 트웨인은 작중 인물의 남부 미시시피 지역의 방언을 그대로 소설에서 이용하여 미국 영어를 문학어로 승격시켰다. 이후 미국 문학의 미국적인 성격이 점점 중요한 요소로 강조되었다.

미국 문학의 성격은 크게 두 방향으로 나누어 볼 수 있다. 민주주의와 거대한 자연에 대한 긍정적인 시각은 미국의 아담과 미국의 꿈을 탐구하는 문학적 전통을 확립했다. 대표적인 작가는, 벤저민 프랭클린, 제임스 페니모어 쿠퍼, 랠프 왈도 에머슨(Ralph Waldo Emerson)과 헨리 데이비드 소로우(Henry David Thoreau)를 비롯한 초절주의자들(Transcendentalists),[8] 마크 트웨인, 월트 휘트먼(Walt Whitman), 윌라 캐서 등을 들 수 있다. 한편 청교도주의로 인한 금욕적이고 부정적인 사고방식은 인간의 내면에 대한 탐구로 이어졌다. 이런 면을 잘 나타난 대표적인 작가는 에드거 앨런 포(Edgar Allan Poe), 너새니얼 호손, 허먼 멜빌, 에밀리 디킨슨(Emily Elizabeth Dickinson), 헨리 제임스(Henry James), 윌리엄 포크너 (William Faulkner) 등이다.

그 중 19세기 미국 소설의 특이성은 주목할 만하다. 19세기 영국 소설은 사회의 여러 문제를 비판하면서 사회 속의 인간관계에 초점을 둔다. 반면 미국 소설은 인간의 내면 탐구에 더 집중했다. 즉 원주민을 말살하고 흑인을 노예로 삼은 잔혹한 역사적 과거에 대한 죄의식을 드러낸다. 쿠퍼는 인디언을 말살한 죄의식, 호손은 마녀 재판에 관여한 청교도들의 행위에 대한 죄의식, 트웨인과 포크너는 노예문제로 인한 죄의식을 드러낸다. 특히 호손은 실제 현실보다 인간의 심리적 갈등에 주목했다. 『주홍글자』에서 호손은 헤스터가 딤즈데일(Dimmesdale) 목사와 사랑을 하게 된 과정은 생략하고, 헤스터와 딤즈데일이 그 일로 인해 죄의식을 느끼며 괴로워하는 과정을 생생하게 묘사한다. 또 헤스터의 남편인 칠링워스(Chillingworth)는 자신을 배반한 헤스터와 딤즈데일에게 실제로 복수하는 게 아니라, 딤즈데일의 육체적 병을 치료해 주고 대신 그의 마음에 있는 죄의식을 파헤치는데 몰두한다. 이런 점에서 불륜을 다룬 유럽의 여느 소설들과 다른 면을 보인다.

그로 인해 미국 소설은 형식적인 면에서도 특이성을 보인다. 영국 소설

8) 직관적 지식과 인간과 자연에 내재하는 신성 및 인간이 양도할 수 없는 가치에 대한 믿음을 중시한다.

이 현실에 주목하는 사실주의적인 기법을 주로 쓰는데 비해 미국 소설은 덜 사실적이며 심지어 로만스적인 특성을 가지고 있다. 호손은 햇빛 속에 환하게 드러난 사물을 세세히 그리는 것보다 달빛 속에 희미하게 보이는 물체를 묘사하는 것이 더 진실을 잘 나타낼 수 있다고 하면서, 자신의 소설이 로만스의 성격을 가지고 있다고 주장했다.[9]

비평가 레슬리 피들러(Leslie Fiedler)는 『미국 소설 속의 사랑과 죽음』(*Love and Death in the American Novel,* 1960)에서 미국 소설과 영국 소설을 사랑과 죽음의 주제로 비교하면서 미국 소설의 특징을 규명했다. 피들러는 미국 소설이 잔혹한 폭력을 많이 다루지만 아동용 도서로 읽히는 책이 많다면서, 그 이유는 남녀의 열렬한 사랑을 다루지 않기 때문이라고 주장했다. 사실 근대적인 장르인 소설의 핵심적인 주제는 남녀의 사랑과 갈등이다. 그런데 대표적인 미국 소설은 사랑과 갈등을 중심적으로 다루지 않는다. 남녀의 사랑을 토대로 이루어진 가족과 가정이 사회와 문명의 기본인데, 미국 소설은 가정과 사회, 문명을 피해 달아나는 남자 주인공들로 가득 차 있다. 그 원형적인 인물이 미국의 최초의 소설가인 워싱턴 어빙(Washington Irving, 1783-1859)이 창조한 립 반 윙클(Rip Van Winkle)이다.[10] 식민지에 사는 립 반 윙클은 마음은 좋지만 아주 게으른 남자이다. 어느 날 아내의 잔소리를 피해서 산에 올라갔다가 난장이들을 만나 일을 도와주고 술을 한 잔 얻어 마시고 잠이 들었다 깨어난다. 마을로 돌아와 보니 어느새 20년이 흘러 마누라는 죽었고 식민지는 독립 국가가 되어 있다. 윙클은 그때부터 딸의 부양을 받으며 편안하게 살아간다. 윙클은 가정과 문명이 주는 갈등을 피해 산으로 달아난 미국인의 원형이다.

---

9) 『일곱 박공의 집』(*The House of Seven Gables*, 1851) 서문.

10) 어빙의 단편 모음집인 『스케치 북』(*The Sketch Book*, 1819-20)의 단편 「립 반 윙클」의 주인공이다.

쿠퍼의 주인공 호크아이도 숲에서 인디언과 함께 독신으로 사는 것을 더 즐기며, 멜빌의 『모비 딕』에서 이슈메일은 모험을 찾아 바다로 나가며 여자가 전혀 등장하지 않는 뱃사람들의 이야기를 전달한다. 마크 트웨인의 『톰 소여의 모험』이나 『허클베리 핀의 모험』도 사내아이들의 모험이야기이다. 허클베리 핀은 소설의 마지막에서 문명을 거부하고 숲으로 들어가겠다고 천명한다. 유일하게 남녀의 불륜과 삼각관계를 다룬 호손의 『주홍 글자』에서 주인공 헤스터와 딤즈데일은 죄의 결과로 벌을 받고 죄의식으로 고민하는 모습만 보여주어 이들이 과연 어떻게 사랑을 했는지 짐작도 되지 않을 정도이다.

4 미국의 역사

1) 신대륙의 발견과 식민지 시대 (1493-1776)

14세기에 이르러 유럽에서는 암흑의 중세 시대가 막을 내리고 이탈리아 반도를 중심으로 르네상스가 꽃피었으며, 포르투갈과 스페인에서는 항해 기술이 발전하여 바야흐로 먼 바다까지 항해를 감행하는 모험의 시대의 막이 올랐다. 이탈리아 출신의 상인 마르코 폴로(Marco Polo, 1254-1324)가 17년 동안 중국에 머물면서 주변국을 여행했던 경험을 기록한 『동방 견문록』(*Book of the Marvels of the World,* c. 1300)[1]은 그러한 항해의 꿈에 불을 지폈다.

이탈리아인 크리스토퍼 콜럼버스는 인도를 비롯한 아시아를 발견하여 돈을 벌겠다는 원대한 포부를 갖고서 자신의 항해에 자금을 지원해 줄 투자자를 물색했다. 포르투갈의 왕 주앙 2세(John II)는 이를 거절했으나 그와 경쟁관계에 있던 카스티야(Castile)의 여왕 이사벨 1세(Isabel I)[2]와 여러 귀족에게서 콜럼버스는 마침내 후원을 받을 수 있었다. 콜럼버스는 1492년 인도를 향해 출항했지만 먼 바다의 항해는 쉽지 않았다. 오랜 항해에 지친 선원들이 거의 선상 반란을 일으킬 정도의 상황에 이르렀을

1) = *The Travels of Marco Polo.*

2) 아라곤(Aragon)의 왕 페르난도 2세(Ferdinand II)와 결혼하여 통일 스페인의 기반을 닦았다.

시점에 다행히도 육지가 발견되었고 콜럼버스는 그것이 인도라고 확신했다. 그 믿음은 1506년 그가 죽을 때까지 변하지 않았다.[3] 그러나 그들이 발견한 것은 인도가 아니라 당시의 유럽인들이 알지 못했던 새로운 땅으로, 현재의 아메리카 대륙의 초입에 있는 서인도 제도였다. 아메리카 대륙 자체는 1499년 이탈리아의 상인 아메리고 베스푸치에 의해 발견되어 아메리카로 명명되었다.

아메리카 대륙에는 황금이 널려있다는 잘못된 소문을 믿고서, 또 아메리카 원주민을 노예로 팔아 이익을 챙기겠다는 욕심으로 유럽의 많은 모험가들이 아메리카 대륙으로 몰려들었고, 이들은 원주민을 상대로 약탈과 학살에 거리낌이 없었다.[4] 곧이어 각 국가들이 국가적 차원에서 본격적으로 아메리카 대륙에 식민지를 건설하는 작업에 뛰어들었다. 콜럼버스에서 시작된 스페인의 식민지 건설에 뒤이어 포르투갈, 영국, 프랑스가 아메리카 대륙에 대규모의 식민지를 건설했다. 북아메리카에서는 특히 영국과 프랑스의 경쟁이 치열하게 이루어졌다. 영국인 존 캐벗(John Cabot, 1450?-1499)[5]이 북미대륙의 동해안을 탐사했으므로 영국은 이 지

3) 최초의 항해는 1492년 8월 3일에 시작되어 그해 10월 12일에 현재의 바하마 제도(Bahamas)에 이르렀는데 이때 발견한 섬을 산살바도르(San Salvador, 구세주의 섬)라 칭하였고, 이어서 현재의 쿠바(Cuba)와 아이티(Haiti)에 도달하여, 그곳을 인도의 일부라고 생각하고 원주민을 인디언(Indian)이라고 불렀다. 12월에 스페인으로 귀국한 콜럼버스는 "신세계"의 부왕으로 임명되었다. 이때 그가 가져온 금제품은 전 유럽에 센세이션을 일으키면서 황금을 찾아 신세계로 향하는 인구가 급증했다.

4) 콜럼버스의 상륙을 기념하는 "콜럼버스의 날"(Columbus Day)인 10월 12일은 오늘날 인디언 학살의 상징일로 정해져서, 매년 이날 미국의 원주민들은 시위를 벌인다. 중앙아메리카의 여러 나라에서는 이 날의 명칭을 "원주민 저항의 날"로 바꾸자는 움직임도 있다.

5) 원래 이름은 조반니 카보토(Giovanni Caboto)라는 이탈리아인이다. 영국에서 헨리 7세의 인가를 받아 아시아 항로를 개척하려고 서쪽으로 향하다가 1497년 현재의 캐나다 노바스코샤(Nova Scotia = "새 스코틀랜드") 주에 속하는 케이프브레튼 섬(Cape Breton Island)을 발견한 후 이곳을 아시아 동부의 해안으로 착각하고 귀향했

역을 뉴잉글랜드 식민지로 점유했고, 프랑스인 자크 카르티에(Jacques Cartier, 1491-1557)[6]는 세인트로렌스 강(Saint Lawrence River)[7]과 주변을 탐험했으므로 프랑스는 이 지역의 영유권을 주장했다. 캐나다의 퀘백(Quebec) 지역과 현재의 루이지애나가 프랑스령이 되었고, 버지니아와 캐롤라이나, 뉴잉글랜드를 비롯한 동부의 대부분 지역은 영국의 식민지로 확립되었다. 그 외 뉴욕과 뉴저지는 네덜란드가 뉴네덜란드로, 델라웨어는 스웨덴이 뉴스웨덴으로, 스페인은 플로리다에 각각 식민지를 구축했다.

영국의 식민지가 본격적으로 세워진 것은 1607년 영국 왕 제임스 1세(James I, 재위 1603-1625) 때 현재의 버지니아 주에 제임스타운(Jamestown)을 건설하면서이다. 버지니아 식민지인들은 영국 국교회를 믿었고, 본국을 모방한 대의제 의회를 채택했으며, 본국인과 똑같은 권리를 가지고 자치를 행하였고, 흑인 노예의 매매를 실시했다. 버지니아 식민지의 제도는 다른 영국계 식민지에서도 그대로 채택되었다.

1620년에 다른 중요한 식민지가 세워졌다. 102명의 영국 청교도들이 메이플라워 호를 타고 현재의 매사추세츠 주 플리머스에 도착했던 것이다. 나중에 필그림 파더스(Pilgrim Fathers)라고 지칭되는 이들은, 11월 11일 육지에 상륙하기에 앞서 성인남자 전원이 참가한 회의에서, 자주적 식민지정부를 수립하고 다수결 원칙에 따라 운영할 것을 결정하는 계약을

다. 다음 해 다시 대서양을 건너 뉴펀들랜드 섬(Newfoundland Island)에 상륙했다. 영국은 영국 정부의 인가를 받은 캐벗이 뉴펀들랜드 섬에 최초로 상륙한 유럽인이라는 주장을 근거로 캐나다 지역의 소유권을 요구하였다.

6) 1534년 세인트로렌스 만과 세인트로렌스 강변을 발견했고, 다음 해의 항해에서 캐나다(Canada)라고 이름 지었다. 캐나다는 인디언 말로 "정착," "마을," "땅"의 의미이다.

7) 현재의 캐나다의 온타리오 주와 퀘벡 주, 미국의 뉴욕 주 사이의 국경을 지나가며 오대호와 대서양을 잇는 강이다.

체결하였다. 이를 〈메이플라워 서약〉(Mayflower Compact)이라고 한다. 이 계약은 플리머스 식민지의 기본법이 되었고 미국의 사상의 근간을 이루게 되었다. 이후 영국의 식민지는 차츰 범위가 커졌고 1732년경에는 대서양 연안에 13개의 식민지를 만들어 북아메리카에서 가장 큰 식민 세력으로 부상했다.

2) 독립 국가 미국의 건국

북아메리카 대륙의 13개 영국 식민지들은 영국 국왕에게 충성을 약속했고, 영국의 사상과 정치제도를 모델로 삼았으며, 영국의 전통을 존중했다. 그러나 영국은 식민지의 자치를 억압했고, 식민지의 산업발전을 방해했으며, 식민지인들이 서쪽 프런티어로 진출하지 못하게 저지하는 정책을 집행했다. 또 중상주의(mercantilism)[8]를 실행하면서 식민지를 본국의 이익을 위해서만 존재하는 착취의 대상으로 여겼으며, 식민지인들의 동의 없이 과다한 과세를 결정하였다. 영국의 부당한 정책에 대한 누적된 불만은 점차 정치적인 저항으로 발전하게 되어 식민지의 독립이 추진되었다.

미국 독립 전쟁(American Revolutionary War, 1775-1783)의 직접적인 원인은 일련의 과세에 대한 식민지의 저항에서 시작되었다. 영국은 당시 유럽에서 벌어진 〈7년 전쟁〉(Seven Years' War, 1754-1763)[9]의 일환으로 북

8) 16세기에서 18세기에 유럽을 주도했던 경제이론이며 실천이다. 중상주의는 국가의 힘을 증대시킬 목적으로 경제에 대한 정부의 규제를 강화하는 것이며, 정치적 전제주의(absolutism)와 상응하는 제도이다. 역사적으로 중상주의는 전쟁과 식민지 확장으로 이어졌으며, 가장 보편적인 특징이 고관세이다. 영국은 미국 식민지를 자국의 공산품을 소비하는 시장으로 보았고, 각종 고관세로 식민지인들의 자유로운 수출입을 규제했다. 식민지인들은 밀수출과 밀수입으로 이에 대응했다.

9) 오스트리아와 프로이센의 전쟁으로 주요 사건은 1756년에서 1763년의 7년 동안에

아메리카의 〈프렌치-인디언 전쟁〉(French and Indian War, 1754-1763)을 수행하면서 많은 채무를 안게 되었다. 이를 충당하기 위해 영국은 식민지에 〈인지세법〉(Stamp Act, 1765) 등 각종 세금을 부과하였다. 무리한 과세에 반발한 식민지인들은 영국의 과세 결정은 아메리카 식민지의 대표들이 참여하지 않은 채 이루어졌다는 이유로, "대표의 참여 없는 세금 부담은 무효"(No taxation without representation)라고 주장하였다. 13개 식민지가 〈인지세법〉 폐지를 강력히 주장하자 영국은 할 수 없이 다음 해에 〈인지세법〉을 철폐했다.

영국은 다시 〈차법〉(Tea act, 1773)[10]을 제정하여 차의 무역을 독점하려고 했다. 이에 격분한 일단의 식민지인들은 1773년 12월 보스턴 항구를 습격하여 배에 실린 차 상자를 전부 바다에 내던졌는데 이것이 〈보스턴 차 사건〉(Boston Tea Party)이다. 영국 정부가 보스턴 항구를 폐쇄하고 군대를 보내 저항하는 주민들을 강경하게 진압하자 식민지인들은 민병대를 조직하였고, 매사추세츠 주의 렉싱턴(Lexington)과 콩코드(Concord)에서 영국 군대와 맞서 전투를 벌였다. 이후 보스턴 근처의 〈벙커힐 전투〉(Battle of Bunker Hill) 등을 기점으로 독립 전쟁이 시작되었다.

13개 식민지의 대표들은 영국에 대항하기 위한 독자적인 의회의 구성에 합의하였고 1774년 1차 대륙 회의(Continental Congress)를 개최하였다. 1776년 7월 4일 필라델피아에서 열린 2차 대륙 회의에서는 13개 식민

벌어졌다. 유럽의 거의 모든 나라가 참여하였고, 그 연장으로 식민지에서도 전쟁이 벌어졌다. 그중 영국과 프랑스가 아메리카 대륙에서 벌인 전쟁이 〈프렌치-인디언 전쟁〉이다.

10) 영국의 〈동인도 회사〉가 미국 식민지에서 관세를 물지 않고 차를 팔 수 있게 하는 법이다. 이 법에 의해 〈동인도 회사〉는 식민지 상인과 밀무역업자보다 싼 가격으로 홍차를 공급할 수 있으므로 차 시장을 독점할 수 있게 된다. 당시 유럽 시장에서 경쟁력을 상실한 〈동인도 회사〉를 구제하려는 법안이었다. 〈차법〉이 차에 대한 과세를 강화한 것은 아니었지만, 많은 식민지 개척민들이 밀무역으로 생계를 유지했기 때문에 〈동인도 회사〉에 특권을 주는 것에 반발했다.

지의 대표들이 토마스 제퍼슨이 초안한 〈독립 선언문〉에 서명하였고, 새로운 국가인 미합중국을 수립하였다. 이 선언문에서 토마스 제퍼슨은 영국 국왕 조지 3세가 약속을 지키지 않았다고 비판하면서, 미국인은 "생명과 자유와 행복 추구의 권리"가 있다고 선언하였다. 독립 전쟁 중에 처음으로 "미합중국"(United States of America), "미국인"(American)이라는 용어가 사용되었고 미국의 국기인 "성조기"(Stars and Stripes)가 만들어졌다.

미국 독립군인 대륙군(Continental Army)[11]은 전쟁 초기에는 영국군에게 일방적인 패배를 당했다. 그러나 총사령관인 조지 워싱턴 장군의 뛰어난 지략과, 일부 영국인들의 지지와 동조, 동맹을 맺은 프랑스의 적극적인 군사적 지원 등에 힘입어 점차 많은 전투에서 승리를 거두게 되었다. 미국군은 1777년 새러토가(Saratoga), 1781년 요크타운(Yorktown) 전투에서 대영 제국의 군대에 승리하면서 영국군의 투쟁 의지를 꺾어 놓았다. 결국 1783년 9월 3일 프랑스 파리에서 〈파리 조약〉(Treaty of Paris)으로 평화 협정을 맺으면서 미합중국은 국제적으로 독립을 승인받았다.

* 〈독립 선언문〉

다음과 같은 사실을 자명한 진리로 받아들인다. 즉 모든 사람은 평등하게 태어났고, 창조주는 몇 개의 양도할 수 없는 권리를 부여했으며, 그 권리 중에는 생명과 자유와 행복의 추구가 있다. 이 권리를 확보하기 위하여 인류는 정부를 조직했으며, 이 정부의 정당한 권력은 인민의 동의로부터 유래하고 있는 것이다. 또 어떤 형태의 정부이든 이러한 목적을 파

11) 1775년 대륙 회의의 결의에 기초해 영국군에 대항하기 위해 결성된 군대이며, 〈파리 조약〉이 체결된 후 해산되었다.

괴할 때에는 언제든지 정부를 개혁하거나 폐지하여 인민의 안전과 행복을 가장 효과적으로 가져올 수 있는, 그러한 원칙에 기초를 두고 그러한 형태로 기구를 갖춘 새로운 정부를 조직하는 것이 인민의 권리이다.

* "Declaration of Independence"

We hold these truths to be self-evident, that all men are created equal, that they are endowed by their Creator with certain unalienable Rights, that among these are Life, Liberty and the pursuit of Happiness.--That to secure these rights, Governments are instituted among Men, deriving their just powers from the consent of the governed, --That whenever any Form of Government becomes destructive of these ends, it is the Right of the People to alter or to abolish it, and to institute new Government, laying its foundation on such principles and organizing its powers in such form, as to them shall seem most likely to effect their Safety and Happiness.

3) 독립국가 미국의 성장

1787년 필라델피아 회의에서 〈미합중국 헌법〉(Constitution of the United States of America)이 선포되고 조지 워싱턴이 초대 대통령으로 당선되었다. 강력한 지도자인 워싱턴 대통령은 연방 정부의 중요성을 믿는 연방주의자(federalist)로서, 재무장관(Secretary of the Treasury)으로 알렉산더 해밀턴(Alexander Hamilton), 국무장관(Secretary of State)으로 토마스 제퍼슨을 임명하며 초대 행정부를 구성하였다. 초대 행정부의 정책 방향은 이후 연방 국가로서의 미국의 방향을 제시하였다.

해밀턴은 워싱턴과 함께 상공업자의 이익을 대변하면서, 연방 정부의 권한을 강화하여 능률적이고 질서 있는 정책을 실행할 것을 주장하였다.

해밀턴의 정책을 지지하는 사람들은 〈연방당〉(Federalist Party)을 창설했다. 반면 제퍼슨은 농민의 이익을 대표했고, 연방의 중앙 집권적인 힘을 경계하는 반연방주의자(anti-federalist)이며 공화주의자로서, 개별 주의 권한을 더 인정할 것을 주장했다. 제퍼슨은 제임스 메디슨과 함께 〈공화당〉(Republican Party)[12]을 창당했다. 이 두 정책 방향은 이후 협조와 갈등을 반복하면서 미국의 정책의 근간을 이루었다. 이후 미국은 여러 정책의 실행, 주변국과의 전쟁, 서부 개척과 원주민과의 갈등을 거치면서 점차 영토를 확장하고 발전해갔다.

(1) 수도의 이전

독립 당시 미국의 수도는 뉴욕이었으나 1790년 필라델피아로 이전했다. 그러나 수도가 북쪽에 치우쳐 있다는 남부 주민들의 비판에 따라, 당시 미국의 중심부에 해당하는 메릴랜드와 버지니아 주 경계의 포토맥 강 유역에 토지를 마련하여 컬럼비아 특별구를 설정하였고, 이곳에 새로운 수도를 건설하기로 결정되었다. 1801년 새로운 수도가 완공되어 정부 기관이 이전하였으며, 새 수도가 완성되기 직전인 1799년에 사망한 초대 대통령 조지 워싱턴을 기념하여 워싱턴 시로 이름 지었다.

(2) 〈위스키 반란〉(Whiskey Rebellion, 1794)

미국은 독립한 이후에도 여러 갈등을 안고 있었는데 그 중 하나가 〈위스키 반란〉으로 나타났다. 〈위스키 반란〉은 서부의 개척민들이 주류에 대한 연방세(federal tax) 부과에 항의한 폭동이었다. 재무장관 해밀턴은 증류주의 제조와 운송비용에 과세하는 법안을 의회에서 통과시켰다. 독립 전쟁 때 정부가 진 빚을 갚겠다는 이유에서였지만, 과세를 사회적 규

---

12) 〈민주공화당〉(Democratic-Republican Party)이라고도 하며 〈제퍼슨 공화당〉(Jeffersonian Republicans)이라고도 한다.

제 수단으로 정당화하여 연방 정부의 권력을 강화하려는 의도가 있었다. 그러나 위스키에 대한 과세가 진행되자 변경 지역의 개척민과 농부들이 극도로 반발했다. 이들은 남은 곡물로 위스키를 만들어 물물 교환의 수단으로 이용했기 때문에 과세는 불공평하다고 여겼다. 게다가 의회가 고안한 세법은 대규모 증류업자보다 개척민과 농부 같은 소규모업자들에게 훨씬 불리한 조건이었다. 결국 이들의 불만은 폭동으로 번졌고, 이 사건은 연방 정부가 처음 맞는 큰 시련이었다. 워싱턴은 민병대를 소집해서 직접 군대를 이끌며 반란군들을 분쇄시키고 공권력을 확립했다.

(3) 〈유사 전쟁〉(Quasi-War, 1798-1800)

미국은 독립 전쟁 때 영국과 적대 관계에 있던 프랑스의 루이 16세(Louie XVI, 재위 1774-1792)에게서 많은 지원을 받았다. 1789년 프랑스에서는 시민혁명(French Revolution)이 일어나 왕정이 전복되고 루이 16세가 처형되었으며 공화 정부인 프랑스 총재정부(Directory, 1795-1799)가 세워졌다. 총재정부와 미국의 관계가 악화되면서 미국과 프랑스는 선전포고 없이 일련의 해상 전쟁을 벌였다. 이것이 〈유사 전쟁〉[13]이다. 1799년 나폴레옹 보나파르트(Napoléon Bonaparte, 1769-1821, 재위 1804-1815)가 총재정부를 무너뜨린 후 존 애덤스 대통령이 평화사절을 파견하여 전쟁이 종결되었다.

(4) 〈루이지애나 매입〉(Louisiana Purchase, 1803)

미국의 독립을 인정한 〈파리 조약, 1783〉에서 미국의 영토는 스페인령의 플로리다 반도 일대를 제외한 미시시피 강 동쪽의 영토로 확정되었다. 미시시피 강에서 서쪽으로 로키 산맥(Rocky Mountains)까지 이르며 남북

---

13) 〈선전포고 없는 대 프랑스 전쟁〉(Undeclared War with France), 〈해적 전쟁〉(Pirate Wars), 〈절반 전쟁〉(Half-War)으로 부르기도 한다.

으로 길게 뻗은 광대한 땅인 루이지애나는 원래 스페인의 식민지였으나 1800년 나폴레옹이 스페인을 정복하면서 프랑스의 식민지가 되었다. 프랑스는 이후 루이지애나에서 교통상의 요로인 미시시피 강을 무시로 항행하면서 강 하구인 뉴올리언스에서 화물을 적재했다. 이에 위협을 느낀 제퍼슨 대통령은 제임스 먼로를 프랑스에 파견하여 루이지애나의 매입을 교섭하였다. 제퍼슨은 루이지애나를 매입하여 서부로 영토를 확장하는 발판으로 삼고자 했던 것이다. 당시 영국과의 전쟁을 준비하고 있던 나폴레옹은 전비를 조달할 목적으로, 또 미국의 협조가 필요했으므로, 프랑스 땅의 5배에 달하는 광대한 루이지애나를 15,000,000달러라는 싼 가격에 양도하였다. 루이지애나 매입으로 미국은 프랑스의 잠재적 위협을 해소할 수 있었을 뿐만 아니라, 미국 영토를 2배로 확대하게 되었고, 미시시피 강 서쪽으로 새로이 개척할 프런티어를 가지게 되었으니, 이 사건은 보기 드문 외교적 성과이다.

(5) 〈영미 전쟁〉(War of 1812, 1812-1815)

미국이 루이지애나를 인수한 얼마 후 나폴레옹이 이끄는 프랑스와 영국은 전쟁에 돌입했다. 미국의 입장은 다소 복잡했다. 미국은 여전히 영국과 감정적 유대를 느끼고 있었고, 프랑스에 대해서는 독립할 때 도움을 받았다는 사실을 무시할 수 없었다. 경제적인 측면에서도 미국은 양국 모두와 좋은 관계를 유지할 필요가 있었다. 미국 경제는 유럽에 농산물을 수출해서 버는 외화에 절대적으로 의존하고 있었기 때문이다. 미국은 중립적 자세를 견지하면서, 영국과 프랑스 양국에, 또 카리브 해에 있는 양국의 식민지에 농산물과 원자재를 수출했다. 영국과 프랑스는 자국에게 이익이 될 때는 미국의 무역을 허용했고, 불이익이 될 때는 금지하는 등 종잡을 수 없었으므로, 미국은 곤혹스러운 상황에 빠져 있었다.

1805년 〈트라팔가 해전〉(Battle of Trafalgar)[18]에서 프랑스를 대패시킨

영국은 프랑스 해상을 봉쇄하면서 미국 무역선에 대해서도 해상 봉쇄를 실시했다. 이로 인해 미국의 농산물 수출은 큰 타격을 받았다. 게다가 영국은 아직 미합중국에 편입되지 않은 북서부 지역의 원주민들이 미국 정부와 개척민들에게 저항할 수 있도록 무기를 공급해 주었다.

제퍼슨 대통령은 처음부터 평화 정책을 고수했고, 뉴잉글랜드 지방은 영국과 무역을 하여 이익을 얻어야 했으므로 영국과의 전쟁에 반대하는 입장이었다. 그러나 남부와 서부의 개척민들은 전쟁이 터지면 원주민들의 땅을 빼앗을 수 있고 또 농산물의 수출이 확대될 것을 기대해서 전쟁을 지지했다. 결국 영국과의 전쟁이 필연적이라는 견해가 강해졌다. 1812년 6월 미국 정부는 영국이 미시시피 강 서부와 캐나다 원주민을 지원했다는 구실로 영국에게 선전 포고를 했으며 이로써 〈영미 전쟁〉이 시작되었다.

영국은 승기를 잡은 나폴레옹 전쟁에서 남은 병력을 미국과의 전쟁에 투입할 수 있었고, 군대의 장비와 훈련 면에서 미국보다 앞서 있었으므로 전쟁 초기에는 미국이 불리했다. 영국군은 메인 주를 공격해서 점령했고 1814년에는 워싱턴을 함락했다. 그러나 미국군은 곧 반격을 시도해서 볼티모어에서 승리를 거두었고, 1815년 초 앤드루 잭슨이 뉴올리언스 전투에서 대규모의 영국군을 대패시켰다. 그 후 나폴레옹이 패배하면서 영미 간의 갈등의 원인이 소멸되었으므로 미국과 영국 사이에 화해 분위기가 조성되어 전쟁이 끝났고, 미영의 식민지에서의 영토를 전쟁 이전의 상태로 되돌린다는 협정이 맺어졌다.

이 전쟁을 통해 미국은 자국의 위상에 대해 자부심을 얻게 되었고 정신적인 독립을 이루게 되었다. 이후 미국은 국수주의적인 정책을 시행하

---

14) 스페인 남서쪽의 트라팔가 갑에서 영국 해군이 프랑스-스페인 연합 함대를 상대로 결정적인 승리를 거두었다. 이 승리를 이끈 호레이쇼 넬슨 제독(Admiral Horatio Nelson, 1758-1805)은 전투 중에 전사했다.

면서, 보호 관세를 제정하여 자국의 공업을 발전시키는 정책으로 경제 발전을 이룩했다. 따라서 이 전쟁은 “제 2의 독립 전쟁”(the second war of independence)으로 평가된다. 아메리카 원주민들은 독립 국가를 보장하겠다던 약속을 믿고 영국을 도왔다가 개척민들에게 중서부의 땅을 빼앗기고 쫓겨나게 되면서 가장 큰 손실을 입었다.

(6) 서부 개척 시대

13개 주로 시작한 미합중국은 독립 직후부터 서부의 프런티어로 영토를 확장하는 정책을 시행했다. 서부의 개척지는 처음에는 거대한 목장이 주를 이루었으나 점차 농업 개척민들이 증가했다. 개척민에게 160에이커(약 20만평)의 농장 부지를 무상으로 공급하는 자영 농지법인 〈홈스테드 법〉(Homestead Act, 1862)은 농업 개척을 더욱 증가시켰다.

서부 개척에는 다양한 사람들이 참가했다. 종교 박해를 피하려는 모르몬 교도들, 골드러시(Gold Rush)에 금광을 채굴하려는 사람들, 넓은 농토를 가지려는 사람들, 모국의 가난을 피해온 이민자들 등 각양각색의 사람들이 대거 서부로 이주하여 개척의 역사를 열었다. 이 개척의 역사에서 유명한 사건으로는, 오리건 통로(Oregon Trail)[15] 같은 개척로의 개설, 1846년부터 1847년에 걸친 모르몬 교도들의 유타 이주,[16] 1849년 캘

15) 미국 개척 사상 가장 유명한 이주 도로로 개척민들의 서부 이주에 크게 기여했다. 오리건 통로는 1820년대에는 사냥꾼이나 상인, 선교사들만 통행하던 험한 길이었으나, 1840년대 초 골드러시 때 금을 캐러 집단으로 이동하는 사람들, 캘리포니아로 가는 개척민들, 유타로 향하던 모르몬 교도들, 목장주들, 카우보이들이 이용하면서 발달하게 되었다. 동쪽에서 서쪽으로 3,200킬로미터에 걸친 마차 길로 미주리 강에서 오리건의 계곡으로 이어진다. 오리건 통로의 동쪽은 현재의 켄자스 일부, 네브래스카와 와이오밍을 지난다. 오리건 통로의 서쪽은 현재의 아이다호와 오리건을 지난다.

16) 모르몬교의 정식명칭은 예수 그리스도 후기 성도 교회(Church of Jesus Christ of Latter-day Saints)이다. 1830년 뉴욕 주에 살던 조셉 스미스 2세(Joseph Smith II,

리포니아 주에서 골드러시 기간에 이주한 사람들인 포티나이너스(Forty-niners), 1859년 콜로라도 주의 골드러시 등이다.

서부 개척의 중요한 전환점은 1869년 대륙 횡단 철도의 개통이다. 19세기 중반 무렵 미국의 영토는 이미 태평양 연안까지 도달했고 골드러시로 서부의 인구는 급증했지만 기간산업의 발전이 늦어 서부는 마치 섬과 같은 상태였다. 동서 교통은 여전히 마차나 선박에 의존했는데, 육상 교통인 마차를 이용하면 대평원(Great Plains)[17]과 로키 산맥을 넘어야 했고, 원주민의 공격을 받을 수도 있었고, 거의 반년이 소요되었다. 선박을 이용할 경우 동부에서 서부로 가기 위해서는 남아메리카의 남단을 돌아야 했으므로 4개월이 걸렸고, 남단의 해역이 파도가 높고 거칠어 전복 사고가 빈번하게 발생했다.

링컨 대통령은 남북의 갈등을 겪고 있는 상황에서 동서의 분열을 방지

1805-1844)가 하나님께 기도하던 중 나타난 천사에게서 고대의 예언자 모르몬(Mormon)이 기록한 금판을 받았으며, 이 금판을 영어로 번역한 〈모르몬 경〉(*Book of Mormon*)을 바탕으로 모르몬교를 설립했다. 모르몬교는 미국에서 자생한 탓에 기성 기독교와 끊임없이 마찰을 겪었다. 스미스가 일부다처제를 주장하면서 금욕적인 청교도 주민들과의 갈등은 더욱 심해졌다. 교회는 주민들의 핍박을 피하기 위해 오하이오 주 커트랜드(Kirtland)에서 미주리 주 파 웨스트(Far West)로, 일리노이 주 노부(Nauvoo)로 이동했으나, 반역죄로 수감되어 있던 조셉 스미스 2세가 폭도들에게 살해되자 새 지도자 브리검 영(Brigham Young)은 서부의 개척지로 이주하기로 결정했다. 모르몬 개척자(Mormon pioneers)라고 불리는 일단의 모르몬 교인들은 네브래스카를 거치는 험난한 길을 지나갔으며, 이 길을 "모르몬 개척자 길"(Mormon Pioneer Trail)이라고 한다. 이들은 1847년 유타 준주(Utah Territory)에 정착하였다. 현재까지 모르몬교의 본산이 유타 주의 솔트레이크 시에 있다. 모르몬교의 일부다처제는 1878년 미국 연방 법원에서 위헌으로 판결되었고, 1890년 미국 연방 정부가 모르몬 교회의 재산을 동결하자 모르몬교의 회장인 윌포드 우드러프(Wilford Woodruff)는 일부다처제를 인정하지 않는다는 선언을 공표했다.

17) 북아메리카의 중앙, 로키 산맥의 동쪽에 위치한 대평원이다. 미국의 네브래스카 주, 노스다코타 주, 뉴멕시코 주, 몬태나 주, 사우스다코타 주, 오클라호마 주, 와이오밍 주, 캔자스 주, 콜로라도 주, 텍사스 주와 캐나다의 매니토바 주, 서스캐처원 주, 앨버타 주에 걸쳐 있다.

하기 위해서라도 대륙 횡단 철도를 건설하기로 결정했다. 대륙 횡단 철도를 건설하기 위해 정부는 원주민들을 내쫓았고, 부족한 철도 노동자를 보충하기 위해 중국인 노동자의 이민을 승인했다. 여러 난관을 뚫고 마침내 대륙 횡단 철도가 개통되자 마차 행렬(Wagon-trains)로 5~6개월이 걸리던 여행이 6일이면 가능해졌다. 이로 인해 동부와 서부의 물류 교류가 활발해지면서 서부의 농산물은 동부로 쉽고 빠르게 운송되었고 동부의 공산품은 서부에서 시장을 찾을 수 있었으므로, 서부 개척의 속도는 획기적으로 빨라졌다.

그러나 서부의 급작스런 발달은 적지 않은 부작용을 낳았다. 동부는 신정 정치 식민지로 시작되어 비교적 단일하고 안정된 사회로 발달했지만, 여러 민족과 여러 계층, 여러 성향의 이주민들이 모여든 서부의 개척지에서는 법과 질서가 쉽게 확립되지 못했던 것이다. 갱과 도둑 등 총을 든 무법자들이 활개를 쳤고 이를 방지하기 위해 보안관 제도가 등장했다.

한편 서부 개척은 이질적인 민족들이 하나의 미국인이라는 정체성을 얻게 된 과정으로 평가되기도 한다. 역사학자 프레더릭 터너(Frederick Jackson Turner)는 〈프런티어 명제〉(Frontier Thesis)[18]라는 개념을 통해, 프런티어가 "유럽인"을 새로운 민족인 "미국인"으로 변형시키는 과정이라고 설명했다. 그는 이 새로운 민족인 미국인의 가치는 평등, 민주주의, 낙관주의와 더불어, 개인주의, 자신감, 심지어 폭력도 포함하고 있다고 주장했다.

서부 개척사는 미국 역사에서 가장 극적이며 흥미로운 이야기를 담고 있어 영화의 단골 주제가 되었다. 에드윈 포터(Edwin S. Porter)의 무성영화인 〈대 열차 강도〉(*The Great Train Robbery,* 1903) 이후 서부극은 단

18) 논문 「미국 역사에서 프런티어의 중요성」(The Significance of the Frontier in American History, 1893)에서 주장된 명제.

일한 장르로 발전하면서 많은 작품을 양산했고, 존 웨인(John Wayne) 등 서부극의 전문 배우들과 존 포드(John Ford) 같은 서부극 전문 감독이 배출되었다. 포드 감독의 〈역마차〉(*Stagecoach*, 1939), 〈황야의 결투〉(*My Darling Clementine*, 1946)가 유명하며, 프레드 진네만(Fred Zinnemann) 감독의 〈하이눈〉(*High Noon*, 1952〉, 조지 스티븐스(George Stevens) 감독의 〈셰인〉(*Shane*, 1952〉은 서부극의 고전으로 평가된다. 1960년대에 접어들어 백인의 시각에서 본 서부 개척사를 반성하는 서부극이 제작되었으며, 대표작으로 아서 펜(Arthur Penn) 감독의 〈작은 거인〉(*Little Big Man*, 1970〉이 있다.

(7) 아메리카 원주민의 이주

백인 개척민들이 몰려들면서 원래 그 땅에 거주하던 아메리카 원주민들은 살던 터를 빼앗기고 강제로 쫓겨나야 했다. 원주민들은 계속 저항했지만 미국 정부는 군대를 통해 대규모 학살을 감행하거나, 원주민들의 식량인 들소를 절멸시켜 원주민을 고사시키는 정책을 쓰는 등 여러 방법으로 원주민들의 저항을 격퇴시켰다. 정부는 남은 원주민을 서부의 인디언 거류지(Indian Reservation)에 강제로 수용시키기 위한 〈인디언 이주법〉(Indian Removal Act, 1830)을 통과시켰다. 이 법은 동부의 원주민의 땅을 미시시피 강 서쪽의 땅과 교환하는 협상권을 대통령에게 주어서, 개화된 다섯 부족(Five Civilized Tribes)[19]을 포함한 원주민들을 남동쪽에서 쫓아내고 그 땅을 개척민에게 줄 수 있게 한 법이었다.

원주민들은 저항했고 휘그당(Whigs)과 종교 지도자들은 비인간적인 이주를 반대했지만 잭슨 대통령과 민주당은 강제로 법을 집행했다. 원

19) 체로키(Cherokee), 치카소(Chickasaw), 촉토(Choctaw), 크리크(Creek), 세미놀(Seminole) 족. 이들은 식민지인들과 다소 좋은 관계를 유지하면서 그들의 관습을 받아들였기 때문에 이들을 개화되었다고 했다.

주민들의 강제 이주가 시작되었고 이렇게 재배치(relocation)를 하는 과정에 수천 명의 원주민이 목숨을 잃었다. 플로리다의 세미놀족은 서부로 이주하기를 거부하면서 수십 년 간 미국 군대에 저항하며 〈세미놀 전쟁〉(Seminole Wars)[20]을 치루었다. 1862년, 인디언 거류지에서 굶주림에 시달리던 다코타수족(Dakota Sioux)은 폭동을 일으켰다가 38명의 전사들이 일제히 교수형을 당하기도 했다. 이 기록은 아직도 미국 역사상 단일 교수형으로 최대의 기록으로 남아있다.

〈체로키족의 눈물의 길〉(Cherokee Trail of Tears)은 〈인디언 이주법〉에 따라 체로키국(Cherokee Nation) 전체가 1836년에서 1839년까지 자신들이 살던 조지아, 사우스캐롤라이나, 노스캐롤라이나, 테네시, 텍사스, 앨라배마를 떠나서 현재의 오클라호마 지역에 있던 인디언 준주(Indian Territory)로 강제로 이동했던 과정을 말한다. 1836년 조지아 주의 뉴에코타에서 미국 정부는 정부가 지정한 체로키족의 지도자와 체로키국 전체가 서부의 인디언 준주로 이주한다는 〈뉴에코타 조약〉(Treaty of New Echota)을 체결했다. 체로키국이 선출한 지도자들과 대다수의 체로키족은 이 조약에 반대했지만 앤드루 잭슨 대통령은 이 이주를 강제로 집행했다. 이주하는 중에 15,000명의 체로키족 중 약 4,000명이 숨졌다. 체로키족의 언어로 이 과정은 "우리가 울었던 길"로 불린다.

미국 문학에서 아메리카 원주민의 삶을 생생하게 다룬 작가는 제임스 페니모어 쿠퍼이다. 그러나 쿠퍼 같은 백인 작가는 원주민을 제대로 표현하는 데 한계가 있었다. 쿠퍼는 〈모히칸족의 최후〉에서 칭가치국과 웅카스를 순수하고 용감한 인디언 전사로 그려 고결한 야만인(noble savage)

20) 1818년부터 1858년까지 3차에 걸친 전쟁으로 〈플로리다 전쟁〉(Florida Wars)이라고도 한다. 미국이 개입했던 전쟁 중 〈베트남 전쟁〉 만큼이나 오랫동안 계속된 전쟁이어서 오늘날 아메리카 원주민들은 이 전쟁을 〈인디언의 베트남 전쟁〉이라고 한다.

의 전형을 제시했으나, 프랑스군의 첩자로 활약한 마구아(Magua)를 지나치게 악독한 인디언으로 그렸다고 비판되기도 했다. 그러나 아메리카 원주민의 시각으로 본 원주민의 실상은 단편적인 기록만 남아있다. 맥루한(T. C. McLuhan)은『대지와 더불어』(*Touch the Earth: A Self Portrait of Indian Existence*, 1971)에서 원주민의 어록을 채집하여 당시의 원주민의 목소리를 일부 복원하였다. 조셉 추장(Chief Joseph, 1840-1904)[21]은 1879년 인디언 거류지를 거부하면서, 러더퍼드 헤이스 대통령에게 자신의 죽어가는 부족민들을 북서부의 고향으로 돌아가게 해 달라고 요구했다.

> 백인이 인디언과 평화로이 살고자 하면 평화로이 살 수 있소. 옥신각신 할 것 하나 없소. 모든 사람을 똑같이 다루시오. 모든 사람에게 똑같이 법을 주시오. 모든 사람에게 생활하고 자라나는데 평등한 기회를 주란 말이오… 자유로이 태어난 사람이 울타리 안에 갇혀서 마음대로 다닐 자유를 빼앗기고서도 만족하리라고 기대한다면, 그것은 강이 거꾸로 흘러가 줄 것을 기대하는 것이나 마찬가지요. 말을 말뚝에 그냥 매어둔다면 그 말이 살찔 것이라고 생각하오? 조그만 땅덩어리에 인디언을 가둬두고 거기에만 있으라고 강요한다면, 그는 만족하지 못하며 제대로 자라지도 못하고 제대로 살 수도 없을 것이오.

(8) "명백한 천명"(Manifest Destiny)과 〈멕시코-미국전쟁〉(Mexican-American War, 1846-1848)

매사추세츠 만 식민지(Massachusetts Bay Colony)의 최초의 주지사였던 존 윈스럽(John Winthrop, 1588-1649)은 매사추세츠 만 식민지가 "언덕 위의 도시"가 되어 그 외의 세계에 자유와 신을 숭배하는 사회가 어떤 것인지 보여줄 것이며, 미국이 모든 북미대륙을 차지하는 것은 신성한 임무(divine imperative)라고 주장했다. 이 개념은 이후 더 견고해지면서 미국

21) 원래 이름은 "산 아래로 구르는 천둥"(Thunder rolling down the mountain).

의 땅이 서부로 계속 확장되어 대륙 전체를 차지하는 것이 미국인의 "명백한 천명"[22]이며, 그 운명은 미국인의 자유로운 발전을 위하여 신이 베풀어 주신 은혜라고 주장되었다. 이 논리에 따르면, 영토를 확장해 나가는 과정에서 필연적으로 원주민의 영토를 수용하는 행위는 침탈이나 약탈이 아니라 자신들이 천명에 의해서 받은 당연한 권리를 주장하는 행위이다. 이것이 바로 미국인들이 영토 확장 과정을 합리화한 특이한 논리이다. 넓은 땅을 원하는 개척민들에게, 또 영토 확장을 원하는 정치가들에게 명백한 천명이라는 논리는 자신들의 약탈을 합리화 시켜주는 멋진 이론이었다. 이런 논리로 4번째 대통령 제임스 매디슨과 민주당의 주전파(War hawk)들은 팽창주의를 시행했다. 〈젊은 아메리카 운동〉(Young America movement)[23]도 명백한 천명의 논리를 기반으로 했다.

1844년 민주당이 정권을 잡으면서 팽창주의는 더욱 강해졌다. 미국의 동북부를 기반으로 한 휘그당은 도시에 공장을 더 많이 지어 공업의 발전을 꾀하고자 했으므로 영토 확장 정책을 반대했지만, 농민을 기반으로 한 민주당은 서부로의 진출을 강력하게 주장했던 것이다. 11번째 대통령인 제임스 포크는 의회에서 서부로의 팽창을 더 강력하게 수행할 것이라고 선언했다. 그의 선언은 멕시코의 땅인 광대한 캘리포니아의 편입을 염두에 둔 것이었다.

1821년 스페인에서 독립한 멕시코 합중국(United Mexican States)은 현재의 멕시코 뿐 아니라 현재 미국에 속한 광대한 지역인 텍사스, 뉴멕시코, 유타, 네바다, 애리조나, 캘리포니아, 콜로라도 일부를 포함한 광대한 나라였다. 멕시코와 국경을 접한 미국은 일단 텍사스 지역에 원조를

---

22) 1845년 뉴욕 시의 저널리스트 존 오설리번(John O'Sullivan)이 이 용어를 처음 소개했다.

23) 유럽의 개혁 운동에 자극받아 1845년 정치 조직으로 만들어졌다. 자유 무역, 사회 개혁, 영토 확장, 해외의 공화주의 운동에 대한 지지 등을 강령으로 했다.

하면서 텍사스와 긴밀한 유대를 맺었고, 텍사스는 〈알라모 전투〉(Battle of the Alamo, 1836)에서 시작된 독립 전쟁 끝에 1836년 텍사스 공화국(Republic of Texas)으로 독립했다. 멕시코는 텍사스의 독립은 어쩔 수 없이 인정했지만 텍사스가 미국에 통합되는 것은 승인하지 않았다. 그러나 텍사스 공화국과 미국의 이해가 합치되면서 텍사스는 1845년 28번째 주로 미합중국에 가입했다.

전형적인 팽창주의자인 포크 대통령은 텍사스의 병합에 만족하지 않았다. 그는 비옥한 캘리포니아도 미국에 편입하기를 원했고 이런 포크의 정책은 남부의 목화 재배지를 확대하고 싶었던 대농장주들의 지지를 받았다. 포크는 캘리포니아 매입에 대해 멕시코 정부와 협상을 벌였으나 실패하자 전쟁을 치르기로 결정했다. 그는 재커리 테일러 장군의 군대를 리오그란데 강(Rio Grande River)으로 이동시키라고 명령했다. 멕시코와 미국의 국경은 뉴에시스 강(Nueces River)이었고 리오그란데 강은 멕시코 영토 안에 있었다. 그러므로 리오그란데 강으로 미국군을 이동시킨 것은 멕시코의 공격을 유발하는 행동이었다. 예상대로 멕시코가 응전해서 미군 장교와 순찰병이 죽게 되자 포크는, "전쟁을 피하려는 미국의 노력에도 불구하고 멕시코의 도발로 전쟁을 하지 않을 수 없다."고 선언하면서, 1846년 5월 11일 멕시코에 대하여 전쟁을 선포하였다. 이 전쟁에서 승리한 미국은 1848년 〈과달루페이달고 조약〉(Treaty of Guadalupe Hidalgo)에서, 리오그란데 강을 두 국가의 경계로 설정하기로 결정했고, 텍사스 병합을 인정받았으며, 캘리포니아와 뉴멕시코의 땅을 확보했다. 이 전쟁으로 광대한 토지를 얻게 되어 경제력이 급성장한 남부의 발언권이 증대되면서 노예제를 둘러싼 남북의 논쟁이 더욱 격화되었다.

4) 남북 전쟁(American Civil War, 1862-1865)

남북 갈등의 가장 큰 원인은 노예폐지론(Abolitionism)에 대한 논란이었다. 영국에서는 1807년에 노예무역이 폐지되었고, 1833년에는 대영 제국 전체의 노예제가 폐지되었다. 유럽의 거의 모든 나라에서는 1840년에서 50년 사이에 노예제가 폐지되었다. 당연히 미국에서도 노예제를 폐지하자는 주장이 대두되었다.[24] 그러나 남부의 노예 소유주들은 노예로 인해 얻는 막대한 이익을 포기할 생각이 없었다. 남부의 일부 종교 지도자들도 흑인을 노예로 부리는 것이 성경에서 지지받고 있다고 주장했다. 1831년 노예인 내트 터너(Nat Turner)가 반란을 일으킨 사건으로 노예에 대한 억압이 더 심해졌고 노예폐지론은 큰 힘을 얻지 못했다. 1840년 이후 〈제2 대각성〉(the Second Great Awakening)[25]으로 노예폐지 운동이 다시 촉발되었다. 노예를 소유하는 것이 죄(sin)[26]라는 인식이 커지면서 북동부 지역의 신앙심이 깊은 여성들이 노예폐지에 적극적으로 나서게 된 것이었다. 노예폐지를 주장하는 신문도 발간되었다.[27] 해리엇 비처

---

24) 1777년 버몬트를 시작으로 해서 오하이오 강과 〈메이슨-딕슨 경계선〉 위쪽의 주들은 점진적으로 노예를 해방시켰다. 노예를 그대로 둔 경우도 있었지만 노예의 자식은 자유인으로 규정했다. 1806년 제퍼슨 대통령은 국제 노예무역을 범죄로 규정했다. 해방노예 중 일부는 아프리카 대륙으로 귀환하여 1847년 아프리카 서해안에 라이베리아 공화국(Republic of Liberia)을 세웠다.

25) "대각성"은 미국인의 삶에 큰 영향을 끼친 신교도 부흥 운동(Protestant revival movement)이다. 〈제1 대각성〉이 1730년에 시작되어 1743년경에 끝났고, 〈제2 대각성〉은 1790년경에 시작되어 1840년대에 전성기를 맞았다. 이때 종교적인 각성을 한 수백만 명의 사람들이 기존의 복음주의 종파(evangelical denominations)에 등록하거나 새로운 종파를 만들었고, 많은 개혁 운동도 일어났다. 절제(temperance), 노예제 폐지, 여성의 권리에 대한 주장이 제기되었다.

26) 반면 링컨을 비롯한 많은 노예폐지론자들은 노예제가 죄가 아니라 사회악(crime)이라는 견해였다.

27) 윌리엄 개리슨(William Lloyd Garrison)의 〈해방자〉(*The Liberator*, 1831), 도망 노예

스토(Harriet Beecher Stowe, 1811-1896)가 쓴『톰 아저씨의 오두막』(*Uncle Tom's Cabin,* 1852)은 많은 독자를 확보하면서 노예폐지론에 대한 공감을 이끌어내었다.

그러나 노예폐지론이 본격적으로 힘을 얻게 된 것은 인도주의적 운동 때문이라기보다는 경제적이며 정치적인 전략 덕분이었다. 미국의 영토가 확장되고 산업이 발달하는 과정에서 북부와 남부의 경제적 갈등이 증가하면서 노예제 폐지 문제가 중심적인 논란이 되었던 것이다. 북부는 산업, 공업, 어업을 근간으로 하여 발전한 반면, 토지가 비옥한 남부는 대규모 농장인 플랜테이션 농업을 통해 발전했다. 따라서 노예제에 대한 남북의 의견은 첨예하게 대립했다. 남부는 플랜테이션 농업을 지탱해 줄 노예가 필요했지만 북부에서는 공장의 노동자로 일할 자유 흑인이 필요했던 것이다. 북부 출신의 정치가인 링컨은 노예 해방을 선거의 공약으로 삼았고 그가 대통령으로 당선되면서 노예제 폐지를 둘러싼 남북의 갈등이 전쟁으로 비화한다.

(1) 남북 전쟁의 배경

미국의 북부와 남부는 식민지 건설 때부터 차이가 많았다. 북부의 식민지에는 서부 유럽 및 북부 유럽의 이민자들이 섞여 있었으므로 북부인들은 자신들이 혼합된 민족으로서 새로운 미국인이라는 정체성을 형성했음을 인지했다. 반면 주로 영국인 이민으로 구성된 남부에서는 영국의 전통을 그대로 고수하면서 자신들을 북부인들과 다른 존재로 느끼고 있었다. 이런 차이는 경제적인 갈등으로 인해 더 심화되었다. 북부는 중공업화가 급속하게 진행되면서 산업혁명의 과정을 거친 반면, 남부는 면화생산을 주요 산업으로 하는 농업경제에 머물러 있었다. 북부의 공업지대

였던 프레데릭 더글러스(Frederick Douglass)가 창간한 〈북극성〉(*North Star*, 1847) 등이 있다.

는 유럽과 경쟁해야 했으므로 정부가 영국 등 유럽의 수입품에 관세를 부과하는 보호무역을 실행해 자국의 산업을 보호해 줄 것을 요구했다. 반면 남부의 농업 지역은 유럽에 자유롭게 면화를 수출하고 싶었기 때문에 관세 철폐를 요구하는 자유무역을 주장했다. 북부의 공장은 해방된 흑인을 노동자로 고용하여 흑인 계약 노동자가 증가 일로에 있었다. 남부에서는 독립 전쟁 후에 시작된 면화 재배가 영국의 급증한 수요로 인해 대규모로 확대되어 흑인 노예의 노동력에 의존하는 산업 구조가 확립되었다. 메이슨-딕슨 경계선(Mason and Dixon Line)[28]을 경계로 하여 북부는 노예제를 인정하지 않는 "자유주"(free state)인 반면 남부는 노예제를 고수하는 "노예주"(slave state)가 되었다.

이처럼 북부와 남부의 이해가 반목하는 상황에서 서부의 영토가 합중국에 편입되고 인구가 증가하게 되면서, 새로 통합된 주에 대해 노예제를 어떻게 적용시킬 것인가에 대한 남북의 의견이 팽팽히 맞서게 되었다. 노예 제도는 대통령이나 연방 의회의 권한이 아니라 각 주의 권한이었기 때문이다. 북부에서는 합중국 내에 노예주가 증가하는 것을 저지하려고 했고, 남부에서는 노예주를 증가시키려고 했다.

1820년 노예 제도를 인정하는 미주리 주가 합중국의 주로 편입하려고 하자 북부와 남부의 갈등이 표면화 되었다. 결국 연방 정부는 미주리 주를 노예주로 가입시키는 대신 메인 주를 자유주로 가입시켜 남북의 균형을 유지하기로 했다. 그리고 〈미주리 합의〉(Missouri Compromise, 1820)를 통해, 이후에 주를 새로 편입할 때 미주리 주의 남쪽 경계인 북위 36° 30′ 이북에는 노예주의 신설을 인정하지 않기로 결정하였다. 1846년의 〈멕시코-미국 전쟁〉의 결과로 캘리포니아와 뉴멕시코 지방이 미국의 영토

28) 1763년에서 1767년 사이에 영국의 천문학자이자 측량사인 찰스 메이슨(Charles Mason)과 제레마이어 딕슨(Jeremiah Dixon)이 식민지 간의 경계를 결정한 선이다. 이 선은 19세기에 대략 노예주와 자유주를 나누는 기준이 되었다.

가 되면서 이 지역의 노예제 여부가 문제로 떠오르자, 1850년 남부와 북부의 협상으로 일단 타협(Comprise of 1850)을 했다. 첫째, 캘리포니아 주를 자유주로 하며, 둘째, 워싱턴 시에서는 노예매매를 금지하고, 셋째, 새로운 영토는 노예 제도의 존폐를 결정하지 않고 준주(Territory)로 인정하며, 넷째, 〈도망 노예법〉(Fugitive Slavery Law)[29]을 강화한다는 것이었다. 그러나 이 합의는 머지않아 〈캔자스-네브래스카법〉(Kansas-Nebraska Act, 1854)의 제정으로 무효가 되고 말았다. 〈캔자스-네브래스카법〉은 캔자스 준주와 네브래스카 준주의 창설에 대한 법으로, 주민이 직접 결정한다는 "국민주권"(popular sovereignty)[30]에 따라 준주 개척민들은 노예제의 운용을 스스로 결정할 수 있으므로 노예주가 되기로 캔자스 주민들이 결정한 법이다. 그러나 이 법은 〈미주리 합의〉를 정면으로 위반하는 것이었다. 1854년에서 1861년 사이에 캔자스 준주에서는 노예제 폐지를 주장하는 정착민들과 옹호를 주장하는 정착민들 사이에 잦은 충돌이 일어났고 그로 인해 캔자스는 "피 흘리는 캔자스"(Bleeding[Bloody] Kansas)라는 별명을 얻게 되었다. 캔자스는 최종적으로 1861년 자유주로 연방에 합류하

29) 1793년에 제정된 〈도망 노예법〉은 도망 노예에 대한 원소유주의 권리를 보장하는 것이었다. 그러나 1850년의 수정법에서는 자유주 정부와 주민이 도망 노예를 잡아서 송환시킬 의무가 있다는 항을 삽입하여 노예폐지론자들과 인도주의자들의 분노를 일으켰다.

30) 남북 전쟁의 원인은 노예제 문제 뿐 만이 아니라, 연방에 대한 북부와 남부의 시각이 달랐기 때문이었다. 민주당이 주축이 된 남부는, 주가 국가보다 먼저 이루어졌고, 〈연방 헌법〉은 주와 주 사이의 계약에 불과하므로 합중국의 어떤 주든지 연방에 불만이 있으면 연방 합중국에서 탈퇴할 수 있다고 주장하였다. 그러나 공화당이 주축인 북부는, 미국인은 〈연방 헌법〉을 수호하고 미국 민주주의를 유지해야 하는데, 〈연방 헌법〉의 전문에, "우리들 합중국의 인민은... 이 〈헌법〉을 제정하고 확립한다."고 명시되어 있으므로 〈헌법〉은 인민 상호간의 계약이고, 따라서 주가 탈퇴하는 것은 위법이라고 주장했다. 즉 남북 전쟁은 〈헌법〉에 나타난 연방과 주, 개인의 권리와 의무에 대한 해석의 차이에서 비롯된 싸움이기도 했다. 남북 전쟁이 연방의 우선권을 주장하는 북쪽의 승리로 끝나면서, 남부의 국민 주권론은 굴복되었다.

기로 승인되었다.[31] 일단 갈등은 봉합되었지만 약 3개월 후 〈섬터 요새 전투〉(Battle of Fort Sumter)가 터지면서 남과 북은 전쟁에 돌입하였다.

(2) 남북 전쟁의 경과와 결과

1860년 말에 치러진 대통령 선거에서 노예제 폐지를 공약으로 제시한 공화당의 에이브러햄 링컨이 당선되었다. 링컨의 당선은 남부로서는 노예제 폐지의 수용과 그로 인한 경제적 퇴보를 의미했으므로 절대로 수용할 수 없는 일이었다. 그 해 12월 남부의 사우스캐롤라이나 주가 연방(Union)에서의 분리(Secession)를 선언 했고,[32] 1861년 2월에는 남부의 6개 주가 분리를 선언한 후 이 7개 주[33]가 아메리카 연합(Confederate States of America), 즉 남부 연합(Southern Confederation)을 결성하고 제퍼슨 데이비스(Jefferson F. Davis, 1808-1889)를 대통령으로 선출했다. 이후 링컨이 분리를 선택하지 않은 남부의 주들에서 연방군의 군인을 징집하겠다고 발표하자 나머지 노예주인 버지니아, 아칸소, 테네시, 노스캐롤라이나가 분리를 선언하고 남부 연합에 합류해서 총 11개 주가 남부 연합을 구성했다. 북부 연합에 속한 주는 실제로는 20개의 자유주와 5개의 경계주(border states)[34]였으나, 남부의 분리와 남부 연합의 실체를 인정하지 않았으므로 계속 연방으로 지칭했다. 국제 관계에서도 남부 연합은 국가로 인정받지 못했고 연방이 미국을 대표했다.

1861년 3월 4일 링컨은 취임 연설에서, 〈미국 헌법〉은 독립 전쟁 때 만들어졌다가 폐기된 〈연방 규약〉(Articles of Confederation and Perpetual

31) 네브래스카 주는 1867년 남북 전쟁 이후에 자유주로 승인되었다.

32) 극단적인 분리주의자들을 "불 먹는 사람들"(Fire-Eaters)이라고 했다.

33) 앨라배마, 플로리다, 조지아, 루이지애나, 미시시피, 사우스캐롤라이나, 텍사스.

34) 델라웨어, 켄터키, 메릴랜드, 미주리, 웨스트버지니아. 경계주는 노예주이면서 지리적으로 자유주와 접해있고 연방에서 분리를 선언하지 않은 주이다.

Union)[35]과 달리 더 완벽한 연방을 강제하므로, 연방은 의무적이고 영구적이며, 남부의 분리는 "법적으로 무효"(legally void)라고 선언했다. 링컨은 남부를 공격할 의도가 없고 남부에 현재 존재하는 노예제를 끝낼 의도도 없다고 하면서, 분리된 주들이 무조건 연방으로 복귀할 것을 호소했다. 하지만 링컨은 남부 연합을 합법적인 정부로 인정하지 않았으므로 남부 연합에서 보낸 대표와의 협상을 거부했다.

1861년 4월 6일 링컨은 사우스캐롤라이나의 수도 찰스턴의 항구에 있는 연방군의 점유지인 섬터 요새(Fort Sumter)에 식량을 보내려고 했다. 남부 연합에 속한 사우스캐롤라이나는 이 행위를 북부 연방의 군사 지원으로 규정하여 섬터 요새를 폭격했고, 이 전투로 남북 전쟁이 시작되었다. 모두 곧 끝날 전쟁이라고 예상했지만 남북 전쟁은 장기전이 되었고 많은 재산과 인명 피해를 내면서 미국 역사의 부끄러운 상처로 남게 되었다.

1862년 북군은 남부 연합의 수도 리치먼드를 함락하려고 했으나 남부군의 뛰어난 장군인 로버트 리(Robert E. Lee, 1807-1870)에 의해 격퇴되었다. 북부로 진격한 리 장군은 남북 전쟁 중 최대의 격전으로 불리는 펜실베이니아의 게티즈버그 전투(Battle of Gettysburg)에서 패배했다. 1863년 7월 1일에서 3일까지 벌어진 게티즈버그 전투에서는 수천 명이 전사했다. 수천의 시체와 말의 사체가 뒹굴며 썩는 것을 보다 못한 시에서 전사자들을 위한 국립묘지를 만들었고 봉헌식에 링컨을 초빙했다. 이때 링컨이 한 짧은 연설은 미국 역사상 가장 위대한 연설이며 가장 많이 인용

35) 독립 전쟁에서 13개 식민지의 상호 우호 동맹을 정한 약관으로 최초의 연방법이다. 1777년 대륙 회의에서 채택되어 1781년 13개 주가 모두 승인하여 발효했다. 이 법은 연방에 외교, 군사 등의 권한을 인정하지만, 13개 식민지 각각의 절대적인 주권을 인정했다. 따라서 독립 후 내정 혼란이 나타나자 강력한 중앙 정부를 규정한 〈미국 헌법〉이 1787년 새로 제정되었고 1790년 13개 주 모두 이 〈헌법〉을 비준하여 〈연방 규약〉은 소멸되었다.

된 연설 중 하나로 손꼽힌다. 채 300 단어가 안 되는 이 연설에서 링컨은, 〈독립 선언문〉에 나타난 인간 평등의 원칙을 상기시키면서, 남북 전쟁이 국민들에게 참 평등을 가져다 줄 "자유의 재탄생"을 위한 투쟁이라고 역설했다. 링컨의, "인민의, 인민에 의한, 인민을 위한 정부"(government of the people, by the people, for the people)라는 구절은 명구절로 남아 있다.

1864년 서부전선(Western theater)에서 연방군의 윌리엄 셔먼 장군(General William Tecumseh Sherman, 1820-1891)은 애틀랜타를 함락시켰고 곧이어 "바다로의 행군"(March to the Sea) 작전으로 불리는 〈서배너 전투〉 (Savannah Campaign, 1864년 11월)에서 서배너를 함락했고, 1865년 동부 전선에서 율리시즈 그랜트(Ulysses S. Grant, 1822-1885) 장군이 〈파이브폭스 전투〉(Battle of Five Forks)에서 남부군의 리 장군에게 항복을 받음으로써 전쟁이 끝나게 되었다.

남북 전쟁에서 북군의 발전된 공업력과 강화된 해군력은 큰 역할을 했다. 남북 전쟁이 시작될 무렵 북군의 해군력은 40여척의 목조 전함으로 구성되었으나, 기술과 공업력의 발전으로 신속히 해군력을 강화한 북군은 1863년경부터는 남부 해안의 봉쇄를 실현할 수 있었다. 해안 봉쇄로 인해 남부는 면화의 유럽 수출과, 탄약, 의류, 의약품 등의 수입을 방해받게 되어 더욱 궁지에 빠지게 되었다.

남북 전쟁은 처음 예상과 달리 장기전으로 변했으며 전투 양상이 매우 격렬하여 남북 쌍방이 입은 인명피해는 막대했다. 북부의 인적 피해는 2,000,000명의 군인 중 전사자 360,000명, 남부는 700,000명의 군인 중 전사자 250,000명으로 추정되었다. 패배한 남부는 커다란 타격을 입었다. 남부의 대부분 지역은 전쟁으로 황폐해졌다. 또 무작정 노예를 해방시켜야 했으므로 면화 농업이 파탄에 이르렀다. 이후 남부는 경제력이 탄탄한 북부의 경제적 식민지의 입장에 놓이게 되었다. 종전 직후인 1865년 4월 14일 링컨이 남부인 존 부스(John Wilkes Booth)에게 암살되면서 링컨이 추진하려고 했던 관대한 남부 재건안은 묻혀버리고 강경한 남부 억제책이 시행되었다. 1877년까지 과거 남부 연합에 속했던 주들은 차례로 연방에 복귀하였으나 남부인들은 북부에 의해 굴욕을 당했다고 느꼈으므로 북부와 공화당을 불신했고, 거의 무조건적으로 민주당을 지지했다. 이렇게 결속된 남부를 "솔리드 사우스"(solid south)라고 한다.

* 〈노예 해방 선언〉(Emancipation Proclamation)과 〈재건 수정안〉(Reconstruction Amendments)

링컨은 남북 전쟁 중인 1862년 9월 〈노예 해방 예비 선언〉(Preliminary Emancipation Proclamation)을 발표한 후 1863년 1월 1일 〈노예 해방 선언〉을 발표했는데, 핵심내용은 다음과 같다.

첫째, 반란 상태에 있는 여러 주의 노예를 전부 해방한다.

둘째, 해방된 흑인은 폭력을 삼가고 적절한 임금으로 충실히 일해야 한다.

셋째, 흑인에게 연방 군대에 참가할 기회를 준다.

그러나 이 선언에도 불구하고 남북 전쟁이 끝난 후 노예 해방이 전반적으로 이루어지지는 않았다. 대부분의 주에서는 자체적으로, 또는 연방 정부의 〈노예 해방 선언〉에 따라 노예를 해방했지만, 델라웨어 주와 켄터키 주에서는 노예 제도가 합법인 채로 유지되고 있었다. 경계주에서는 노예를 해방시키지도 않았고 노예 제도를 폐지하지도 않았다. 링컨과 지지자들은 〈노예 해방 선언〉이 전쟁을 일으키기 위한 일시적인 방편이었다고 오해받을 것을 우려했으므로, 이 선언을 확인하는 수정 조항을 〈헌법〉에 붙이기로 했다. 1865년 발효된 〈수정안 13조〉(Thirteenth Amendment)는 델라웨어와 켄터키의 노예 해방을 촉구하면서 노예 제도를 불법으로 규정했다. 이후 발효된 〈수정안 14조〉는 흑인에게 다른 시민권자들과 동등한 권리를 보장하였고, 〈수정안 15조〉는 유색 인종의 선거권을 박탈하지 못하도록 규정하였다. 이 3개 조항을 〈재건 수정안〉이라고 한다. 이로써 미국의 노예 제도는 완전히 폐지되었다.

〈헌법 수정안 13조〉
제1절(Section 1) : 노예 제도나 비자발적인 예속은 미국 내와 그 법이 미치는 어떠한 장소에서도 하지 않는다. 그러나 범죄자로서 관련자가 정당하다고 인정한 경우 형벌로 할 때는 예외로 한다. (Neither slavery nor involuntary servitude, except as a punishment for crime whereof the party shall have been duly convicted, shall exist within the United States, or any place subject to their jurisdiction.)
제2절 : 의회는 적절한 입법을 통해 이 조항을 강제할 권한을 가진다. (The Congress shall have power to enforce this article by appropriate legislation.)

〈헌법 수정안 14조〉
제1절 : 미국에서 태어나거나, 귀화한 자 및 그 사법권에 속하게 된 사람 모두가 미국 시민이며 거주하는 주의 시민이다. 어떤 주도 미국 시민의 특권 또는 면제 권한을 제한하는 법을 만들거나 강제해서는 안 된다. 또한 어떤 주도 법의 적정 절차 없이 개인의 생명, 자유 또는 재산을 빼앗아서는 안 된다. 또한 그 사법권 범위에서 개인에 대한 법의 동등한 보호를 부정해서는 안 된다. (All persons born or naturalized in the United States, and subject to the jurisdiction thereof, are citizens of the United States and of the State wherein they reside. No State shall make or enforce any law which shall abridge the privileges or immunities of citizens of the United States; nor shall any State deprive any person of life, liberty, or property, without due process of law; nor deny to any person within its jurisdiction the equal protection of the laws.)

〈헌법 수정안 15조〉
제1절 : 미국 시민의 투표권은 인종, 피부색 또는 이전 예속 상태를 이유로, 미합중국 또는 어떤 주에 의해서도 부정 또는 제한되어서는 안 된다. (The right of citizens of the United States to vote shall not be denied or abridged by the United States or by any State on account of race, color, or previous condition of servitude.)

* 〈게티즈버그 연설〉

여든 하고도 일곱 해 전, 우리의 선조들은 자유 속에 잉태된 나라, 모든 사람은 평등하다는 믿음에 바쳐진 새 나라를 이 대륙에 낳았습니다.

지금 우리는 그 나라, 혹은 그 같이 태어나고 그 같은 믿음을 가진 나라들이 오래도록 버틸 수 있는지 시험받는 내전을 치르고 있습니다. 그리고 우리는 그 전쟁의 거대한 격전지가 되었던 싸움터에 모였습니다. 우리는 그 땅의 일부를, 그 나라를 살리기 위하여 이곳에서 생명을 바친 이들에게 마지막 안식처로서 바치고자 모였습니다. 이것은 우리가 그들에게 해 줘야 마땅하고 옳은 일인 것입니다.

그러나 보다 넓은 의미에서, 우리는 이 땅을 헌정하거나, 봉헌 하거나, 신성하게 할 수 없습니다. 이곳에서 싸우다 죽은, 혹은 살아남은 용사들이 이미 이 땅을 신성하게 하였으며, 우리의 미약한 힘으로는 더 이상 보탤 수도, 뺄 수도 없기 때문입니다. 우리가 지금 이 자리에서 말하는 것을 세상은 주목하지도, 오래 기억하지도 않을 것입니다. 하지만 그 용사들이 이곳에서 한 일은 결코 잊지 못할 것입니다. 우리, 살아남은 이에게 남겨진 일은 오히려, 이곳에서 싸운 이들이 오래도록 고결하게 추진해온, 끝나지 않은 일에 헌신하는 것입니다. 우리들에게 남은 일은 오히려, 명예로이 죽은 이들의 뜻을 받들어, 그분들이 마지막 모든 것을 바쳐 헌신한 그 대의에 더욱 헌신하는 것입니다. 그것은 그분들의 죽음이 헛되지 않도록 하고, 신의 가호 아래, 이 땅에 자유를 새롭게 탄생시키며, 그리고 인민을 위한, 인민에 의한, 인민의 정부가 지구상에서 죽지 않도록 하는 것입니다.

* Gettysburg Address

Four score and seven years ago our fathers brought forth on this continent a new nation, conceived in liberty, and dedicated to the proposition that all men are created equal.

Now we are engaged in a great civil war, testing whether that nation, or any nation, so conceived and so dedicated, can long endure. We are met on a great battle-field of that war. We have come to dedicate a portion of that field, as a final resting place for those who here gave their lives that that nation might live. It is altogether fitting and proper that we should do this.

But, in a larger sense, we can not dedicate, we can not consecrate, we can not hallow this ground. The brave men, living and dead, who struggled here, have consecrated it, far above our poor power to add or detract. The world will little note, nor long remember what we say here, but it can never forget what they did here. It is for us the living, rather, to be dedicated here to the unfinished work which they who fought here have thus far so nobly advanced. It is rather for us to be here dedicated to the great task remaining before us—that from these honored dead we take increased devotion to that cause for which they gave the last full measure of devotion—that we here highly resolve that these dead shall not have died in vain—that this nation, under God, shall have a new birth of freedom—and that government of the people, by the people, for the people, shall not perish from the earth.

* 남북 전쟁을 다룬 문학과 영화

전쟁 중의 인간이 겪는 고통과 갈등은 변치 않는 주제를 부여하므로 남북 전쟁은 이후 많은 문학 작품과 영화의 소재가 되었다. 소설로는 스티븐 크레인(Stephen Crane, 1871-1900)의 『붉은 무공 훈장』(*The Red Badge of Courage*, 1895)과 마거릿 미첼(Margaret Munnerlyn Mitchell,

1900-1949)의 『바람과 함께 사라지다』(*Gone with the Wind,* 1936)[36]가 유명하다. 『바람과 함께 사라지다』는 1939년 빅터 플레밍(Victor Lonzo Fleming, 1889-1949) 감독에 의해 영화화되어 대중적 인기를 누렸다.

『바람과 함께 사라지다』는 남북 전쟁이 터지기 직전의 조지아 주 애틀랜타에서 시작된다. 소설은 타라(Tara) 농장의 장녀로서 천방지축인 스칼렛 오하라(Scarlett O'Hara)의 사랑과 결혼에 대한 이야기를 통해서, 남북 전쟁을 바라보는 남부인들의 시각을 담아내었고, 전쟁으로 인해 고통 받는 여성들, 또 전쟁을 극복하고 살아남는 여성들의 모습을 감동적으로 그리고 있다.

영화로는, 마이클 사라(Michael Shaara)의 소설 『죽음의 천사들』(*The Killer Angels*, 1974)을 영화화한 〈게티즈버그〉(1993), 그 아들인 제프리 사라(Jeffrey Shaara)의 소설 『신과 장군들』(*Gods and Generals*, 1996)의 동명의 영화(2003), 최초의 흑인 연대인 매사추세츠 54연대를 다룬 〈영광의 깃발〉(*Glory*, 1989), 찰스 프레지어(Charles Frazier)의 소설 『콜드 마운틴』(*Cold Mountain*, 1997)의 동명의 영화(2003), 근래에 나온 〈링컨〉(*Lincoln*, 2012)이 있다.

존 제이크스(John Jakes)의 3부작(Trilogy) 소설 『남과 북』(*North and South,* 1982)은 ABC 방송에서 미니시리즈로 제작하여 방영했다. 사우스 캐롤라이나의 노예 소유 농장주의 아들 오리 메인(Orry Main)과 펜실베이니아의 제조업 가정의 조지 헤저드(George Hazard)는 〈웨스트포인트 미합중국 군사 학교〉(United States Military Academy at West Point)의 절친한 동급생이었지만 전쟁이 터지면서 반대편에 서서 싸우게 된다.

---

36) 1937년 퓰리처 상(Pulitzer Prize)을 수상했다.

*『바람과 함께 사라지다』 마거릿 미첼

찬비와 사나운 바람, 팽배한 침울과 암담한 무거운 구름에 가린 1864년의 정월과 2월은 지나갔다. 게티즈버그와 빅스버그의 패전, 게다가 남부군의 중앙 전선도 허물어졌다. 격전 끝에, 이제는 테네시 주의 거의 전부를 북부군이 점령했다. 그러나 다른 손실에 이어 이런 막대한 타격을 입어도, 남부의 사기는 꺾이지 않았다. 들뜬 희망 대신 엄숙한 결의가 자리 잡은 것은 사실이었으나 사람들은 아직도 구름 뒤에 숨은 한 줄기 희망의 빛을 발견했다. 테네시에서의 승리에 뒤를 이어 조지아로 진격하려던 북부군이 9월에 맹렬한 반격을 당한 일이었다.

조지아 주의 서북단인 치커모거에서 전쟁이 시작된 후 처음 보는 격전이 조지아 땅에서 있었던 것이다. 북부군은 채터누거[37]를 점령하고 산길로 빠져 조지아로 침입하려다가 막대한 손실을 당하고 격퇴되었다.

애틀랜타와 그 철도는 치커모거에서의 남부군의 승리를 위해서 큰 역할을 했다. 버지니아로부터 애틀랜타로 통하고 다시 테네시로 북상하는 철도를 따라 롱스트리트 장군[38] 휘하의 군대가 싸움터로 급파되었다. 수백 마일에 이르는 전 선로에 모든 장애물을 제거하고 남동부에 있는 이용 가능한 모든 수송 수단을 동원해서 부대 이동을 도왔던 것이다.

애틀랜타 시민들은 몇 시간을 두고 객차, 유개화차, 무개화차에 함성을 지르는 군인이 가득 실려서 열차에 이은 열차가 역을 통과하는 것을 목격했다. 그들은 먹지도 자지도 못하고, 말도, 구급차도, 보급차도 없이 와서, 휴식을 취할 겨를도 없이 기차에서 뛰어내려 곧장 전쟁터로 달려갔다. 이렇게 해서 북부군은 조지아에서 쫓겨나 테네시로 물러갔다. 그것은 이번 전쟁의 가장 큰 무훈이었고 애틀랜타 시민들은 그들의 철도가 이

37) 테네시주 동남부 테네시 강가에 있는 도시로 남북 전쟁의 격전지.

38) 남군 장군 제임스 롱스트리트

승리를 가능하게 했다는 생각에서 자랑과 개인적 만족감을 느꼈다.

그러나 남부는 겨울 동안 사기를 더욱 드높이기 위해서 치커모거로부터 쾌보가 있어야만 했다. 이제는 북부군이 훌륭한 전사라는 것과 마침내 그들도 훌륭한 장군을 갖게 되었다는 것을 아무도 부정하지 못했다. 그랜트 장군[39]은 도살자와 같아서 승리를 위해서는 아무리 많은 병사를 죽여도 개의하지 않았고 승리는 반드시 얻어내고야 말았다. 셰리던[40]은 남부인들을 공포로 몰아넣는 이름이었다. 그리고 또 점점 자주 사람들 입에 오르내리는 셔먼[41]이라는 이름을 가진 사나이가 있었다. 그는 테네시와 서부 전선에서 이름을 떨쳤는데 단호하고 무자비한 전사로서의 그의 명성은 점점 높아갔다.

물론 리 장군과는 비교가 되지 않았다. 장군과 그 군대에 대한 신뢰는 아직도 컸다. 궁극적 승리에 대한 신념은 흔들리지 않았다. 그러나 전쟁은 너무 장기화하고 있었다. 전사자가 너무 많고, 전상 불구자가 너무 많고, 미망인이 너무 많고, 고아가 너무 많았다. 그러나 아직도 오래고 힘겨운 싸움이 남아 있고 그것은 더 많은 전사자, 더 많은 전상자, 더 많은 미망인과 고아를 의미했다.

사태가 더욱 악화된 것은 고위층에 대한 막연한 불신감이 일반 시민들 사이에 만연되기 시작한 때문이다. 많은 신문들은 데이비스 대통령 자신과 그의 전쟁 수행 방침에 대해서 공개적으로 비난했다. 남부 정부의 각료 간에 분열이 생기고 대통령과 장군들 사이에도 불화가 있었다. 통화 가치는 급속히 하락했다. 군대용 구두와 피복은 품귀였고 탄약 공급과 의약품은 더욱 부족했다. 철도는 노후 차량을 대체할 새 차량과 양키들이 파괴한 선로를 보수하기 위한 새 레일이 필요했다. 야전 사령관들은

39) 북군 장군 율리시즈 그랜트.

40) 북군 장군 헨리 제임스 셰리던.

41) 북군 장군 윌리엄 티컴서 셔먼.

신규 부대를 보내라고 호통이었지만 신규 부대는 점점 더 얻기 어려웠다. 최악의 사태는 주지사 중에, 가령 조지아의 브라운 지사 같은 사람은 주의 민병대와 무기를 주 밖으로 내보는 것을 거절했다. 군대에서 목마르게 요구하는 신체 건강한 장정이 민병대에는 수천 명씩 있었지만 정부가 간청을 해도 허사였다.

통화가 다시 폭락하자 물가는 또 한 번 폭등했다. 쇠고기, 돼지고기, 버터는 1 파운드에 35달러, 밀가루는 한 부대에 1,400달러, 소다 1파운드에 500달러였다. 따뜻한 천은 혹시 있더라도 도저히 살 수 있는 가격이 아니었기 때문에 애틀랜타의 부인들은 헌 옷에 누더기로 안을 대고 그것도 모자라면 신문지를 넣어서 바람을 막았다. 신발은 마분지로 만든 것과 진짜 가죽으로 만든 것에 따라 한 켤레에 200에서 800달러까지 했다. 부인들은 바닥은 나무를 대고 헌 털 숄이나 융단 찢은 헝겊으로 신발을 만들었다.

아직 많은 사람이 인식하지는 못했지만 사실 북부군은 남부를 실질적으로 포위하고 있는 셈이었다. 북부군 포함이 항구의 봉쇄 그물을 더욱 바짝 조였기 때문에 이제는 봉쇄선을 빠져 들어오는 선박이 극히 드물었다.

남부는 언제나 목화를 팔아서 남부가 생산하지 않는 물자를 사다가 썼는데 이제는 팔 수도 살 수도 없었다. 제럴드 오하라는 3년간의 목화 수확량을 타라 농장의 조면 공장 옆 창고에 쌓아두고 있지만 그에게 아무런 도움이 되지 않았다. 리버풀로 가지고 가면 150,000달러는 될 테지만 그것을 리버풀까지 보낼 도리가 없었다. 부자였던 제럴드는 겨울 동안 가족과 흑인들을 어떻게 먹여 살릴지 걱정해야 할 사람으로 전락했다.

남부 전역을 통해서 목화 농장주들은 대개 같은 곤경에 빠졌다. 봉쇄가 철저해짐에 따라 남부의 수입 원천인 목화를 영국 시장으로 보낼 방도가 없고 전 같으면 목화 매상금으로 사오던 생활필수품들을 들여올

방도가 없었다. 그리고 농업 위주의 남부는 공업 위주의 북부와 전쟁을 하면서 많은 물자의 부족을 — 평화시에는 사려고 생각조차 안하던 물자의 부족을 절감했다.

그것은 투기업자나 모리배들을 위해서는 이상적인 정세였다. 그리고 이런 정세를 이용하는 사람이 결코 적지 않았다. 식료품과 의류가 품귀현상을 빚고 가격이 점점 올라가자 투기업자에 대한 대중의 비난도 높아지고 살기를 품게 되었다. 1864년 초의 어느 신문을 펴보아도 이들 투기업자들을 독수리 또는 피를 빨아먹는 거머리라고 비난하고 정부가 이들에게 철퇴를 내리라고 요구하는 사설이 실려 있었다. 정부는 최선을 다했으나 많은 일이 밀려 있었기 때문에 노력이 실효를 거두지 못했다.

레트 버틀러에 대한 감정이 가장 나빴다. 봉쇄 돌파가 너무 위험해지자 그는 배를 팔아버리고 지금은 공공연히 식료품 투기 사업에 종사하고 있었다. 리치먼드나 윌밍턴으로부터 애틀랜타에 전해지는 그에 대한 소문은, 그 전에 그를 받아들이던 사람들이 창피해서 몸 둘 곳을 모를 정도였다.

이런 모든 시련과 고난에도 불구하고 애틀랜타의 10,000명의 인구는 전쟁 중에 두 배로 불어났다. 해안 봉쇄 때문에 애틀랜타는 더욱 격이 올라갔다. 오랜 옛날부터 해안도시가 상업상으로나 기타 방면에서 남부를 지배했었다. 그러나 이제 항구는 봉쇄당하고 많은 해안도시가 점령 또는 포위당했기 때문에 남부는 자체의 힘만으로 구원을 받는 길 밖에 없었다. 만약 남부가 전쟁에 이기려고 하면 내륙 지방이 중요하며 따라서 애틀랜타가 이제는 모든 것의 중심지가 되었다. 남부의 다른 도시에서와 마찬가지로 이곳 시민들도 고난, 결핍, 죽음으로 몹시 시달림을 받았지만 도시로서의 애틀랜타는 전쟁의 결과로 말미암아 잃은 것보다는 얻은 것이 많았다. 남부 연방의 심장부 애틀랜타는 아직도 힘차게 고동치고 있었다. 동맥이라고 할 수 있는 철도는 쉬지 않고 군대와 군수품과 공급품의 홍수로 맥박치고 있었다.

……

스칼렛이 현관 앞 포치에서 그들과 이야기하고 있는 동안에 멜라니와 술렌과 캐린은 항복했다는 소식을 듣자마자 곧 안으로 들어가 버렸다. 그들이 타라의 뒤쪽 밭을 가로질러 집을 향해 떠나고 난 뒤에 안으로 들어온 스칼렛은 엘렌의 사무실 소파에 여자들이 모여서 흐느끼고 있는 소리를 들었다. 모든 것이 끝난 것이다. -- 그들이 그처럼 사랑하고 바랐던 밝고 아름다운 꿈, 그들의 친구, 애인, 남편을 빼앗고 가정을 비렁뱅이로 만든 대의명분은 사라진 것이다. 절대로 사라지지 않으리라고 생각했던 대의가 영원히 사라져버린 것이다.

그러나 스칼렛은 눈물 한 방울도 흘리지 않았다. 그 소식을 처음 듣는 순간 그녀는 생각했다. '하느님 감사합니다! 이젠 소를 도둑맞지 않겠군. 이제는 말도 안전하겠군. 이젠 샘에서 은 식기를 꺼내도 되고, 저마다 나이프, 포크를 제대로 쓸 수 있고, 나도 먹을 것을 찾아서 사방으로 돌아다니지 않아도 되겠군.'

얼마나 시원한가! 다시는 말발굽소리에 깜짝깜짝 놀라지 않을 것이다. 다시는 어두운 밤중에 잠을 깨고 마당에서 나는 재갈소리와 말발굽소리, 양키 군대가 호령하는 소리에, 이것이 꿈인가 현실인가 의심하면서 숨을 죽이고 귀를 기울이지 않을 것이다. 그리고 무엇보다도 이제 타라는 안전하다! 그녀의 끔찍한 악몽은 결코 실현되지 않을 것이다. 이제 결코 마당에 서서 정든 집에서 연기가 솟아오르고 지붕이 꺼지면서 불길이 포효하는 소리를 듣지 않을 것이다.

그렇다. 대의명분은 사라졌다고 하지만 그녀로서는 전쟁은 언제나 어리석은 짓이었고 평화가 더 좋았다. 그녀는 국기가 깃대를 타고 올라가는 것을 눈을 번쩍이면서 지켜본 일도 없고, 남부 연방 국가인 〈딕시〉를 들어도 전신이 저려오는 것을 느끼지 못했다. 그녀가 궁핍과, 힘든 간호 봉사와, 포위 공격의 공포와, 최근 몇 달 동안의 굶주림을 참아낸 것은, 다른 사람들이 대의만 살면 그런 것쯤은 참을 수 있다는 그런 광신적 열정에서가 아니었다. 이제는 그것도 끝났고 사라졌다. 그녀는 그것을 위해서 눈물을 흘릴 생각이 없었다.

끝났다! 끝이 없을 것 같던 전쟁, 청하지도 원치도 않았던 전쟁은 그녀의 생활을 완전히 두 동강 내었고, 너무나 뚜렷한 틈을 벌려놓아서, 아무 걱정도 없던 옛날은 기억하기조차 어려웠다. 그녀는 아무 감동 없이 화려한 모로코가죽 슬리퍼를 신고 라벤더 향취가 풍기는 주름치마를 기억할 수 있었으나, 자기가 그때 그 소녀로 돌아갈 수 있을지 의문이었다. 마을 전체를 발 아래 딛고 서서, 100명에 달하는 흑인을 부리고, 타라의 부를 등에 지고, 부모는 그녀의 어떤 욕망이라도 충족시키려고 애쓰던 스칼렛 오하라, 애쉴리에 관한 일 말고는 마음대로 못한 적이 없는 응석받이 스칼렛. 4년 동안 살아온 기나긴 여정에서 향주머니를 들고 무도화를 신었던 소녀는 자취를 감추고 남은 것은, 동전을 세고 여러 가지 천한 일에 손을 대는 여인, 그녀가 서 있는 불멸의 붉은 대지 이외에는 파국에서 아무 것도 건져내지 못한, 날카롭고 푸른 눈의 여인이었다.

5) 남북 전쟁 후

(1) 재건 시대(Reconstruction Era)

재건 시대는 1863년의 〈노예 해방 선언〉에서 〈1877년 타협〉(Compromise of 1877)[42]까지로, 남북 전쟁의 상처를 극복하고 남부와 북부가 연합

42) 〈1877년 타협〉은 1876년 대통령 선거에서 발생했던 논란을 해결한 비공식적이며 문서 없는 협상이다. 이 타협안은 연방의 군대를 남부 주로부터 철수시키고 재건의 시기를 끝내자는 것이었다. 공화당의 러더퍼드 헤이스는 이 타협을 제시하여 민주

하여 미국의 발전을 위해 노력한 시기를 일컫는다. 그러나 재건은 승리한 북부의 관점에서 진행되면서 남부의 불만을 일으키고 이후 갈등의 원인이 되었다.

종전이 되면서 남부의 주들은 차례로 분리를 철회했고, 흑인의 권리를 인정하는 〈수정안 13조〉를 승인했지만, 공화당은 남부가 과연 이를 이행할 것인지 의심했다. 공화당의 온건파로서 관대한 정책으로 남부를 재건하여 국가의 결속을 강화하려던 링컨이 암살되면서 공화당 급진파(Radical Republicans)가 세력을 장악했고, 연방군을 남부에 주둔시켜서 남부를 통제하고 압박했다. 공화당은 투표권을 가지게 된 해방 노예, 스캘러왜그(Scalawag)[43]와 카펫배거(Carpetbagger)[44]들을 이용해서 남부의 주 정부와 주 의회의 권력을 장악했다. 따라서 원래 남부의 공직을 차지했던 토착 유지인 백인들은 거의 다 자리에서 쫓겨났다. 공화당 주도의 억압적인 정책에 반발한 남부인들은 KKK단[45]과 같은 사적 폭력조직을 결성하여 폭력, 방화, 살인을 일삼았다. 그러나 흑인들이 "엄청난 배

당의 새뮤얼 J. 틸던을 물리치고 대통령이 되었다. 이후 남부의 주에서 연방군이 철수하면서 백인 공화당원들도 함께 떠났고 남부는 민주당이 주도권을 장악하면서 흑인에 대한 억압이 더 강화되었다. 따라서 흑인들은 이 타협을 "엄청난 배반"이라고 불렀다.

43) 원래 깡패, 건달이라는 뜻으로, 남부의 백인이면서 남부에 대한 북부의 재건 정책을 지지하거나 공화당원이 된 사람들을 가리킨다.

44) 소지품 일체를 카펫 천으로 만든 여행 가방에 담아 남부에 도착하여, 재건 시대의 혼란 중에 남부에서 착취 및 약취를 하며 이익을 누리는 백인 공화당원을 가리킨다. 지금은 연고도 없는 지역에서 정치적 직책을 구하거나, 경제적 이득을 추구하려는 외부인을 표현하는 말로 사용된다.

45) "Ku Klux Klan". 인종 차별주의자들의 모임이다. 그리스어로 "Ku Klux"는 원을 의미하며 "Klan"은 집단의 의미이다. 1865년 테네시 주의 은퇴한 남부군 장교들이 만들었으며, 흑인들의 정치적 진출을 막고 흑인들을 격리시키는 것을 목표로 했다. 처음에는 위협과 공갈, 협박으로 백인의 지배권을 회복하려고 했으나 세력이 확장되면서 흑인과 흑인에게 동조하는 백인들을 폭행하고 집을 불태우고 교수형까지 감행했다. 이들은 흰색 천을 머리부터 덮어 쓰고 자신들의 백인성을 강조한다.

반"이라고 부른 〈1877 타협〉(Compromise of 1877) 이후 다시 남부의 백인들이 주 정부를 주도하게 되었다. 보수적인 민주당원 중심으로 리디머(Redeemers)[46]라는 정치 조직이 결성되어 남부의 주 정부와 주 의회에서 주도권을 잡았고, 여러 짐 크로법(Jim Crow laws)을 통과시켜서 흑인을 합법적으로 차별하였다. 차별 정책이 〈헌법〉에 위반되는지에 대한 연방 법원의 소송에서도 "격리하지만 평등하다"(separate but equal)는 사법 판단을 내려 남부의 백인의 편을 들어 주었다.

전체적으로 볼 때 재건 시대는 북부의 발전과 남부의 퇴보로 요약된다. 북부에서는 산업 부르주아지를 대표하는 공화당이 장기간에 걸쳐 정치의 주도권을 장악하면서 산업화에 속도가 붙어 도시가 발달하고 교통기관이 확장되었다. 게다가 남부 출신 의원들이 탈퇴한 상태였으므로 종래 남부에서 반대하던 여러 법안이 모두 의회를 통과하였다. 산업 자본주의를 후원하고 육성하는 〈국립 은행법〉, 〈모릴법〉(Morrill Act, 1862),[47] 서부의 자영농을 부양하는 〈홈스테드법〉 등이다.

반면 남부는 노예의 노동력이 없어 플랜테이션 농업을 포기할 수 밖에 없었지만 적절한 대체 산업을 찾지 못했고, 아무 대책이나 보상도 없이 무조건 노예를 해방시켜야 했으므로 엄청난 손해를 보아 경제가 붕괴되었다. 해방된 노예들도 딱히 나은 상황은 아니었다. 기본적으로 자본과 기술이 없었고, 교육수준이 낮아서 자립할 수도 없었고, 공장의 임금노동자가 될 수도 없어서, 흑인들은 거의 영세 소작인이 되었다. 게다가 KKK단 같은 폭력 조직에 의해 협박, 린치, 살해를 당하기 일쑤였고, 주 법 또

46) 해방된 흑인 노예와 카펫배거, 스캘러왜그 등이 연합한 공화당 급진파를 제거하려는 민주당의 일파로 남부의 보수적인 단체이다.

47) 연방 정부의 땅을 주에 수여하고 주는 그 땅으로 자금을 마련하여 대학을 세우게 하는 법이다. 이 혜택을 받은 대학을 "랜드그랜트 대학"(land-grant colleges)이라고 한다. 이 대학들의 목표는 교양 교육보다는 농업, 과학, 군사 과학, 공학 등 실용적인 학문을 가르치는 것이었다.

는 지방 조례에 의해 합법적인 차별을 계속 받았다.

(2) 흑인법(Black Codes)과 짐 크로법(Jim Crow laws)

노예제가 법적으로 금지되자 1865년에서 1866년 사이에 남부의 주들은 흑인을 규제할 새로운 법률들을 채택했다. 이 법들의 공식적인 명칭은 다 다르지만 통칭해서 흑인법이라고 한다. 흑인법의 의도는 흑인의 자유를 제한하여 이들이 저임금이나 외상임금을 받으며 일할 수밖에 없도록 강요하려는 것이었다. 그 중 결정적인 법은 유랑법(Vagrancy Laws)으로, 지방 정부가 자유민을 체포하여 강제 노동(involuntary labor)을 시킬 수 있게 허용한 법이다.

짐 크로법[48]은 흑인법의 후속으로 1876년에서 1965년까지 주와 지방 차원에서 행해진 인종 분리 법안들을 말한다. 남부의 주들에서 흑인들에게 "격리하지만 평등한" 지위를 부과한다는 기치 아래, 모든 공중 시설을 인종에 따라 분리해서 사용할 것을 의무화한 법으로, 소위 "합법적인 분리"(De jure segregation)를 시도한 것이다. 짐 크로법이 적용된 대표적인 경우는 학교, 화장실, 대중 교통, 식당 등이었다. 흑인법은 굳이 "평등"이라는 구실을 달지 않고서 흑인의 시민권과 자유를 억압했다는 점에서 짐 크로법과 차이가 있다. 북부에서는 법에 따른 "합법적인 분리"는 없었지만, 주택이나 취업 등에서 "사실상의 분리"(de facto segregation)가 존재했다. 남부 출신 대통령인 우드로 윌슨은 1913년 연방군을 흑인군과 백인군으로 분리해서 구성했다. 1954년 브라운 대 교육부(Brown v.

---

48) "짐 크로"는 시골의 초라한 흑인을 희화화한 캐릭터이다. 백인이 흑인으로 분장한 코미디 쇼를 민스트럴 쇼(Minstrel Show)라고 하는데, 그 중의 하나인 〈점프 짐 크로〉(Jump Jim Crow, 1828)에서 유래했다. 1830년대에 짐 크로는 굽신거리고 어눌하며 순종적인 니그로를 경멸적으로 부르는 표현이 되었다. 또 "흑인 격리"를 가리키는 말로도 사용되었으므로, 흑인에 대한 인종 분리 정책을 짐 크로법이라고 했다. 치장한 도시의 흑인은 집 쿤(Zip Coon)이라고 한다.

Board of Education) 소송[49]으로 연방 최고 법원은 주의 보조를 받는 주립 학교(State-sponsored school)에서의 인종 분리는 위헌이라고 판결했다. 남은 짐 크로법들은 1964년 〈시민권법〉과 1965년 〈투표권법〉으로 폐지되었다.

(3) 〈도금시대〉(Gilded Age)

1870년대에서 1900년까지를 가리키는 용어로, 심각한 사회문제를 살짝 숨기고 있는 사회를 얇게 도금한 물건으로 비유한 것이다. 마크 트웨인(Mark Twain, 1835-1910)이 『도금시대: 오늘의 이야기』(*The Gilded Age: A Tale of Today*, 1873)에서 사용했다. 이 시기의 북부와 서부는 산업이 급속하게 발전하였고 숙련공들의 임금이 유럽보다 훨씬 높아서 수백만 명의 이민자들이 몰려드는 등 경제 호황으로 풍요로운 시대였다. 동시에 1873년과 1893년 두 차례의 경제 공황(panic)으로 극빈층이 양산된 빈곤의 시대이기도 했으며, 그에 따른 사회적 정치적 불안도 생겨났다. 그러나 부패한 정치는 가난에 허덕이는 하층민을 외면하고 자본가가 더 많은 부를 축적할 수 있도록 비호하였다. 트웨인은 도금 시대라는 용어로 급속한 경제 성장과 동반해서 나타난 배금주의와, 부패 정치, 비리로 얼룩진 시대적 상황을 비판했다.

49) 캔자스에 살던 흑인 소녀의 아버지 올리브 브라운이 딸을 집에서 가까운 백인 학교에 전학시키려고 했으나 교장이 거절하자 소송을 제기했고, 1954년 대법원에서 브라운의 승소 판결을 하며 인종 분리 정책을 끝내게 된다.

6) 제국주의 시대(1890-1918)

(1) 제국주의 전쟁

남북 전쟁을 종료하고 강력한 연방국이 된 미국에서는, 태평양 연안에서 프런티어가 끝난 이제 국외로 시선을 돌려야 한다는 주장이 제기되었다. 불간섭과 고립을 주장하는 먼로주의[50]가 여전히 외교 정책의 근간이기는 했지만 유럽 열강의 식민지 확보 경쟁에 자극을 받았던 것이다. 미국은 우선 가까운 남아메리카에 대한 진출을 시도했다. 그 결과 쿠바(Cuba)를 둘러싸고 스페인과 갈등을 벌이며 〈스페인-미국 전쟁〉(Spanish-American War, 1898)을 치르게 되었다.

스페인의 식민지이던 쿠바는 스페인의 압정과 과세에 불만을 품고 두어 차례 반란을 일으켰으나 미국의 도움을 받지는 못했고 실패에 그쳤다. 1898년 4월 쿠바에서 다시 반란이 일어났을 때 미국의 상황은 이전과 달라져 있었다. 일찍이 미국인을 사로잡았던 "명백한 천명"의 개념이 재생산되면서 새로운 프런티어를 발굴하자는 팽창주의적 정서가 무르익고 있었다. 미국은 쿠바의 식민 제국인 스페인을 물리치면 스페인의 식민지인 필리핀, 푸에르토리코, 괌을 차지할 수 있을 것으로 기대했다. 또 현실적으로 쿠바에 혼란이 생기면 미국의 투자가들이 경제적 손실을 볼 상황이었다. 미국의 여론도 쿠바에 동정적이었다. 쿠바의 상황을 경쟁적으로 보도하던 황색 언론(yellow journalism)[51] 덕분에 쿠바에 대한 일반인의

---

50) 1823년 제임스 먼로 대통령이 의회 연설에서 제안한 〈먼로 독트린〉은, 유럽 열강은 아메리카 대륙(남아메리카를 포함)에 간섭하지 말 것이며, 대신 미국도 유럽 열강의 전쟁에 대해 중립을 표명하겠다는 선언으로, 미국의 고립 정책을 대표한다.

51) 발행 부수를 늘리기 위해서 흥미 위주의 보도를 하는 선정적인 저널리즘을 말한다. 조셉 퓰리처(Joseph Pulitzer)의 〈뉴욕 월드〉(*New York World*)에서 「옐로 키드」(Yellow Kid)라는 만화를 연재했는데, 경쟁사인 윌리엄 허스트(William Randolph Hearst)의 〈뉴욕 저널〉(*The New York Journal*)에서 이 만화를 스카우트해서 빼내

관심이 높아졌던 것이다. 고통 받는 쿠바인을 돕자는 여론이 확산되면서 많은 의용병들이 쿠바로 향했고 뉴욕에 본거지를 둔 쿠바 혁명 단체의 공채도 곧잘 팔렸다.

미국은 쿠바의 아바나(Havana)로 전함 메인 호(USS Maine)를 급파하였다. 그런데 메인 호가 원인모를 폭발로 침몰하고 200여 명이 넘는 해군이 사망하자 미국은 이를 스페인의 공격으로 간주하고 스페인과 본격적인 전쟁에 착수했다. 전쟁은 순식간에 미국의 승리로 끝났고 1898년 12월 〈파리 조약〉에서 스페인은 쿠바와 필리핀, 푸에르토리코, 괌의 지배권을 미국에게 넘겨주었다. 이 전쟁은 미국이 본격적으로 제국주의 정책을 추진했음을 알리는 상징적 사건이다. 이후 미국은 본격적으로 남아메리카로 진출한다. 미국은 남아메리카를 미국의 상품 시장으로 개발할 가능성을 염두에 두고 〈범아메리카 회의〉(Pan-American Conference, 1889)[52]를 개최하였다.

〈스페인-미국 전쟁〉의 결과로 미국과 필리핀의 갈등이 깊어지면서 〈필리핀-미국 전쟁〉(Philippine-American War, 1899-1902)이 발발했다. 스페인에서 독립하기 위해 많은 전투를 벌이던 필리핀은 스페인이 미국과 전쟁하는 틈을 타서, 1898년 6월 에밀리오 아기날도(Emilio Aguinaldo, 1869-1964)를 초대 대통령으로 선출하며 독립을 선언했다. 그러나 필리핀의 독립을 돕겠다던 미국은 스페인과의 전쟁이 끝난 후 〈파리 조약〉에서 20,000,000달러로 필리핀을 매입하여 자국의 식민지로 삼으려고 했다. 미국은 아기날도의 독립 정부를 정식 정부로 인정하지 않는다는 구실로 정

가자 퓰리처가 다시 그것을 데려오는 등 두 신문사의 싸움이 한동안 계속 되었다. 이후 언론들이 선정성 경쟁을 벌이는 것을 "옐로 저널리즘"이라고 하며, 선정적인 기사를 기재하는 신문을 "옐로 프레스"(yellow press) 또는 "옐로 페이퍼"(yellow paper)라고 한다.

52) "Conferences of American States"라고도 한다. 벤저민 해리슨 대통령 시절 국무장관인 제임스 블레인(James G. Blaine)이 제안하였다.

식 선전 포고도 없이 11,000명의 지상군을 파견했다. 이 전쟁에서 필리핀인 1,000,000명 이상이 목숨을 잃었다. 필리핀은 1913년 미국이 통치를 끝낼 때까지 저항을 계속 했다.

미국은 〈스페인-미국 전쟁〉에 이어 〈필리핀-미국 전쟁〉에서도 승리하자, 카리브 해 지역을 포함한 중남미 국가들의 내정에 적극 개입했다. 1903년 파나마(Panama)의 반란을 지원하여 콜롬비아 공화국(Republic of Colombia)에서 독립시켰고, 그 대가로 단축된 해상 교통로를 확보할 수 있는 파나마 운하(Panama Canal)의 건설과 영구조차권을 획득하여 1914년에 완공시켰다.[53] 아시아로 눈을 돌린 미국은 청나라(Qing dynasty)의 문호 개방을 요구했고(1899-1900), 〈러일 전쟁〉(Russo-Japanese War, 1905)[54]의 중재에 나서는 등 국제 문제에 적극적으로 개입했다.

(2) 제2차 산업혁명(The Second Industrial Revolution)

18세기에 영국을 중심으로 일어난 1차 산업혁명이 직물, 철(iron), 증기 기관에 집중되었다면, 19세기 후반부터 1차 세계 대전까지 독일과 미국을 중심으로 일어난 2차 산업혁명은 강철(steel), 철로, 석유(petroleum), 화학제품(chemicals), 전기에 집중되었다. 이 혁명은 1860년대의 베세머 강(Bessemer steel)[55]의 도입으로 시작되었고, 공장의 전기화(electrification), 대량생산(mass production), 생산라인(production line) 등을 특징으로 하므로 기술혁명(Technological Revolution)이라고 한다. 이 시기에 미국의 공업력은 영국을 제치고 세계 최고가 되었다. 이 시기에

53) 1999년에 미국 정부는 운하의 소유권을 파나마에 반환했다.

54) 일본 제국과 러시아 제국이 만주와 한반도의 주도권을 놓고 벌인 전쟁이다(1904-1905).

55) 베세머 법(Bessemer process)으로 만든 강철. 베세머 법은 녹은 선철(molten pig iron, 무쇠)에서 강철을 저렴한 비용으로 대량 생산하는 세계 최초의 제법으로, 1855년 헨리 베세머가 특허를 취득했다.

대부분의 중요한 혁신 제품이 한꺼번에 등장했으므로 바츨라프 스밀(Vaclav Smil, 1943-)은 이 시기를 "시너지의 시대"(Age of Synergy)라고 명명했다.

(3) 독점기업의 규제

남북 전쟁 후 공화당은 산업 자본의 발전을 지지하는 정책을 일관되게 시행했으므로, 석유업과 철강업 등에서 거대 기업이 형성되었다. 앤드루 카네기(Andrew Carnegie, 1835-1919), 존 모건(John Pierpont Morgan, 1837-1913), 존 D. 록펠러(John Davison Rockefeller, 1839-1937)가 대표적인 거대 산업가들이다. 이들은 과도한 경쟁으로 주기적으로 불황이 되풀이되는 것을 막기 위해서, 또 최대의 이익을 창출하기 위해서, 카르텔(Cartel),[56] 트러스트(Trust)[57]와 같은 제도를 통해 기업 간의 경쟁을 제한하여 산업을 독점하였고 결국 그 피해는 소비자에게 돌아갔다.

이 거대 기업의 독점에 대항해서 서부의 농민조합과 도시의 노동조합이 형성되었다. 농민조합은 처음에는 철도회사에 대한 저항에서 시작되었다. 동부의 자본으로 건설된 철도회사는 특정 화주에게만 운임 할인

56) 담합, 공동 행위, 기업 연합이라고도 한다. 사업자 간에 상품 또는 용역의 가격이나 생산 수량, 거래 조건, 거래 상대방, 판매 지역을 제한하는 것이다. 1890년 연방 독점금지법인 〈셔먼 반트러스트법〉(Sherman Antitrust Act)으로 처벌을 강화했다.

57) 원래 "신탁"의 의미로, "기업 합동," "기업 합병"이라고도 한다. 카르텔보다 강력한 기업 집중의 형태이다. 시장 독점을 위하여 각 기업체가 개개의 독립성을 포기하고 병합하는 것을 말한다. 기존의 여러 기업의 주주가 그들이 소유한 증권을 특정의 수탁자(trustee)에 위탁함으로써 경영을 수탁자에게 일임하는 형식이다. 예를 들면, 1879년 〈스탠더드 석유〉(Standard Oil)가 설립된 후 트러스트 증권을 교부해 주는 조건으로 약 40개 석유 회사의 의결권 증권이 J. D. 록펠러를 비롯한 소수의 수탁자에게 위탁되었다. 이에 따라 수탁자는 석유 회사들의 임원 선임 및 경영 관리를 일관성 있게 할 수 있었고, 석유 제품의 판매 가격의 통제, 공급량의 제한 등 독점적 지배를 행하게 되었다. 그러므로 트러스트는 독점을 가리키는 말이 되었고, 독점 금지법을 〈반트러스트법〉이라고 한다.

의 혜택을 주었고 일반 농민들에게 차별적으로 높은 운임을 적용했기 때문이다. 〈그레인지〉(Grange)[58]를 중심으로 농민공제조합은 각 주 정부에 철도 운임을 규제하는 주 법을 제정하도록 압력을 넣었고, 1887년 연방 정부가 처음으로 민간 기업에 통제를 가하는 〈주간 통상법〉(Interstate Commerce Laws)[59]을 통과시켰다. 농민들은 1891년 인민당(Populist Party)을 결성하여 진보적인 정책을 내세우며 선거에 참가했다. 인민당이 정권을 잡지는 못했지만, 그들이 주장한 철도, 전신, 전화의 공영화, 비밀 투표제의 채택, 누진 소득세의 부과, 우편 저금 및 소포제도, 상원 의원의 직접 선거, 여성 참정권 등은 20세기에 들어와 점차로 실현되었다. 도시의 노동자들은 1886년 〈미국 노동 총동맹〉(American Federation of Labor, AFL)[60]을 조직하여 숙련 노동자들의 생활수준 향상과 노동 조건 개선을 도모하였다.

정부도 독점 재벌에 대한 강력한 제재를 입법화하기 시작했다. 시어도어 루스벨트가 대통령으로 취임한 1901년부터 우드로 윌슨 대통령의 첫 번째 임기 말인 1919년까지의 시기는 독점을 금지하는 사회개혁이 시행된 시기였다. 윌슨은 기업체의 공정한 경쟁을 유도했으며, 기업체의 행동과 조직을 규제하는 일련의 〈반트러스트법〉을 제정하여 공공의 복지를 해롭게 하는 독점을 정부가 고발하여 연방 대법원의 판결에 따라 해산시켰다. 주요 법안은 〈셔먼법〉(Sherman Act, 1890), 〈클레이튼법〉(Clayton

---

58) 공식 명칭은 "National Grange of the Order of Patrons of Husbandry"이다. 1867년에 설립된 전국 규모의 농민 권익 단체(agricultural advocacy group)이다. 일련의 〈그레인저법〉(Granger Laws)을 통과시켰고 농촌 무료 우편 제도를 만들게 했다.

59) 철도 산업의 독점적인 행위를 규제하는 법안으로, 철도 요금은 "합리적이고 정당해야"(reasonable and just)한다고 규정했다.

60) 오하이오 주의 콜럼버스에서 창립된 온건 보수 성향의 초대 노동조합 중 하나이며, 현재도 가장 강력한 노동조합 중 하나이다. 계급투쟁으로 권리를 쟁취하는 것이 아니라 협상과 타협을 통해 자본가를 설득하는 온건한 성격을 갖고 있기 때문에 진보적인 사회 운동가들은 별도의 노동 운동 조직을 만들어서 활동했다.

Act, 1914) 〈연방 거래 위원회법〉(Federal Trade Commission Act, 1914) 등이다.

이처럼 〈반트러스트법〉의 제정과 같이 사회적 실천주의(social activism)와 정치적 개혁(political reform)이 행해지던 1890년대에서 1920년대 사이의 시기를 〈진보주의 시대〉(Progressive Era)라고 한다. 진보주의 운동의 목적은 정치 부패의 온상이 된 폴리티컬 머신(political machine)[61]과 그 우두머리를 폭로하고 와해시켜서 정부의 부패를 제거하고 직접 민주주의의 이상을 확립하는 것이었다. 정부의 부서에 대해서는 〈효율성 운동〉을 통해서 모든 분야에서 오래된 방식을 개선하고 현대적인 방법을 운용하고자 했으며, 이 과학적 관리를 "테일러리즘"(Taylorism)이라고 한다. 1913년에 〈연방 준비 제도〉(Federal Reserve System)를 만든 것도 은행 체계를 개선시킨 노력의 결과이다.

7) 20세기

20세기는 제1차 세계 대전, 제2차 세계 대전, 냉전 시대 등을 통해서 미국이 〈먼로 독트린〉을 포기하고 세계정세에 깊이 개입하게 된 시기이다.

(1) 제1차 세계 대전(World War I)

제1차 세계 대전은 1914년 7월 28일부터 1918년 11월 11일까지 유럽을

61) 미국의 각 지역에서 지속적으로 정치적, 행정적 통제를 할 수 있을 만큼 충분한 투표권을 장악하고 있는 당 조직을 말한다. 이 조직은 한 개인이나 소규모 집단에 의해 운영된다. 이들은 19세기에 도시들의 급격한 성장으로 체계적인 행정을 수행할 수 없었던 상황에서 지역 주민에게 직장과 주택 등을 제공하면서 유권자의 지지를 확보하여 정치에 영향력을 행사했다. 그 대가로 폴리티컬 머신의 조직책들은 종종 관직 임명권을 얻었으므로, 행정 능력과 관계없이 인맥에 따라 공직을 거래하거나 뇌물을 받는 등 부패의 원인이 되었다.

중심으로 벌어진 세계 대전이다. 이 전쟁은 식민지 쟁탈에 혈안이 된 유럽 열강의 제국주의 전쟁이었지만, 그 직접적인 원인은 1914년 6월 28일 사라예보(Sarajevo)에서 오스트리아-헝가리 제국(Austria-Hungary Empire)의 황태자인 프란츠 페르디난트 대공(Archduke Franz Ferdinand)이 유고슬라비아(Yugoslav) 민족주의자에게 암살당한 사건이다. 이 사건을 기화로 오스트리아-헝가리가 세르비아 왕국(Kingdom of Serbia)을 침공했고, 각 국가들이 이해관계에 따라 서로 동맹을 맺고 전쟁에 참가하여 세계 대전으로 확산되었다. 두 동맹군이 결성되었는데, 영국, 프랑스, 러시아 제국(Russian Empire)의 〈삼국 협상〉(Triple Entente, 1907)을 기반으로 한 연합국(Allied powers)과, 독일 제국(German Empire), 오스트리아-헝가리 제국, 오스만 제국(Ottoman Empire)의 〈삼국 동맹〉(Triple Alliance, 1882)을 기반으로 한 동맹국(Central powers)이다. 나중에 이탈리아와 일본, 미국은 연합국에 합류했고, 불가리아(Bulgaria) 왕국이 동맹국에 가담했다.

미국은 이 전쟁을 〈유럽 전쟁〉(European War)이라고 할 정도로 처음에는 전쟁에 참가할 의도가 없었고, 단지 유럽에 군수품을 팔아서 경제적 이익을 누릴 호기로 여겼다. 그러나 미국 선박들이 독일의 U 보트에 의해 파괴되는 상황이 계속되었고, 치머만 전보(Zimmermann Telegram)[62]로 인해 독일에 대한 반감이 높아지자, 1차 대전이 거의 끝나갈 무렵인 1917년 4월 6일 우드로 윌슨 대통령이 동맹국에 선전 포고를 하면서 공식적으로 참전했다.

연합국이 승리한 결과, 독일 제국, 오스트리아-헝가리 제국, 러시아 제국, 오스만 제국 등 4개 주요 제국이 해체되었다. 독일 제국과 오스트리

62) 독일의 외무 장관인 아르투르 치머만(Arthur Zimmermann)이 멕시코 주재 독일 대사에게 보낸 비밀 전보를 중간에 영국이 감청해서 해독했다. 전보의 내용은 멕시코에게 동맹을 제안하면서 전쟁에서 이길 경우 멕시코가 미국에게 빼앗겼던 땅을 찾아주겠다는 내용이었다. 멕시코는 현실적으로 가능성이 없을 것으로 보고 이 제안을 거절했다.

아-헝가리 제국은 많은 영토를 잃었으며, 러시아 제국과 오스만 제국은 완전히 해체되었다. 〈베르사유 조약〉(Treaty of Versailles, 1919)에서는 윌슨 대통령의 제안으로, 대규모 전쟁의 발발을 방지할 국가 연합체인 국제 연맹(League of Nations, 1920)이 탄생했다.

(2) 대공황(Great Depression, 1929-1939)

제1차 세계 대전을 성공적으로 수행한 미국은 1920년대에 번영과 풍요의 시기를 맞는다. 세계 대전 중에 유럽에 군수품을 수출하여 막대한 수익을 올렸고, 더불어 라디오, 자동차, 영화, 인견 공업 등 새로운 산업이 출현하여 호경기를 맞았다. 전쟁 중에 연방 준비 제도는 자금을 조달하기 위해 통화량을 늘렸고 이로 인해 돈이 넘쳐나자 엄청난 자금이 증권 시장에 몰려들어 활황을 이루었고, 증권 투기로 부자가 된 사람들은 화려한 생활을 영위했다. 미국 사회 전체가 풍요로 들떠 있었다.

그런데 전쟁이 끝나자 무기 수출이 막힌 군수품 공장이 문을 닫게 되고 그로 인해 직장을 잃은 실업자가 양산되었고, 수입이 없는 실업자들의 소비가 급감하면서 일반 소비재 공장들도 문을 닫기에 이르고 또 다시 실업자가 양산되는 연쇄 작용이 일어났다. 이로 인해 자본의 유동성이 경직되자 1929년 10월 위험을 느낀 뉴욕의 큰 은행들이 "24시간 이내 지불조항"을 적용하여 증권 시장에 나간 대출을 급히 회수하려고 했고 증권 보유자들이 증권을 급매하자 증권 가격이 폭락하면서 증권 시장이 아수라장으로 변했다. 파산을 선고하고 빌딩에서 떨어져 자살하는 사람들이 속출했다. 이것이 증권의 대폭락(Great Crash)이 일어난 검은 목요일(Black Thursday)이다. 이 사건은 미국 전체의 경제 공황을 예고하는 것이었다. 미국 국민의 구매력은 떨어졌으며, 예금은 고갈되었고, 국민 총생산은 예년의 4분의 3으로 떨어졌으며, 노동자의 3분의 1은 실직상태였다. 거리의 구호소에는 한때 중산층이었던 사람들까지도 포함된 긴 구걸 행렬이 늘어서 있는 모습이 당시의 흔한 풍경이었다. 이것이 미국의 대공황이며 이 여파로 세계적인 공황이 시작되었다.

1932년 대공황이라는 어려운 상황에서 대통령이 된 프랭클린 루스벨트는 경기를 회복시키기 위해서 국고금을 사용하는 공공사업을 대량으로 발주한 〈뉴딜 정책〉(New Deal, 1933-36)을 시행했다. 뉴딜 정책은 근본적으로는 경제 공황에 대한 대응책이었으나 더 나아가, 재차 이러한 경제 공황이 일어나지 않도록 개혁을 단행하여 자본주의의 폐단을 시정하고 연방 정부의 권한을 대폭 확대하려는 것이었다. 이 정책 기조는 이후 어떤 당이 정권을 잡던 미국의 지속적인 정책 방향이 되었다. 트루먼 대통령의 〈페어딜〉(Fair Deal, 1945-1953) 정책,[63] 아이젠하워 대통령의 〈현대적 공화주의〉(Modern Republicanism, 1953-61),[64] 존슨 대통령의 〈위대한 사회〉(Great Society, 1964-65)[65]도 같은 정책적 기조라고 볼 수 있다.

(3) 제2차 세계 대전 (World War II, 1939-1945)

1차 세계 대전이 끝나자 연합국은 독일 등의 패전국에게 막대한 전쟁 배상금을 부과했다. 그러나 전쟁을 수행하면서 파탄에 이른 독일은 배상금을 갚을 능력이 없어 국민의 불만이 고조되었다. 이때 특유의 카리스마로 권력을 장악한 나치당(Nazi Party)[66]의 아돌프 히틀러 총통(Chancellor

63) 루스벨트의 뉴딜 정책을 계승한 사회 복지 정책이다. 1949년 트루먼은 첫 연두교서에서 "미국 국민은 모두 정부의 '공정한 조치'(페어딜)를 받을 기대를 할 권리가 있다."고 선언하고 페어딜의 구체적인 정책을 발표하였다.

64) 뉴딜 정책을 계승한 아이젠하워의 정책. "돈 문제에서는 보수주의지만 인간에 대해서는 자유주의자"라고 스스로를 칭한 아이젠하워는 사회 복지(Social Security)를 향상시켰고, 최소 임금을 인상했으며, 건강 교육 복지부(Department of Health, Education, and Welfare)를 신설했다.

65) 빈곤과 인종적 불평등을 없애는 것을 기본으로 한 정책이다.

66) 국가 사회주의 독일 노동자당(National Socialist German Workers' Party, 1919-1945년). 흔히 나치(Nazi)라고 한다. 민족주의, 반유대주의, 반공주의, 전체주의와 군국주

Adolf Hitler, 1889-1945, 임기 1933-1945)은 전쟁 배상금을 지불하기를 거부하고, 1939년 9월 1일 선전포고도 없이 폴란드의 서쪽 국경을 침공했다. 그러자 9월 7일 소련이 폴란드의 동쪽 국경으로 진주했다. 이로써 2차 대전이 시작되었다.[67] 1940년 독일, 이탈리아, 일본이 〈삼국 동맹 조약〉(Tripartite Pact, Three Power Pact)을 맺고 2차 대전의 추축국(Axis Power)을 형성하자, 유럽의 다른 나라들이 연합국(Allies)을 형성해서 대응했다. 미국은 국내적으로 경제 대공황이라는 큰 문제를 안고 있어 전쟁에 참가하지 않았다. 그러나 1941년 12월 7일 일본이 하와이의 진주만(Pearl Harbor)을 공습하자 미국도 연합국에 참가하여 본격적인 전쟁에 들어가게 되었다.

인류 역사상 가장 많은 인명 피해와 재산 피해를 남긴 이 파괴적인 전쟁은, 1945년 5월 8일 히틀러가 자살하고 독일이 항복하면서 유럽 전선에서는 끝이 났다. 1945년 8월 6일과 8월 9일, 일본의 히로시마(Hiroshima)와 나가사키(Nagasaki)에 미국이 원자 폭탄을 투하하자 8월 15일 일본이 무조건 항복을 선언하고 9월 2일 공식적으로 항복 문서에 서명하면서 아시아에서도 전쟁이 종결되었다. 유럽과 아시아의 전선에서 수많은 미군이 목숨을 잃었고, 1945년 7월 일본의 항복을 촉구한 〈포츠담 선언〉(Potsdam Declaration)에서 미국의 트루먼 대통령이 주도적인 역할을 했고, 국제 연맹 대신 루스벨트가 제안한 국제 연합(United Nations)이 탄생하는 등, 미국은 이 전쟁의 수행 과정과 종전 후의 처리 과정에서 주도적인 역할을 했으므로, 이후 전 세계를 이끄는 지도적인 국가로 공고히 자리 잡는다. 또 2차 세계 대전을 치르면서 군수품 공장이 다시 활기를 띠

의를 중심 정책으로 내세웠고, 베르사유 체제에 강력히 반대하면서 국민의 폭넓은 지지를 얻었다. "아리아인"인 독일인의 우월성을 주장하였다.

67) 이와 달리 1937년 7월 7일 일본의 중화민국 침략이나 1939년 3월에 나치 독일군이 체코의 프라하에 진주한 날을 등을 개전일로 보기도 한다.

게 되어 뉴딜 정책으로 시발된 경제 발전이 가속화되면서 미국은 경제적으로도 세계 제 1의 강국으로 부상하게 된다.

(4) 냉전 시대(Age of Cold War)

1945년 나치 독일과 일본의 항복으로 전쟁이 끝나자 미국과 영국을 비롯한 자본주의 국가들과, 소련이 중심이 된 공산주의 국가들 사이의 불안한 동거는 깨어지고 본격적인 갈등과 대치 상태가 이어진다. 영미와 소련의 힘겨루기가 낳은 가장 불행한 산물이 한국과 독일의 분단이다. 그러나 양 진영의 갈등은 실제적인 무력을 사용한 열전(hot war)이 아니라, 정치, 외교, 이념상의 갈등이며 잠재적인 투쟁이라는 점에서 냉전이라고 불린다. 냉전이 지속되는 기간 동안 두 진영의 군대가 직접 충돌한 적은 없었지만, 군사 동맹, 재래식 군대의 전략적 배치, 핵무기, 군비 경쟁, 첩보전, 대리전(proxy war), 그리고 우주 진출과 같은 기술 개발 등에서 경쟁하면서 대립했다.

양 진영은 세계의 여러 국가들을 자신의 세력으로 확보하기 위해 다양한 전략을 사용했다. 자본주의 진영의 지도국으로 부상한 미국은 공산주의의 확대를 저지하기 위해, 도움이 필요한 나라에는 군사적·경제적 원조를 제공한다는 〈트루먼 독트린〉(Truman Doctrine, 1947)[68]을 채택하였다. 전쟁으로 피해를 입은 국가들을 돕기 위해서 서독을 비롯한 유럽의 여러 나라에 〈마셜 플랜〉(Marshall Plan)[69] 등으로 막대한 금액의 지원금을 원조하였다.

---

68) 이 원칙에 따라 그리스와 터키의 반공 정부에 미국이 군사적·경제적 원조를 했다.

69) 유럽 부흥 계획(European Recovery Program, ERP). 미국 국무장관 조지 마셜이 제창했다. 유럽의 황폐화된 동맹국을 위해 미국이 계획한 재건과 원조 계획이지만 공산주의의 확산을 막는 것이 목적이었다. 이 원조로 인해 독일을 제외한 모든 국가의 경제력은 전쟁 전 수준으로 회복되었고, 그 후 20년간 서유럽 국가들은 유례없는 성장과 번영을 누렸다.

소련은 자국이 점령한 유럽 국가 중 일부는 〈소비에트 사회주의 공화국 연방〉(Union of Soviet Socialist Republics)에 병합시키고 그 밖의 지역은 위성 국가(satellite state)로 삼아 공산권을 형성하였으며, 이 가운데 상당수 나라는 바르샤바 조약 기구(Warsaw Pact)[70]로 뭉치게 된다. 또 남아메리카와 동남아시아 등의 지역에서 공산 혁명을 지원하였다. 미국과 서유럽 국가들은 공산주의 국가들의 연합에 대응하는 〈북대서양 조약 기구〉(North Atlantic Treaty Organization, NATO)를 결성했다.

양진영이 이미 핵무기를 보유한 상태였으므로 상호 확실 파괴(Mutual Assured Destruction, MAD)의 위험 때문에 상대 진영에 직접적인 공격을 시도하는 일은 없었다. 그러나 긴장이 고조되어 무력 충돌의 직전까지 간 적도 있었다. 냉전기에 일어난 국제적인 위기로는 베를린 봉쇄(Berlin Blockade, 1948-1949),[71] 국공 내전(Chinese Civil War, 1949),[72] 한국 전쟁(Korean War, 1950-1953), 베를린 장벽(Berlin Wall, 1961),[73] 쿠바 미사일 위기(Cuban missile crisis, 1962),[74] 베트남 전쟁(1959-1975), 소련의 아프가

70) 1955년 3월 14일 폴란드 바르샤바에 모인 동구권 국가 8개국이 결성한 군사 동맹 조약 기구로, 정식 명칭은 〈우호, 협력, 상호 원조 조약〉(Treaty of Friendship, Co-operation, and Mutual Assistance)이다.

71) 미국, 영국, 프랑스가 제2차 세계 대전 이후에 장악했던 서베를린의 관할권을 포기하도록 하기 위해 소련이 취한 봉쇄이다. 연합국은 비행기로 서베를린에 식량과 연료를 제공하였다.

72) 1927년에서 1936년까지를 1차 국공 내전, 1946년부터 1949년까지를 2차 국공 내전이라고 한다. 2차 국공 내전에서 마오쩌둥이 이끄는 중국 공산당이 승리하여 중국 본토에 중화인민공화국(People's Republic of China, PRC)을 수립했고, 장제스(Chiang Kai-shek)가 이끄는 중국 국민당은 난징에 있던 중화민국(Republic of China, ROC) 정부를 타이베이로 이전하였다.

73) 동독에서 자유지역인 서베를린으로 탈출하는 사람이 많아지자 이를 막으려고 1961년 8월 13일 장벽을 세웠다. 1989년 11월 9일 자유 왕래가 허용된 이후 차례로 장벽이 붕괴되었으며 현재는 일부만 기념으로 남겨져 있다.

74) "10월 위기," "미사일 공포," "카리브 해 위기"라고도 한다. 소련의 당서기 흐루시초프는 군사적 우위를 확보하고, 쿠바의 신생 공산 정권인 카스트로 정권을 보호하

니스탄 침공(1979-1989)[75] 등을 들 수 있다.

20세기 후반기에 가면 정치적인 긴장을 해소하려는 "데탕트"(Détente, 긴장완화)[76]의 분위기가 무르익게 된다. 1980년대에 미국은 경제적으로 침체되어 위기를 겪던 소련에 외교, 군사, 경제상의 압력을 가하였고, 소련의 미하일 고르바초프(Mikhail Gorbachev) 서기장은 개혁 정책인 페레스트로이카(Perestroika)[77]와 글라스노스트(Glasnost)[78]를 추진하였다. 그러나 개혁은 실패하고 1991년 소련이 붕괴되어 러시아(Russia), 리투아니아(Lithuania), 조지아(Georgia), 에스토니아(Estonia), 우크라이나(Ukraine), 우즈베키스탄(Uzbekistan) 등 17개 독립국이 분리되어 건설되었다. 또 인접한 공산권국가들이 도미노처럼 체제 붕괴를 겪으면서 냉전은 종식되었다.

며, 서방 세계와의 협상 카드로 쓰기 위해, 쿠바에 장거리 미사일 기지의 설치를 비밀리에 추진하였다. 미국 정부는 소련의 쿠바 미사일 기지 건설이 무력 시위라고 주장하면서 이를 강행한다면 선전포고로 받아들일 것이며, 제3차 세계 대전도 불사하겠다는 공식 성명을 발표했다. 케네디 대통령의 과감한 대처에 전 세계는 세계 대전의 발발을 예상하는 일촉즉발의 상황에 이르렀다. 미국과 소련의 필사적인 외교에 의하여 소련 측의 미사일 기지 건설이 중지되었고, 그에 대한 대가로 터키에 있던 미국 측의 ICBM(대륙간 탄도탄) 기지를 철수시킨다는 조건으로 사태가 종결되었다.

75) 아프가니스탄은 1973년 쿠데타로 왕정이 무너졌고 1978년 쿠데타로 공산주의 정권이 수립되었다. 1979년 초부터 이슬람 종파의 반정부 투쟁으로 내전 상태가 되자 소련의 지원을 요청했고, 소련은 아프가니스탄을 침공하여 소련의 위성국으로 만들었다.

76) 1960년대 말부터 1970년대 이후 냉전 양극 체제가 다극 체제로 전환되면서 미소 간의 긴장이 완화되던 현상이다.

77) "재건," "재편"의 뜻을 가진 러시아어로, 고르바초프가 1985년 3월 소련 공산당 서기장에 취임한 후 실시한 개혁 정책을 가리킨다.

78) "열림," "개방"의 러시아어. 고르바초프가 1985년에 실시한 개방 정책으로 종래에 반소적이라고 금지된 문학 작품, 영화, 연극 등이 공개되었다.

8) 21세기

20세기의 세계의 두 중심축의 하나를 이루던 소련 연방이 분리되면서 공산주의와 민주주의라는 이데올로기로 양분되던 냉전의 시대는 끝나고, 유일한 강대국인 미국을 중심으로 세계 질서가 재편되는 현상이 21세기의 특징이다. 미국은 신자유주의(Neoliberalism)[79]와 보수주의로 회귀하면서 자국의 이익을 우선하기 시작했다. 특히 유대인들이 정계와 재계의 큰 힘을 장악한 미국이 친이스라엘 정책을 시행하면서 이슬람권 국가들과의 갈등이 증폭되었으며 그로 인해 테러와 소규모 전쟁이 지속되고 있다.

(1) 팔레스타인(Palestine)과 이스라엘(Israel)

팔레스타인은 지중해(Mediterranean Sea)와 요르단 강(Jordan River) 사이의 땅과 그 인근 지역의 지명이다. 정확한 지리는 시대에 따라 조금씩 다르지만 대체로 현재의 이스라엘 영토와, 팔레스타인 자치 정부(Palestinian National Authority, PNA)의 구역인 요르단 강 서안 지구(West Bank) 및 가자 지구(Gaza Strip) 일대를 가리킨다.

1516년부터 팔레스타인을 지배하던 오스만 제국은 1차 세계 대전 후 패전국이 되면서 현재의 터키(Turkey)를 제외한 중동 지역 대부분을 영국과 프랑스에 내주게 되었다. 영국이 이 지역을 통치하면서 팔레스타인이라는 명칭이 다시 쓰이기 시작했고, 영어, 히브리어, 아랍어가 이 지역의 공식 언어가 되었다.

---

79) 1970년대부터 부각되기 시작한 경제적 자유주의 중 하나이다. 복지 정책을 축소하고 경제적 자유방임주의를 지향했다. 고전적 자유주의가 국가 개입의 전면적 철폐를 주장하는데 반해, 신자유주의는 강한 정부를 배후로 두고 시장 경쟁의 질서를 권력으로 조정한다.

19세기 말 동유럽에서 시작된 포그롬(Pogrom)[80]과 유럽 전체에서 악화된 반유대주의(Antisemitism)로 인해 유대인 민족주의인 시온주의(Zionism)[81]가 시작되었으며, 유럽에 살던 유대인들은 과거의 역사에 기록된 유대인의 땅인 팔레스타인 지역으로 귀환하기 시작했다. 나치에 의해 자행된 유대인 대학살은 유대인들의 귀환을 더욱 부채질했다.

자본을 가진 유대인들이 땅을 계속 구입해서 점차 세력을 확장하자 팔레스타인 땅에서 오랫동안 거주해오던 팔레스타인인들과 분쟁이 일어났다. 1947년 초 영국 정부는 팔레스타인 통치를 끝내겠다고 선언하면서 팔레스타인의 운명을 국제 연합에 떠맡겼고, 국제 연합은 주민 투표로 팔레스타인 분할안을 채택했다. 유대인들은 이 결의안을 환영했으나, 아랍인들은 이에 반대하여 예루살렘에서 폭동을 일으키고 유대인 밀집 지역을 공격하였다.

1948년 5월 14일 유대인들은 이스라엘의 독립을 선언했고, 선언 후 이집트, 이라크, 요르단, 시리아와 레바논의 공격으로 〈제1차 중동 전쟁〉(Arab-Israeli War)이 발발했다. 이 전쟁은 미국의 지원을 받은 이스라엘의 승리로 끝나 이스라엘의 건국이 확정되었으므로 〈이스라엘 독립 전쟁〉이라고도 한다. 이후 중동지방은 현재 세계에서 가장 빈번하게 전쟁이 일어나는 지역으로 변했다. 1차 중동 전쟁에서 700,000명이 넘는 팔레스타인인들이 추방당하거나 피난을 떠나 요르단 등 인근 아랍 국가로 이주했다. 이슬람 국가에 거주하던 800,000명의 유대인들 중 대략 600,000명이 이스라엘로 이주하였고 나머지는 미국이나 유럽으로 이주했다.

---

80) 러시아어로, 특정한 인종, 민족, 종교 집단에 대한 각종 폭력 행위를 포괄적으로 가리키는 용어이다. 이 용어는 원래 러시아 제국 및 동유럽에서의 유대인 박해를 가리켰으나 현재는 일반적으로 소수 민족 집단에 대한 박해에 사용된다.

81) 팔레스타인 지역에 유대인 국가를 건설하는 것을 목적으로 한 민족주의 운동으로, 19세기 말에 시작되었다.

1956년의 〈제2차 중동 전쟁〉은 〈수에즈 위기〉(Suez Crisis)라고도 하며, 아랍권에서는 〈삼국 침략〉(Tripartite Aggression)이라고 한다. 1952년 7월 이집트의 가말 압델 나세르(Gamal Abdel Nasser Hussein, 1918-1970)가 쿠데타를 일으켜 국왕을 쫓아내고 대통령이 되었다. 민족주의자이며 사회주의자인 나세르는 이스라엘에 반대해서 아랍 국가들의 연합을 도모하는 범아랍주의(Pan-Arabism)[82]를 선언하며 아랍 국가들의 지도자로 부상했다. 이에 반발한 미국과 영국이 예정되어 있던 아스완 댐(Aswan Dam) 건설에 대한 지원을 거절하자 나세르는 영국이 사실상 소유하고 있던 수에즈 운하(Suez Canal)를 국유화하겠다고 선언하면서 수에즈 운하를 점령했다. 영국과 프랑스가 반발해 수에즈를 폭격했고 이스라엘도 이집트의 시나이 반도(Sinai Peninsula)를 침공했다. 이 전쟁이 세계 대전으로 번질 위험이 있자 미국과 소련이 압력을 가했고 삼국 군대가 철수하면서 종전이 되었다.

〈제3차 중동 전쟁〉은 1964년 6월 5일에서 6월 10일까지 진행된 전쟁으로 〈6일 전쟁〉이라고도 한다. 아랍 게릴라의 활동으로 이스라엘의 피해가 커지자 시리아(Syria)에 게릴라들의 기지가 있다고 판단한 이스라엘은 1967년 4월 시리아에 대규모 공격을 감행하였다. 나세르는 아랍의 결속을 강화해서 이스라엘을 억제하기 위해 군대를 시나이 반도에 투입하였고, 홍해(Red Sea) 북쪽의 아카바 만(Gulf of Aqaba)의 봉쇄를 선언하여, 6월 5일 이집트와 이스라엘 간에 전투가 개시되었고, 곧 시리아와 요르단으로 확대되었다. 그러나 이스라엘은 압도적인 우세로 시나이 반도를 점령하였으며, 요르단 강 서안지구, 시리아 국경의 골란 고원(Golan Heights)을 공략하였다. 국제 연합 안전보장 이사회(United Nations

82) 나세르주의(Nasserism)라고도 한다. 1950년대에서 1960년대에 아랍권에서 큰 지지를 얻었다. 많은 아랍인들은 나세르를 여전히 아랍의 숭고함과 자유의 상징으로 여긴다.

Security Council, UNSC)의 중재로 6월 9일 정전이 실현되었다.

〈제4차 중동 전쟁〉은 1973년 10월 6일 이집트의 기습적인 선제공격으로 시작되었다. 이 날은 이스라엘의 종교적인 축제일인 욤키푸르(Yom Kippur, 사죄의 날)였으므로, 〈욤키푸르 전쟁〉[83]이라고도 한다. 많은 이스라엘 병사들이 휴가를 떠났을 때 이집트군과 시리아군은 소련의 지원을 받고 병력과 무기를 총동원해서 이스라엘을 공격했다. 이스라엘의 패배가 목전에 이르자 미국이 이스라엘에 대대적인 지원을 했고 반격에 나선 이스라엘은 골란 고원을 집중 포격해서 승리를 거두었다.

이후 이스라엘이 중동에서 패권을 잡고 있으며, 아랍인들의 저항은 게릴라전과 테러전으로 변했다. 중동 전쟁에서 승리한 후 이스라엘은 요르단 강 서안 지구와 가자 지구를 점령하였다가 2005년에는 가자 지구에서 완전 철수했다. 그러나 요르단 강 서안 지구는 현재까지도 이스라엘이 절반 정도를 점령하고서 유대인 정착촌을 확대하고 있으므로 분쟁의 불씨가 되고 있다. 또 유대인 정착촌과 아랍인 마을 사이에 8 미터 높이의 분리 장벽을 설치해 국제적인 비난을 사고 있다.

근대적 의미의 국가를 구성하지 못했던 팔레스타인인들은 1993년 팔레스타인의 최대 정당인 파타(Fatah)의 지도자인 야세르 아라파트(Yasser Arafat, 1929-2004)를 국가수반으로 하여 팔레스타인 자치 정부(Palestinian National Authority, PNA)를 설립했다. 아라파트는 팔레스타인의 자치를 평화적으로 해결한 공로를 인정받아 1994년 노벨 평화상을 수상했다. 아라파트가 죽은 후 하마스(Hamas)[84]가 팔레스타인을 이끌고 있어 이스라엘과 미국을 비롯한 서방 국가와의 갈등이 커지고 있다. 현재 팔레스

83) 〈라마단 전쟁〉(Ramadan War), 〈10월 전쟁〉(October War)이라고도 한다.

84) 정당이자 준 군사 단체인 하마스는 "이슬람 저항 운동"이라는 의미의 아랍어의 머리글자이다. 이스라엘과 미국 등은 하마스를 테러 단체로 규정하는 반면 아랍권 국가들은 하마스를 지지하는 입장을 취한다.

타인 자치 정부는 유엔에서 옵서버 국가(UN Observer state)로 인정된다.

(2) 미국과 이슬람 국가

유대계 미국인이 재계나 정계를 장악하고 있는 미국이 친이스라엘 정책을 수행하면서 아랍권 국민들의 반미감정이 증가하였다. 특히 미국이 아랍권 국가인 이란과 이라크와 직접 충돌하여 반미감정이 더욱 격화되었으므로 두 나라와 미국의 관계를 살펴볼 필요가 있다.

이란의 공식명칭은 이란 이슬람 공화국(Islamic Republic of Iran)이며, 1935년 전에는 페르시아(Persia)로 알려졌다. 군주제 국가인 이란은 19세기 말에 접어들어 외세의 침입을 받다가 1919년 영국의 보호령이 되었다. 1921년 쿠데타가 성공해서 1925년 레자 칸(Reza Khan)이 샤(the Shah)로 등극하여 팔라비(또는 팔라비, Pahlavi) 왕조가 시작되었다. 팔라비 왕조는 근대화를 추진하여 1951년 석유 산업의 국유화를 단행했고, 1962년에는 백색혁명(White Revolution)[85]으로 종교 재단의 토지를 몰수하여 농민들에게 분배하는 등 강력한 개혁 정책을 실시했다. 서구 문물의 유입으로 인한 이슬람 사회의 변질을 우려하던 여러 종교 지도자들은 이 개혁에 반발하면서 반정부 운동을 일으켰고, 친미적 성향인 팔라비 왕가의 부패에 대해 불만을 가진 국민들도 반정부 운동에 공감했다.

1963년 6월 종교지도자인 루홀라 호메이니(Ruhollah Khomeini)가 주도한 반백색혁명으로 수백 명의 사망자가 발생하였다. 호메이니는 이라크의 바그다드(Baghdad)로 망명하였으나 그의 정신적 지도력은 이란의 학

---

85) 피를 흘리지 않은 혁명이라는 뜻에서 붙인 이름이다. 1953년 미국의 지원을 받은 팔라비 왕조가 민족주의자인 모사데그(Mohammad Mossadegh)를 축출하고 친미 노선을 견지하며 추진한 개혁이다. 1963년부터 토지 개혁과 여성 참정권 부여 등의 근대화 작업을 이루었으나 왕권 안정을 위한 국방비 증액과 인플레이션, 생필품 부족 등이 국민의 불만과 전통적인 이슬람 민족주의 세력의 저항을 불러왔고 후일 이란 혁명을 유발하게 되었다.

생들과 농민들에게 계속 영향을 미쳤다. 1970년대의 경제적 성장에도 불구하고 샤에 대한 민중의 불만은 높아져 갔다. 샤는 국가를 통제하기 위해 불만 세력들을 강경하게 진압했고 그로 인해 반정부 운동이 더욱 거세졌다. 1977년 11월 테헤란(Teheran)에서 시위가 일어났으며, 1978년 2월 타브리즈(Tabriz)에서 폭동이 발생하는 등 반팔라비 운동이 심화되다가, 1979년 이슬람 혁명(Islamic Revolution)이 성공하면서 팔라비 왕가는 완전히 물러났다. 1979년 3월에 시행된 국민 투표에서 98%가 이슬람 공화국 수립을 지지하였으며, 파리에서 망명생활을 하다가 돌아온 루홀라 호메이니가 4월 1일 이슬람 공화국 수립을 선포하였다.

혁명이 일어나자 팔라비 왕가는 미국으로 도피하려 했고 카터 행정부가 신병 치료를 이유로 이들의 입국을 허가하자 그동안 확산되어 오던 이란의 반미 감정이 폭발했다. 호메이니는 팔라비 송환을 강경하게 요구했으나 미국은 이를 거부했다. 1979년 11월 4일 테헤란의 미국 대사관 앞에서 팔라비의 인도를 요구하던 과격파 학생 시위대가 난입하여 대사관을 점거하고 약 70여 명의 외교관을 인질로 억류했다. 이것이 〈이란 인질 사태〉(Iran Hostage Crisis)이다. 이란은 미국의 인질 석방 요구에 초강경 자세로 일관했으나, 〈이란-이라크 전쟁〉(Iran-Iraq War, 1980-1988)이 벌어지자 양보하게 된다. 미국에 있는 팔라비 왕가의 자산을 이란에 반환하기로 미국이 동의하면서 사건 발생 444일 만에 이란은 인질 전원을 석방했다. 이 과정에서 미국과 이란의 적개심은 더 깊어졌다.

이라크는 20세기 초까지 오스만 제국의 지배하에 있다가 1차 대전이 끝난 후 영국령이 되었으며, 1932년에 이라크 공화국(Republic of Iraq)으로 독립하였다. 일련의 쿠데타가 계속된 끝에 1968년 아랍 사회주의 바트당(Arab Socialist Ba'ath Party)[86]이 정권을 장악하였다. 1979년 7월에 정

86) 1940년 다마스쿠스에서 창설된 정당이다. 본래는 모든 아랍 국가를 하나의 나라로 통일하는 동시에 당시 아랍 지역을 지배하고 있었던 서구 식민 지배에 투쟁하기 위

권을 장악한 바트당 출신의 사담 후세인(Saddam Hussein)은 미국을 비롯한 서구의 지원을 받아 〈이란-이라크 전쟁〉을 일으켰다. 중동의 석유에 의존하고 있던 미국과 서유럽 국가들은 이란의 반미 이슬람 정권의 영향으로 중동 전역에 반미 반서방 이슬람 원리주의가 확산될 것을 우려하던 중이었다. 그래서 이란을 견제하기 위해 이란과 전통적으로 대립관계에 있던 이라크의 사담 후세인 정권에게 막대한 외교적, 경제적, 군사적 지원을 했던 것이다. 영국과 프랑스는 전쟁 초기부터 이라크에 상당량의 무기를 판매하였으며, 미국은 후세인 정권의 무차별적인 화학 무기 사용과 민간인 학살을 묵인하였다. 그러나 서방의 전폭적인 지원에도 불구하고 전쟁은 무승부로 끝이 났다.

후세인은 1990년 8월 2일 쿠웨이트(Kuwait)가 과거의 이라크의 영토라고 주장하면서 침공하여 합병하였고, 이에 미국을 비롯한 30개 국가가 다국적군을 결성해 쿠웨이트를 지원하여 1991년 2월 28일 이라크를 패배시켰다. 이 전쟁을 〈제1차 걸프 전쟁〉(First Persian Gulf War)이라고 하며, 이때 사막 방패 작전(Operation Desert Shield)과 사막 폭풍 작전(Operation Desert Storm)이 수행되었다.

이런 정황으로 인해 이슬람권에서는 반미 감정이 점점 고조되었고, 미국에 대해 지리적으로 불가능한 전면전을 벌이는 대신 국지적인 테러 공격에 돌입했다. 그 중 미국 본토를 공격한 가장 큰 테러사건이 2001년 9월 11일에 발생한 9·11테러(September 11 attacks)이다.

9·11테러는 항공기를 동시다발로 납치하여 목표물에 돌진하는 자살공격으로, 뉴욕의 110층짜리 세계 무역 센터(World Trade Center) 쌍둥이 빌딩이 붕괴되었고 알링턴의 국방부 건물인 펜타곤(Pentagon)이 일부 파

한 아랍 민족주의 및 세속주의 운동을 목표로 했다. "바트"는 아랍어로 "부흥" 또는 "재건"을 뜻한다. 대체로 아랍 사회주의, 아랍 민족주의, 범아랍주의, 세속주의를 정치적 주장으로 내세우고 있으며, 이슬람 원리주의와는 대립 관계이다.

괴된 대참사이다. 비행기가 타격한 세계 무역 센터 남쪽 건물과 북쪽 건물이 완전히 붕괴되었고, 그 여파로 부속 건물들도 힘없이 주저앉았다. 이 장면은 CNN에서 시시각각으로 전 세계에 생중계되어 충격을 주었다. 9·11 테러로 약 90개국의 2,800~3,500여 명이 목숨을 잃었다.

미국은 사우디 아라비아 출신의 국제 테러리스트인 오사마 빈 라덴(Osama bin Laden)과 그의 추종 조직인 알카에다(al-Qaeda)를 주요 용의자로 지목하였고, 그 밖에 팔레스타인 해방 기구(Palestine Liberation Organization, PLO) 산하의 무장 조직인 하마스(HAMAS), 이슬람 원리주의 기구인 지하드(Jihad)[87], 레바논의 헤즈볼라(Hezbollah) 등 다른 이슬람 테러 조직들도 관여했을 것으로 보고 있다.

조지 부시 대통령은 이 테러 사건을 미국에 대한 명백한 공격으로 규정하고 비상 사태를 선포했다. 미국과 영국 연합군은 2001년 10월 7일 빈 라덴을 잡기 위해 그가 숨어있다고 추정된 아프가니스탄을 공격해 반탈레반(anti-Taliban) 정권인 과도 정부를 수립시켰다.[88] 그러나 빈 라덴을 잡지는 못하다가 2011년 5월 제로니모(Geronimo) 작전으로 빈 라덴을 사살 후 수장하였다.

2003년 미국은 영국과 합동으로 이라크 자유 작전(Operation lraq Freedom)으로 이라크를 침공하는데 이를 〈제2차 걸프 전쟁〉이라고 한다. 이라크가 대량 살상 무기를 보유하고 있어 세계의 안보 환경을 위협하며, 이라크가 유엔의 사찰을 방해하므로 살상 무기를 폐기했는지 확인

87) "성스러운 전쟁"이라는 의미이다.

88) 1979년 소련군의 침공으로 아프가니스탄이 점령되자 이슬람이 중심이 된 저항 세력이 미국의 지원으로 반소련 항쟁을 벌였다. 1989년 소련이 붕괴되기 직전 소련 군대는 철수했고, 아프가니스탄에서는 1990년대에 정치적 불안이 계속되었다. 1997년 엄격한 이슬람 규율로 무장한 탈레반이 기득권층과 마약 군벌들을 물리치고 정권을 장악하여 안정된 정국을 유지했다. 그러나 탈레반은 곧 극단적인 이슬람 원리주의로 민중을 억압하는 정권으로 변했다.

할 수 없으며, 독재자 사담 후세인은 국내에서 많은 압정을 실시하고 있다는 것이 침공의 이유였다. 미군은 후세인을 실각시키고 새로운 과도 정부를 출범시켰으며 이라크에 미군을 상주시켰다. 그러나 2004년 10월 미국이 파견한 조사단은, "이라크에 대량 살상 무기는 존재하지 않는다."는 보고서를 제출하여 미국은 명분 없는 전쟁을 수행했다는 비판을 받았다. 버락 오바마 대통령은 2011년 12월 15일 이라크 전쟁의 종결을 선언했지만 이라크 문제는 여전히 불안한 화약고의 역할을 하고 있다.

5 미국의 대통령

	대 통 령	재임 기간
1	George Washington	1789-1797
2	John Adams	1797-1801
3	Thomas Jefferson	1801-1809
4	James Madison	1809-1817
5	James Monroe	1817-1825
6	John Quincy Adams	1825-1829
7	Andrew Jackson	1829-1837
8	Martin Van Buren	1837-1841
9	William Henry Harrison	1841
10	John Tyler	1841-1845
11	James Knox Polk	1845-1849
12	Zachary Taylor	1849-1850
13	Millard Fillmore	1850-1853
14	Franklin Pierce	1853-1857
15	James Buchanan	1857-1861
16	Abraham Lincoln	1861-1865
17	Andrew Johnson	1865-1869
18	Ulysses S. Grant	1869-1877
19	Rutherford Birchard Hayes	1877-1881
20	James Abram Garfield	1881
21	Chester Alan Arthur	1881-1885
22	Grover Cleveland	1885-1889

	대 통 령	재임 기간
23	Benjamin Harrison	1889-1893
24	Grover Cleveland	1893-1897
25	William McKinley	1897-1901
26	Theodore Roosevelt	1901-1909
27	William Howard Taft	1909-1913
28	Woodrow Wilson	1913-1921
29	Warren Gamaliel Harding	1921-1923
30	Calvin Coolidge	1923-1929
31	Herbert Clark Hoover	1929-1933
32	Franklin Delano Roosevelt	1933-1945
33	Harry S. Truman	1945-1953
34	Dwight David Eisenhower	1953-1961
35	John Fitzgerald Kennedy	1961-1963
36	Lyndon Baines Johnson	1963-1969
37	Richard Milhous Nixon	1969-1974
38	Gerald Rudolph Ford	1974-1977
39	James Earl Carter, Jr.	1977-1981
40	Ronald Wilson Reagan	1981-1989
41	George Herbert Walker Bush	1989-1993
42	William Jefferson Clinton	1993-2001
43	George Walker Bush	2001-2009
44	Barack Hussein Obama	2009- 2017
45	Donald Trump	2017-

1) 조지 워싱턴 (George Washington, 임기 1789-1797)

초대 대통령 조지 워싱턴(1732-1799)은 독립 전쟁에서 대륙군(Continental Army)의 총사령관으로 활동하였으며, 미국의 건국과 혁명 과정을 주도한 "건국의 아버지들"(Founding Fathers) 중 한 사람이다. 워싱턴은 1774년 대륙 회의의 〈연방 규약〉과, 1787년 필라델피아 제헌회의의 〈미국 헌법〉의 결정에서도 중요한 역할을 했다. 3선 연임을 거절하여 3선 연임 불가를 미국의 불문율로 남겼다. 워싱턴은 생전에도 "나라의 아버지"(father of his country)라고 불릴 정도로 존경을 받았으며 역사학자들은 그를 가장 훌륭한 미국 대통령 중 한 사람으로 꼽는다. 워싱턴의 생일은 연방 공휴일인 대통령 날(Presidents' Day)로 지정되어 2월 3번째 월요일에 준수된다.

워싱턴은 대통령 재임시 정부의 각 부서의 관례와 임무를 마련했고, 강력한 중앙 정부를 수립할 계획을 수립하였으며, 국가 부채를 갚기 위한 자금을 조성하였고, 효율적인 세금 제도를 시행하였으며, 국립 은행인 〈미국 제1 은행〉(First Bank of the United States)을 창설하였다. 1794년 영국과의 전쟁을 피하기 위해 제퍼슨주의자들(Jeffersonians)의 반대를 무릅쓰고 영국과 〈제이 조약〉(Jay Treaty)[1]을 맺었다.

워싱턴은 퇴임 연설(Farewell Address)에서 당파성과 파벌주의를 경고했고, 해외 전쟁에 관여하지 말라고 주문했다. 또 종교와 도덕이 개인과 공적인 행복을 향상시키는데 중요할 뿐 아니라 국가의 정치적 번영을 향상시키는데도 중요하다고 강조했다. 이후 고향인 마운트 버논(Mount

---

1) 〈우호 조약〉(Treaty of Amity), 〈1794 런던 조약〉(Treaty of London of 1794)이라고도 한다. 영국이 미국과 프랑스의 무역을 방해하려고 하여 미영 관계에 긴장이 고조되자 워싱턴이 존 제이를 영국에 특사로 파견하여 영국과의 관계 개선을 도모한 조약이다.

Vernon)으로 돌아가 여생을 보냈고 유언으로 자신의 노예들을 해방시켰다. 혁명 동지였던 헨리 리(Henry Lee)는 장례식 연설에서, 워싱턴이 "전쟁에서 일등, 평화에서도 일등, 동포의 가슴 속에서도 일등"(First in war, first in peace, and first in the hearts of his countrymen)이라고 칭송하였다. 워싱턴의 초상은 1달러 지폐(one-dollar bill)와 25센트 동전(quarter coin), 우표(U.S. postage stamps)에 그려져 있다. 워싱턴 D.C.에 높이 솟아 있는 워싱턴 기념비(Washington Monument)는 워싱턴을 기념하는 랜드마크이다. 그 외 워싱턴 주를 비롯하여 도시, 대학 등 그의 이름을 딴 곳이 많다.

2) 존 애덤스(John Adams, 1797-1801)

존 애덤스(1735-1826)는 1765년 〈인지세법〉 반대 투쟁을 계기로 정치에 입문해서 토마스 제퍼슨과 함께 독립 선언문 작성에 참여한, 미국 건국의 주역 중 한 사람이다. 1783년 벤저민 프랭클린(Benjamin Franklin), 존 제이와 함께 〈파리 조약〉의 협상을 이루어내었다. 워싱턴 정부에서 부통령을 지내고 두 번째 대통령이 되었다. 6번째 대통령인 존 퀸시 애덤스가 그의 아들이다.

대통령으로 취임한 애덤스는 두 번째로 득표수가 많은 후보를 부통령으로 임명하는 당시의 제도에 따라 자신과 정반대의 정치 철학을 가진 토마스 제퍼슨을 부통령으로 임명해야 했다. 제퍼슨은 철저한 반연방주의자였으므로 임기 4년 동안 연방주의자인 애덤스의 거의 모든 정책을 반대했다.

애덤스가 당면한 가장 심각한 문제는 강대국인 영국과 프랑스와의 관계를 조정하는 일이었다. 미국이 독립한 후에도 영국과 프랑스는 북아메리카 대륙의 많은 부분을 차지하고 있었고 계속 영향력을 확대하려고 경쟁했다. 영국은 미국의 배를 나포하는가 하면 미국 선원들을 영국군으로 강제 징용하는 등 폭력을 행사했다. 애덤스는 영국과 전쟁 상태인 프랑스에 세 명의 비밀 특사를 보내서 도움을 요청했으며 이것이 XYZ사건(XYZ Affair)[2]이다. 이때 프랑스 외무장관 탈레랑(Talleyrand)이 거액의 뇌물을 요구한 일이 알려지면서 미국인들은 분노했다. 알렉산더 해밀턴을 비롯한 친영 반프랑스 세력은 프랑스에 대한 강력한 응징을 요구했고 미국은 선전포고 없이 프랑스와 전쟁에 돌입했는데 이것이 〈유사 전쟁〉(1798-1800)이다. 프랑스를 비롯한 외국에 협조한 자들을 처벌하는 〈외국인과 선동 방지법〉(Alien and Sedition Acts, 1798)도 통과되었다. 이 법은 간첩과 배신행위를 막는다는 구실로 제정되었지만 사실은 국민들의 입과 귀를 막는 비민주적인 법이었기 때문에 친프랑스 세력인 제퍼슨주의자들의 반발이 컸다.

3) 토마스 제퍼슨(Thomas Jefferson, 1801-1809)

토마스 제퍼슨(1743-1826)은 〈독립 선언문〉을 기초한 건국의 아버지 중 한 사람이며 가장 존경받는 대통령 중의 한 명이다. 공화주의의 이상을 주장했고 8년의 재임 기간 동안 의회의 법안에 대해 한 번도 거부권을 행사하지 않은 유일한 대통령이다. 그의 재임 기간 중 일어난 큰 사건은 루이지애나 매입과 루이스와 클라크 탐험(Lewis and Clark Expedition, 1804-1806)이다.

제퍼슨은 박학다식하며 모든 분야에 탁월한 재능을 발휘하였으므로 벤저민 프랭클린과 더불어 18세기 미국의 “르네상스인”(Renaissance Man)으로 평가된다. 1962년 존 F. 케네디 대통령은 49명의 노벨상 수상자들을 초대한 백안관 만찬에서, “토마스 제퍼슨 대통령이 이곳에서 혼자

2) “X, Y, Z”는 애덤스 정부에서 발간된 문서에 나온 프랑스 외교관 이름에서 딴 것이다.

식사한 경우를 제외한다면, 역대로 백악관에 오셨던 분들 중 여러분이 최고의 재능과 지식의 총체라고 생각합니다."라고 환영인사를 건넸다고 한다.

영국과 프랑스의 계몽사상(Enlightenment)[3]을 기본 철학으로 삼은 제퍼슨은 인권을 중시하면서, "모든 인간은 신 앞에 평등하다."고 역설하였다. 그러나 그의 신조는 실생활이나 대통령으로서의 정책에서는 외면되기도 했다. 노예제에 대해 제퍼슨은 인권을 적용시키지 않았다. 200여 명의 노예를 둔 농장주였던 제퍼슨은 흑인 여성인 샐리 해밍스(Sally Hemings)가 낳은 여러 명의 자식이 본인의 자식인지에 대한 질문에 대답하지 않았다. 또 정치적으로도 타협적이었다. 1807년 헌법에 명시한 〈노예무역 금지법〉의 발효 기간이 만료되자 북부 출신 연방 의원들이 노예무역을 영구히 금지하는 법안을 제출했고 제퍼슨은 이를 승인하였다. 그러나 남부 출신 의원들이 노예문제는 연방 의회가 아닌 각 주 의회의 권한이라고 반박하자 노예무역은 금지하되 노예제의 실시 여부는 각주에서 관장하도록 타협책을 제시했다.

원주민에 대한 정책에서도 제퍼슨은 철저히 백인 이주민의 편이었다. 오하이오 계곡의 원주민 부족이 정부에 대항하자 제퍼슨은 미시시피 강 동부 지역을 미국의 영토로 선언하면서, 동부의 인디언들을 미시시피 강 서부로 이주시키는 정책을 추진했다. 백인들의 조건을 받아들인 문명화된 다섯 부족[4]은 영토를 유지하게 했으나 앨라배마의 크리크족이 떠나기

---

3) 17, 18세기에 유럽과 신세계를 휩쓴 진보적 사상을 가리킨다. 계몽주의는 교회의 미신적인 면과 독단적인 해석에 대해 반기를 들어 실제적인 도덕을 지향하였으며, 형이상학보다는 상식, 경험, 과학을, 권위주의보다는 개인의 자유를, 특권보다는 평등한 권리와 교육을 지향하였다. 계몽주의 사상가들은 인간은 이성으로 적법성을 판단할 수 있으며, 이성은 권위의 요소이자 권위를 판단하는 기준이라고 주장했다. 미국 독립 선언과 영국 권리 장전, 프랑스 인권 선언 등은 모두 계몽사상의 영향을 받은 것이다.

4) 체로키족, 촉토족, 크리크족, 치카소족, 세미놀족.

를 거부하자 앤드루 잭슨을 시켜 원주민들을 가차 없이 살육하게 했다.

제퍼슨의 가장 큰 업적은 루이지애나 매입이다. 루이지애나는 "사람도 살지 않고, 있는 것은 기껏해야 늑대와 떠돌이 인디언, 엄청난 쓰레기뿐인 땅"이라며 반대가 많았지만, 이 매입을 통해 미국의 영토는 순식간에 두 배로 늘어났다. 제퍼슨은 루이지애나 매입 후 메리웨더 루이스와 윌리엄 클라크를 대장으로 한 루이지애나 탐험대를 조직하였고, 이 탐험대는 새로운 땅을 탐사하면서 이후 서부 개척 시대의 막을 열었다.

제퍼슨은 직접 자신의 비문을 지었는데, 여기에 대통령의 직함을 넣지 않았다는 사실로 그의 성품을 짐작할 수 있다.

> Here was buried Thomas Jefferson, author of the Declaration of American Independence, of the Statute of Virginia for Religious Freedom and Father of the University of Virginia.

* 제퍼슨 민주주의(Jeffersonian democracy)

제퍼슨 민주주의는 토마스 제퍼슨과 그의 동지 제임스 메디슨의 정책을 일컫는 용어이다. 1790년대에서 1820년대에 미국을 주도하던 두 주요한 정책은 알렉산더 해밀턴의 연방당(Federalist Party) 정책과, 그와 정반대인 제퍼슨의 민주공화당(Democratic-Republican Party) 정책이었다. 제퍼슨은 반연방주의자로서 강력한 권력을 가진 연방 정부를 불신했고, 각 주의 독립적인 권한을 최대한으로 보장하는 연방 정부를 지향하면서, 각 개인은 "절대권"인 자유를 가지고 있으며, 그 자유는 누구도 뺏을 수 없다고 주장했다. 정부는 다른 사람의 자유를 침범하는 사람들을 규제해야 할 뿐만 아니라, 정부 자체도 개인의 자유는 건드리지 말아야 한다고 주장했다.

제퍼슨은 정부 형태로서 공화국을 지지하면서, 공화주의의 원칙인 시민의 의무(civic duty)를 중시했고, 특권, 귀족주의, 부패를 반대했다. 그는 자영농(yeoman farmer), 농장주(planters), 평범한 사람(plain folk)을 우선적으로 생각하면서, 공장 노동자, 상인, 제조업자, 귀족적인 엘리트를 불신했다. 이처럼 도시와 자본가를 불신한 제퍼슨이 이상적으로 생각한 미국의 미래는 자영농이 중심이 되는 농업 국가였다. 제퍼슨의 사상은 상업과 공업을 중시한 알렉산더 해밀턴과 정반대되는 것이므로 두 사람은 많은 마찰을 빚었다.

* 루이스-클라크 탐험(Lewis and Clark Expedition)

이 탐험은 1803년의 루이지애나 매입 후 제퍼슨 대통령의 지시로 메리웨더 루이스(Meriwether Lewis) 대위와 윌리엄 클라크(William Clark) 소위의 지휘 하에 실행되었다. 그들의 탐험은 1804년 5월부터 1806년 9월까지 이어졌다. 이 탐험의 주된 목적은 새로 얻은 영토를 탐험하면서 미주리 강 북서쪽을 따라 그 땅이 컬럼비아 강에 연결 되어 있는지 혹은 근접해 있는지 알아보는 것이었다. 탐험하는 동안 루이스와 클라크는 대륙 서부를 가로지르는 길을 개척했고 그로 인해 그 땅이 미국의 영토임을 주장할 수 있게 되었다. 또한 탐험대는 각 지방의 동식물의 생태계와 천연자원들을 연구했고, 여기서 얻은 수많은 정보와 지도를 1806년 제퍼슨 대통령에게 전달했다.

4) 제임스 매디슨(James Madison, 1809-1817)

제임스 매디슨(1751-1836)은 건국의 아버지 중 일인이며 제퍼슨의 정치적 동지이다. 〈미국 헌법〉은 제임스 매디슨의 생각이 구체화된 것이므로 그는 "헌법의 아버지"(Father of the Constitution)로 불리기도 한다. 매디슨은 민주제(democracy)보다 대의 민주제(representative democracy)라고 할 수 있는 공화제(republicanism)를 선호했다. 민주제는 개개의 사람들이 모여 몸소 통치를 하는 것인 반면, 공화제는 개인의 대표자가 통치를 하는 것이라고 간주했던 것이다. 매디슨은 새로운 공화국은 귀족 정치와 부패와 싸워야 한다고 믿으면서 공화주의를 정립하기 위해 헌신했다.

1791년, 매디슨은 연방주의자인 재무부 장관 알렉산더 해밀턴의 핵심 정책인 〈제1 미국은행〉의 설립에 반대하면서 제퍼슨과 함께 공화당을 창립했다. 또 1798년 제퍼슨과 함께, 〈외국인과 선동 방지법〉을 비합헌이라고 규정한 〈버지니아와 캔터키 결의안〉(Virginia and Kentucky Resolutions)을 비밀리에 작성했다. 제퍼슨 대통령의 국무부 장관으로 활동하면서는 루이지애나 매입을 성공시켰다.

대통령이 된 매디슨은 미국의 경제권을 보호하기 위해 1812년 영국과 전쟁을 시작했다. 처음에는 미국이 연일 패배했지만 1815년 미국의 승리로 끝맺었다. 이 전쟁 이후 매디슨은 처음의 입장과 달리 연방의 권한을 강화하는 정책을 시행했다. 1815년 매디슨은 〈제2 미국 은행〉을 설치했고, 강력한 군대를 창설했으며, 전쟁 중에 새롭게 문을 연 공장들을 보호하기 위해 높은 관세를 매기는 정책을 시행했다.

5) 제임스 먼로(James Monroe, 1817-1825)

제임스 먼로(1758-1831)는 아메리카 대륙에 유럽 열강이 간섭하지 말

것을 제창한 〈먼로 독트린〉으로 유명하다. 먼로의 대통령 재임기는 "선의의 시대"(Era of Good Feelings)로 지칭되기도 했다. 이 용어는 1817년 먼로 대통령이 "선의의 여정"(Good Will Tour)이라는 명목으로 국내를 순방하던 중에 보스턴에 들리자 벤저민 러셀(Benjamin Russell) 기자가 기사에서 쓴 용어이다. 하지만 당시 먼로 행정부와 공화당 내의 정치적 분위기는 경직되어 있었고 분파에 따라 갈등이 심하던 시기였기 때문에 역사가들은 다소 냉소적인 의미로 이 용어를 사용한다.

미국은 서부 개척과 급속한 산업 발전으로 번영을 구가하던 중에 1819년 경제 공황(Panic of 1819)을 맞게 된다. 나폴레옹 전쟁의 후유증으로 인한 국제 시장의 조정, 공용 대지에 대한 과도한 투기, 다량으로 찍어낸 화폐 등으로 인해 미국 경제가 전반적으로 무너졌으며, 1821년까지 공황이 계속되었다. 이 공황을 겪은 후 미국 경제는 유럽을 상대하는 식민지적 상업에서 벗어나 자유주의 자본주의(laissez-faire capitalism)의 원칙을 따르게 된다.

먼로 정부는 1817년 〈세미놀 전쟁〉(Seminole War)을 수행했다. 1817년 세미놀족과 조지아 남부의 정착민들 사이에 싸움이 일어났다. 먼로는 앤드루 잭슨 장군에게 인디언들을 공격하라는 명령을 내려 플로리다의 에버글레이즈(Everglades)로 원주민을 쫓아내고 스페인령인 플로리다의 수도 펜사콜라(Pensacola)를 점령하였다. 1819년 스페인은 플로리다를 미국에 넘겨주는 데 동의하였다. 이후로도 〈세미놀 전쟁〉은 3차까지 계속 되며 1858년에야 마감되었다.

먼로 정부는 1819년 미주리 준주(Missouri Territory)를 노예주로 영입하고자 했으나 실패하자 〈미주리 합의〉(Missouri Compromise)로 메인 주를 자유주로 통합하고 미주리 주를 노예주로 통합했다.

* 먼로 독트린(Monroe Doctrine)

제임스 먼로 대통령이 1823년 의회 일반 교서에서 밝힌 외교 방침으로, 이후의 미국의 외교 정책의 근간이 되었다. 유럽 열강이 아메리카 대륙을 식민지화하거나 아메리카 대륙에 있는 주권 국가에 대해 간섭하는 것을 거부하며, 미국은 유럽이든 식민지에서든 유럽 열강 간의 전쟁에 대해 중립을 표명하며, 단 아메리카 대륙에서 일어나는 전쟁은 미국에 대한 위협으로 간주하고 대응한다는 것이었다. 먼로 독트린은 기본적으로는 신세계에 대한 유럽의 정치적 영향력을 억제하려는 것이지만, 자국이 아메리카 대륙 전체로 팽창할 근거를 제시한 적극적이고 공격적인 선언이기도 하다. 미국의 불간섭주의를 선언한 것이라기보다 막 독립한 남아메리카의 신생국들에 대한 유럽 열강의 간섭을 저지하는 것이기 때문이다. 이런 숨은 의도는 1904년 시어도어 루스벨트 대통령이 남아메리카에 군사적으로 개입하면서 나타났다. 남아메리카에 대한 미국의 정책은 협상과 군사 작전을 병행하는 것으로, 루스벨트는 이를 "부드럽게 말하면서 큰 곤봉을 휘두르기"(speak softly, and carry a big stick)라고 표현했다. 루스벨트의 대곤봉 외교(Big Stick Diplomacy)는 〈먼로 독트린〉의 "루스벨트 귀결(Roosevelt Corollary)"이라고 불린다.

6) 존 퀸시 애덤스(John Quincy Adams, 1825-1829)

존 퀸시 애덤스(1767-1848)는 2번째 대통령인 존 애덤스의 아들이다. 먼로 대통령 정부에서 국무부 장관을 지내면서 〈먼로 독트린〉의 발효를 도왔다. 1824년의 대통령 선거에서 어느 후보도 과반수를 받지 못하자 하원에서 표결을 하여 애덤스가 대통령이 되었다. 이후 애덤스에게는 헨리 클레이(Henry Clay)의 지지표를 약속받고 그를 국무장관에 임명했다는 부패 거래(corrupt bargain)의 혐의가 꼬리표처럼 따라다녔다.

애덤스는 대통령으로서 미국제도(American System)[5] 정책을 지속하여 미국을 강대국으로 성장시키려고 노력했다. 그러나 1828년 의회가 〈관세법〉을 통과시키자 공산품을 비싸게 구입해야 하는 남부는 불만을 터뜨렸다. 게다가 수출이 줄어든 영국이 미국의 면화 수입을 줄이자 남부는 이중으로 고통 받게 되었다. 남부는 정부가 고관세로 북부의 산업만 보호한다고 비판했고 이 법을 〈증오의 관세〉(Tariff of Abominations)라고 불렀다.[6]

애덤스는 재임 시 원주민에 대해 관대한 정책을 시행했고 노예제는 강력히 반대했다. 대통령직을 마친 애덤스는 노예제에 대한 자신의 신념을 위해 변호사로 활동하여 존경을 받았다. 애덤스는 〈미국 정부 대 아미스타드 호〉(United States v. The Amistad, 1841) 사건에서 흑인 노예들의 변호를 맡아 그들을 자유의 몸이 되게 했다.[7]

---

5) 미국 제도는 원래 헨리 클레이 의원이 주창한 경제 계획으로, 19세기 전반기의 미국 정책에서 중요한 역할을 했다. 알렉산더 해밀턴의 "미국 학파"(American School)에 뿌리를 두고 있는 이 정책은, 첫째, 미국의 산업을 보호하고 향상시키는 높은 관세 부과, 둘째, 상업을 육성시키기 위한 국립 은행의 창설, 셋째, 농민의 이익 보장에 필요한 시장을 활성화시킬 수 있는 도로와 운하 등의 기간산업 개선을 위한 연방 보조금(federal subsidies) 부여 등이었다.

6) 결국 다음 대통령인 앤드루 잭슨 때에 사우스캐롤라이나는 〈연방법 거부 조례〉(Ordinance of Nullification, 1832)로 맞서면서, 연방의 관세가 비합헌적이며 무효라고 선언했다. 남부와 연방 정부의 이 갈등을 "연방법 거부 위기"(Nullification Crisis)라고 한다. 잭슨 대통령은 사우스캐롤라이나에 연방 군대를 파견해 진압하는 〈군대법〉(Force Bill)과 남부인의 사정을 고려한 〈타협 관세〉(Compromise Tariff)를 통과시켜 위기를 극복했다.

7) 1839년, 일단의 흑인들이 시에라리온(Sierra Leone)에서 포획되어 불법으로 노예로 팔려 스페인 배 〈라 아미스타드〉(La Amistad)에 실려 쿠바로 옮겨지던 도중, 이 흑인들이 카리브 해의 선상에서 두 명의 백인을 죽인 후 선원들을 위협해 다시 아프리카의 고향으로 향하다가 체포되었다. 이들은 살인죄와 폭동죄로 기소 당했고 1841년 연방 대법원에서 재판이 벌어졌다. 애덤스는 모든 사람들은 자유를 지킬 권리가

또한 애덤스는 의회에서 의원의 특정한 주제의 토론이나 제안을 제한하는 토론 제한법(gag rule)[8]이 〈헌법 수정안 1조〉의, "정부에게 고충의 수정을 청원할"(to petition the Government for a redress of grievances) 권리를 막는 것이라고 주장하여 1844년 이 법을 폐기시키는 성과를 거두었다.

7) 앤드루 잭슨(Andrew Jackson, 1829-1837)

최초의 아일랜드계 대통령인 앤드루 잭슨(1767-1845)은 독립 전쟁에서 싸웠으며 영미 전쟁에서 뛰어난 활약을 펼쳐서 "오래된 히커리 나무처럼 강인한"(tough as old hickory) 사람이라는 평판을 얻었다. 그는 몹시 강경해서 임기 중에 "앤드루 1 세"라는 야유를 받기도 했고, 미국 대통령 중 유일하게 의회에서 불신임 결의를 받았다.

잭슨의 강경한 성격은 원주민에 대한 가혹한 태도에 반영되어 있다. 잭슨은 "명백한 천명"에 따른 영토 확장을 당연한 권리로 여겼으므로 그 과정에서 원주민이 희생되는 것에 대해 거리낌이 없었다. 1812년의 〈영미 전쟁〉에서 잭슨은 원주민이 수백 명의 백인 개척민을 살해한 것을 이유로 크리크족을 공격하여 남녀노소를 불문하고 대량 학살을 하여 크리크족의 땅을 할양받았다. 1817년의 〈1차 세미놀 전쟁〉에서 잭슨은 먼로 대통령의 지시로 플로리다를 공격하면서 초토화 작전을 실시하는데, 특히 부족의 수를 증가시킬 수 있는 여성을 철저히 학살하라고 강조했다.

있으며 정부는 노예를 해방시켜야 할 권리가 있다고 역설하여, 흑인 노예들에게 무죄가 선언되어 고향으로 돌아갔다. 영화 <아미스타드>가 이 사건을 재현했다. 에이브러햄 링컨의 〈노예 해방 선언〉은 애덤스의 이론에 기초를 두고 있다.

8) 1831년 애덤스를 비롯한 노예폐지론자들은 노예제를 반대하는 청원을 집중적으로 의회에 상정했다. 그러자 노예제 주장자들은 토론 제한법을 이용하여 그 청원이 자동으로 "무기 연기"(tabled)된 것으로 만들어 더 이상 토론되지 못하게 했다. 이런 상황 때문에 애덤스는 토론 제한법을 폐기하려고 노력했다.

잭슨의 잔인하고 냉혹한 모습에 놀란 세미놀족은 잭슨을 "예리한 칼"(Sharp Knife)이라고 불렀다. 이 때 흑인 탈주 노예들도 세미놀족과 연합하여 잭슨의 군대에 대항했는데, 이들 흑인과 원주민의 혼혈을 블랙 세미놀이라고 한다. 잭슨은 대통령 재임 기간에는 백인 정착민을 위한 땅을 확보하기 위해서 원주민을 정부가 지정한 인디언 거류지로 강제로 이주시켰다. 원주민들은 고향을 버리고 쫓겨 가면서 추위와 기아에 시달리거나 병들어 죽어갔다. 원주민의 이 고난의 행군을 〈눈물의 길〉이라고 한다.

잭슨은 의회의 권한을 축소하고 대통령과 행정부의 권한을 대폭 강화하면서도 권력이 엘리트의 것이 아니라 일반 유권자의 것이어야 한다는 잭슨 민주주의 체제를 확립시켰고, 그 일환으로 일반인을 백악관에 초대한 최초의 대통령이기도 하다. 또 평등주의를 주장하면서 지주에게만 허락되었던 선거권을 모든 백인 남성에게로 넓혔고, 정부 활동에 시민들이 적극 참여하도록 격려했다. 사법 분야에서는, 많은 주들의 헌법을 개정하도록 하여 주 법관들의 임기를 축소하였고, 변호사와의 관계에서 법관의 권한을 약화시켰다. 대신 배심제에서는 인민의 자유를 보장하기 위해 영국에 비해 배심의 권한을 강화시켰다.

* 앤드루 잭슨의 민주공화당

1790년대에 반연방파 토마스 제퍼슨이 창당한 공화당(Republican Party)은 이 시기에 이르러 친잭슨파와 반잭슨파로 분열되었다. 1828년 잭슨이 대통령에 당선되자 반잭슨파는 잭슨 대통령의 독재적인 행정에 반대하여 그를 "앤드루 왕"이라고 불렀고, 공화당을 대거 탈당하여 휘그당[9]을 창당하였다. 친잭슨파는 민주공화당(Democratic-Republican Party)

9) 오늘날의 공화당의 전신.

으로 당명을 바꾸었는데 오늘날의 민주당의 전신이다. 잭슨 대통령과 그의 지지자들이 실천한 정치사상을 잭슨 민주주의(Jacksonian democracy)라고 한다.

8) 마틴 밴 뷰런(Martin Van Buren, 1837-1841)

마틴 밴 뷰런(1782-1862)은 첫 네덜란드계 출신이며, 영어가 아닌 네덜란드어를 모국어로 하는 대통령이다. 민주당인 밴 뷰런은 남부를 지원하기 위해 저관세와 자유 무역을 주장했다. 그러나 1837년 임기와 함께 시작된 경제 공황을 맞아 마땅한 경제 정책을 내놓지 못했다. 은행이 파산하고 실업률이 최고로 오르자 휘그당은 그를 "마틴 밴 폐허"(Martin Van Ruin)라고 비웃었다. 한편 휘그당 펜실베이니아 하원 의원 찰스 오글(Charles Ogle)은 〈금 수저 연설〉(Gold Spoon Oration)[10]에서 밴 뷰런의 화려한 생활에 대해, "왕족같이 화려한 대통령 궁"(The Regal Splendor of the President's Palace)이라며 비판했다. 마음 고생이 심했던 밴 뷰런은 퇴임 때, "대통령직에서 내 인생 가장 행복했던 이틀은, 대통령직을 시작한 날과 그만 둔 날이다."(As to the presidency, the two happiest days of my life were those of my entrance upon the office and my surrender of it.)라는 감회를 밝힌 바 있다.

밴 뷰런은 미국의 팽창을 주장하던 잭슨 대통령과 반대로 안정을 최우선으로 여겼다. 1837년 텍사스가 공식적으로 연방에 합류하겠다고 제안하자 멕시코와의 관계를 고려해서 거부했다. 영국 식민지인 뉴브런즈윅

---

10) 영어에서 부유함을 뜻하는 관용어는 "은 숟가락"(silver spoon)으로, "은수저를 입에 물고 태어났다"(been born with a silver spoon in his mouth)는 것은 부유한 집안 출신이라는 뜻이다. 그러므로 "금 숟가락"이라는 비유는 도가 지나친 사치를 비꼬는 말이다.

(New Brunswick)과 미국의 메인 주의 경계에 대한 문제로 긴장이 고조된 아루스툭 전쟁(Aroostook War, 1838-9)[11]과 캐롤라인 사건(Caroline Affair)[12]도 협상으로 마무리 지었다.[13]

밴 뷰런은 모르몬교도에 대해서는 미온적인 태도로 대응했다. 〈모르몬 전쟁〉(Mormon War, 1838)[14] 이후 미주리 주의 인디펜던스(Independence)에서 거의 20,000 명의 모르몬 정착민들이 쫓겨나게 되자 조셉 스미스는 밴 뷰런에게 도움을 청했다. 밴 뷰런은 "당신의 청은 정당하지만 나는 아무 것도 할 수 없소. 내가 당신을 도우면 나는 미주리의 표를 잃을 것이오."라고 거절했다.

밴 뷰런은 원주민이나 흑인에 대해서는 부정적인 태도를 취했다. 잭슨의 확장 정책에 반대하면서도 잭슨 대통령 때 지시된 원주민의 오클라호마 준주로의 이동을 묵과했고, 잭슨이 시작한 세미놀 전쟁을 계속했다. 아미스타드 재판에서는 체포된 노예를 돌려달라는 스페인 정부의 입장을 지지했다.

---

11) 영국령 뉴브런즈윅과 미국의 메인 주의 경계에 대한 분쟁으로, 실제로 전투가 벌어진 것은 아니었다.

12) 윌리엄 맥켄지(William Lyon Mackenzie)가 이끄는 캐나다 반군이 나이아가라 강 유역에서 캐나다 공화국(Republic of Canada)의 설립을 선언했다. 미국의 동조자들은 증기선 캐롤라인 호(SS Caroline)를 이용해서 그들에게 물자와 무기를 공급했는데, 캐나다의 영국군이 배를 나포해서 태워버리고 한 명의 미국 흑인을 죽인 사건이다.

13) 두 사건 다 영토 분쟁과 관련된 것이며, 1842년 〈웹스터-애쉬버턴 조약〉(Webster-Ashburton Treaty)으로 영구적인 경계가 설정되었다.

14) 미주리 주지사 릴번 보그스(Lilburn Boggs)는 군대에 "전멸 명령서"(Extermination Order)를 발부해, 무력을 사용해 모르몬교도를 "전멸시키거나 주에서 몰아내라."(exterminate or drive [them] from the state)고 명령했다.

9) 윌리엄 헨리 해리슨(William Henry Harrison, 1841)

윌리엄 해리슨(1773-1841)은 23번째 대통령 벤저민 해리슨의 조부이다. 해리슨은 아메리카 원주민을 티퍼커누 전투(Battle of Tippecanoe)[15]에서 격퇴시킨 장군으로 유명해진 후 정계에 진출하였다. 대통령 취임 연설을 할 때 비가 오는 궂은 날씨였는데, 이때 급성 폐렴에 걸려 한 달 만에 사망했다.

10) 존 타일러(John Tyler, 1841-1845)

존 타일러(1790-1862)는 해리슨의 사망으로 대통령직을 승계하였다. 그는 연방 정부의 힘을 제한하는 제퍼슨의 민주주의를 이어가겠다고 선언했으나 재임 기간 동안 양당 모두에서 지지를 받지 못했고, "부통령"(Vice President), "대리 대통령"(Acting President), "우연 각하"(His Accidency)라는 별명으로 조롱당했다. 타일러는 "명백한 천명"의 신봉자로서 연방의 영토를 확장하고자 했으며 그에 따라 텍사스 공화국의 합병을 추진했다.

11) 제임스 녹스 포크(James Knox Polk, 1845-1849)

제임스 포크(1795-1849)는 1845년 텍사스 공화국을 미국의 28번째 주로 승인했고, 〈멕시코-미국 전쟁〉에서 캘리포니아를 빼앗아 합병했다. 텍사스 공화국의 합병이 멕시코와의 전쟁을 유발할 것으로 보고 반대한 밴뷰런과 달리 포크는 영토 확장을 주장하면서 텍사스와 오리건이 미국의

---

15) 원주민을 이끌던 아메리카 원주민 연맹(Confederacy of Native Americans)이 백인 정착민에게 토지를 배분하는 정부의 조약에 반대하자 군대가 출동한 사건이다.

것이라고 선포했다. 민주당인 포크의 업적은 첫째, 관세의 삭감, 둘째, 독립 재무성 제도(Independent Treasury System)[16]의 설립, 셋째, 오리건 식민지(Oregon Country)의 경계 확정, 넷째, 캘리포니아와 뉴멕시코의 획득이다.

* 오리건 경계 논쟁(Oregon Boundary Dispute, 혹은 Oregon Question)

1840년대 초반 오리건 통로(Oregon Trail)가 개척되면서 수천 명의 개척자들이 오리건에 몰려들었고[17] 자연히 영국과 미국 양국에서는 1818년의 〈영미 회의〉(Anglo-American Convention)에서 공동 점유(joint occupancy)로 합의한 것에 대한 불만이 커졌다. 1844년 대통령 선거 운동 중에 포크는, 오리건에는 미국인들이 정착했으므로 오리건 식민지는 의심할 나위 없이 미국의 영토라고 주장했다. 그러나 일단 대통령이 된 후 멕시코와의 전쟁을 앞두게 되어 영국과 분쟁을 계속할 여력이 없자 포크는 협상으로 이를 타결했다. 일부 의원들은 북위 54도 40분(54° 40′ north)을 경계로 할 것을 주장하면서 "54에 40이 아니면 싸우자!"(Fifty-four Forty or Fight!)라는 슬로건까지 내걸었지만, 결국 포크는 1848년 이전의 경계인 북위 49도선을 경계로 하여 〈오리건 조약〉(Oregon Treaty)을 타결시켰다.

12) 재커리 테일러(Zachary Taylor, 1849-1850)

재커리 테일러(1784-1850)는 "준비된 거친 노병"(Old Rough and Ready)

16) 1846년에서 1921년의 연방 준비 제도(Federal Reserve System)까지 계속되었다.

17) 이것을 〈1843 대이주〉(Great Migration of 1843) 혹은 〈1843 마차 행렬〉(Wagon Train of 1843)이라고 한다.

이라는 별명을 얻을 정도로 1812년 〈영미 전쟁〉, 1847년 〈멕시코-미국 전쟁〉에서 큰 공을 세운 후 정치에 입문해 대통령이 되었다. 그러나 재임 중 사망해 부통령 밀러드 필모어가 대통령직(presidency)을 승계했다.

테일러 재임 중에 거대한 캘리포니아가 자유주로 연방에 통합되는 문제로 인해 반대 의견이 과열되었고 남부의 분리까지 대두되었다. 테일러는 남부인이었지만 노예제의 확장을 원하지 않았으므로 〈1850년 타협〉(Compromise of 1850)[18]을 준비하던 중에 갑자기 사망했고 다음 대통령 밀러드 필모어가 이 타협을 확정했다.

13) 밀러드 필모어(Millard Fillmore, 1850-1853)

밀러드 필모어(1800-1874)는 노예제 문제로 연방이 분리될 위험에 처한 어려운 시기에 갑자기 사망한 테일러를 승계하여 대통령이 되었다. 온건한 노예폐지론자인 필모어는 남부와 북부를 중재하는 〈1850년 타협〉을 성사시켰다. 멕시코로부터 얻은 영토를 전부 다 자유주로 해야 한다는 노예폐지론자들의 주장과 달리 이 타협안은 캘리포니아 주를 자유주로 인정하면서 유타 준주와 뉴멕시코 준주는 주 스스로가 결정하게 했다.

14) 프랭클린 피어스(Franklin Pierce, 1853-1857)

프랭클린 피어스(1804-1869)는 노예폐지론이 국가의 통합을 해치는 위협이라고 보는 북부의 민주당이며, "친남부적인 북부인"이었다. 피어스

18) 텍사스 합병(1845)과 〈멕시코-미국 전쟁〉(1846-1848)에서 확장한 영토를 연방에 통합시키는 문제로 일어난 남부의 노예주들과 북부의 자유주들 간의 갈등을 타협시킨 연방 법률이다. 이 법으로 남부와 북부의 갈등이 잠시 무마되었다가 1854년 〈캔자스-네브래스카법〉으로 다시 분열이 일어난다.

는 〈미주리 합의〉를 무효화시킨 〈캔자스-네브래스카법〉(1854)[19]을 통과시켰고, 〈도망 노예법〉(Fugitive Slave Act)의 실시를 강제하여 갈등을 증폭시키고 남북의 분열을 조장했으므로, 미국 역사상 최악의 대통령 중 한 사람으로 여겨진다. 피어스는 미국이 스페인에게서 쿠바를 매수하거나 전쟁을 해서 장악해야 한다는 〈오스텐드 선언〉(Ostend Manifesto, 1854)을 해서 질타를 받기도 했다.

15) 제임스 뷰캐넌(James Buchanan, 1857-1861)

제임스 뷰캐넌(1791-1868)은 개인적으로는 노예 제도를 반대했지만 대통령으로서는 〈헌법〉이 노예 제도를 보호하므로 법을 따라야 한다고 보았다. 그로 인해 남부에 동정적인 북부인이라는 뜻으로 "도우페이스"(doughface)[20]라고 불렸다. 결국 뷰캐넌은 남부와 북부 양쪽에서 비난을 받았고, 남부의 분리를 막지 못했으므로 가장 형편없는 대통령 중의 한 사람으로 평가된다. 그러나 뷰캐넌은 퇴임 후 남부에서 노예를 사들여 북부에서 해방시켜서 개인적 신념을 실천에 옮겼다.

16) 에이브러햄 링컨(Abraham Lincoln, 1861-1865)

에이브러햄 링컨(1809-1865)은 분리와 내전의 위기에서 나라를 구한 영웅적인 대통령으로서 미국 역사상 가장 위대한 대통령으로 평가된

19) 제임스 먼로 대통령 재임 때의 〈미주리 합의〉는 북위 36도 30분 이북은 노예제를 금지하는데, 단 미주리는 예외로 한다는 것이었다. 그런데 〈캔자스-네브래스카법〉은 이를 무시하고, 캔자스 주의 백인 주민들이 투표를 통해서 노예제 허용을 결정한다는 것이었다. 이로 인해 캔자스에서는 친노예론자와 반노예론자들 사이에 치열한 투쟁이 일어났으며 결국 내전으로 이어졌다.

20) 줏대가 없는 사람이라는 뜻도 있다. 1차 세계 대전에 출전한 보병을 "doughboy"라고 한다.

다. 링컨은 공화당 상원 의원 시절부터 "끔찍하도록 정의롭지 못한 노예제"(monstrous injustice of slavery)라고 노예 제도를 공개적으로 반대했다. 따라서 남부에서는 링컨이 대통령에 당선되자 위기감을 느끼고 분리를 선언했고, 전쟁에 돌입했다. 링컨은 전쟁 중에 〈노예 해방 선언〉(Emancipation Proclamation, 1863)을 발표했고, 이후 〈헌법 수정안 13조〉를 통과시켜 노예제 폐지를 확정지었다.

링컨이 노예제를 비인도적인 악의 제도로 비판한 것은 사실이지만, 정치가로서의 링컨은 노예제에 대한 복잡한 태도를 드러내었다. 링컨은 노예 해방을 선언하여 노예제를 폐지하는 것이 〈헌법〉에 위배된다고 보았다. 대신 링컨은 새로 미국 영토가 된 주에는 노예제 도입을 막고, 각 주의 노예 소유주들에게 노예 해방의 대가를 지급하는 유인책을 써서 노예제를 축소한 후, 결과적으로 노예 제도가 점진적으로 폐지되게 하는 정책이 미국의 개국 정신에 부합한다고 보았다. 그런 점에서 링컨은 온건한 노예폐지론자였다. 또 정치가로서의 링컨은 노예 제도의 정당성에 대한 철학적인 논쟁보다는 노예제의 존폐 문제로 대립하던 남부와 북부의 통합을 이루는 것에 더 관심이 있었다.

링컨은 1864년, 로버트 리 장군의 패배로 남부 연합이 항복한 6일 뒤, 워싱턴 D.C.의 포드 극장(Ford's Theatre)에서 남부 연합의 동조자인 배우 존 윌크스 부스(John Wilkes Booth)에게 암살되었다. 링컨의 죽음으로 인해 남부에 대한 온건한 정책은 사라지게 되었다.

17) 앤드루 존슨(Andrew Johnson, 1865-1869)

앤드루 존슨(1808-1875)은 링컨 대통령의 사망으로 대통령직을 승계했다. 노예주인 남부의 테네시 주 출신 민주당원이었지만 상원 의원으로 선출된 후 공화당인 링컨의 노예 해방을 지지하여 전시 민주당원(War

Democrat)[21]이며 남부 연방주의자(Southern Unionist)[22]가 되었다. 1864년 링컨에 의해 부통령으로 지명되었다.

대통령이 된 존슨은 행정 명령(Executive order)으로 옛 남부 연합에 속했던 주들이 자신들의 시민 정부를 재구성할 수 있게 허용해 주었다. 그 결과 남부의 옛 정치가들이 복귀했으며 해방된 흑인들의 시민권을 제한하는 흑인법(Black Codes)을 다수 통과시켰다. 연방 의회는 이러한 남부의 주법을 거부하는 법을 통과시켰는데 존슨은 이에 거부권을 행사했다. 존슨은 흑인들에게 시민권을 주는 〈수정안 14조〉도 반대했다. 대통령과 갈등을 겪던 연방 의회는 존슨이 내각 각료(Cabinet officials)를 상원의 동의 없이 해고하지 못하게 하는 〈공무원 지위 보유법〉(Tenure of Office Act, 1867)[23]을 통과시켰다. 존슨이 이를 무시하고 전쟁장관(Secretary of War)인 에드윈 스탠튼(Edwin Stanton)을 해고시키려고 하자 의회는 존슨의 탄핵(impeachment)을 상정했고 근소한 차이로 부결되었다. 존슨은 흑인에 대한 부당한 정책 때문에 나쁜 대통령 중 한 명으로 평가된다.

18) 율리시스 심프슨 그랜트(Ulysses S. Grant, 1869-1877)

율리시스 그랜트(1822-1885)는 1865년 북부군인 연방군(Union Army)

21) 1860년대에 북부를 지지한 민주당원을 말함. 전시 민주당원은 연방 정부가 남부 연합에 대해 더 공격적인 정책을 취할 것을 요구했고 전쟁이 나자 공화당 대통령인 링컨을 지지했다. 반대로 남부를 지지하는 북부의 민주당원을 평시 민주당원(살무사, Copperheads)이라고 불렀다.

22) 남부 연합에 살면서 분리와 남북 전쟁에 반대하는 사람들을 지칭하며, 연방 지지자(Union Loyalists), 혹은 링컨 지지자(Lincoln Loyalists)로 불리기도 했다. 재건 시대에는 이들을 스캘러왜그(Scalawag)라고 했으며 이 용어는 공화당을 지지하는 남부의 백인을 가리키는 말이 되었다.

23) 대통령의 독주를 막기 위해 공무원을 상원의 동의 없이 해고하지 못하게 한 법률로 1887년에 폐기되었다.

장군으로서 남부군(Confederate Army)의 로버트 리 장군의 항복을 받아 남북 전쟁을 끝낸 후 국민적 영웅이 되었다. 그랜트는 총사령관으로서 남부의 재건을 감독하면서, 의회 주도의 재건(Congressional Reconstruction)을 주장하여 대통령 주도의 재건(Presidential Reconstruction)을 주장하는 존슨 대통령과 충돌했다.

대통령으로서 그랜트는 급진적 공화당(Radical Republicans)을 이끌면서, 남부의 민족주의와 노예제의 흔적을 지우고자 노력했고, KKK단을 해체시키려고 했으며, 〈수정안 15조〉를 지지하여 흑인의 투표권과 시민권을 보호하려고 노력했다. 그랜트는 아메리카 원주민에 대해서 평화정책을 썼지만, 1876년 〈수우족 대전〉 중에 〈리틀 비그혼 전투〉에서 조지 커스터(George Custer) 장군의 군대가 대패하는 실패를 겪었다.

그랜트는 정부 각료들의 부패 스캔들로 의회의 조사를 받았고, 경제 정책은 실패해 불경기로 이어졌다. 결국 두 번째 임기 때, 1870년의 유럽의 경제 침체의 영향의 여파가 겹쳐서 경제 공황을 겪게 되었다.[24]

* 〈수우족 대전〉(Great Sioux War of 1876)

〈블랙힐즈 전쟁〉(Black Hills War)이라고도 하며, 〈샤이엔 대전〉(Great Cheyenne War)이라고도 한다. 1876년에서 1877년 사이에 미국 정부에 대항해서 라코타수우족(Lakota Sioux)과 북샤이엔족(Northern Cheyenne)

---

24) 1873년 9월 18일 미국의 금융 회사인 제이쿡 상사(Jay Cooke and Company)가 부도가 나면서 경제 공황이 시작되었다. 이 회사는 북태평양 철도를 비롯한 여러 철도 회사의 주 투자자였고 정부의 전쟁 부채를 책임지고 있었기 때문에 미국의 경제 전반이 타격을 받았다. 뉴욕 증권 거래소(New York Stock Exchange)는 10일간 문을 닫았고 예금이 말랐고, 유질처분(foreclosures)과 공장폐쇄(factory closing)가 다반사였다. 임금 삭감(wage cuts)을 당하며 열악한 작업 환경으로 고통 받던 저임금 노동자들은 자본가들을 불신하게 되며 이 노동 불안이 미국에서 노동조합(labor unions)을 탄생시키게 되었다.

연합군이 벌인 일련의 전투와 협상을 말한다. 블랙힐즈에서 금이 발견되면서 개척민들이 원주민의 땅을 침범하자 연방 정부는 원주민을 수우족 거류지에만 한정시키려고 했고 원주민들이 이에 반발하여 봉기했다. 일련의 전투 중에서 가장 치열했던 것이 리틀 비그혼 강 근처에서 벌어진 〈리틀 비그혼 전투〉(Battle of the Little Bighorn)였다. 〈커스터의 최후의 방어〉(Custer's Last Stand)로도 알려진 이 전쟁은 원주민들이 커스터 장군이 이끄는 7기병 연대(the 7th Cavalry Regiment)를 대파하여 큰 승리를 거둔 기념비적인 전투이다. 원주민 측에서는 크레이지호스(Crazy Horse), 골 추장(Chief Gall), 시팅벌(Sitting Bull) 등이 전투를 이끌었다. 이 전쟁은 이겼지만 최종적으로 원주민들은 굴복 당했고, 〈1877 합의〉(Agreement of 1877)로 수우족의 땅은 연방에 몰수되어 개척민의 땅으로 할당되었고, 원주민들은 〈인디언 거류지〉로 쫓겨 갔다. 시팅벌은 캐나다로 근거지를 옮겨 대미 투쟁을 계속하였다.

19) 러더퍼드 버처드 헤이스(Rutherford Birchard Hayes, 1877-1881)

러더퍼드 헤이스(1822-1893)는 금 본위제(gold standard)가 경제 회복에 필수적이라고 여겼기 때문에, 재무성이 일정량의 은을 구입해 은화로 유통시키자는 〈블랜드-앨리슨법〉(Bland-Allison Act)에 대해 거부권을 행사했다. 재건의 종결을 감독했고, 행정 기관을 개혁했고,[25] 남북 전쟁과 재건으로 인한 분열을 통합시키려고 시도했다. 대통령직에 대한 일반의 신뢰를 회복한 것이 헤이스의 공적이라고 평가된다.

그러나 헤이스는 대통령 선출 과정에서 약점이 잡힌 바람에 남부에 대한 통제를 상실했다는 비판을 받았다. 공화당 후보였던 헤이스는 민주당

25) 헤이스는 인맥형 정부보다는 능력 중시형 정부(meritocratic government)를 세우고자 했으며 이런 개혁은 이후 1880년대와 1890년대의 개혁의 기초가 되었다.

후보인 새뮤얼 J. 틸던과 미국 역사상 가장 치열한 접전을 벌였고 결국 하원에서 대통령으로 선출되면서, 그 반대 급부로 민주당과 남부의 정치에 대한 연방군의 간섭을 끝내는 〈1877 타협〉(Compromise of 1877)을 했다. 그 결과 남부에서의 공화당의 주 정부 장악이 무너졌으며, 민주당 일당 지배의 남부가 1960년대까지 계속되면서, 남부의 백인 보수주의자들이 지나친 힘을 가지게 되었고, 폭력과 사기로, 나중에는 법적으로 흑인의 권리를 억압하였다. 대격변(Great Upheaval)이라고도 하는 철도 대파업(Great Railroad Strike)[26]도 사회 불안을 가중시켰다.

20) 제임스 에이브램 가필드(James Abram Garfield, 1881)

제임스 가필드(1831-1881)는 취임 후 총상을 당해 사망했다. 가필드의 공무원 개혁은 그의 후임인 체스터 아서 대통령에 의해 〈펜들턴 공무원 개혁법〉(Pendleton Civil Service Reform Act)으로 발효되었다.

21) 체스터 앨런 아서(Chester Alan Arthur, 1881-1885)

체스터 아서(1829-1886)는 가필드의 사망으로 대통령 직위를 승계하여 1883년 공직을 능력(merit)에 따라 부여하는 공무원 개혁 법인 〈펜들턴법〉을 통과시켰고 대체로 대통령직을 잘 수행했다는 평가를 들었다. 그래서 그가 퇴임할 때 한 언론인은 다음과 같이 말했다.

---

26) 1877년 7월 웨스트버지니아에 있는 볼티모어와 오하이오 철도(Baltimore & Ohio Railroad, B&O)가 그 해만도 세 번째로 임금을 삭감하자 노동자들은 파업을 일으켜 열차가 움직이지 못하게 했고 헤이스는 주의 요청에 따라 연방군을 파견하여 진압했다. 이런 파업과 저항이 당시 여러 도시에서 산발적으로 일어났다.

No man ever entered the Presidency so profoundly and widely distrusted as Chester Alan Arthur, and no one ever retired … more generally respected, alike by political friend and foe.

22) 스티븐 그로버 클리블랜드(Stephen Grover Cleveland, 1885-1889, 1893-1897)

스티븐 클리블랜드(1837-1908)는 22번째와 24번째 대통령으로, 연속되는 임기가 아니면서 두 번 대통령직을 역임한 유일한 인물이다. 또 1861년에서 1933년까지 공화당이 주도하던 시대에 우드로 윌슨과 함께 유일한 민주당 대통령이다. 클리블랜드는 개혁적인 이미지, 정직하고 소신 있는 행동, 중도적인 정치 철학으로 민주당원들 뿐 아니라 개혁적인 공화당원들의 지지를 함께 받아 대통령에 당선되었다. 그는 대표적인 부르봉 민주주의자(Bourbon Democrats)[27]였다. 엽관제도(spoils system)[28] 같은 후견인 제도(patronage system)로 인한 정치 부패를 비판하며 공무원 개혁을 이끌었고, 폴리티컬 머신(political machine)의 정치 보스주의(bossism)를 비판했다.[29] 개혁 의지가 워낙 강했으므로 공화당 머그웜프(Mugwump)[30]

27) 1876년에서 1904년까지 민주당의 보수적인 당원을 가리키는 용어로 이들은 고전적인 자유주의 자본주의(laissez-faire capitalism)의 추종자들로 공화당이 주장하는 보호주의(protectionism)를 반대했다.

28) 선거에서 이긴 후 도움을 준 지지자들에게 정부의 관직을 나누어준 관행이다. 정치적 도움과 상관없이 능력을 기반으로 공직을 주는 것이 능력 제도(merit system)이다. "spoils"라는 용어는 뉴욕의 상원의원 윌리엄 마시(William L. Marcy)가 1828년 선거에서 잭슨 민주당원들의 승리를 언급하면서, "승자에게 전리품이 속한다."(to the victor belong the spoils)라고 말한데서 비롯되었다.

29) 부패한 폴리티컬 머신의 보스들을 비판하면서, 대표적인 부패 보스인 윌리엄 트위드(William Magear Tweed)의 트위드 도당(Tweed Ring)에 반대하는 싸움을 이끌었다.

30) 1884년의 선거에서 당의 후보자인 블레인를 지지하지 않은 공화당원을 일컫는 말이다. 이후 당의 노선을 따르지 않는 정치인을 지칭하는 말이 되었다.

들이 자기 당 후보인 제임스 블레인(James G. Blaine) 대신 그를 지지했던 것이다.

경제 정책에서는 고관세와 은화 자유 주조(Free Silver)를 반대했고, 통화 팽창(inflation)을 억제하는 재정적 보수주의(Fiscal conservatism)[31]를 고수했다. 그는 정부의 재정이 악화된 것을 심각하게 여기고, 인플레이션의 원인으로 여겨지는 〈셔먼 은 매입법, 1890〉을 폐지하였다. 다행히 J. P. 모건과 증권가인 월 스트리트(Wall Street)의 원조 덕분에 당시의 재무부의 금 보유액은 유지될 수 있었다.

자유주의 신봉자인 클리블랜드는 1893년 증권 시장을 강타한 경제 공황으로 국민들의 사업이 도산하고 곡물 가격이 폭락하고 실업자가 양산되는 심각한 경제 문제에 직면해서도 정부의 개입을 반대했다. 따라서 텍사스 주의 가뭄 피해 농부들에게 종자 씨앗(seed grain) 구입비로 10,000 달러를 지원하자는 〈텍사스 종자법〉(Texas Seed Bill)에 거부권을 행사했다. 특별 계층에 대한 연방 정부의 지원은 정부에 대한 의존도를 높이며 국가의 힘을 약화시킨다는 것이었다.

클리블랜드는 기업체와 조합에 대해서도 강경하게 대처했다. 철도 회사들이 정부가 양도한 땅을 멋대로 이용하는 것에 분노하여 토지의 반환을 강요했고, 〈주간 통상법〉(Interstate Commerce Act, 1887)에 서명하여 연방 정부가 철도 산업을 규제할 수 있는 법적 근거를 마련했다. 1894년 풀먼 파업(Pullman Strike)[32]에 대해 철도 노동조합(American Railway Union)이 이끄는 동조 파업(sympathy strike)으로 승객과 화물, 우편의 수

31) 정부가 지출과 부채에 신중을 기해야 한다는 경제적 철학으로, 적자 지출(deficit spending)을 피하고 정부 지출(government spending)과 국가 부채(national debt)를 줄여서 균형 잡힌 예산(balanced budgets)을 확보하는 것을 중시했다.

32) 풀먼 상사(Pullman Company)는 철도 차량을 생산하던 회사로 당시 철도의 발달로 차량 수요가 급증하여 큰 수익을 얻었으나 노동자에게는 저임금과 장시간의 노동을 부과해 불만을 일으켰다.

송망이 마비된 상태에서 파업 노동자들이 연방 법원의 중재안을 받아들이지 않자, 시카고를 비롯한 철도 중심지에 연방군을 보내 강제로 파업을 무산시켰다.

클리블랜드는 원주민을 백인의 피후견인으로 생각하여 "우리가 후견인으로서 할 일은 그들의 상황을 개선시키고 그들의 권리를 강화하는 것이다."라고 선언했다. 따라서 아서 전 대통령이 1885년 행정 명령으로 몰수한 원주민의 땅에 수만 명의 개척민들이 몰려들자, 클리블랜드는 그 명령이 원주민 부족과의 조약을 위반한 것이라며 무효화시키고 개척민들을 강제로 철수시켰다. 그러나 원주민들이 백인 사회에 문화적으로 동화되어야 한다고 하면서 〈도스법〉(Dawes Act)을 통과시켰다. 많은 원주민들이 이 법을 반대했지만 정부가 인정하는 원주민 지도자들의 회의에서 수락되어 실행이 되었다. 클리블랜드는 〈도스법〉으로 원주민을 빈곤에서 해방시키고 백인 사회로 동화시킬 수 있을 것이라고 믿었지만 원주민 부족이 해체되고 원주민의 힘이 약화되는 결과가 되고 말았다.

* 〈도스법〉(Dawes Act)

1887년 상원 의원 H. L. 도스가 제안하고 클리블랜드 대통령이 승인한 〈일반 토지 할당법〉(General Allotment Act)이다. 인디언 거류지의 토지를 쪼개서 원주민 개인에게 각각 일정한 땅을 할당해주는 내용이다. 토지는 부족 전체에 속한 것이라는 원주민의 전통적 토지 개념을 무시하고 토지를 한 개인의 사유 재산으로 각인시키는 법이었다. 전통적인 부족 체제를 해체하고 부족 문화를 변화시켜서, 원주민을 개별 농민이자 개별 시민으로 백인사회에 동화시키는 것이 이 법의 목적이었다. 원주민의 빈곤을 해결할 수 있다는 인도주의가 이 법의 제정 의도였지만, 개별 원주민에게 나누어주고 남는 광대한 토지를 노리는 개척민들과 그 토지의 자원을 이용하려는 사업가들의 경제적 욕구도 이 법의 제정에 한 몫을 했다. 이 법이 시행된 후 개별 원주민은 할당받은 토지를 쉽게 팔아버린 후 더 빈곤해졌고, 부족 전체의 힘은 약해지고 말았다. 원주민을 백인 사회에 동화시켜 그들의 생활수준을 향상시킨다는 처음 의도와 달리 원주민을 더욱 궁지에 몰아 넣는 결과가 된 것이다.

* 금 본위제(Gold Standard)와 은화 자유 주조 운동 (Free Silver Movement)

금 본위제는 통화의 표준 단위가 일정한 무게의 금으로 정해져 있거나, 또는 일정량의 금의 가치에 연계되어 있는 화폐 제도를 말한다. 2014년 현재는 많은 나라들이 실제적으로 금을 보유하고는 있지만 통화 체계의 기초로 금 본위제를 사용하지는 않는다.

19세기 후반에 미국의 가장 과열된 논의는 통화를 금과 은으로 유지하는 복 본위제(bimetallism)를 고수할 것인가에 대한 것이었다. 은화는 그 통화 가치에 해당되는 금화보다 가치가 덜했으므로 납세자들은 정부에 금화 대신 은화로 지불했고, 국제 채무자들은 금화로 지불할 것을 요구했으므로 국가의 금 보유가 고갈되는 현상이 생겨났기 때문이다.

금 본위제를 주장하는 공화당과 민주당의 북동쪽 출신 의원들과 달리 양 당의 서부와 남부 출신의 의원들은 금화와 함께 은화를 자유롭게 주조하게 해달라고 요구했다. 서부 지방의 은광 소유자, 통화 팽창이 농산물 가격을 인상시킬 것이라고 믿는 농민들, 부채의 경감을 바라는 채무자들은 은화 주조의 증대를 원했으며 이들은 은화가 경제적 정의를 상징한다고 여겼다. 1873년 의회 법령으로 공인된 주화 목록에서 은화가 제외되자 결국 불만이 폭발했다. 이에 정부는 1878년 은화를 다시 법정 통화로 복귀시켰으며, 미국 재무부가 매달 200만에서 400만 달러의 은을 구입해 1달러 은화[33]로 주조하도록 규정한 〈블랜드-앨리슨법〉(Bland-Allison Act)을 제정했다. 1880년대 초에 농산물 가격이 인상되자 은화 주조에 대한 압박이 줄어들었지만, 1887년 토지와 농산물 가격이 폭락하자 농민들은 다시 무제한으로 은화를 주조할 것을 요구했다. 의회는 1890년 〈셔먼 은 매입법〉(Sherman Silver Purchase Act)을 제정해 정부의 은 구입량을 매달 50% 씩 늘려서 이 요구에 부응하려고 했다. 그러나 각종 경제적 압박으로 말미암아 재무부의 금 보유량이 급격히 줄어들면서 1893년 봄 경제 공황이 일어났고, 보수주의자들은 〈셔먼 은 매입법〉이 공황의 원인이 되었다고 보고 이 법을 폐지했다. 남부와 서부의 농민들은 동부의 은행가들의 탐욕 때문에 불경기가 초래되었다고 비난하면서 무제한으로 은화를 주조할 것을 요구했다.

클리블랜드 대통령과 재무장관 다니엘 매닝(Daniel Manning)은 금 본위제를 강력히 주장하면서 〈블랜드-앨리슨 법〉에 따라 정부가 주조해야 하는 은화의 양을 줄이려고 노력했지만 성공을 거두지는 못했다. 클리블랜드의 두 번째 임기가 끝나는 시점인 1896년의 선거에서 은화 자유 주조는 가장 첨예한 화두가 되었다. 민주당은 현직 대통령인 클리블랜드가 강력히 반대하는데도 불구하고 은화 자유 주조를 강령으로 내세웠고 이를 옹호하는 윌리엄 브라이언(William Jennings Bryan)을 대통령 후보로 지명했다. 그러나 공화당의 윌리엄 매킨리가 대통령으로 당선되면서 모든 통화의 유일한 기준을 금으로 정하는 〈금 본위법〉을 제정하여 논란에 종지부를 찍었다.

33) 금화 1달러에 들어 있는 금의 16배의 은으로 주조하도록 했다.

23) 벤저민 해리슨 6세(Benjamin Harrison VI, 1889-1893)

벤저민 해리슨(1833-1901)은 〈독립 선언문〉에 서명한 헨리 해리슨의 증손자이며, 9대 대통령인 윌리엄 해리슨의 손자이다. 해리슨은 보호 관세 정책과 공무원 개혁 등의 내정 개혁을 중시했다. 해리슨은 1890년에 독점 금지법인 〈셔먼 반트러스트법〉(Sherman Antitrust Act, 1890), 〈셔먼 은 매입법〉, 국내 산업을 보호하기 위해 수입품에 높은 관세를 매긴 〈매킨리 관세법〉(McKinley Tariff), 장애가 있는 거의 모든 재향 군인에게 연금을 주는 〈장애자 연금법〉(Dependent and Disability Pension Act) 등 네 개의 중요한 법률을 통과시켰다.

24) 윌리엄 매킨리(William McKinley, 1897-1901)

윌리엄 매킨리(1843-1901)는 하원 의원 시절 〈매킨리 관세법〉을 제안하여 가결시켰는데, 이 법은 경제 위기를 가중시켜 1893년의 대공황과 뒤이은 경제 불황의 원인이 되었다는 비난을 받았다. 대통령으로서는 1900년 금 본위제를 확정했다. 재임 시 쿠바의 독립을 원조하기 위해 〈스페인-미국 전쟁〉(1898)을 수행하여 필리핀, 푸에르토리코, 괌을 획득했고, 1900년에는 하와이를 병합했다. 제국주의 정책의 일환으로 국무장관 존 헤이(John Hay, 1838-1905)의 문호 개방 정책(open door policy)을 지지하여 중국 문호를 개방할 것을 요구했다. 재선된 해에 피격을 당했지만 생명은 건졌는데 그 상처가 악화되어 사망했다.

25) 시어도어 루스벨트 2세(Theodore Roosevelt Jr., 1901-1909)

시어도어 루스벨트(1858-1919)의 애칭은 "테디"(Teddy)이다. 곰 사냥을 나갔다가 다친 암컷을 그냥 풀어준 일화가 화제가 되어 "테디 베어"라는 별명을 얻었다. 32번째 대통령인 프랭클린 루스벨트와는 먼 친척이며, 프랭클린의 부인 엘리너(Elinor)의 삼촌이다.

루스벨트는 국내 정책에서 진보주의를 내걸고 〈셔먼 반트러스트법〉으로 존 모건, 앤드루 카네기 등의 소수 대기업의 독과점을 막았으며, 이후 7년 동안 미국 국내의 산업 분야를 독과점 하던 43개 독점 기업을 제소하여 "트러스트 파괴자"(trust-buster)라는 별명을 얻었다. 1902년 석탄 노조의 파업으로 국민 생활에 지장이 있자 루스벨트는 적극 개입하여 거의 강제적으로 회사 측과 노조 측이 합의하게 했다. 간접적으로 노동자를 지원하는 일련의 조치를 취했지만 동시에 노동조합의 폭력적인 파업에 대해서는 엄격한 처벌, 단속을 천명하고 그대로 밀고 나갔다. 루스벨트는 이를 "공평 정책"(Square Deal)이라고 선언했으며, 이 정책은 공익과 사회 안정을 위해 정부가 노사 분규에 적극적으로 개입할 수 있는 근거가 되었다.

루스벨트의 외교정책은 부드럽게 말하면서 큰 막대기를 휘두르는 〈대곤봉 외교〉(Big-Stick Diplomacy)로 남아메리카의 개입에서 그 진가를 발휘했다. 루스벨트의 남아메리카 개입은 〈먼로 독트린〉의 내밀한 의도를 시행한 것이므로 〈먼로 독트린〉의 수정안으로 평가되면서 루스벨트 귀결(Roosebelt Corollary)이라고 불렸다. 즉 미국은 남아메리카 국가의 내정 문제에서 비아메리카인의 개입을 금지하되, 미국이 남아메리카 국가의 치안을 보장할 것이며 이들 나라들이 국제 조약을 준수하게 만들며, 미국이 해당 국가 내 유럽 각 국민의 생명과 재산의 보호를 책임지겠다는 것이었다. 이런 주장으로 미국은 도미니카 공화국(Dominican Republic) 정부에 압력을 넣어 미국인 전문 경영인을 정부의 경제 고문으로 임명하도록 했으며, 파나마 혁명을 도우면서 파나마의 운하 지구를 확실히 장악하여 건설을 시작했다.

루스벨트는 태평양 지역에서 일본의 세력이 커지는 것에 위협을 느끼던 중 일본이 〈러일 전쟁〉(Russo-Japanese War, 1905)에서 승리하자 측근인 윌리엄 태프트(William Taft)를 도쿄에 보내 일본과 〈가쓰라-태프트 밀약〉(Taft-Katsura Secret Agreement)을 체결하였다. 이 밀약으로 미국은 필리핀에 대한 권리를 인정받고 대신 만주와 조선에 대한 일본의 권리를 인정하여 일본의 침략을 용인했다. 미국 내의 반일 감정이 커지자 일본과 〈신사협정〉(Gentleman's Agreement, 1907)[34]을 체결했다. 루스벨트는 〈러일 전쟁〉 후 뉴햄프셔의 포츠머스에서 〈포츠머스 조약〉(Treaty of Portsmouth, 1905)을 주선하여 1906년 노벨 평화상을 받았다.

26) 윌리엄 하워드 태프트(William Howard Taft, 1909-1913)

윌리엄 태프트(1857-1930)는 일본의 총리 가쓰라와 밀약을 맺어 일본의 한반도 침략을 묵인한 장본인으로 우리에게 알려져 있다. 진보적인 루스벨트와 달리 태프트는 보수적이었다. 그는 "달러 외교"(Dollar Diplomacy)[35] 정책을 쓰다가 지지를 잃고 다음 총선에서 패했다.

27) 토마스 우드로 윌슨(Thomas Woodrow Wilson, 1913-1921)

우드로 윌슨(1856-1924)은 남북 전쟁 이후 대통령에 당선된 첫 남부 출신이다. 진보주의(Progressivism)의 지도자로서 보수적인 민주당 의회를

---

34) 루스벨트는 중국인 이민을 금지하면서, 국내의 반일 감정에도 불구하고 일본의 감정을 고려해서 일본인 이민을 금지하지 않았다. 대신 비공식적인 〈신사협정〉으로 미국에 이주하는 일본인이 거의 없게 하겠다는 일본의 약속을 받았다. 일본인 이민 금지는 1924년 의회에서 통과되었다.

35) 남아메리카와 동아시아에 경제적 원조를 하여 세력을 확장하는 정책으로, 이전부터 있던 정책이지만 태프트 재임기에 더 적극적인 원조를 했다.

설득해 통과시킨 진보적인 개혁법은, 〈연방 준비법〉(Federal Reserve Act, 1913), 〈클레이튼 반트러스트법〉(Clayton Antitrust Act, 1914), 〈연방 농업 대여법〉(Federal Farm Loan Act, 1916) 등이다. 윌슨은 정치(politics)와 행정(public administration)을 분리하여, 행정은 관리 기술이라는 점을 논문 「행정의 연구」(The Study of Administration, 1887)에서 주장하여 "행정의 아버지"(the father of public administration)로 불린다. 윌슨은 "행정 연구의 목표는 첫째, 정부가 무엇을 적절하고 성공적으로 수행할 수 있는지를 발견하는 것이며, 둘째, 정부가 어떻게 해서 그 일들을 가능한 최대로 효과적으로, 가능한 최대로 적은 비용과 노력으로 할 수 있는지를 발견하는 것이다."라고 주장했다.

윌슨은 외교에서 괄목할 활약을 하여 세계 속의 미국의 위상이 단번에 도약했다. 1914년 1차 대전이 터졌을 때 윌슨은 중립을 지킬 예정이었으므로 1916년의 재선 선거 운동에서, "그는 우리를 전쟁에 밀어 넣지 않았다."(He kept us out of war)라는 구호를 내걸었다. 그러나 결국 전쟁에 참여하게 되자 윌슨은 민주주의를 전 세계에 펼칠 수 있도록 전쟁을 승인해 달라고 의회에 요청했다. 조지 워싱턴 이후로 유럽의 문제에 관여하지 않는다는 전통적인 고립주의를 포기하고 유럽의 문제에 본격적으로 관여하는 첫 걸음을 내딛은 것이다.

윌슨이 1918년 의회의 연두 교서에서 밝힌 평화의 원칙 〈14개 조〉(Fourteen Points, 1918)는 19세기까지 국제 정치를 지배하던 "힘의 균형"(balance of power)[36] 원리에 대립되는 것이었다. 윌슨은 국제 정치에서도 도덕주의와 이상주의가 적용되어야 하며, 미국은 전 지구적 민주주의(global democracy)를 향상시킬 의무가 있다고 주장했다. 이런 이상적 개념과 원칙을 "윌슨적"(Wilsonian)이라고 지칭한다. 윌슨은 여기서, 각 민

36) 국가간의 군사적 능력이 비등하여 힘의 균형이 있을 때 한 국가가 다른 국가를 지배하려고 시도하지 않는다는 논리이다.

족 집단은 스스로의 의지에 따라 그 귀속과 정치 조직, 정치적 운명을 결정하여야 하며, 타민족이나 타국가의 간섭을 인정하지 않는다는, 〈민족 자결권〉을 주장했다. 윌슨의 메시지는 식민으로 고통 받던 전 세계의 피식민지에 희망을 주어 많은 저항 운동의 기폭제가 되었다. 일본의 피식민지가 된 대한 제국에서도 1919년 3.1 독립운동이 일어났으며, 독립투사들은 대한민국 임시 정부(Provisional Government of the Republic of Korea, 1919-1948)를 수립했다.

윌슨은 승전국들이 1차 세계 대전의 마무리를 논의하는 〈파리 강화 회의〉(Paris Peace Conference)에서 의회에서 밝힌 평화의 원칙을 주장했고 이 원칙이 〈베르사유 조약〉(Treaty of Versailles)의 핵심적인 안이 되었다. 윌슨은 이후 대규모 전쟁을 막을 수 있는 국제기구인 국제 연맹(League of Nations)의 결성을 제안했다. 윌슨은 이런 공로로 1919년 노벨 평화상을 수상했다.

* 민족 자결권(Right of Nations to Self-determination)

윌슨 대통령이 1918년 의회에 제출하여 이후 〈베르사유 조약〉의 기본 정신인 된 〈14개 조〉 중 거의 절반이 약소 민족이나 점령 지역의 독립 및 복귀와 관련된 내용이었고, 그 기본 정신은 민족 자결의 원칙(Principle of National Self-determination)이었다. “피지배 민족(식민지나 점령지역)에게 자유롭고 공평하고 동등하게 자신들의 정치적 미래를 결정할 수 있는 자결권을 인정해야 한다.”는 내용이었다. 이 선언은 많은 피식민지에 독립의 희망을 주었고 각지에서 임시 정부가 수립되었다. 한국에서는 김규식이 직접 강화 회의가 열린 파리로 건너갔다. 그러나 막상 한국의 현실에 귀를 기울이거나 독립을 지원해주는 나라가 없자 김규식 일행은 크게 실망하고 미국으로 건너갔다. 베트남 청년 호치민(Ho Chi Minh)도 프랑스의 부당함을 호소하는 「베트남 인민의 요구서」를 들고 회의 장소로 갔으나 쫓겨났다. 중국은 독일이 점령했던 산둥 반도(Shandong Peninsula)를 돌려받기로 되어 있었으나 승전국인 일본에 산둥이 넘어가자 반제국주의 운동인 5.4 운동(May Fourth Movement)이 일어났다. 민족 자결의 원칙은 현실과 너무나 멀리 떨어져 있었던 것이다.

* 연방 준비법(Federal Reserve Act)

미국의 중앙 은행 제도인 연방 준비제도(Federal Reserve System)를 설립한 법이다. 연방 준비제도 아래에 전국을 12개 구로 나누어 각 구에 연방 준비 은행을 두고 이를 연방 준비이사회가 감독한다. 법정 화폐(legal tender)로 연방 준비권(Federal Reserve Note, FRN)과 연방 준비은행권(Federal Reserve Bank Note, FRBN)을 발행한다. FRN은 12개 은행 모두의 보증을 받지만 FRBN은 12개 중 한 은행의 보증을 받는다. FRBN은 1915년에서 1934년까지만 발행되었고 현재는 FRN만 발행된다. FRN은 미국 은행권(United States Banknote)이라고도 하며 속칭 미국 달러(U.S. Dollar)[37]라고 한다. 달러에는 "이 지폐는 공적이거나 사적인 모든 채무에 대한 법정 화폐이다"(this note is legal tender for all debts, public and private)라고 인쇄되어 있다.

그 외에 다른 법정 화폐로는 미국권(United States Note), 은화 증권(Silver Certificate), 금화 증권(Gold Certificate), 국립 은행권(National Bank Note)이 있다. 미국권은 〈제1차 법정 화폐법〉(First Legal Tender Act)에 의해 1862년에서 1971년까지 발행된 지폐(paper money)[38]로, 다른

37) 1 달러(dollar)는 100 센트(cent)이다. 5센트는 니켈(nickel), 10센트는 다임(dime), 25센트는 쿼터(quarter)이다.

38) = paper currency. 주조한 동전은 주화(hard money)라고 한다. 금화 : gold currency,

지폐보다 장기간 사용되었다. 종종 법정 화폐권(Legal Tender Note)으로 불리기도 했고, 뒷면이 녹색이어서 그린백(greenback)이라고 불리기도 했다. 그린백이라는 별칭은 1861년에서 1862년에 발행된 최초의 지폐인 어음권(Demand Note)의 별명이기도 했다.

은화 증권은 일종의 대리 통화(representative money)로, 1878년에서 1964년 사이에 발행되었다. 〈제4차 주화법〉(Fourth Coinage Act, 1873)[39]으로 금 본위제가 되면서 분노한 시민들의 은화 동요(silver agitation)에 대응해서 만들어졌다. 원래는 은화의 액면 가격(face value)으로 바꾸어주었다가 1967년에서 1968년의 1년만 은괴로 바꾸어주었고, 1968년 이후로는 달러화로 바꾸어 주었다. 이제는 없어졌지만 여전히 법정화폐이다. 금화 증권은 금 소유주가 실제 금 대신 가진 소유 증권이다. 1863년에서 1933년까지 쓰인 미국 화폐의 하나로 역사적 의미가 있고 현재는 금에 투자하는 방식으로 이용된다.

국립 은행권은 미국 정부의 특허를 받은(chartered) 국립 은행들이 발행한 미국 통화 은행권(United States Currency Banknote)이다. 이 화폐는 보통 재무성에 은행이 비축한 미국 채권(United States Bond)으로 보증을 받는다.

28) 워런 거메일리얼 하딩(Warren Gamaliel Harding, 1921-1923)

워런 하딩(1865-1923)은 임기 중에 사망했다. 진보주의자인 루스벨트와 정반대로 보수적인 공화당이었다. 그는 폭력과 급진주의를 끝내고

동전 : metallic currency, 기축통화 : key currency, 외화 : foreign currency.

39) 〈주조법〉(Mint Act)이라고도 한다. 은화의 통화 자격을 박탈하는(demonetize) 법이었으므로 서부의 광부들과 은화 옹호자들은 이 법을 "'73년의 범죄"(Crime of '73)라고 불렀다. 이 법으로 미국에서는 금이 유일한 금속 기준(metallic standard)이 되어 사실상 금 본위제로 진행되었다.

"정상으로 되돌아가기"(return to normalcy)를 구호로 내걸었다. 그의 내각에는 재무장관 앤드루 멜론(Andrew Mellon)과 상무장관 허버트 후버(Herbert Hoover) 같은 훌륭한 인물도 많았다. 그러나 오하이오 출신인 하딩은 오하이오 갱(Ohio Gang)으로 알려진 자신의 친구들에게 높은 관직을 주었고, 이로 인해 여러 부패 스캔들이 터졌다. 그 중 티포트돔 스캔들(Teapot Dome Scandal)[40]은 미국 정치 역사상 워터게이트 다음으로 큰 파문을 일으킨 부패사건이다.

29) 존 캘빈 쿨리지 2세(John Calvin Coolidge Jr., 1923-1929)

캘빈 쿨리지(1872-1933)는 주지사로 있을 때 데모대를 향해, "공공의 안전을 위협하는 파업을 할 권리는 누구에게도, 어느 곳에도, 어느 때에도 있을 수 없습니다!"(There is no right to strike against the public safety by anyone, anywhere, any time!)라고 선언하여 전국적인 영웅이 되었다. 하딩이 재임 중 서거하자 승계하여 대통령이 되었고 이후 재선에 성공했다. 쿨리지가 취임하여 가장 먼저 한 일은 하딩의 인맥인 부패 관리들을 축출하는 것이었다. 공직에 대한 국민의 신뢰를 회복시킨 것이 쿨리지의 최고의 업적으로 평가받는다.

30) 허버트 클라크 후버(Herbert Clark Hoover, 1929-1933)

허버트 후버(1874-1964)는 퀘이커 교도였고, 광산업으로 크게 성공한

40) 1920년에서 1923년 사이의 뇌물 사건이다. 내무장관인 앨버트 폴(Albert B. Fall)이 와이오밍 티포트돔의 해군 석유 저장지를 공개 입찰 없이 일반 석유 회사에 임대하였는데, 그 과정에서 뇌물 수수가 있었음이 밝혀지면서 폴은 유죄 판결을 받고 감옥에 갇히게 되었다.

후 인도주의적인 구제 활동(relief efforts)에 몰두한 박애주의자이며, 자원 봉사 제도(volunteerism)를 강조하면서 개인의 역할이 사회와 경제에서 중요한 역할을 한다고 믿었다. 기술자인 후버는 정부와 경제의 비효율성에 주목하여 전문가적인 해결을 지향하는 효율성 운동(Efficiency Movement)을 전개했다.

후버는 취임 연설에서, "모든 냄비에는 닭고기를, 모든 차고에는 자가용을"(A chicken in every pot, a car in every garage)이라며 경제적 발전을 약속했지만, 1929년 임기 8개월 만에 월 가 폭락(Wall Street Crash)으로 대공황(Great Depression)이 터지고 말았다. 실업자들은 집을 잃고 곳곳에 판자촌(shantytown)을 형성하여 기거했으며, 이 판자촌들은 후버의 이름을 따 후버빌(Hoovervilles)이라고 불렸다. 후버는 이 난국을 극복하기 위해서 〈비상 구호 건설법〉(Emergency Relief and Construction Act, 1932)을 통과시켜 정부가 주도하여 각종 기반 시설(infrastructure)을 건설하는 공적 사업(public works)을 추진했다. 후버가 시작해서 루스벨트가 끝낸 후버 댐(Hoover Dam, 1931-1936)도 그 중 하나이다. 또 〈스무트-홀리 관세법〉(Smoot-Hawley Tariff, 1930)[41]을 만들어 거의 20,000 종이 넘는 수입품의 관세를 기록적으로 올렸다. 〈세입법〉(Revenue Act, 1932)으로는 최상위 납세 집단(top tax bracket)에게 순소득(net income)의 63%에 이르는 기록적인 세금을 부과하였다. 이런 정책이 당장 효과가 나타나지는 않았으나 나중에 프랭클린 루스벨트의 뉴딜 정책의 기반이 되었다. 그러나 국민들은 "후버! 후버가 다 망쳐놓았다!"고 비난했고 뉴딜 정책을 공약으로 내건 프랭클린 루스벨트가 다음 대통령으로 당선되었다.

---

41) 리드 스무트 상원 의원(Senator Reed Smoot)과 윌리스 홀리 하원 의원(Representative Willis C. Hawley)이 만든 법이다.

31) 프랭클린 델러노 루스벨트(Franklin Delano Roosevelt, 1933-1945)

프랭클린 루스벨트(1882-1945)는 미국 역사상 처음이자 마지막으로 12년 동안 4번의 대통령직을 수행했다.[42] 성인 소아마비의 고통을 극복한 인간 승리의 주역이며, 두 번의 뉴욕 주지사 임기 중에 최고의 지사라는 칭송을 받았고, 1932년 민주당 대통령 후보로 지명되어 현직 대통령 후버를 누르고 대공황을 극복할 새로운 지도자로 선택되었다. 역대 대통령 중에서 가장 존경하는 지도자에 대한 미국인의 설문 조사에서 항상 상위에 위치한다.

루스벨트는 취임 직후 대공황을 극복하기 위해서 정부가 적극적으로 경제에 개입하는 뉴딜 정책을 시행했고, 의회는 대통령에게 많은 권한을 부여하여 그 정책이 용이하게 실행되도록 협조했다. 그러나 뉴딜 정책의 경제적 성과에 대해서는 다소 논란의 소지가 있다. 미국의 경제는 곧 발발한 2차 세계 대전으로 인해 군수품의 공급이 증대되면서 완전히 회복되었다는 견해가 더 많다.

루스벨트의 3선 임기 중 가장 중요한 일은 2차 세계 대전의 성공적인 수행이었다. 1941년 12월 일본의 진주만 공격으로 인하여 본격적으로 연합군에 동참한 미국은 독일, 이탈리아, 일본의 삼국 동맹을 상대로 전쟁을 수행하여 승리로 이끌었다. 그러나 2차 대전 중의 루스벨트의 태도에 대한 비판도 적지 않다. 유럽에서 6,000,000명의 유대인이 무참하게 살육되는데도 그냥 두었고, 독일계나 이탈리아계 미국인과 달리 일본계 미국인들을 강제로 격리 수용하는 인종 차별을 했기 때문이다. 4선에 성공한 루스벨트는 전쟁 후의 세계 질서를 구상하던 중 독일의 항복을 눈앞에

42) 루스벨트 사후 대통령 3선 출마 금지법을 통과시켜 조지 워싱턴의 전통을 강화했다.

둔 시점에서 뇌출혈로 사망했다.

루스벨트는 한국인의 독립 노력을 제대로 평가하지 않았다. 일본이 진주만을 기습하여 미국과 적이 된 후, 독립 운동가 이승만 등은 루스벨트에게 대한민국 임시 정부를 승인해줄 것과 합동 군사 훈련을 제의하였으나 거절당했다. 1943년 11월 루스벨트는 영국의 윈스턴 처칠, 중국의 장제스 등 삼국 수뇌 회담 후 발표된 〈카이로 선언〉(Cairo Declaration)에, "한국인의 노예 상태에 유의, 한국을 해방하여 적당한 시기에 독립시킨다."는 결의를 포함시켰지만, 곧 이어진 미국, 영국, 소련의 삼국 정상 회담에서는, "한국인이 완전한 독립을 얻기에는 약 40년의 수습 기간(apprenticeship)이 필요하다."고 하여 신탁통치를 시사했다.

32) 해리 S. 트루먼(Harry S. Truman, 1945-1953)

해리 S. 트루먼(1884-1972)은 부통령이 된 지 불과 82일 만에 루스벨트 대통령의 사망으로 대통령이 되었다. 그는 루스벨트의 뉴딜 정책을 계승하면서, 모든 국민에게 공정한 대우를 약속하는 사회 복지 정책인 페어딜(Fair Deal) 정책으로 전후의 미국을 안정시켰다. 2차 세계 대전의 막바지에 대통령이 된 트루먼은 세계 최초이자 유일하게 핵 공격 명령을 내려서 일본 국왕 히로히토(Hirohito)로부터 항복을 받았다. 그러나 트루먼은 상해에 세워진 대한민국 임시 정부를 승인하지 않았고, 한국 내의 인사들이 세운 건국 준비 위원회와 인민 위원회도 부정하였다. 대신 조선 총독부의 일본인과 친일파 인사들을 그대로 등용하여 이후 한국의 바른 역사 세우기를 방해한 셈이 되었다. 트루먼은 1951년 9월 〈샌프란시스코 강화 조약〉(San Francisco Peace Treaty)을 통해 일본과 다시 국교를 정상화하였고, 그 해에 〈미일 안전 보장 조약〉(Security Treaty Between the United States and Japan)을 조인하는 등 일본과의 유대를 더 중시했다.

루스벨트는 필요에 따라서는 공산 국가 소련과도 손을 잡는 융통성이 있었지만, 트루먼은 철저한 반공주의자로서 소련에 대한 강한 적대감을 가지고 있었다. 트루먼은 국제 관계에서의 협상과 타협을 비도덕적이라고 간주하면서 소련과의 타협을 거부했으며 유사시에는 일전을 벌일 각오도 하고 있었다. 트루먼은 공산주의가 확대되는 것을 저지하기 위해 〈트루먼 독트린〉(Truman Doctrine, 1947)을 발표했다. 자유와 독립을 유지하려고 노력하는 세계 여러 나라에 군사와 경제 원조를 제공한다는 원칙을 천명한 선언이다. 이에 따라 전후의 유럽을 돕기 위한 대규모 경제 지원인 마셜 플랜(Marshall Plan, 1948), 베를린 봉쇄(Berlin Blockade, 1948-1949)에 대응하는 베를린 공수 작전(Berlin Airlift Operation), 나토(NATO, 1949)의 창설을 이끌었다. 1950년 한국이 북한의 침공을 당하자 즉각 미군을 참전시켰고, 유엔군을 결성하여 참전시켜 결국 남한의 승리로 이끌었다. 퇴임 후 트루먼은 서방 세계를 공산주의로부터 막아낸 "작은 거인"(little big man)이라는 애칭을 얻었다.

트루먼의 정책은 임기 동안 반발도 많이 받았으므로 그가 공화당 후보인 토마스 듀이(Thomas E. Dewey)를 상대로 재임을 위한 선거에 나섰을 때 질 것이라는 예상이 압도적이었다. 〈시카고 데일리 트리뷴〉(*Chicago Daily Tribune*)은 "듀이 트루먼을 물리치다."(DEWEY DEFEATS TRUMAN)라는 제목의 호외를 그대로 내보냈다가 트루먼이 압도적으로 당선되는 바람에 큰 망신을 당했다.

33) 드와이트 데이비드 아이젠하워(Dwight David Eisenhower, 1953-1961)

드와이트 아이젠하워(1890-1969)는 아이크(Ike)라는 애칭으로 불린 전쟁영웅이다. 그는 제2차 세계 대전에서 연합군의 최고 사령관으로 활약하였고, 1944년 6월 6일 노르망디 상륙 작전(Invasion of Normandy)을 지휘하여 전쟁을 승리로 전환시켰다. 1951년 첫 번째 나토 사령관이 되었으며, 한국 전쟁을 종결시켰다. 군인으로 혁혁한 공을 쌓은 아이젠하워는 1952년 공화당의 대통령 후보로, "I like Ike."라는 슬로건을 내걸었다. 아이젠하워가 당선되면서 20년 만에 민주당 대통령 시대는 끝이 났다. 아이젠하워는 재선에도 성공했다.

아이젠하워는 1957년 아칸소 주의 리틀록 통합 위기(Little Rock Integration Crisis)를 해결한 것으로 유명하다. 1954년 연방 대법원은 공립학교의 흑백 통합을 결정했다. 이에 따라 리틀록에 사는 9명의 흑인 학생들이[43] 리틀록 중앙 고등학교(Little Rock Central High School)에 등교하자 백인 교장과 천여 명의 주민이 반대 데모를 벌였다. 아이젠하워는 연방군을 파견해 흑인 학생들을 등교시켰고 이후 미국 전역에서 차츰 흑백 통합 학교가 확대되었다.

국제 정치에서 아이젠하워는, 베트남과 과테말라(Guatemala)의 공산화를 방치할 경우 주변국으로 공산주의가 퍼져서 결국 동남아시아와 중앙아메리카 전체에 공산주의가 차례로 확산될 수 있다는 도미노 이론(Domino Theory, 1954)을 근거로, 공산주의의 확산을 저지하는 정책을 지속적으로 시행했다. 1957년 〈아이젠하워 독트린〉(Eisenhower Doctrine)을 발표하여, 공산주의의 침략에 대항해서 원조를 요청하는 중동의 국가에 대해서도 경제적, 군사적 원조를 확장하겠다고 선언했고, 1959년 쿠바에서 공산 혁명을 일으켜 정권을 장악한 피델 카스트로(Fidel Castro, 1926-2016)를 승인하지 않았다. 반면 북한과 대치하고 있는 한국의 안정과 발전에는 지속적인 관심을 보이면서 1960년 미국 대통령으로서 최초로 한국을 방문했다.

---

43) "리틀록 9인"(Little Rock Nine)이라고 한다.

아이젠하워는 1953년 유엔 총회에서 한, 「평화를 위한 원자력」"(Atoms for Peace)이라는 연설에서, 소련과의 원자력 경쟁이 불러올 파국을 예상하면서, 원자력을 평화적인 자원으로 사용할 방법을 모색하기 위해 원자력을 관리할 국제기구를 만들 것을 제창하였고 이를 발판으로 해서 〈국제 원자력 기구〉(International Atomic Energy Agency, IAEA, 1957)가 창설되었다.

34) 존 피츠제럴드 "잭" 케네디(John Fitzgerald "Jack" Kennedy, 1961-1963)

존 F. 케네디(1917-1963)는 1963년 댈러스에서 차를 타고 사열하는 도중 암살될 때까지 단 2년간 대통령직에 있었지만 가장 기억되는 대통령이기도 하다. 역사학자들도 케네디를 워싱턴, 링컨, 루스벨트 등과 어깨를 나란히 하는 위대한 대통령 중 한 명으로 여긴다.

케네디는 1947년 하원 의원으로 당선되어 상원 의원을 거쳐 1961년 공화당의 리처드 닉슨을 누르고 최연소 대통령으로 당선되었다. 케네디는 가톨릭 교도였고 아일랜드 혈통이었으므로 그의 당선은 놀라운 일이었다. 케네디는 오하이오 주의 선거인단을 장악하지 못했지만 대통령이 되었으므로, 오하이오 주에서 패배한 후보는 미국 대통령에 당선되지 못한다는 오하이오 징크스(Ohio Jinx)를 깬 유일한 대통령이다.

케네디는 취임연설에서, 인간 생활의 최대 가치는 자유의 수호와 확대에 있음을 역설하였고, 미국 독립 선언문에서 표명했던 천부 인권설이 지금도 여전히 실현되어야 할 과제임을 재확인하였다. 미국의 경쟁국인 소련에 대해서는 국제 평화에 기여할 것을, 특히 핵전쟁의 위협으로부터 벗어나는 일에 협력할 것을 촉구하였고, 신생 국가들에 대해서는 그들의 민족주의를 이해하는 동시에 빈곤 문제의 해결에 도움을 줄 것을 약속하였다. "여러분의 나라가 여러분을 위해 무엇을 해줄 수 있는가를 묻지 말고, 여러분이 나라를 위해 할 수 있는 일이 무엇인가를 물어 보십시오." (ask not what your country can do for you -- ask what you can do for your country)는 유명한 구절이다.

케네디는 "뉴프런티어"(New Frontier)를 주창하면서, 교육에 대한 연방의 지원, 고령자 의료 보험, 농촌에 대한 경제적 지원, 불황에 대한 정부의 조정과 개입, 인종 차별의 종식을 약속했다. 또 개척 정신의 일환으로 1961년 〈평화 봉사단〉(Peace Corps)을 창설했다. 이 사업을 통해 개발도상국들에 수천 명의 일반 미국인들을 파견하여 지역민들의 생활을 향상시키는데 도움을 주었고, 동시에 미국적 사고와 문화를 세계로 전파시켜서 새로운 프런티어를 개척했다고 할 수 있다.

케네디가 대통령직에 머문 짧은 기간 동안은 극적인 시기였다. 피그스만 침공(Bay of Pigs Invasion),[44] 쿠바 미사일 위기(Cuban missile crisis), 베를린 장벽(Berlin Wall, 1961-1989)의 설치,[45] 우주 경쟁(Space Race),[46] 베트남 전쟁 간접 개입, 흑인 인권 운동 등 역사적으로 의미 깊은 수많은 사건들이 일어났다. 케네디 정부의 가장 큰 위기는 쿠바 미사일 위기였다.

---

44) 1961년 망명한 쿠바 반란군들이 미국 CIA의 지원을 받아 무력으로 카스트로 정권을 물리치려고 하다가 실패로 끝난 사건이다.

45) 서베를린을 동베를린과 그 밖의 동독으로부터 분리하는 장벽이다. 동독에서 서독으로 탈출하는 사람들이 증가하자 이를 막으려고 동독에서 1961년 8월 13일에 만들어진 후 점차 보강되었다. 이 장벽을 둘러 싸고 많은 비극적인 사건이 일어났다. 1989년 11월 9일 자유 왕래가 허용된 이후 차례로 장벽이 붕괴되었고 지금은 일부분을 기념으로 남겨 두었다.

46) 소련과 미국 사이에 먼저 인공위성을 쏘아 올리려는 경쟁으로 1955년에서 1972년까지 지속되었다. 소련이 1957년 10월 4일 스푸트닉 1호(Sputnik 1)을 쏘아 올리자 미국은 충격에 빠졌다. 이후 미국은 우주 개발에 박차를 가해 1969년 아폴로 11호(Apollo 11)가 달에 인간을 착륙시켰다. 데탕트에 들어서면서 미국과 소련은 1972년 공동으로 아폴로-소유즈 시험 계획(Apollo-Soyuz Test Project)에 동의했고, 1975년 지구 궤도에서 소련과 미국의 비행사들이 랑데부를 했다.

소련이 공산 쿠바에 미사일 기지를 세우기 위해 미사일을 실은 함선들을 쿠바로 출항시키자 케네디는 미해군을 출동시켜서 쿠바의 해안을 봉쇄했다. 케네디의 과감한 대처로 인해 전쟁이 일어날 일촉즉발의 상황에서 흐루시초프(Nikita Khrushchev, 1894-1971)[47]는 미사일 기지의 설치를 포기했다.

케네디의 재임 기간 동안에는 각종 인권 운동이 활발하게 일어났다. 아프리카계 미국인들의 권리 찾기도 최고조에 이르렀다. 1961년 흑인과 백인으로 구성된 비폭력 시민운동가들이 함께 버스를 타고 남부의 주들을 순회하면서 남부의 대중 교통의 흑백 분리법을 비판했다. 이들이 "자유 여행자들"(Freedom Riders)이다. 자유 여행자들이 남부의 폭력 조직에게 폭행을 당하고 버스가 불태워지자 케네디는 연방 보안관들을 출동시켜 그들을 보호했다. 1962년에는 미시시피 주 옥스퍼드에 있는 미시시피 대학교[48]에 흑인인 제임스 메러디스(James Meredith)가 입학하려고 하자 백인 분리주의자들이 물리적으로 방해를 했고 연방군이 투입된 와중에 수십 명의 사상자가 생기는 올미스 폭동(Ole Miss Riot)이 일어났다. 이후 메레디스는 미시시피 대학교에 최초로 등록한 흑인 학생이 되었다.

* 소수 인종 우대 정책(Affirmative Action)

"적극적 우대조치"라고도 하며 영국 등지에서는 긍정적 차별(positive discrimination)이라고 한다. 미국의 소수 인종 우대 정책은 1961년 케네디 대통령이, "고용과 교육에서 인종, 종교, 출신 국가 등을 이유로 차별하

47) 1953년부터 1964년까지 소련의 국가 원수 겸 공산당 서기장, 1958년부터 소련 총리와 소련 국가평의회 의장을 지냈다. 그는 스탈린주의를 비판하였고 미국을 비롯한 서방 국가와의 공존을 모색하였다.

48) 애칭이 올미스(Ole Miss)이다.

지 않는다."는 행정 명령에 서명하면서 본격화되었다. 특히 대입 전형 때 소수 인종 출신자에게 가산점을 주거나 대학 입학 정원의 일정 비율을 소수 인종에게 배정하여, 다인종, 다문화 사회의 사회 통합을 의도한 것이다. 이 정책은 과거에 시행되었던 인종 차별을 보상하는 성격에서 시행된 셈이다.

그런 한편 이로 인해 역차별을 받는다는 논란이 계속 제기되었다. 성적이 우수한 백인 학생들이 대입 전형에서 불이익을 받는다는 것이다. 2008년에는 대입 전형에서 탈락한 백인 학생들이, "소수 인종 우대 정책이 평등권을 침해 한다."는 소송을 제기했다. 특히 상류층 흑인들이 이 정책으로 인해 과도한 특혜를 받는 점이 문제점으로 지적되었다. 한편 소수 집단은 대체로 흑인과 히스패닉을 의미하며 동양인은 포함하지 않는 점도 비판되었다. 미시간 대학교의 입시 평가 내부 문건에서, "아시아계 학생들은 소수 집단이라도 성공한 집단(Successful Group)이므로 우대할 필요가 없다."는 조항이 있어 논란이 되었다. 따라서 "우대의 기준을 피부색이 아닌 가계소득으로 바꾸자."는 논의도 이루어졌다. 이런 논란 속에서 2014년 연방 대법원은, 2006년 미시간 주에서 주민 투표를 통해 공립 대학에서 소수 인종 우대 정책을 적용하지 못하도록 주 헌법을 개정한 것이 합헌이라고 판결하였다. 캘리포니아(1996년), 플로리다(1998), 워싱턴(1998), 네브래스카(2008), 애리조나(2010), 뉴햄프셔(2011), 오클라호마(2012) 등 7개 주도 소수 인종 우대 정책을 폐지했다.

35) 린든 베인스 존슨(Lyndon Baines Johnson, 1963-1969)

LBJ로 불리는 린든 존슨(1908-1973)은 케네디의 임기를 승계하고 이후 재선되었다. 베트남 전쟁과 관련된 국외 정책은 실패했으나, 인권 향상을 비롯한 국내 정책은 성공적이었다고 평가받는다.

존슨은 "위대한 사회"(Great Society)의 건설을 주장하면서 빈곤과의 전쟁(War on Poverty)을 선포하였고, 교육 보조금, 주택과 도시 개발, 고령자와 장애자 의료 보험 제도(Medicare), 저소득층 의료 보험 제도(Medicaid) 등을 시행했다. 남부 출신이었지만 공공장소에서의 흑인에 대한 차별을 없애는 〈시민권법〉(Civil Rights Act, 1964), 인종에 관련 없이 모두에게 투표권을 주는 〈투표권법〉(Voting Rights Act, 1965)을 통과시켰다. 국가별 이민 할당제(national origin quotas)를 없애고 금지되었던 아시아계 이민을 자유롭게 받아들이는 〈이민과 국적법〉(Immigration and Nationality Act, 1965)을 통과시켰다. 또 존 F. 케네디, 로버트 F. 케네디(Robert Francis Kennedy, 1925-1968),[49] 마틴 루터 킹의 암살을 계기로 미국 역사상 가장 광범위한 〈총기 규제법〉(Gun Control Act, 1968)을 통과시켰다. 존슨은 강력하게 자신의 신념을 밀어붙이는 사람이었으며, 법안을 통과시키기 위해서 공격적으로 압력을 가하는 존슨식 처리(Johnson treatment)로 유명했다.

그러나 이런 업적은 베트남 전쟁의 참전 결정으로 묻혀버렸고 존슨은 미국을 깊은 도덕적 수렁에 빠트린 대통령으로 기억된다. 1964년 의회는 존슨의 요청에 따라 〈통킹만 결의안〉(Gulf of Tonkin Resolution)을 통과시켰고 존슨은 본격적으로 미군을 베트남에 파병하여 육상전에 돌입했다. 엄청난 폭격을 등에 업은 미군의 공격에도 불구하고 미군의 승리는 요원했고 전쟁은 장기화되었다. 미군의 전사자가 늘어나고 베트남 전쟁의 도덕성에 대한 의문이 제기되면서 반전 운동(antiwar movement)이 격화되었다. 결국 존슨은 1968년 대통령 선거에 출마하지 않겠다고 발표했고 이듬해 임기 종료와 함께 퇴임했다.

---

49) 존 F. 케네디의 동생으로 케네디 정부와 존슨 정부의 법무장관을 역임했고, 강력한 대통령 후보였으나 선거 유세 중에 팔레스타인 학생에게 암살당했다.

* 총기 소지와 규제

미국에서 총기 소지를 강력히 주장하는 사람들의 중심에는 국립 총기 협회(National Rifle Association, NRA)가 있다. 총기 협회는 원래 1871년 윌리엄 처치(William C. Church)와 조지 윈게이트(George Wingate) 등 남북 전쟁 당시 북부군의 장교였던 사람들이 창립한 보수주의 단체였다. 처음에는 스포츠클럽으로 활약했으나 이제 가장 강력한 로비 단체가 되었다. 마이클 무어(Michael Francis Moore, 1954-)가 영화 〈보울링 포 콜롬바인〉(*Bowling for Columbine*)을 통해 이들의 역할을 비판하면서 더욱 논쟁의 중심에 서게 되었다.

이들은 총기 소지는 〈헌법 수정안 2조〉에서 보장된 권리라고 주장한다. 〈수정안 2조〉는 "규율 있는 민병은 자유로운 주의 안보에 필요하므로, 무기를 소장하고 휴대하는 인민의 권리는 침해될 수 없다."는 것이다. 이 조항은 행정력이 미치지 못하는 광대한 땅을 개척해야 하는 개척민의 현실을 고려한 것이었고, 오늘날은 상황이 달라졌다. 그러나 각종 총기 사고로 인해 비극적인 일이 발생하는데도 총기 협회는 수정안을 근거로 총기 소지의 정당성을 주장하고 있으며, 국민적인 정서도 이쪽으로 많이 기울어있다. 2008년 연방 대법원은 개인의 정당방위를 위한 총기 소지의 합법성을 지지했다. 또 엘 고어는 총기 규제에 찬성했다가 대통령 선거에서 패배했으며, 오바마도 총기 규제를 강력히 주장하지 못하고 있다.

36) 리처드 밀허스 닉슨(Richard Milhous Nixon, 1969-1974)

리처드 닉슨(1913-1994)은 워터게이트 스캔들(Watergate Scandal)에 발목이 잡혀 임기 중 사퇴라는 치욕적인 결말을 맞았다. 정치력이 뛰어나 젊은 나이에 아이젠하워의 부통령을 지냈으며, 1960년에는 공화당 후보로서 민주당의 케네디와 치열한 접전을 벌였다. 라디오 연설에서는 닉슨이 승기를 잡았으나 그때 막 생겨난 텔레비전 연설 이후 매력적인 케네디에게 패했다는 평가를 받았다. 그러나 1968년 대통령에 당선되었고, 1972년 엄청난 표차로 재선되었을 정도로 정치적 능력이 뛰어났다.

닉슨은 공산권과의 화해 무드를 조성하여 데탕트(Détente)를 여는 외교적 성과를 거두었다. 1971년 국무장관 헨리 키신저(Henry Kissinger)가 공산 중국의 수도인 베이징을 방문한 다음 해 닉슨이 방문하여 마오쩌둥(Mao Zedong)과 정상 회담을 하여 미국과 중국 사이의 국교 정상화의 길을 열었다. 닉슨은 "아시아 각국은 내란이 발생하거나 침략을 받는 경우 스스로 이를 해결해야 한다."는 〈닉슨 독트린〉(Nixon Doctrine)을 발표하면서 베트남에서 미군을 철수시키고 전쟁을 종결시켰다. 그러나 닉슨의 정치적 성과는 워터게이트 스캔들로 완전히 묻혀버렸다. 의회가 탄핵(impeachment)을 확실시하자 닉슨은 대통령직에서 사임했다.

* 워터게이트 스캔들

1972년 워싱턴의 워터게이트 호텔에 소재한 민주당 전국 위원회 본부(Democratic National Committee Headquaters)에 불법 침입하여 도청장치를 설치하던 남자들이 현행범으로 체포되었다. 이들은 이전에도 여러 번에 걸쳐 도청기를 설치했다고 실토했다. 민주당의 정책을 정탐하려는 닉슨 행정부의 짓이라는 것은 모두 짐작했지만 닉슨과 백악관 측은 자신들은 전혀 관련이 없다는 입장을 고수했다. 그러다 1973년 6월 23일 닉슨이 집무실에서, "워터게이트 침입은 국가 안보 문제이니 연방 수사국은 이 문제에 끼어들지 못하게 하라!"고 하는 말을 녹음한 테이프, 즉 스모킹건(smoking gun)[7]이 공개되었고, 국민들은 도덕성이 높아야 할 대통령이 자신의 잘못을 모면하기 위해 거짓말을 했다는 사실에 대해 경악하고 분노했다. 이후 접미사 "-게이트"는 정치적인 스캔들을 나타내는 말이 되었다.

워터게이트 스캔들과 관련해서 생겨난 또 다른 용어는 딥스로트(Deep Throat)이다. 딥스로트는 워터게이트 스캔들에 닉슨이 직접 관련되었다는 정보를 알려준 사람의 암호명으로, 당시 〈워싱턴 포스트〉(*The Washington Post*)의 편집부에서 붙인 별명이었다. 이 딥스로트의 정보를 기반으로 〈워싱턴 포스트〉의 기자 밥 우드워드(Bob Woodward)와 칼 번스타인(Carl Bernstein)은 닉슨 행정부의 치부를 폭로하는 여러 편의 기사를 쓸 수 있었고, 닉슨은 이 기사들 때문에 결국 사임하게 되었다. 딥스로트의 정체는 숨겨져 있었는데 2005년 FBI 전 부국장(deputy director) 윌리엄 마크 펠트(William Mark Felt, Sr.)가 자신이 딥스로트임을 공식 확인했다. 이 용어는 이후 익명의 제보자나 내부 고발자를 나타내는 보통명사가 되었다.

37) 제럴드 루돌프 포드(Gerald Rudolph Ford Jr., 1974-1977)

제럴드 포드(1913-2006)는 1973년 닉슨의 부통령이던 스피로 애그뉴(Spiro Theodore Agnew)가 뇌물사건에 연루되어 사임하자 닉슨의 지명으로 부통령이 되었다가, 1974년 닉슨이 사임하자 대통령이 되었다. 포드는 대통령이 되자마자 닉슨을 사면(pardon)해 주어 국민의 신망을 잃었다.

---

50) 연기가 피어오르는 총구는 총을 발사한 증거이므로 "연기 나는 총"은 범죄 또는 특정 행위나 현상에 대한 결정적인 증거라는 의미로 사용된다. 닉슨의 탄핵 소추가 진행 중이던 1974년 7월 14일 〈뉴욕 타임스〉(*New York Times*)에서 로저 윌킨스(Roger Wilkins)가 닉슨 사건을 조사하는 하원 사법 위원회(House Judiciary Committee)의 최대 관심사는 "결정적 증거의 확보"에 있다는 말을 하면서, "스모킹건은 어디에 있나?"(Where's the smoking gun?)라고 표현했다. 8월 5일에 열린 하원 사법 위원회에서 뉴욕 주 하원 의원 바버 코너블(Barber Conable)이 닉슨과 수석보좌관 사이의 대화가 담긴 녹음테이프를 "스모킹건"이라고 지칭하면서 "스모킹건 테이프"라는 말이 생겼다.

또 1975년 4월에 끝난 베트남 전쟁 이후의 경제 파탄 상황에서 적절한 해결책을 내지 못했다. 그러나 포드는 정직하고 친절한 보통 사람으로서의 대통령 시대를 열었다는 평가를 받았고, 베티 포드 여사는 국민의 큰 사랑을 받은 퍼스트 레이디로 기억된다.

38) 제임스 얼 카터 2세(James Earl Carter, Jr., 1977-1981)

지미 카터(1924-)는 정치인으로서는 비교적 무명의 인물이었다. 카터가 조지아 주 땅콩 농장주 출신이라는 점을 이용해서 선거 포스터에서는 카터의 웃는 얼굴의 이빨을 모두 땅콩으로 대치하여 친근한 이미지를 강조했다. 이런 대중적인 이미지로 카터는 예상과 달리 대통령에 당선되었다. 그러나 카터는 경제 문제를 해결하지 못했으며, 이란에서 벌어진 미국 대사관 인질 사건에서 인질을 구출하지 못한 것으로 인해 실패한 대통령이라는 평가를 받았다.

카터의 외교 정책은 인권을 중시하고 도덕주의를 기반으로 하는 등 비현실적인 면이 많아 그가 대통령으로 재임하는 중에는 실제적인 성과를 거두지 못했다. 그러나 퇴임 후에는 북한의 김일성, 아이티(Haiti)의 세드라스(Raoul Cédras) 장군, 팔레스타인의 하마스, 보스니아의 세르비아계 정권 등 미국 정부가 공식적인 협상에서 어려움을 겪는 대상들을 상대로 분쟁을 조정하는 일인 대사로 활약하였고, 그 공적으로 2002년 노벨 평화상을 받았다.

카터의 도덕적 외교는 실제 현실에서 적용되기 힘들다는 것은 대한민국과의 관계에서도 나타난다. 카터는 박정희 정권의 인권 침해를 비판하였으나 1979년 6월 대한민국을 방문하여 박정희 정권에 대한 지지를 표명했다. 박정희 대통령이 암살당하고 전두환 장군이 정권을 잡는 과정에서 5.18 광주 민주화 운동이 신군부에 의해 진압 당하자, 카터는 혼란된 상황에서 북한의 남침이 있을 것을 우려하여 전두환 정권을 인정하는 정책을 시행하였다. 이것이 이후 대한민국에서 반미 운동이 고조되는 한 원인이 되었다.

39) 로널드 윌슨 레이건(Ronald Wilson Reagan, 1981-1989)

로널드 레이건(1911-2004)은 영화배우 출신의 대통령이며, 70세라는 가장 늦은 나이에 대통령이 되었으며, 최초로 이혼 경력이 있는 대통령이다. 레이건은 약 50편의 영화에 출연하였으나 특별한 주목을 받지 못하다가 1947년 〈미국 노동 총연맹〉(American Federation of Labor, AFL) 산하 〈영화 배우 협회〉 (Screen Actors Guild) 회장에 선출되면서 정치적인 활동을 시작했다. 캘리포니아 주의 주지사로서 주의 재정을 적자에서 흑자로 바꾼 업적이 부각되어 경제 불황을 극복하지 못해 인기가 추락했던 카터 대통령을 압도적인 표차로 누르고 당선되었고, 국내외로 보수적이고 강경한 정책을 펼쳤으며, 재선에 성공하였다. 2011년의 여론 조사에서는 미국인이 생각하는 가장 위대한 대통령으로 레이건이 링컨을 제치고 1위를 기록하였다.

레이건의 시장 중심적 경제 정책은 레이거노믹스(Reaganomics)로 지칭된다. 기본적으로 친기업적인 공급 중시 경제학(supply-side economics)[51]이다. 레이건 정부의 4대 기조는, 정부 지출을 축소하고, 소득세(income tax)와 기업세(capital gains tax)를 낮추고, 정부의 규제(regulations)를 축소하고, 인플레이션을 줄이기 위해 화폐 공급량을 조절하는 것이었다. 레

51) 기업의 투자와 성장을 촉진하고 경제를 안정시키기 위한 방편으로 조세 인하를 통한 재화와 용역의 공급 증가를 중시하는 경제 이론이다. 반대자들은 하향 침투식 경제학(trickle-down economics)으로, 지지자들은 자유 시장 경제학(free market economics)이라고 불렀다.

이건의 감세 정책은 대중의 인기를 얻는 데 성공했지만 결국 재정 적자와 국제 수지 적자, 즉 쌍둥이 적자를 심화시켰고 분배의 악화를 가져왔다고 평가되었다.

레이건의 외교 정책은 보수주의적이고 극단적이어서, 레바논 내전(Lebanese Civil War, 1983)의 미군 파병, 그레나다 침공((Invasion of Grenada, 1983), 리비아 폭격(Libya Bombing, 1986), 니카라과 반군(Nicaragua Rebel) 지원 등, 제3세계 국가들에게 위협적인 정책을 실행했다. 포클랜드 전쟁(Falklands War)[52]에서는 우방국인 영국을 옹호하면서 아르헨티나를 테러 집단으로 규정하여 중남미에서는 레이건에 대한 비난이 빗발쳤다. 1987년의 이란-콘트라 사건(Iran-Contra affair)은 레이건의 도덕성에 치명적인 상처를 입혔다. 이 사건은 이란의 헤즈볼라(Hezbollah)[53]에게 납치된 인질을 석방시키기 위해서 미국 정부가 적성 국가인 이란에 불법적으로 무기를 판매했으며, 그 이익으로 니카라과의 사회주의 정당인 산디니스타 민족 해방 전선(Sandinista National Liberation Front) 정부에 대항하는 콘트라 반군(Contras)을 지원한 정치 스캔들이다. 당시 많은 논란이 벌어졌고 이로 인해 레이건의 인기가 떨어지기 시작했다. 그에 대한 대응으로 레이건은 소련에 대해 유화 정책을 펴기 시작했고, 1987년 12월 소련의 고르바초프(Mikhail Gorbachev) 서기장과 중거리 핵전력 폐기 조약(Intermediate-Range Nuclear Forces Treaty, INF Treaty)을 맺고 냉전을 종식시켰다.

52) 1982년 4월 2일, 아르헨티나가 자국과 가까운 영국령 포클랜드 섬(혹은 말비나스 섬)을 회복하겠다고 선언하며 침공한 전쟁이다. 이 전쟁은 2개월 만에 아르헨티나 군의 항복으로 종료되었으며, 이로 인해 아르헨티나의 군사 독재 정권은 실각하게 되었다. 아르헨티나에서는 말비나스 전쟁(Malvinas War)이라고 한다.

53) 레바논에 기반을 둔 시아파 이슬람 무장 조직이다.

40) 조지 허버트 워커 부시(George Herbert Walker Bush, 1989-1993)

조지 H. 부시(1924-)는 대 중국과의 국교 정상화를 이룬 외교의 달인으로 레이건 정부의 부통령을 맡았고 레이건에 이어 대통령에 당선되었다. 1989년 12월에 파나마 대통령 마누엘 노리에가(Manuel Noriega)가 마약 퇴치를 위해 파견된 미군을 살해하는 사건이 일어나자 파나마 침공을 감행하여 노리에가를 미국으로 압송해서 재판했다.[54] 1990년 이라크의 독재자 사담 후세인이 쿠웨이트를 침공하여 합병하자 부시는 이라크를 공격하여 승리를 거두었다.

41) 윌리엄 제퍼슨 "빌" 클린턴(William Jefferson Clinton, 1993-2001)

빌 클린턴(1946-)은 1978년 32세로 아칸소의 최연소 주지사로 선출된 후 여러 번 연임을 했고 이후 대통령이 되었고 재선에 성공했다. 클린턴은 1992년 선거에서 현직 대통령인 부시와 경쟁하면서 국내의 불경기를 중요 이슈로 삼았는데, 그의 선거 캠페인은, "문제는 경제야, 멍청아!"(It's the economy, stupid!)였다. 클린턴이 재임한 1990년대는 경제 호황이 계속되었으므로 클린턴은 약속을 지킨 셈이 되었다.

클린턴은 엘 고어(Al Gore) 부통령에게 정부를 완전히 새롭게 재창조하기 위한 방안을 강구하도록 지시했고, 이에 따라 고어의 주도 아래 정

---

54) 미국은 노리에가를 체포하기 위해 24,000명의 미군을 파나마로 파병했다. 명분은 마약 단속이었지만, 사실은 미국 중앙 정보국(CIA)의 하수인이던 노리에가의 마약 거래가 미국의 니카라과 우익 반군 지원과 관련이 있다는 사실이 들통난 데다, 노리에가가 제멋대로 굴어 미국의 중남미 전략에 걸림돌이 됐기 때문이다. 1989년 대선에서 당선한 기예르모 엔다라(Guillermo Endara)가 미국의 군사력을 배경으로 대통령에 취임했고 노리에가는 1990년 1월 미군에 투항했다.

부 혁신 국가 협력처(National Partnership for Reinventing Government, NPR)가 설치되었고, 본격적인 개혁 작업에 착수하여 정보 구축 프로그램을 이용해서 공무원을 300,000명 이상 감축했다.

클린턴의 정책의 성과는 많은 여성들과의 스캔들 때문에 빛이 바래고 말았다. 특히 모니카게이트(Monicagate = Lewinsky Scandal)로 알려진 모니카 르윈스키(Monica Lewinsky)와의 관계로 인해 클린턴은 1998년 특검 검사 케네스 스타(Kenneth Starr)의 집요한 추적을 받으면서 거의 탄핵 직전까지 몰렸다. 또 친구에게 부정 대출을 해 준 혐의를 받은 화이트워터 논란(Whitewater Controversy)으로도 곤욕을 치루었다.

42) 조지 워커 부시(George Walker Bush, 2001-2009)

조지 W. 부시(1946-)는 클린턴의 전임인 부시 대통령의 장남이다. 2000년 11월 대통령 선거에서 부시는 공화당 후보로 출마하여 현직 부통령이던 민주당 후보 엘 고어와 맞대결을 펼쳤다. 투표 결과 총 득표율은 엘 고어가 높았으나 선거인단수에서는 271 대 266으로 아슬아슬하게 부시가 이겨서, 부시는 엘 고어보다 적은 표를 받고도 대통령이 되었다. 부시는 재선에도 성공했다. 그러나 부시는 미국의 금융 위기를 초래한 서브프라임 모기지 사태(Subprime Mortgage Crisis)를 제대로 조정하지 못해 전 세계의 금융 위기를 유발시킨 책임을 져야 한다는 비판을 받았다.

원래 신보수주의(neo-conservatism)[55]의 지지자인 부시는 집권 기간에 이슬람 국가와의 갈등을 증폭시켰다. 취임한 8개월 후인 2001년 9월 11일

55) 1970년대에 생겨나서 현재까지 미국의 정계에서 지지를 얻고 있는 정치 흐름이다. 미디어나 민주당 등에서 경멸적으로 네오콘(neocon)이라고 부른다. 경제적으로는 자유주의이지만, 정치, 사회, 문화적으로는 권위주의적인 우파 사상이다. 경제적 자유주의를 제창하는 신자유주의나 보수자유주의는 작은 정부를 지향하는데 반해 신보수주의는 질서를 유도할 수 있는 큰 정부와 강력한 군사력을 전제로 한다.

뉴욕의 쌍둥이 빌딩이 파괴되고 펜타곤 일부가 부서지며 많은 인명 피해가 나자 부시는 사우디 아라비아 출신 오사마 빈 라덴(Osama bin Laden)과 그의 테러 조직 알카에다(al-Qaeda)를 주범으로 지목했다. 부시는 아프가니스탄의 탈레반(Taliban) 정권이 빈 라덴을 넘겨달라는 요청을 거부하자 아프가니스탄을 침공했다. 부시는 또한 이슬람 무장 항쟁을 직접적이거나 간접적으로 지원하는 국가들과 집단에 대해 "테러와의 전쟁"(War on Terror)[56]을 선포했다. 2002년 국정연설에서 부시는, 북한, 이란, 이라크를 "악의 축"(axis of evil)으로 규정했고 이후 "무법 정권"(Outlaw Regime), "가장 위험한 정권"(the most dangerous regime) 등 다양한 표현으로 비난했다.

* 대침체(Great Recession)

대침체는 2007년에서 2009년까지 지속된 전 세계적 경제 침체를 말한다. 침체의 주된 원인은 2008년에 발생한 미국의 서브프라임 모기지 사태와 그로 인한 금융 위기(financial crisis)이다.

모기지 론(mortgage loan)은 주택을 사려는 사람에게 주택[57]을 담보로 장기 저리로 돈을 빌려주고 원금과 이자를 장기간에 걸쳐 매달 갚게 하는 "주택 담보 대출"이다. 따라서 대부분의 미국인들은 약 30퍼센트 정도의 납입금(down payment)을 내면 당장 큰돈이 없어도 주택을 구입할 수 있었다. 단 직장을 잃거나 돈이 없어 모기지 론의 원금과 이자를 일정 기간 갚지 못하면 주택은 유질 처분(foreclosure)되어 은행으로 넘어가게 된다.

---

56) = Global War on Terrorism.

57) 미국인들은 대개 단독 주택(detached house)을 선호하고 주택이 없는 사람들은 월세로 연립 주택 단지(apartment complex)에 산다. 자기 몫으로 분양받은 아파트는 콘도(condominium)라고 한다.

모기지 론은 신용도에 따라 "프라임"(prime) "알트-A"(alternative A), "서브프라임"(subprime)의 3단계로 구분한다. 프라임은 신용도가 좋은 사람, 알트-A는 신용도가 중간인 사람, 서브프라임은 신용도가 낮은 사람들을 말한다. 은행은 서브프라임의 신용도를 가진 사람들에게는 대출을 꺼리게 된다. 그런데 2000년대 초에 대출 금리는 초저금리인데 반해 부동산 가격은 폭등했으므로 개인이 파산하더라도 주택을 담보로 잡은 금융 회사는 주택을 팔아서 높은 이익을 볼 수 있었다. 따라서 은행은 서브프라임 신용도의 사람들에게도 주택 자금을 대거 대출해주었다. 이것이 서브프라임 모기지이다. 이것이 증권으로 변환되어 높은 수익률을 보장하는 상품으로 인기가 높았으므로 해지펀드(hedge fund),[58] 보험사, 투자 은행들이 대량으로 구매했다.

2004년 미국이 저금리 정책을 종료하자 주택 대출금의 이자 부담이 커지게 되었고, 게다가 부동산 거품(real estate bubble)이 꺼지면서 주택 가격이 순식간에 하락했다. 무리해서 주택을 구입했거나 직장을 잃은 사람들이 이자와 원리금을 상환하지 못하자 은행은 주택을 차압했다. 그러나 주택은 이미 가격이 하락했으므로 그 주택을 팔아서 원래 대출해 주었던 금액을 회수하는 것이 불가능해지면서 은행이 막대한 손해를 입기 시작했다. 그 영향은 곧 모기지 론 증권을 샀던 해지펀드, 보험사, 투자 은행 등 2차 금융권으로 확산되면서 대형 금융사와 증권 회사의 파산이 이어졌다. 이 사태는 전 세계로 확산되어 세계적인 신용 경색을 가져왔고, 실물 경제에도 악영향을 끼쳐서 세계 경제가 혼란에 빠졌다. 이것이 대침체이다.

58) 많은 돈을 이용해서 최소한의 손실로 최대한의 이익을 얻으며, 소수의 투자자들을 비공개로 모집하여 주로 위험성이 높은 파생 금융 상품을 만들어 절대 수익을 남기는 펀드이다.

* 미국의 주택 구입

미국의 주택 구매자는 매매가의 약 30퍼센트에 해당하는 다운페이먼트를 지불하면 나머지는 은행의 모기지 론을 이용하여 집을 살 수 있다. 다운페이먼트를 많이 할 수 있으면 모기지 론의 부담을 줄일 수 있다. 다운페이먼트할 금액은 은행의 구좌에 들어있어야 한다. 한국과는 달리 집을 살 때 취득세를 내지 않으며, 매년 재산세를 주택가격의 1%에서 2% 정도 납부한다. 나중에 집을 파는 경우에는 가구의 수입에 따른 양도 소득세를 낸다. 부동산 매각이 매도자와 매수자의 양자 간에 동의가 되면 에스크로(Escrow)[59]가 개설되고, 인스펙션(inspection),[60] 집의 등기부(title) 조사,[61] 클로징(closing)[62]이 이루어지고, 부동산중개인(real estate broker)에게 수수료(commission)[63]를 지불하고 계약이 확정된다.

---

59) 부동산 거래에서 집을 파는 사람과 사는 사람 간에 거래가 정확히 이루어 질수 있도록, 거래 금액과 서류 등 모든 책임을 제 3자에게 맡기는 제도이다. 양측의 신용을 파악할 수 없어서 생기는 사고를 예방하고, 거래의 불편함을 해결할 수 있으며 서류 준비 등을 확실히 할 수 있다. 동부에서는 변호사가 에스크로 업무를 맡으나, 서부에서는 전문 기관이 있다.

60) 전문가가 집개미 검사, 하수 배관 검사, 전기 배선 검사, 수질 검사, 납 성분 검출 검사, 가스 검사, 저수조 검사 등, 집의 안팎을 면밀히 살펴서 문제점이 있나 없나를 찾아내는 작업으로 200 내지 300달러의 비용이 든다. 인스펙션은 자격증이 있는 전문 검사 기관에 맡겨야 하며, 모든 검사가 끝나면, 검사인이 보고서를 작성하여 에스크로 회사에 전달한다.

61) 변호사가 집이 차압당한 매물인지, 소유주가 진짜인지 등을 조사하는 작업으로 600내지 1,000달러의 비용이 든다.

62) 최종적으로 집을 양도 받을 때 지불하는 금액이다. 모기지 회사의 수수료는 평균 모기지 융자금의 6-8% 정도이다. 200,000달러의 융자를 받을 경우 3,000에서 5,000달러를 모기지 수수료로 낸다.

63) 중개인(realtor)에는 매도자측 중개인(Listing agent)와 매수자측 중개인(Selling agent)이 있다. 커미션은 매도자만 부담하며 통상 거래가의 5-6%이다. 이 커미션을 두 중개자가 50:50으로 나누게 되므로, 각각 2.5-3%의 중개수수료를 취하게 된다.

43) 버락 후세인 오바마(Barack Hussein Obama, 2009-2017)

버락 오바마(1961-)는 최초의 하와이 출신 대통령이며, 케냐 국적의 흑인 아버지와 백인 미국인 어머니 사이에서 태어난 물라토(Mulatto)로, 미국 최초의 아프리카계 미국인 대통령이다. 2008년 민주당 대통령 후보 예비 선거에서 힐러리 클린턴(Hilary Clinton)과 치열한 유세전을 벌인 끝에 대선 후보로 지명되었고, 대통령 선거에서 공화당 후보인 존 매케인(John McCain)을 365 대 173의 압도적인 차이로 누르고 당선되었다. 버락 오바마는 2013년 재선되었고 2017년 퇴임시 지지율은 60%를 돌파할 정도로 인기가 높았다. 2009년에는 국제 외교와 인류의 협력 강화를 위한 노력을 인정받아 노벨 평화상을 수상하였다.

오바마는 일리노이 주 상원 의원 시절부터 부시 행정부가 수행한 이라크 전쟁이 정당성이 없다고 반대하면서, 대통령이 되면 2008년 3월까지 이라크에 파병된 자국 군인들을 완전히 철수시키겠다고 공약했다. 그러나 막상 대통령이 된 후 그에 대한 입장을 번복하였다.

오바마의 경제 철학은 오바마노믹스(Obamanomics)라고 지칭된다. 그 핵심은 서민들에게 경제적 기회를 더 부여하는 것이다. 그 중, 비싼 의료비 때문에 걱정하는 서민을 위해 건강 보험 개혁(health care reform)을 시행하여 전 국민이 건강 보험을 받을 수 있도록 법제화하는 것이 오바마의 가장 중요한 정책이다. 그러나 오바마의 지지자들도 비용 등을 이유로 추진 가능성에 의문을 표시하고 있으며, 공화당에서는 오바마가 사회주의적인 발상을 가지고 있다면서 색깔 논쟁까지 벌였다.

44) 도널드 트럼프(Donald Trump, 2017-　)

도널드 트럼프(1946-　)는 민주당의 힐러리 클린턴을 이기고 45대 대통령으로 취임했다. 미국 최우선주의를 공개적으로 표방한 트럼프의 행동은 국내외적으로 많은 우려를 낳고 있다.

6 미국의 지리

1) 미국의 지형과 행정구역

미국 본토(Contiguous United States)는 온대나 냉대 기후를 띠고 있다. 본토의 지형을 대략 구분하자면 크게 셋으로 나눌 수 있다. 첫째, 태평양 연안의 환태평양 조산대(Pacific Ring of Fire)에 속하는 험준한 산지로 화산 활동이 활발한 지역, 둘째, 대서양 연안에 가까운 애팔래치아 산맥 근처의 오랫동안 침식이 진전된 지역, 셋째, 내륙의 미시시피 강 유역으로 광대하게 펼쳐진 평야 지역이다. 미국의 본토는 농업과 목축업을 하기에 최적의 입지이므로 미국은 세계 제2위의 농업 생산국으로 이름을 알렸다. 광대한 국토에는 석탄, 철광, 석유 등 다양한 지하자원이 풍부하게 매장되어 있어 미국은 일찍부터 공업화와 선진화를 촉진시킬 수 있었다.

미국에는 다양한 지형으로 인한 독특한 경관의 국립공원들이 많이 있다. 와이오밍, 몬태나, 콜로라도, 아이다호, 유타에 걸쳐 있는 로키 마운틴 국립공원(Rocky Mountain National Park), 와이오밍과 몬태나에 걸쳐 있는 옐로스톤 국립공원(Yellowstone National Park), 애리조나에 있는 거대한 계곡인 그랜드캐니언 국립공원(Grand Canyon National Park), 캘리포니아의 레드우드 국립공원(Redwood National Park), 메인의 아카디아 국립공원(Acadia National Park) 등 30여 개의 다양한 특색을 가진 국립공원이 있다. 노스다코타의 마운트 러시모어 국립 기념공원(Mount Rushmore

National Memorial)에 가면 조지 워싱턴, 토마스 제퍼슨, 에이브러햄 링컨, 시어도어 루스벨트 등 4명의 대통령의 거대한 얼굴이 바위에 조각되어 있다. 이 거대한 조각상들은 1927년에 시작되어 14년이 지난 1941년에야 완성되었다.

미국의 행정 구역은 50개의 주(State)와 워싱턴 D.C.로 이루어져 있다. 켄터키, 매사추세츠, 펜실베이니아, 버지니아는 공식명칭에 "State"가 아니라 "Commonwealth"를 사용한다. 최초의 13개 주는 영국의 지배에 저항해서 혁명을 일으킨 13개 식민지를 승계한 주이다. 건국 초기에 기존의 주에서 새로운 3개 주가 분리되었다. 버지니아에서 켄터키가, 노스캐롤라이나에서 테네시가, 매사추세츠에서 메인이 분리되었다. 또 미국 정부가 버몬트, 텍사스, 하와이 같은 독립공화국을 통합하거나, 캘리포니아처럼 전쟁을 통해 획득하거나, 루이지애나처럼 매입하면서 주가 확대되어 현재의 50개 주로 확정되었다. 연방 헌법에 따라서 각 주는 연방에서 탈퇴할 권리가 없다.

각 주는 주의 방위권을 가지고 있으며 주 정부 기구는 연방 정부의 기구를 본받고 있다. 주 정부는 행정, 입법, 사법의 분야로 나누어진다. 주 정부의 각 부(department)는 연방 정부의 각부와 동등한 기능 및 영역을 지닌다. 각 주의 행정의 장으로서 주지사(Governor)가 있고, 주지사는 일반 투표를 통해 선출되고 임기는 대체로 4년이다.[1] 의회는 대부분 상하원 양원제를 채택하였다.[2] 대부분의 주에서 상원 의원의 임기는 4년이며, 하원 의원의 임기는 2년이다. 일부 주의 판사(judge)와 공무원(civil office)은 주지사가 임명하기도 하고, 선거를 통해 선출하는 주도 있다.

각 주는 카운티(County)로 나뉘어 있다. 루이지애나 주에서는 카운티

1) 버몬트, 뉴햄프셔는 2년이다.

2) 네브래스카는 단원제이다.

대신 패리쉬(Parish)[3]를 쓰고 알래스카 주에서는 "버로우"(Borough)[4] 또는 "인구 조사 지역"(Census Area)을 쓴다. 시와 행정을 통합한 일부 카운티는 독립시(Independent city), 시군 통합도시(Consolidated city-county)라는 명칭을 쓰기도 한다. 현재 미국 전역에는 3,143개의 카운티가 있다. 각 카운티는 시(city), 타운(town), 빌리지(village)로 나누어진다.

2) 미국의 주

미국의 정부 형태는 헌법에 따라 연방 정부의 권한을 현재의 50개 주 정부와 나누어 갖는 연방제이다. 연방 정부가 임의로 주를 없애거나 주 경계선을 바꿀 수 없으며, 오직 헌법에 정해진 권한만을 행사할 수 있다. 또한 주 정부도 주 헌법에 규정된 권한만을 행사할 뿐 그 이상의 권한은 행사할 수 없다. 미국의 영토가 워낙 광활하다보니 50개 주는 기후나 인구, 역사, 문화 등 모든 면에서 독특한 면을 가지고 있다.

(1) 네바다 주(State of Nevada)

네바다는 서부에 있는 주이며, 낮은 분지(Basin)와 높은 산맥 지방(Range Province)이 번갈아 나오는 특이한 지형이다. 원래 아메리카 원주민들이 부족을 이루며 살던 곳을 스페인이 식민지로 점유했었고, "눈으로 덮인, 눈이 내린"이라는 뜻의 스페인어 "nevada"에서 주의 이름이 만들어졌다. 1821년 스페인에서 멕시코가 독립하면서 멕시코의 영토가 되었는데, 1848년 〈멕시코-미국 전쟁〉으로 미국의 영토가 되었고, 1850년 유타 준주(Utah Territory)[5]의 일부가 되었다. 1859년에 은 광산이 발견되

3) 사목구. 원래는 영국에서 교회를 중심으로 마을을 나눈 행정구역이다.

4) 자치구. 원래는 영국에서 신흥공업도시가 생겨나면서 만든 행정구역이다.

5) Territory: 주가 되기 전의 준주.

면서 급속도로 인구가 늘어나 1961년 네바다 준주가 되었고, 1864년 36번째로 미합중국의 주가 되었다.

은 광산이 네바다의 발전에 큰 역할을 했으므로 공식적으로 "은 주"(Silver State)로 알려져 있고, 남북 전쟁 중에 합중국에 가입했다고 해서 "전시 탄생 주"(Battle Born State)라고도 하며, 이 지역에 많이 나는 쑥(sagebrush) 때문에 "쑥 주," 그 풀 속에 많이 사는 뇌조(sage grouse) 때문에 "암 뇌조 주"(Sage Hen State)라고 불리기도 한다.

네바다 주의 주요 산업은 관광이다. 카지노로 유명한 라스베이거스(Las Vegas)가 급격하게 성장하여 인구의 3분의 2가 라스베이거스 대도시권에 살고 있다. 또 모하브 사막(Mojave Desert), 타호 호수(Lake Tahoe), 시에라네바다 산맥(the Sierra Nevada) 등의 자연 풍광도 관광에 큰 역할을 하고 있다.

네바다 주가 근래에 더욱 유명해 진 것은 "51구역"(Area 51) 덕분이다. 51구역은 그룸 레이크(Groom Lake)에 있는 공군기지로, 1955년 신무기의 개발 및 시험을 위한 비밀 기지로 건설되었다. 미국 정부가 2013년 중앙정보국(Central Intelligence Agency, CIA)의 기밀문서를 공개하면서 이 지역이 알려졌고, 비밀 신무기 뿐 아니라 외계인 연구를 하고 있다고 소문이 나면서 세간의 이목을 끌었다.

(2) 네브래스카 주(State of Nebraska)

대 평원(Great Plains)에 있는 주이다. "네브래스카"는 주 전체를 흐르는 강인 플랫 강(Platte River)을 부르는 원주민의 말에서 유래했으며, "평탄한 강"(flat water)이라는 뜻이다. 처음에는 프랑스, 다음에는 스페인이 점유했다가, 1804년에서 1806년 루이스-클라크 탐험 이후 미국령이 되었다. 일부 개척자들이 이곳을 지나다니다가 캘리포니아 골드러시(1848-1855)때 많은 이주자들이 몰려들었다. 1854년 의회는 〈캔자스-네브래스카법〉에 따라 캔자스 준주와 네브래스카 준주를 개설했다.

1860년대에 미국 정부는 아메리카 원주민들을 거주지에서 강제로 쫓아내었고, 〈홈스테드법〉에 의해 그 토지를 분양받기 위해 수천 명의 개척민들이 네브래스카로 몰려들었다. 이때의 인구 증가로 인해 1867년 37번째 주로 승격할 수 있었다.

19세기 후반에는 남부의 흑인들이 대이주(Great Migration)의 물결을 타고 네브래스카 주로, 특히 공장의 일거리가 많은 오마하(Omaha)로 몰려들었다. 그러나 흑인들은 최근에 이주한 동부와 북부 유럽의 백인 이주민과 일자리를 두고 경쟁하면서 인종 차별에 시달려야 했다. 그로 인해 오마하에는 일찍부터 시민운동이 활발하게 전개되었고, 1912년 〈전미 흑인 지위 향상 협회〉(National Association for the Advancement of Colored People)의 오마하 지부가 발족했다. 1960년대 이후로 아메리카 원주민들도 공개적인 저항 운동을 일으켰고 부족의 대학을 세우고 문화를 보존하는 등 다양한 활동을 했다. 독일계 주민과 체코계 주민이 많이 정착했다. 윌라 캐서의 『나의 안토니아』는 체코 출신의 안토니아 가족이 네브래스카의 황무지를 개간하며 살아가는 이야기이다.

* 〈홈스테드법〉(Homestead Act, 자영농지법)

1862년 제정된 법률로, 일정한 자격의 신청자에게 서부의 미개발 토지를 한 구역 당 160에이커(약 20만평) 씩 무상으로 제공하는 내용이다. 요먼(Yeoman, 독립자영농)의 수를 늘리려는 정책이므로 플랜테이션(대규모 농장) 농업을 하는 남부의 노예 제도를 위협할 소지가 있어서 남부는 이 제도에 강력히 반발했다. 따라서 이 법은 1860년에 1차로 연방 의회를 통과하였으나 남부 출신인 뷰캐넌 대통령에 의해 저지되었고, 남부가 연방에서 탈퇴한 후인 1862년 링컨 대통령이 발효시켰다. 1976년 〈연방 토지 정책 및 관리법〉(Federal Land Policy and Management Act)에 의해 폐지되었다.

(3) 노스다코타 주(State of North Dakota)

중서부 상부(Upper Midwestern), 대평원의 북쪽에 있는 주이다. 북쪽으로 캐나다의 서스캐처원(Saskatchewan) 주, 매니토바(Manitoba) 주와 국경을 접한다. 럭비 시(Rugby city)에 노스다코타가 "북아메리카 대륙의 지리적 중심"(Geographic Center of the North American Continent)이라고 쓰인 바위 표지(stone marker)가 놓여있다. 노스다코타는 1738년 프랑스인이 처음으로 탐험하여 프랑스의 점유지가 되었다. 1803년 미국이 프랑스에게서 루이지애나를 매입하면서 생긴 지역의 일부와 1818년 영국으로부터 매입한 지역을 합해서 1861년 노스다코타 준주가 되었고, 1889년 39번째로 합중국에 편입되었다.

레드 강(Red River)이 흐르는 동부 지역은 기름진 흑토질로 귀리, 호밀, 콩, 옥수수, 사탕무 등이 생산되고, 서부 지역은 산지가 거의 없는 대초원으로 소와 돼지의 방목이 성하다. 노스다코타는 21세기 초 서브프라임 모기지 론으로 유발된 대침체의 영향을 별로 받지 않았다. 주의 북서쪽 지하의 바켄 층(Bakken formation)의 원유를 추출하게 되어 직업이 양산되고 인구도 늘면서 호황을 누렸기 때문이다.

(4) 노스캐롤라이나 주(State of North Carolina)

남부의 주로, "타르 발꿈치 주"(Tar Heel State)[6]나 "구 북 주"(Old North State)라는 별명이 있다. 노스캐롤라이나는 대체로 세 유형의 지형,

6) 이 별명의 유래는, 독립 전쟁때 영국군이 강을 건널 때 발에 타르가 잔뜩 묻은 것 때문이라고도 하고, 남북 전쟁 때 도망가는 군인들에게 타르를 묻히겠다고 야단친데서 나왔다는 말도 있다.

대서양 연안 평야(Atlantic Coastal Plain), 피드몬트 고원 지역(Piedmont region),[7] 애팔래치아 산맥과 구릉지(the Appalachian Mountains and Foothills)로 구성되어 있다. 동쪽에 있는 해터라스 곶(Cape Hatteras)에서는 많은 선박들이 파선이 되어서 이곳을 "대서양의 무덤"(Graveyard of the Atlantic)이라고 부른다.

1585년 미국 최초의 영국인 식민지가 건설되었다가 실패로 끝난 후 17세기 중엽에 버지니아에서 온 이주자가 동부 연안에 취락을 건설하였고, 18세기에는 원주민을 애팔래치아 산맥 서쪽으로 쫓아내면서 피드몬트 고원 지역으로 개척이 진전되었다. 원래 캐롤라이나 식민지(Carolina Province)였다가 1729년 남북으로 나누어졌다.

1800년 이후에 면화와 담배가 중요한 수출 품목이 되자 주의 동쪽 지역은 노예 노동에 기반을 둔 대규모 플랜테이션 농장으로 발전했다. 그곳에 살던 흑인 자유민들은 프런티어로 이주를 했다. 서쪽 지역은 주로 아일랜드계 백인들의 작은 생계형 농장들(subsistence farms)이 많았고 그래서 주로 휘그당을 지지했다. 1831년 흑인 노예인 내트 터너의 반란이 일어나자 노스캐롤라이나에서는 흑인 자유민의 권리를 줄였고, 1835년 흑인의 투표권을 거부하는 법을 통과시켰다. 1861년 5월 노스캐롤라이나는 마지막으로 분리를 선언하고 남부 연합에 합류했고 많은 사상자를 냈다. 전쟁이 끝난 후 노스캐롤라이나는 공중 시설(public facilities)을 인종에 따라 분리해서 사용해야 한다는 인종 분리법(racial segregation laws)을 비롯해 흑인을 억압하고 차별하는 각종 짐 크로법을 제정했다. 1899년 주 의회는 유권자 등록(voter registration)을 하려면 인두세(poll taxes)를 내고 문맹시험(literacy tests)을 볼 것을 요구하는 법을 제정했다. 노예에서 해방된 지 얼마 되지 않아 가난과 문맹을 벗어나지 못한 대부분

7) 피드먼트는 산기슭에 이어진 들판을 가리킨다.

의 흑인 유권자들을 투표에서 배제시키려는 법이었다. 이 법으로 인해 흑인들은 배심원이 될 수 없었고 지방 공무원이 될 수도 없었다. 흑인들은 1964년 연방의 〈시민권법〉과 1965년의 〈투표권법〉이 통과되고 나서야 시민의 권리를 누릴 수 있게 되었다.

1930년대의 대공황(Great Depression) 시기에 노스캐롤라이나도 큰 타격을 받았다. 그러나 루스벨트 대통령의 뉴딜 정책으로 도움을 받았고, 2차 대전 후에는 샬로트(Charlotte)를 비롯한 많은 도시의 발달로 주의 경제는 급속히 향상되었다. 1950년대에는 공업 제품 출하액이 농축산물 판매액을 웃돌게 되었고, 근래에는 관광 산업이 신장되어 많은 수익을 올리고 있다.

(5) 뉴멕시코 주(State of New Mexico)

남서부에 있는 주로, 멕시코 국경에 접해 있다. 1912년 미국의 47번째 주로 편입 되었다. 뉴멕시코 주의 경계에 있는 고속도로의 간판에는 고추(Chili)가 그려져 있다. 뉴멕시코를 상징하는 질문은 "빨간색? 초록색?"(Red or Green?)이다. 멕시코 식당에서 종업원이 주문을 받으면서 빨간 고추와 초록 고추 소스 중에 하나를 선택하라는 말이다. 로스앨러모스의 로스앨러모스 국립연구소(Los Alamos National Laboratory)는 2차 대전 중 원자탄 개발을 위한 맨해튼 계획(Manhattan Project)이 세워진 곳이다. 1945년 7월 16일 뉴멕시코 남쪽 화이트샌즈(White Sands) 사막에서 최초의 원자탄 실험이 이루어졌다.

뉴멕시코의 별명은 "매혹의 땅"(Land of Enchantment)이다. 황량한 사막이 있는가 하면 그와 대조적인 울창한 높은 산들이 있으며, 단층으로 인해 다양한 색깔이 드러난 지층과 메사(Mesa)[8]가 있다. 그래서 애리조나

8) 탁자 같이 평평하고 가장자리는 가파른 사면이나 벼랑으로 된 지형으로 미국 남서부에서 흔히 볼 수 있다. 스페인 개척자들이 미국 남서부 지방을 개척할 때 이 지형

주 다음으로 국립공원이 많다. 흰 모래 언덕으로 유명한 화이트샌즈 국립 기념 공원(White Sands National Monument)과 종유석 동굴로 유명한 칼스베드 동굴 국립공원(Carlsbad Cavern National Park) 등이 있다. 콜로라도 주 로키 산맥에서 시작되어 내려 온 리오그란데 강은 뉴멕시코 주 중앙의 사막 지대를 흘러 텍사스와 멕시코의 경계로 내려간다. 아메리카 원주민의 거류지에서는 원주민들이 공예품을 만들어 팔며 생활한다.

뉴멕시코의 역사는 백인에 의해 끊임없이 쫓겨다녀야 했던 아메리카 원주민의 역사를 고스란히 보여준다. 원래 뉴멕시코에는 다양한 원주민들이 문명을 이루며 살았다. 16세기에 유럽인들이 들어올 무렵에는 푸에블로인(Pueblo peoples)[9]과 나바호(Navajo), 아파치(Apache), 우테(Ute) 등의 부족 마을이 형성되어 있었다. 1598년 스페인 왕 필립 2세의 명령을 받은 오냐테(Oñate)장군은 리오그란데 강 상류 지역에 스페인 이주민을 정착시켰고 원주민에게 기독교를 전파했다. 그러나 원주민들이 기독교를 거부하며 10여 명의 스페인인을 죽이자 그 보복으로 25세 이상의 원주민 남자들의 발목을 하나씩 다 잘라버렸다. 1680년 뉴멕시코 원주민들은 잔인한 스페인의 정책에 반발하여 반란을 일으켰고 수백 명의 스페인인들이 지금의 멕시코 국경 지역으로 도망쳤다. 그러나 1692년 원주민 지도자가 죽자 이 지역은 다시 스페인의 통치로 들어갔다. 이후 스페인은 다소 온건한 식민 정책을 구사했고 원주민들도 기독교를 많이 받아들이게 되었다.

200여 년 동안 계속된 뉴스페인의 통치는 1821년 멕시코가 독립하면서

을 탁자같다고 메사라고 부르기 시작한것이 오늘날 지질학 용어로 고착되었다.

9) 뉴멕시코 주와 애리조나 주, 텍사스 주에 부락을 이루어 사는 미국 원주민(Native American) 부족들을 말한다. 원래 언어도 다르고 문화도 다른 원주민의 집단이다. 그런데 1600년경 스페인 정복자들은 그들이 부락을 이루고 산다는 뜻에서 푸에블로 인디언(Pueblo Indian), 또는 푸에블로인(Pueblo People)이라고 부르면서 그것이 명칭이 되었다. 푸에블로는 부락(Village)이라는 뜻의 스페인어이다.

막을 내렸고, 뉴멕시코[10]는 멕시코의 한 지역이 되었다. 그러나 불과 25년이 지난 1846년 〈멕시코-미국 전쟁〉에서 미국이 승리하여 뉴멕시코가 미국의 영토가 되면서 뉴멕시코의 원주민들은 미국의 지배를 받는 아메리카 원주민 신분으로 바뀌었다.

미국 정부의 정책은 전적으로 개척민의 편이었다. 1864년 미국 정부는 개척민들에게 땅을 분배해 주기 위해서 뉴멕시코의 겔럽(Gallup)지역에 살던 나바호족을 남동쪽의 섬너 요새(Fort Sumner)로 강제로 이주시키려고 했다. 원주민들이 완강히 저항하자 미군은 무차별적인 공격을 가해서 항복을 받았다. 그 결과 원주민들은 한 겨울에 걸어서 300마일의 장거리 행진(Long Walk)을 해야 했다. 9,000여 명의 원주민들이 행군하는 중에 200여 명이 기아와 추위로 죽었고, 새로 마련된 거류지에서도 기아와 질병으로 계속 죽어갔다. 4년 뒤 미국 정부는 정책의 잘못을 인정하고 나바호족을 고향인 서북부 지역으로 돌아가게 허용했다. 2차 대전 때는 나바호족이 암호병으로 활약하여 많은 공을 세웠다. 일본군이 나바호 말을 모른다는 점을 이용해서 암호로 사용하여 미군의 기밀을 유지할 수 있었던 것이다.

뉴멕시코는 신개척지로 알려지면서 카우보이를 위시해서 광부, 철도노동자, 노름꾼, 각종 상인들이 몰려들었다. 한 때는 이들로 인해 무법천지가 되기도 했는데, 빌리 더 키드(Billy the Kid, 1860-1881)는 그 시대를 대표하는 무법자이다. 한편 다양한 이주자들로 인해 앵글로와 히스패닉, 원주민의 문화가 뒤섞여 독특한 문화를 이루었다. 이런 다양성과 뉴멕시코의 독특한 자연 때문에 1900년 초 부터 화가와 작가 등 많은 예술가들이 이주해 와서 더욱 풍성한 문화를 만들었다. 매년 산타페에서 열리는 산타페 인디언 시장(Santa Fe Indian Market)은 원주민의 최대의 예

10) 당시는 콜로라도 주, 캔자스 주, 오클라호마 주, 텍사스 주의 일부도 포함하는 큰 주였다.

술품 전시장(Art Show)이 된다. 뉴멕시코 주지사를 역임한 루 월리스(Lew Wallace)의 소설, 『벤허: 그리스도의 이야기』(*Ben-Hur: A Tale of the Christ*, 1880)는 1959년 MGM 사에서 〈벤허〉(*Ben-Hur*)로 영화화되어 엄청난 인기를 끌었다.

(6) 뉴욕 주(State of New York)

북동부에 자리하고 있으며 중대서양주(Mid-Atlantic) 지역[11]에 속한다. 북쪽으로 캐나다의 퀘벡(Quebec) 주와 온타리오(Ontario) 주와 국경을 이룬다. 뉴욕 주에 있는 유명한 나이아가라 폭포(Niagara Falls)는 미국과 캐나다의 국경에 걸쳐 있으며 캐나다 쪽에서 보는 전망이 더 아름답다. 뉴욕 주는 보통 뉴욕 시(New York City)와 구별하기 위해 "New York State"로 지칭된다. "뉴욕"이라는 명칭은 잉글랜드 요크(York) 공작이었던 제임스 스튜어트(James Stuart)[12]에서 따온 것이다.

뉴욕 지방은 1609년 헨리 허드슨(Henry Hudson)의 탐험을 기초로 네덜란드인들(Dutch)이 허드슨 강 유역에 세운 뉴네덜란드 식민지(Colony of New Netherland)였다. 1664년 영국이 이 식민지를 병합해서 오늘날의 뉴욕 주와 비슷한 경계인 뉴욕 식민지(Province of New York)를 운영했다. 뉴욕은 영국의 식민정책에 가장 먼저, 가장 열렬히 항거한 주였다. 1765년 영국 의회(British Parliament)가 통과시킨 억압적인 인두세(Stamp Act)에 항의하여 〈자유의 아들들〉(Sons of Liberty)을 조직하여 투쟁했다. 뉴욕 주는 13개 주와 더불어 독립 선언을 지지했고, 독립 전쟁의 전투들 중 거의 3분의 1이 뉴욕에서 벌어졌다.

---

11) 그 범위에 대한 논의가 다소 다르기는 하지만, 대체로 델라웨어, 메릴랜드, 뉴저지, 펜실베이니아, 워싱턴 D.C., 뉴욕, 버지니아, 웨스트버지니아가 이에 속한다. 이 주들은 미국의 문화, 무역, 산업의 중심지이다.

12) 1685년 제임스 2세가 된다.

미국으로 오는 이민자들이 가장 먼저 도착하고 가장 많이 머무는 곳이 뉴욕 주이다. 이민자들은 뉴욕의 엘리스 섬(Ellis Island)[13]에 일단 정착하였다가 다른 지역으로 흩어졌다. 아일랜드, 이탈리아, 독일, 폴란드, 러시아, 그리스 계통의 주민들이 뉴욕에 많이 정착했다. 아프리카계 미국인은 17%를 차지한다. 유대인들이 제일 많이 사는 주이기도 하다. 푸에르토리코, 도미니카 공화국, 콜롬비아, 에콰도르, 아이티, 자메이카 등의 중남미에서 온 사람들도 증가하고 있다.

* 뉴욕 시(New York City)

뉴욕 주의 남동쪽 끝에 자리한 뉴욕 시는 2013년의 통계에서 8천4백만 명의 인구를 가진, 미국에서 가장 인구가 많은 시이다. 또 미국에서 가장 큰 도시이며 가장 유명한 도시이다. 워싱턴 D.C.가 미국의 정치적 수도라면 뉴욕 시는 미국의 경제적 수도라 할 수 있다. 뉴욕 시는 1790년까지 미국의 수도로 역할했고 워싱턴 대통령이 여기서 취임식을 거행했다.

뉴욕 시에는 5개 자치시(borough)가 있다. 브롱스(Bronx), 브루클린(Brooklyn), 맨해튼(Manhattan), 퀸스(Queens), 스태튼 섬(Staten Island)이다. 뉴욕 시에서 자동차를 몰고 필라델피아를 거쳐 워싱턴 D.C.로 가는 대서양 연안길을 따라 가면, 도시에서 교외로, 다시 도시를 지나가게 되는데, 하나의 거대한 도시를 이룬 이 도시들을 통칭해서 "메갈로폴리스"(megalopolis)라고 한다.

월 스트리트에는 금융기관이 밀집해 있고 맨해튼에는 엠파이어스테

13) 뉴욕 허드슨 강의 하구에 있는 섬으로 1892년 1월 1일부터 1954년 11월 12일까지 미국으로 들어가려는 이민자들이 입국 심사를 받던 곳이다. 리버티 섬(Liberty Island)에서 북쪽으로 1 킬로미터 안 되는 거리에 있다.

이트(Empire State) 빌딩[14]을 비롯한 고층빌딩이 가득하다. 유엔 본부(UN Headquarters)도 이곳에 있다. 뉴욕 시는 1920년대에 "큰 사과"(Big Apple)라는 별명을 얻게 되었는데, 1970년대에 대대적으로 홍보하여 유명해졌다. 20세기 초의 뉴욕 시의 상류계층의 삶을 잘 보여주는 소설로 이디스 워튼(Edith Wharton)의 『순수의 시대』(*The Age of Innocence,* 1920)가 있는데 영화로도 만들어졌다. 뉴욕의 매력을 듬뿍 보여준 텔레비전 드라마는 〈섹스 앤 더 시티〉(*Sex and the City*)[15]이다.

21세기에 들어서자마자 뉴욕에 불어 닥친 엄청난 사건은 뉴욕을 다시 한 번 세계인의 머리에 각인되게 만들었다. 바로 2001년 9월 11일 뉴욕의 로어맨해튼(Lower Manhattan)에 있는 쌍둥이 빌딩인 세계 무역 센터(World Trade Center)가 이슬람 급진파들이 납치한 여객기의 공격을 받아 붕괴된 사건이다. 이 공격은 동시다발적으로 일어난 다른 파괴와 함께 생생한 화면으로 전 세계에 방영되어 충격을 주었다. 이 사고로 수천 명이 죽었고, 이후 사고 지역에 있던 사람들이나 구조대원들이 병마에 시달려 죽는 등 많은 후유증을 남겼다. 이 사건을 잊지 않기 위해 미국은 그 자리에 기념물을 만들어 2011년 9월 11일 개관식을 했고, 2014년 3월 21일에는 박물관을 개관했다. 이 테러 사건으로 미국 사회는 관용을 잃고 경직된 사회가 되었으며 이슬람 문화권과의 갈등이 심화되었다.

---

14) 미국 자동차들의 번호판은 해당 주를 나타내는 별칭을 써놓는데 뉴욕 주의 차량 번호판에는 "Empire State"라고 되어 있다.

15) 미국 HBO에서 1998년부터 2004년까지 총 여섯 시즌으로 제작하여 방영한 이 드라마는 뉴욕 시에 사는 30대 여성 네 명을 통해 대도시에 사는 미국 전문직 여성의 삶을 그리면서 다양한 사회적 이슈를 다루었다. 외국의 시청자들에게는 특히 뉴요커들의 삶과 문화가 매력적으로 부각되었다.

* 자유의 여신상(Statue of Liberty)

뉴욕 시의 리버티 섬(Liberty Island)에 서 있는 자유의 여신상은 오랜 항해를 거치고 미국 땅에 도착하게 된 이민자들이 맨 처음 보게 되는 희망의 상징이다. 여신상은 프랑스인들의 제안과 모금 운동을 통해 만들어졌다. 1878년 파리 박람회에서는 자유의 여신상의 머리상을 전시하고 기부금을 모았다. 1884년 완성된 여신상은 2백여 조각으로 분해되어 미국으로 운송된 후 조립되어 받침대에 올려졌고 1886년 10월 28일 클리블랜드 대통령이 참석한 자리에서 제막식을 가졌다. 이후 자유의 여신상은 미국의 자유와 민주주의를 상징하게 되었으며 1984년 유네스코 세계 문화유산에 등재되었다. 여신상의 받침대 입구에 있는 현판에는 에머 래저러스(Emma Lazarus)가 지은 소네트 〈새로운 거상〉(The New Colossus, 1883)이 새겨져 있다.

(7) 뉴저지 주(State of New Jersey)

미국에서 네 번째로 면적이 작지만 인구 밀도는 가장 높은 주이다. 지리적으로 북동쪽에 보스턴과 뉴욕이 있고, 남서쪽에 필라델피아, 볼티모어, 워싱턴 D.C.가 있어 북동 메갈로폴리스(Northeast megalopolis)의 중심이며, 1950년대 이후로 교외화(suburbanization)[16]로 인해 급속한 발전을 이루었다. 지리와 인구에 기반을 두고 다섯 지역으로 나눈다. 맨해튼과 가까운 북동쪽인 게이트웨이 지역(Gateway Region)에서는 많은 거주자들이 뉴욕으로 통근을 한다. 북서쪽인 스카이랜즈(Skylands)는 북동쪽과 비교해서 상대적으로 숲과 산이 많은 시골이다. 동부와 남동부의 대서양 연안을 따라서는 해안지역(Shore), 남서쪽은 델라웨어 계곡(Delaware

16) 도시의 인구 중심 밀집지에서 주민과 생산, 소비 활동의 대부분이 교외로 이전하는 현상이다. 우리나라로 치면 수도권을 건설하여 서울의 인구를 분산하는 정책이다.

Valley)이다. 남부 내륙의 파인배런즈(Pine Barrens)는 인구가 다소 희박하고 소나무와 전나무(oak)가 무성하다.

주의 이름은 영국 해협(English Channel)에 있는 저지 섬(Jersey Island)에서 따왔다. 뉴저지에 먼저 정착한 사람들은 네덜란드인이었으나 1664년 잉글랜드의 식민지가 되었다. 플리머스 식민지나 제임스타운은 직접 영국에서 건너온 이주민이 많았지만, 뉴저지의 이주민들은 미국 내의 다른 지역에서 온 사람들이 많았고 인종적으로나 종교적으로나 다양했다. 이 식민지의 비옥한 땅과 관용적인 종교 정책으로 많은 이주자들이 몰려들었던 것이다. 뉴저지는 독립을 선언한 13개 주의 한 주이며 미국군과 영국군이 번갈아 이 지역을 차지하면서 여러 번의 중요한 전쟁을 치렀으므로, "혁명의 교차로"(Crossroads of the Revolution)라는 이름을 얻었다.

8) 뉴햄프셔 주(State of New Hampshire)

뉴햄프셔 주는 코네티컷, 메인, 버몬트, 매사추세츠, 로드아일랜드와 더불어 뉴잉글랜드(New England)라고 통칭된다. 북쪽으로 캐나다의 퀘벡 주와 국경을 접한다. 1620년대에 첫 식민지인들이 정착을 했고, 1641년에 매사추세츠 식민지에 통합되었다가, 1776년 독립 전쟁에 참가했고, 1778년 미국의 9번째 주가 되었다. 50개 주 가운데 면적으로 43번째, 인구로 41번째의 작은 주이지만 대통령 예비 선거 중에서 뉴햄프셔 예비 선거가 가장 먼저 열린다. 아이비리그 대학의 하나인 다트머스 대학교(Dartmouth College)로 유명하다.

9) 델라웨어 주(State of Delaware)

동부 대서양 연안에 있는 주이다. 미국의 주 가운데 두 번째로 면적이 작다. 1609년 영국의 탐험가 헨리 허드슨이 네덜란드의 명령에 의해 현재의 델라웨어 만을 탐험했다. 1638년 스웨덴의 이주민들이 뉴스웨덴을 설립하였다가 1655년 네덜란드인들이 점유하였고 1664년 영국인들이 차지하였다. 1776년 영국에서 독립하면서 당시 13개 주 중에서 미국 헌법을 가장 먼저 승인하여 "첫 번째 주"(First State)라는 별명을 얻었다. 남북 전쟁 때는 주 내부에서 남부와 북부 지지자들이 양분되었으나 결국 남부 연합에 가담하였다.

10) 로드아일랜드 주(State of Rhode Island and Providence Plantations)

미국에서 가장 작은 주이며, 공식 명칭은 "로드 섬과 프로비던스 식민지 주"라는 가장 긴 명칭이다. 명칭에 섬이라는 말이 들어가 있지만 실제로 주의 대부분은 대륙에 들어있다. "대양 주"(Ocean State)라는 별명이 있다. 1636년 프로비던스 식민지가 설립되었고 1647년 프로비던스와 포츠머스(Portsmouth), 뉴포트(Newport), 워릭(Warwick)이 합쳐 로드아일랜드가 성립되었다. 뉴포트는 부유한 사람들의 휴양지로 유명하다. 로드아일랜드는 1774년 노예 제도를 반대한 첫 번째 주가 되었고, 1776년 영국으로부터 독립을 선언한 13개 주에 속하며, 1790년 미국의 13번째 주가 되었다.

11) 루이지애나 주(State of Louisiana)

남부의 주이며, 미국의 젖줄이라고 할 수 있는 미시시피 강이 이 주를 통과한다. 미시시피 강은 3,338km에 이르는 긴 강으로 19세기에는 북과 남을 이어주는 중요한 통로의 역할을 했다. 마크 트웨인(Mark Twain)[17]의 인기소설『톰 소여의 모험』(1876)과『허클베리 핀의 모험』(1884)의 무대가 되는 것이 바로 미시시피 강이다.

1682년 프랑스의 탐험가가 지금의 루이지애나 땅에 도달한 후, 루이 14세(Louis XIV, 1638-1715)의 이름을 따서 "루이지애나"라고 불렀다. 1699년 프랑스의 식민지가 된 후, 1718년 프랑스인 총독이 오를레앙(Orléans)의 이름을 따서 뉴올리언스 시를 설립하였다. 1803년 미국이 프랑스로부터 사들여 1812년 미국의 주로 승격되었다. 프랑스의 식민지로 있었던 탓에 프랑스 문화가 발달했으며 주민 일부는 크리올(Criole)[18]어를 쓴다.

남북 전쟁이 일어나자, 루이지애나는 남부의 다른 주들과 함께 남부 연합에 가입한 결과 크게 파괴되었다. 1868년에 다시 미국 연방의 주로 가입했고 노예 제도의 폐지와 흑인들에게도 참정권을 인정하는 주헌법을 제정했다. 1872년에는 P.B.S. 핀치베크(Pinckney Benton Stewart Pinchback, 1837-1921)라는 첫 흑인 주지사가 나오기도 하였다. 주도인 뉴올리언스는 1920년대에 루이 암스트롱(Louis Armstrong)의 재즈로 유명해졌다.

---

17) 트웨인의 본명은 사무엘 클레멘스(Samuel Clemens)이다. 미시시피 강의 생활을 좋아했던 트웨인은 선원들의 항해 용어를 자신의 필명으로 삼았다. "Mark twain"은 수심이 증기선이 안전하게 움직일 수 있는 2 파덤(fathoms=4 미터) 깊이라는 뜻이다.

18) 본래 유럽인의 자손으로 식민지 지역에서 태어난 사람을 부르는 말이었으나, 오늘날에는 보통 유럽계와 현지인의 혼혈을 부르는 말로 쓰인다.

12) 매사추세츠 주(Commonwealth of Massachusetts)

북동부 뉴잉글랜드 지방에 있는 주이다. 주의 명칭은 당시 그 지역에 거주하던 원주민의 이름을 따서 지은 것이다. 다른 주와는 달리 공식명칭으로 "commonwealth"를 사용하는 주 중의 하나이다.

1620년 메이플라워 호를 타고 온 영국 청교도들이 매사추세츠의 플리머스에 상륙함으로써 본격적인 이민이 시작되었으며 독립혁명도 이곳에서 최초로 시작되었다. 19세기 전반에는 노예제 폐지 운동을 주도하는 등 진보적인 정책을 시행했다. 남북 전쟁 이후에는 아일랜드계 이민이 급증하여 인구 구성에 일대 변화가 있었으며, 종교적으로도 가톨릭교도가 부쩍 늘었는데 케네디 가문(the Kennedys)이 그 대표적인 예이다. 1823년에는 메인 주가 분리되어 나갔다.

미국에서 가장 오래된 도시 중 하나인 보스턴(Boston)은 18세기에 독립 전쟁이 시작된 곳이기도 하다. 근처의 케임브리지(Cambridge)에는 1636년에 세워진 하버드 대학(Harvard University)이 있다. 근처에 유명한 공과대학인 MIT(Massachusetts Institute of Technology)도 있다.

13) 메릴랜드 주(State of Maryland)

동부 대서양 연안의 주이며 주의 명칭은 잉글랜드 왕 찰스 1세의 왕비 메리에서 유래되었다. 주도인 아나폴리스(Annapolis)에는 해군사관학교가 있다. 19세기 초에는 노예주에 속했으며 남북 전쟁 당시는 연방 탈퇴를 하지 않은 상태에서 북부 지지자와 남부 지지자가 반반씩 갈렸다.

14) 메인 주(State of Maine)

북동부 뉴잉글랜드의 가장 북쪽에 있는 주이다. 북동쪽은 캐나다의 뉴브런즈윅(New Brunswick) 주, 북서쪽은 퀘벡(Québec) 주와 국경을 접한다. 1607년 영국인들이 식민지를 설립하였고, 1636년에 메인의 첫 정부가 세워졌다. 1677년 매사추세츠 식민지의 한 부분이 되었고 1820년 매사추세츠 주에서 분리되어 미국의 23번째 주로 승격되었다.

15) 몬태나 주(State of Montana)

북서부의 주로, 북쪽으로는 캐나다의 브리티시컬럼비아(British Columbia) 주, 앨버타(Alberta) 주, 서스캐처원(Saskatchewan) 주와 국경을 접하고 있다. 산악 시간대에 있기 때문에 몬태나 주에서는 대통령 선거 때 동부 시간으로 오후 10시(한국시간 익일 정오)에 개표를 시작한다.

몬태나는 스페인어로 "산악 지대"라는 의미이다. 1803년 미국이 프랑스로부터 루이지애나를 사들였을 때, 몬태나 동부도 포함되어 있었다. 이후 미국은 영국과 〈오리건 조약〉을 맺은 후 몬태나의 북서부를 포함할 수 있게 되었다. 1889년에 미국의 41번째 주로 승격되었다. 인디언들이 많이 사는 주들 중의 하나이며, 풍부한 농업 지대를 이루는 넓은 평원이 있으며, 수많은 천연 매장물을 보유하고 있다.

* 〈오리건 조약〉(Oregon Treaty)

1846년 워싱턴 D.C.에서 영국과 미국 사이에 체결된 조약이다. 1818년의 조약으로 영국과 미국은 오리건 컨트리(Oregon Country)를 공동으로 점유하고 있었다. 그러나 이 공동 점유로 인해 양 진영의 분쟁이 끊이지 않았는데 이를 오리건 국경 분쟁(Oregon Boundary Dispute)이라고 하며 그 타협안이 〈오리건 조약〉이다. 오리건 조약은 미국과 영국의 경계를 영국령인 밴쿠버 섬(Vancouver Island)을 제외하고 북위 49도선에 평행하는 것으로 결정했다. 미국령이 된 부분은 1848년 오리건 준주(Oregon Territory)가 되었다. 1871년 벤쿠버 섬과 브리티시 컬럼비아 식민지(British Columbia Colony)가 캐나다에 합류하자 오리건 조약에서 확립된 북위 49도선과 해양경계가 캐나다와 미국의 국경이 되었다.

16) 미네소타 주(State of Minnesota)

중서부의 주로, 북쪽으로 캐나다의 매니토바(Manitoba) 주, 온타리오(Ontario) 주와 국경이 맞닿는다. 알래스카 주를 빼면 미국 본토 중 가장 북쪽에 있다. 중서부 지역에서 가장 큰 주이다. 미니애폴리스와 세인트폴을 엮은 트윈 시티(Twin Cities)[19]가 유명하며 주의 인구 절반 이상이 이 지역에 모여 산다.

1832년 미국 정부는 미네소타 준주를 설립하였고 1858년 자유주로 미국의 32번째 주로 가입했다. 미네소타라는 이름은 다코타족이 미네소타 강을 "미니 소타"(mini sota) 즉 "흰 거품 물" 또는 "하늘빛을 띤 물"이라고 불렀던 데서 비롯되었다.

17) 미시간 주(State of Michigan)

동쪽으로는 캐나다의 온타리오 주와 접하고 있으며, 오대호(Great

19) 쌍둥이 도시는 지리적으로 가까운 두 개의 도시가 도시의 성장과 팽창에 따라 하나의 권역으로 통합되어 서로 상생, 발전해가는 현상을 가리킨다. 미국에서 트윈 시티(Twin Cities)는 미니애폴리스와 세인트폴을 가리키는 고유명사처럼 쓰인다.

Lakes)[20] 중 네 개의 호수와 접해 있다. 알래스카 주 다음으로 연안이 길다. 주의 이름은 미시간 호에서 따 왔으며, 미시간은 "많은 물"을 뜻하는 인디언 말인 "미시가미"(mishi-gami)에서 왔다고 한다. 미시간 주는 미시간 호와 휴런 호를 잇는 8km 폭의 매키노 수로(Straits of Mackinac)를 사이에 두고 윗반도(Upper Peninsula)와 아래반도(Lower Peninsula)로 나뉜다. 이 두 반도는 매키노 다리를 통해 연결되어 있다.

1701년 프랑스의 탐험가가 탐험하여 프랑스의 점유였다가 1763년 영국에 양도되었고, 그로부터 30년 후에 미국에게 양도되었다. 1837년 미국의 26번째 주가 되었다.

미시간 주는 20세기 초에 디트로이트 근방에 포드 자동차의 최초의 공장이 들어서면서 자동차 산업의 메카가 되어 엄청난 발전을 누렸다. 헨리 포드가 대량 생산 방식으로 만든 "티 모델"(Model T, 1908)은 평범한 사람을 주 고객으로 고려한 대중차였다. "누구나 포드를 몰 수 있다"(Anyone can drive a Ford)가 포드 자동차 회사의 모토였다. 그러나 1980년대 이후로 일본, 1990년대 이후로 대한민국과 중국의 추격을 받았으며, 2000년대에는 앨라배마 주에 자동차 산업의 중심 자리를 내주면서 디트로이트 지역의 경제는 심각한 타격을 받았고, 2003년에는 미국 전체에서 두 번째로 실업률이 높은 지역이 되었다. 현재 이로 인한 빈부 격차와 사회 갈등을 치유하고 지역 경제의 체질을 개선하기 위해 노력중이다.

18) 미시시피 주(State of Mississippi)

남부의 주이다. "미시시피"는 원주민 언어로 "큰 강"이라는 의미이다. 미시시피 주의 주요 산업은 농업이며 목화가 주의 가장 큰 생산품이다.

---

20) 슈피리어 호(Lake Superior), 미시간 호, 휴런 호(Lake Huron), 이리 호(Lake Erie), 온타리오 호.

주의 북서쪽, 미시시피 강과 야주 강(Yazoo river) 사이의 미시시피 델타(Mississippi Delta)에서 면화를 많이 키운다. 늦여름과 가을이 되면 멕시코 만(Gulf of Mexico)에서 내륙으로 불어오는 태풍으로 주의 남쪽 지역은 많은 피해를 입는다. 1969년의 태풍 커밀(Hurricane Camille)과 2005년의 카트리나(Katrina)가 유명한데, 카트리나 때는 무려 238명의 주민이 사망했다.

흑인들의 비율이 제일 높은 주로 37%를 차지한다. 독특한 인종적, 문화적, 경제적 역사 때문에 "지상에서 가장 남부적인 장소"(the Most Southern Place on Earth)라고 불린다. 미시시피의 풍부한 흑인 전통으로 인해 성가 음악(gospel music), 컨트리 음악(country music), 재즈(jazz), 블루스(blues), 록큰롤(rock and roll) 등 다양한 음악적 전통이 만들어졌다. 이후 흑인들이 대규모로 시카고로 이주하면서 시카고에서도 음악이 발달하게 되었다.

1699년에 프랑스의 식민지가 되었으나 1763년 〈프렌치-인디언 전쟁〉으로 영국의 영토가 되었으며, 1780년대부터 미국이 통치했다. 1817년 미국의 20번째 주가 되었고 남북 전쟁 때는 남부 연합에 가입하였다. 전쟁 동안 북군과 남군은 전쟁 물자의 공급길이며 상업의 주요 통로인 미시시피 강을 서로 정복하려고 치열하게 싸웠다. 그랜트 장군의 빅스버그 장기 봉쇄(long siege of Vicksburg)로 마침내 미시시피는 항복했고, 재건의 조건을 수락하면서 1870년에 연방에 재편입되었다.

미시시피 델타에는 남북 전쟁 때까지 개발되지 않은 저지대(bottomland)가 많이 남아 있었다. 전쟁이 끝난 후 많은 사람들이 델타로 몰려들어 벌목을 해서 목재를 팔았고 그 돈으로 땅을 사서 면화 농업에 종사했다. 많은 해방 흑인들도 그런 식으로 토지를 소유하여 면화 농사를 지었다. 그러나 면화 가격이 하락하여 빚을 지게 되자 흑인들은 다시 땅을 팔고 물납소작인(sharecropper)이 되어야 했다. 게다가 백인 입법자들이 주도한

1890년의 유권자 등록법으로 인해 흑인들은 투표권을 빼앗겼고 백인 극우 집단의 폭행까지 당하자, 1920년 경의 대이주때 세인트루이스, 시카고, 디트로이트, 필라델피아, 뉴욕 등 북쪽의 산업도시로 떠났다. 미시시피에서는 여전히 일자리가 부족했으므로 1940년대에서 1970년까지 계속된 제2의 대이주 시기에 거의 500,000명이 미시시피를 떠났는데, 그 중 4분의 3이 흑인이었다. 이들은 대체로 캘리포니아의 군수 공장에서 일자리를 구했다. 그로 인해 50퍼센트가 넘던 미시시피의 흑인 인구가 소수로 변했다.

참정권의 제한과 각종 차별을 받던 흑인들은 1960년대의 시민권 운동(Civil Rights Movement) 시절에 차별 철폐와 흑인 교육 운동을 활발하게 전개했다. 그러나 백인들은 미시시피 주 주권 위원회(Mississippi State Sovereignty Commission), 백인 시민 의회(White Citizens' Councils)를 결성해 흑인을 억압했고, KKK단은 1964년 자유 여름 운동(Freedom Summer Campaign)의 3명의 인권 운동가를 살해했다. 이런 일들로 인해 미시시피는 반동주(reactionary state)라는 명성을 얻었으며 그 잔재는 아직도 남아있다. 미시시피 주는 1967년에 연방 대법원이 비합헌적이라고 규정한 흑백 결혼 금지법을 1987년에야 폐지했고, 1989년에야 인두세를 폐지했다. 1995년에는 상징적인 의미에서 〈수정안 13조〉를 비준했지만 2013년에야 기록문서계(archivist)에 공식적인 기록으로 남겼다.

* 미시시피 강(Mississippi River)

〈올맨 강〉(Ol' Man River)[21]등 많은 문학작품에 등장하는 미시시피 강

21) 1927년의 뮤지컬 〈쇼 보트〉(Show Boat)에 나온 유명한 노래로, 제롬 컨(Jerome Kern)이 곡을 쓰고 오스카 해머스틴(Oscar Hammerstein II)이 가사(lyrics)를 썼다. 흑인들의 고통과 괴로움과 상관없이 무심하게 흘러가는 미시시피 강을 묘사한 것이다.

은 미국의 젖줄로 여겨진다. 마크 트웨인은 미시시피 강이 미국적인 자유를 상징한다고 보았다. 미국에서 두 번째로 길고, 세계에서 다섯 번째로 긴 강으로,[22] 상업 수로로는 가장 많은 교통량을 자랑한다. 미시시피 강의 형태는 두 개의 커다란 가지가 옆으로 뻗어 있는 나무 모양을 하고 있는데 동쪽이 오하이오 강이고 서쪽은 미주리 강이다. 미시시피 강의 상류는 미네소타 주의 세인트폴까지인데, 맑은 물이 잔잔하게 흐른다. 중류는 세인트폴에서 미주리 강 어귀까지로 물살이 빠르고 세다. 하류에서는 거대한 황토색 물결이 믿을 수 없을 만큼 고요하게 멕시코 만을 향해 흘러간다. 미시시피 강과 그 지류에는 아메리카 원주민들이 오래 거주했으며, 이후 유럽의 개척민들이 몰려들었다. 초기의 미국과 뉴스페인, 뉴프랑스의 경계 구실을 했고, 곧 유용한 교통과 소통의 동맥으로 역할 했다. 19세기의 개척기에는 미시시피 강과 미주리 강은 서부로 가는 통로의 역할을 했다. 남북 전쟁 중에는 연방군이 미시시피 강을 점유하면서 승리의 결정적인 전환점이 되었다.

19) 미주리 주(State of Missouri)

중부에 있는 주이다. 대도시로는 세인트루이스, 캔자스시티, 스프링필드가 있다. 미주리 강으로 나누어진 미주리의 북쪽은 개석 점토 평야(dissected till plains)이며 남부는 개석 대지(dissected plateau)로 오자크 산맥(the Ozark Mountains)에 속해 있다. 이 주는 세 개의 큰 강의 교차점에 있다. 미시시피 강과 미주리 강이 세인트루이스 근처에서 합류하며, 오하이오 강과 미주리 강이 부트힐(Bootheel) 지역의 북쪽에서 합류한다. 포니 특급(Pony Express),[23] 산타페 통로(Santa Fe Trail), 오리건 통로(Oregon

22) 미국에서 가장 긴 강은 미시시피 강의 지류인 미주리 강으로 길이는 3,767km이다.
23) 말을 이용한 우편 제도.

Trail)의 시작점이 모두 미주리에 있었다.

1673년 프랑스의 탐험가들이 미시시피 강을 타고 지금의 미주리 땅에 도착하였고 1764년에 세인트루이스를 설립하였다. 프랑스가 루이지애나를 미국에 팔 때 당시 루이지애나에 속했던 미주리는 미국령이 되어 미주리 준주가 되었고 1821년 미국의 24번째 주가 된다. 1820년 〈미주리 합의〉로 노예주에 속했지만 남북 전쟁이 터지면서 북부 지지자와 남부 지지자가 반반씩 갈리면서 남북 전쟁의 전쟁터가 되었다.

1890년대에서 1920년대의 진보주의 시대(Progressive Era)에 정치와 행정, 사회의 부패를 없애려는 지도자들이 미주리에서 많이 나왔는데, 그중 대표적인 사람이 1904년에 주지사로 선출된 조셉 포크(Joseph Wingate Folk)였다. 성스러운 조(Holy Joe)라는 애칭의 포크는 미주리가 공공 도덕의 주도자라는 미주리 사상(Missouri Idea)을 주창했다 반트러스트를 시행했고, 주 공무원의 공짜 기차 탑승권을 없앴고, 뇌물법을 강화했고, 일요일 개점 금지법(Sunday-closing law) 등 여러 진보적인 입법을 시행했다.

남북 전쟁과 2차 대전 사이에 미주리는 농업 경제에서 산업-서비스-농업의 복합 경제로 변했다. 서부로 가는 기차가 확장되면서 캔자스시티는 교통 중심지(transportation hub)가 되었다. 텍사스의 축우 산업(cattle industry)의 성장과 철도의 확충, 냉장 유개 화차(boxcar)의 발명으로 캔자스시티는 육류 포장(meatpacking)의 중심지가 되었다. 그러나 1950년대와 60년대에 철도와 제조업이 불황을 겪으면서 캔자스시티는 중서부의 다른 산업 도시들과 마찬가지로 산업이 침체되고 실업률이 높아졌다. 게다가 1956년 세인트찰스(St. Charles)가 최초로 시작한 주간 고속도로(interstate highway) 계획으로 고속도로가 건설되어 중산층 주민들이 새로 개발된 교외의 주택 단지로 많이 빠져나간 이후 기존의 도시들은 인구 변화에 적응하기 위해 노력하고 있다.

20) 버몬트 주(State of Vermont)

동부 뉴잉글랜드의 주이다. 북쪽으로 캐나다의 퀘벡 주와 국경을 접하며, 뉴잉글랜드에서 유일하게 대서양을 접하지 않은 주이다. 풍경과 낙농제품으로 유명하며 메이플 시럽(maple syrup) 생산지로 유명하다. 1609년 프랑스의 탐험가가 지금의 버몬트 지방을 탐험하면서, 프랑스의 땅으로 선언하였다. 버몬트는 프랑스어로 "푸른 산"이라는 뜻이다. 그러나 〈프렌치-인디언 전쟁〉에서 프랑스가 패배한 뒤 영국이 차지하게 되었다. 1791년 버몬트는 14번째 주로서 미국에 합류했다. 1823년에는 버몬트와 뉴욕시를 잇는 운하를 건설하여, 버몬트의 농민들이 뉴욕으로 생산물을 보내는 데 이용되고 있다.

21) 버지니아 주(Commonwealth of Virginia)

매사추세츠 주와 거의 비슷한 시기에 기초가 형성되었다. "버지니아"라는 이름은 "처녀 여왕"이라고 불린 잉글랜드의 엘리자베스 1세를 따라 붙인 것이다. 1607년 런던의 버지니아 회사는 제임스타운에 버지니아의 첫 정착지를 세웠고, 1624년 영국 왕실의 버지니아 식민지가 되었다. 1776년에는 영국으로부터 독립을 선언하였고, 1788년에 미국의 10번째 주가 되었다. 1792년에는 켄터키 주가 분리되었고, 1863년에는 웨스트버지니아 주가 분리되었다.

노예주에 속했는데, 1831년 흑인 노예 내트 터너(Nat Turner, 1800-1831)가 반란을 일으킨 후 흑인에 대한 억압적인 정책을 강화했다. 남북전쟁 때에 남부 연합에 가입했다가 패배한 후 1869년 노예제의 폐지와 흑인의 참정권을 인정하는 새 헌법을 세웠으며 1870년 합중국에 편입되었다. 그러나 흑인에 대한 합법적인 차별은 오히려 강화했다. 1959년에야 알링턴 카운티(Arlington County)와 노포크(Norfolk)의 공립학교들에 백인과 흑인의 공동 입학이 시작되었다. 1989년 더글러스 와일더(Lawrence Douglas Wilder)가 버지니아 주의 첫 흑인 주지사(1990~1994)가 되었다. 조지 워싱턴, 토마스 제퍼슨, 제임스 매디슨, 제임스 먼로, 윌리엄 헨리 해리슨, 존 타일러, 재커리 테일러, 우드로 윌슨 등 8명의 대통령들의 고향이기도 하다.

22) 사우스다코타 주(State of South Dakota)

중서부의 주로, 미주리 강이 동부와 서부로 분할하므로 양 지역의 주민들은 각각 이 강을 "동 강"(East River) 또는 "서 강"(West River)이라고 부른다. 농업 지대로 이루어져서 해바라기, 옥수수, 밀 등을 경작하고, 서부 지역에서는 육우의 사육이 이루어지며, 금이 많이 채굴된다. 독일계 이민이 인구의 절반을 차지한다.

1743년에 프랑스인들이 탐험을 시작하여 프랑스령 루이지애나의 일부가 되었다. 1803년 미국이 프랑스에게서 루이지애나를 인수할 때 현재의 사우스다코타 대부분이 포함되어 있었다. 당시 대통령이던 토마스 제퍼슨이 〈루이스-클라크 탐험대〉를 파견하여 새로 획득한 지역을 탐사시킨 후 빠르게 개척이 진행되었고 1861년 다코타 준주가 설립되었다. 다코타 준주는 현재의 노스다코타와 사우스다코타 뿐 아니라 몬태나 주와 와이오밍 주의 일부도 포함했다. 이후 다코타 준주의 인구가 증가하자 1889년 벤저민 해리슨 대통령이 노스다코타와 사우스다코타로 나누어 주로 승격시켰다.

사우스다코타 주는 아메리카 원주민과의 갈등이 많이 빚어진 곳이다. 1874년, 조지 커스터(George A. Custer)가 이끄는 군대가 탐사를 하면서 블랙힐즈(Black Hills)에서 금을 발견하게 되었다. 블랙힐즈를 포함한 사우스다코타의 서부 지역은 1868년의 〈라라미 조약〉(Treaty of Laramie)에 의해 그레이트 수우족 거류지(Great Sioux Reservation)로 인정된 곳이었다. 따라서 수우족이 블랙힐즈의 광업권과 토지를 내어주는 것을 거부하자 백인 광부와 개척민들의 이익을 우선한 커스터 군대는 수우족의 분파인 라코타족(Lakota)이 사는 지역을 불법적으로 침범했고 전쟁이 벌어졌다. 승리한 미군은 그레이트 수우족 거류지를 다섯 개로 분할하여 한 곳에 라코타족을 수용했다. 1980년, 미국 대법원과 연방 의회는 블랙힐즈의 불법 점거에 대해 국가가 라코타족에게 배상금을 지불하라고 명령했지만 라코타족은 배상금의 수령을 거부하고 토지의 반환을 요구하면서 이 소송은 미해결로 남아있다.

1890년 라코타 파인리지 인디언 거류지(Lakota Pine Ridge Indian Reservation)에서는 운디드니 학살(Wounded Knee Massacre)이 벌어졌다. 운디드니 언덕에서 기관총으로 무장한 미군이 수우족을 무장 해제 시키던 중에 수우족 용사 한 명이 칼을 놓지 않는다는 이유로 총격을 가하면서 전투가 시작되어, 여성과 어린이를 포함한 300여 명의 수우족이 살해당했다. 이 사건은 미군과 아메리카 원주민 사이의 마지막 전투로 기록된다.

23) 사우스캐롤라이나 주(State of South Carolina)

남부의 주로, 가장 큰 도시는 주도인 컬럼비아이다. 담배 재배의 중심지이며, 목화의 재배도 활발하며, 화학 공업을 발달시켰다.

1670년에 영국인들이 정착하였고, 1778년 미국의 8번째 주가 되었다. 남북 전쟁 전(Antebellum) 사우스캐롤라이나는 북부 위주의 연방 정책에 대해 가장 반발이 심했다. 1832년 주 의회는 연방의 고관세 정책(1828, 1832)이 비합헌(unconstitutional)이라고 하면서 〈연방법 거부 조례〉(Ordinance of Nullification)를 통과시켰다. 1860년 에이브러햄 링컨이 대통령에 당선되자 남부에서 가장 먼저 분리 독립을 선언했고, 찰스턴 항(Charleston Harbor)의 해안 요새인 섬터 요새를 폭격하여 남북 전쟁을 시작했다. 사우스캐롤라이나는 1868년에 연방에 재편입되었다. 그러나 사우스캐롤라이나의 흑인 억압은 더욱 강화되었다. 백인과 흑인 뿐 아니라 백인과 혼혈인 간의 결혼을 금지했고, 한 방울 규칙(one-drop rule)을 시행했다. 또 연합기를 주 의사당에 게양하는 등 보수적인 행동으로 많은 반발을 일으켰다.

* 한 방울 규칙(one-drop rule)

한 방울 규칙은 백인의 편협함과 우월감을 드러내는 가장 야비한 제도 중의 하나이다. 혼혈인에게 단 한 사람의 흑인 조상이 있어도 흑인으로 간주한다는 관례로, 오랫동안 미국에서 인종을 구분하는 사회적, 법적 원칙으로 작용했다. 서로 다른 인종이나 계층이 결혼할 때 거기서 나오는 자손은 더 낮은 지위를 가지는 "열등 자손"(hypodescent)이 된다고 보고 혼혈인은 "보이지 않는 흑인성"(invisible blackness)을 가지고 있다는 개념이다. 따라서 백인과 흑인, 백인과 원주민이 결혼할 경우 그 혼혈아는 열등하므로, 백인이 아니라 흑인, 원주민이라고 규정했다.

식민 초기에는 백인 남성이 원주민 여성과 결혼하여 백인과 원주민의 혼혈아들이 다수 태어났다. 원주민들은 대체로 모계 제도(matrilineal descent system)를 따랐으므로 혼혈아들은 어머니의 부족에서 키워졌고 그 부족의 전통을 따랐다. 원주민들은 대부분 혼혈아를 자신과 같은 원주민으로 간주했다. 부계 제도를 따르는 오마하 족은 백인 아버지를 둔 혼혈아를 백인으로 간주했지만, 부족인이 공식적으로 양자로 삼으면 오마하 부족으로 인정했다. 이처럼 아메리카 원주민들은 혈통이나 피부색보다는 문화적으로 혼혈아의 인종을 규정했다. 그러나 백인들은 백인과 원주민의 혼혈아를 무조건 원주민으로 규정했다.

흑인 노예가 많아지면서 백인과 흑인 간의 혼혈아가 급증했다. 초기에는 혼혈아의 인종은 대체로 외모나 사회적 인정으로 규정되었다. 이동이 많은 시기였으므로 조상이 누구인지 분명치 않았고 기록도 완벽하지 않았기 때문이다. 예로 토마스 제퍼슨의 혼혈 자식들을 살펴보자. 제퍼슨은 아내를 잃은 후 흑인 노예 샐리 해밍스와 부부 관계를 맺었다. 해밍스는 4분의 3이 백인 혈통이었으므로 거기서 태어난 네 명의 자식들은 8분의 7이 백인 혈통이었고, 당시의 버지니아 법으로는 법적 백인이었다. 그러나 노예 어머니에게서 태어났으므로 신분상으로는 노예였다. 제퍼슨은 1822년 위의 두 자식을 도망시켜 자유인이 되게 했고[24] 아래의 두 자식은 1826년의 유언에서 해방시켰다. 네 명 중 세 명은 성인이 되어 백인 사회로 진입했고, 그들의 자손은 전부 백인으로 인정받았다.

그러나 19세기 후반 이후로 외모가 백인으로 보이더라도 흑인을 조상으로 둔 혼혈아는 모두 흑인이라는 한 방울 규칙이 점점 힘을 얻게 되었고 이로 인해 갈등이 빚어졌다.[25] 반대의 목소리도 있었지만 결국 〈한 방울 규칙〉은 1910년 테네시에서, 1924년 버지니아에서, 〈인종 보전법〉(Racial Integrity Act)으로 법제화되어 다른 주로도 퍼져나갔다. 시인 랭스턴 휴즈(Langston Hughes, 1902-1967)는 미국의 〈한 방울 규칙〉에 대해 다음과 같이 비판했다.

> You see, unfortunately, I am not black. There are lots of different kinds of blood in our family. But here in the United

24) 법적으로 자유를 주는 것은 정치가로서 논란의 여지가 있어 피한 듯하다.

25) 미시시피 출신의 소설가 윌리엄 포크너(William Cuthbert Faulkner, 1897-1962)의 1930년대를 배경으로 한 『8월의 빛』(*Light in August*, 1932)에서 조 크리스마스(Joe Christmas)는 외모는 백인이지만 자신의 조상 중에 흑인이 있다고 생각하므로 정체성의 혼란을 겪는 인물로 등장한다.

States, the word "Negro" is used to mean anyone who has any Negro blood at all in his veins. In Africa, the word is more pure. It means all Negro, therefore black. I am brown.

〈한 방울 규칙〉은 이제 법적으로는 사라졌지만 사회적으로, 문화적으로는 여전히 유효하게 작동하고 있다. 오바마 대통령은 백인과 흑인의 혼혈이지만 최초의 "흑인 대통령"이라고 불린다.

24) 아이다호 주(State of Idaho)

아이다호 주는 캐나다의 브리티시컬럼비아 주와 국경을 접하고 있다. 대체로 산악 지형이며, 내륙에 있지만, 루이스턴 (Lewiston)에 있는 항구는 외항선(sea boat)으로 접근이 가능하다. 아이다호 중부에 있는 선밸리(Sun Valley)는 북아메리카에서 가장 오래된 스키장이 있는 곳 중 하나이다. 겨울 스포츠는 아이다호의 중요한 요소이며, 거의 모든 도시권 근방에서 스키장을 찾아볼 수 있다.

1805년 루이스-클라크 탐험대가 태평양 해안으로 가는 도중에 이곳을 지나간 바 있으며, 1860년에 첫 정착지인 프랭클린이 설립되었고, 1863년에 미국 정부가 아이다호 준주를 설립하였다. 1890년 미국의 43번째 주로 승격되었다. 아이다호 주민을 "Idahoans"라고 한다. 다양한 보석이 발견되므로 "보석 주"(Gem State)라고 하고 미국 제 1의 감자 생산지이므로 "감자 주"(Potato State)라고도 한다.

25) 아이오와 주(State of Iowa)

중서부에 있는 주로, "미국의 중심부"(American Heartland)라는 이름을 얻었다. 동쪽으로는 미시시피 강, 서쪽에는 미주리 강과 빅 수우 강(Big

Sioux River)이 있다. 남쪽 경계는 데모인 강(Des Moines River)과 북위 40도 35분(40 degrees 35 minutes north) 선인데 다소 비뚤어진 부분도 있다. 주의 경계가 불확실하게 정해진 바람에 아이오와와 미주리 사이에 꿀 전쟁(Honey War)[26]이 벌어졌다. 결국 미주리 대 아이오와 소송(Missouri v. Iowa)이 벌어졌고 연방 대법원에서 판결이 나며 해결되었다.

원래 프랑스령 루이지애나였으나 미국이 프랑스에서 루이지애나를 매입하면서 미국의 정착지가 되었다. 1833년 다른 주에 살던 미국인 개척민들이 최초로 아이오와로 와서 정착을 했고 1838년 아이오와 준주(Territory of Iowa)가 되었다가 1846년 29번째로 연방이 되었다.

미국 정부는 미시시피 강 동편에 백인의 정착지를 세우면서 원주민을 강 서쪽으로 퇴거시켰다. 이 불평등 조약으로 땅의 대부분을 잃은 원주민들이 저항하면서 〈블랙호크 전쟁〉(Black Hawk War, 1832)이 일어났다. 이 소요에 대한 처벌로, 또 정착 정책의 일부로 정부는 모든 원주민을 아이오와에서 퇴거시키는 계획을 추진했고, 원주민들은 1832년에는 미시시피 계곡 밖으로, 1843년에는 아이오와 강 계곡 밖으로, 1846년에는 완전히 아이오와 밖으로 밀려났다.

남북 전쟁 중에 아이오와 주에서는 남부를 지지하는 "살무사"(Copperhead)[27]들도 있었지만 결국 링컨을 지지하면서 전쟁에서 많은 공훈을 세웠다. 전쟁 후 아이오와의 인구는 급증했고, 1850년대와 1860년

26) 미주리의 관리가 세금을 걷기 위해 아이오와 농부의 꿀벌나무 세 그루를 쓰러트린 사건이다.

27) 남부를 지지하는 북부의 평시 민주당(Peace Democrats)을 경멸적으로 부른 별명이다. 그러나 이들은 이 별명이 구리 동전(copper, 1페니)의 앞면(head)에 있는 자유의 여신상을 가리킨다고 해석해서 자랑스럽게 여겼고 그 그림을 동전에서 잘라 배지로 달고 다녔다. 이들은 또한 남부 연합의 군복 색깔인 "버터너츠"(Butternuts)로 불리기도 했다.

대에는 기차가 들어오면서 아이오와는 옥수수지대(Corn Belt)[28]의 중심이 되었다. 1930년대의 경제 공황과 2차 대전을 겪으면서 아이오와는 소규모 자작농 농업(small-holder farming)에서 대규모 농장으로 바뀌었다. 1980년대에 낮은 곡물 가격 때문에 농업 불황이 일어나자 아이오와의 인구가 대폭 감소하여 이후 도시형 경제로 전환하고 있다.

26) 아칸소 주 (State of Arkansas)

남부의 주로 미국에서 유일하게 다이아몬드가 채광되는 주이다. 주의 북서부는 구릉 형태의 오자크 산지(the Ozark Mountains)[29]이나, 그 밖의 곳은 미시시피 강 하류 저지의 대평야이며 저습지가 많다. 주의 동쪽 경계에 미시시피 강이 흐르고, 주의 동쪽에서 서쪽으로 미시시피 강의 지류인 아칸소 강이 흐른다. 42번째 대통령 빌 클린턴(Bill Clinton)이 아칸소에서 태어났고 아칸소의 주지사를 역임했다.

주의 명칭은 "아래 강 사람의 땅" 혹은 "남풍의 사람"이라는 의미의 원주민의 언어를 프랑스 말로 발음한 것이다. 발음에 대해 논란이 있었으나 1881년 주 의회 법으로 마지막 "s" 음을 발음하지 않는 것으로 공식적으로 결정되었다.

1541년 스페인인이 처음으로 진출하였으며, 그 후 프랑스인의 탐험과 정주지 건설에 의해 프랑스령이 되었다가, 1803년 루이지애나 매입으로 미국 영토가 되었다. 1836년 많은 논란 후에 노예주로 연방의 25번째 주가 되었다. 연방이 된 후 세금과 은행 스캔들, 1837년 공황 때문에 어려운 시기를 넘기다가 노예제에 기반을 둔 플랜테이션 농업이 발전하면서 남

28) 중서부의 농업 지역으로 1850년대 이후로 옥수수(corn=maize)가 토종의 키 큰 풀을 대신하는 주된 곡물이 되었다.

29) 미국 미주리 주 남부, 아칸소 주 북부, 오클라오마 주 동북부에 걸쳐 있다.

북 전쟁 전까지 풍요를 누렸다. 1861년 남북 전쟁이 발발했지만 아칸소 주는 쉽게 분리를 선언하지 않다가, 링컨 대통령이 섬터 요새를 공격한 남부의 반란군을 공격할 연방군에 합류하라고 지시하자 연방에서 탈퇴해 남부 연합에 가입했다.

전쟁이 끝난 후 1868년 다시 연방에 가입하였으나 노예제와 플랜테이션 농업에 의존했던 아칸소의 경제는 많은 상처를 입어 쉽게 회복되지 못했다. 재건 시대 이후 더 많은 이민을 받아들이고 또 철도가 개통되어 농산물의 판매로가 안정되면서 차츰 경제적인 발전을 이루었다. 2차 대전 이후에는 항공, 제철, 관광 등으로 산업이 바뀌었다.

아칸소의 정치적 성향은 백인 보수주의이다. 남북 전쟁 전에는 소위 패밀리(Family)[30]가 정치를 주도했으며, 전쟁 후에도 백인 농업인들이 주의 정치를 주도했다. 따라서 흑인의 시민권 행사는 억제되었다. 1890년대 아칸소의 민주당은 남부의 다른 주들처럼 흑인과 가난한 백인의 연대를 막고 그들의 참정권을 제한하는 법률을 통과시켰다. 당시 인구의 25퍼센트 이상이 읽고 쓸 수 없는 문맹이었는데, 민주당은 1891년, 투표권을 부여하기에 앞서 문맹 시험(literacy test)을 필수로 한다는 법률을 통과시켰고, 1892년에는 〈인두세법〉(Poll Tax Act)을 통과시키고 복잡한 거주조건(residency requirements)을 요구해서 가난한 사람들, 물납소작인들(sharecroppers),[31] 흑인들이 유권자 등록을 포기하게 만들었다.

1900년에는 카운티와 주 선거에서 백인 예비 선거(white primary)를 확장해서, 흑인이 선거 과정에 참여하지 못하게 했다. 따라서 민주당이 모

30) 왕조(Dynasty)라고도 불렸다. 아칸소의 제임스 콘웨이(James Sevier Conway)가 창설한 단체이다. 여러 민주당원과 관계된 가문들이 합쳐진 단체로 돈과 인맥을 이용해 정치적 힘을 가지게 되었다. 회원 대부분이 결혼과 혈연으로 연결되어 있었으므로 "가족"이라는 별명을 얻게 되었다.

31) 소작물의 일부를 소작료로 바치는 소작인.

든 권력을 장악했고 수십 년 동안 민주당 일당이 독주하는 주가 되었다. 1960년대의 시민권 운동[32]과 연방 의회의 〈시민권법〉(1964), 〈투표권법〉(1965) 이후에야 흑인의 참여가 가능해졌다.

1954년 캔자스의 〈브라운 대 토페카 교육청〉(Brown v. Board of Education of Topeka)에 대한 연방 법원의 판결 이후 아칸소에서 일어난 〈리틀록 9인〉(Little Rock Nine) 사건으로 아칸소는 전국적인 주목의 대상이 되었다. 당시 주지사 오발 포버스(Orval Faubus)는 아칸소 국가 경비대(Arkansas National Guard)를 파견해서 9명의 흑인 학생이 리틀록 중앙 고등학교에 등록하지 못하게 막는 분리주의자들(segregationists)을 도와주었다. 이에 아이젠하워 대통령은 1957년 9월 25일 1,000명의 군대를 보내 이들 학생들이 등교할 수 있게 했다. 1959년 가을 리틀록의 모든 고등학교는 완전히 흑백 통합 학교가 되었다.

* 1837년 공황(Panic of 1837)

1837년의 미국의 금융 위기를 말한다. 1837년에서 1844년은 일반적으로 임금과 가격의 디플레이션(deflation) 시기였다. 국내외적 원인으로는, 서부의 투기적인 대출 업무(speculative lending practices), 면화 가격의 폭락, 토지 거품의 붕괴, 국제 정금 유통(international specie flows) 불안, 영국의 제한적 대출 정책 등이 있다. 1837년 5월 10일 뉴욕 시의 은행들이 일제히 정금 지불(specie payments)을 중지했다. 기업 어음(commercial paper)을 정금으로 액면가(full face value)로 바꾸어줄 수 없다는 것이었다. 사업체는 부도가 나고 가격은 폭락하고 은행이 망하고 수천 명의 실업자가 생겼다.

32) 세계적으로 민권 운동이 활발하게 일어났는데, 미국에서는 여성 해방 운동, 베트남 반전 운동과 더불어 흑인 해방 운동이 일어났다.

27) 알래스카 주(State of Alaska)

캐나다의 북서쪽에 있는 미국의 가장 큰 주이다. 알래스카라는 이름은 원주민인 알류트족의 말로 "섬이 아닌 땅"(Alyeshka)이라는 뜻이다. 현재 알래스카의 원주민은 주의 전체 인구의 7분의 1에 불과하다. 1741년 덴마크의 탐험가 비투스 베링(Vitus Jonassen Bering)이 러시아 표트르 1세(Peter the Great, 1672-1725)의 의뢰를 받아 북태평양을 탐험하다가 발견하였고, 러시아 모피 사냥꾼들이 정착하여 러시아 제국의 영토로 인정받았다. 1867년 미국은 당시 크림 전쟁(Crimean War, 1853-1856)[33]으로 어려움을 겪던 러시아에게서 헐값으로 알래스카를 사들였다. 일부 미국인들은 알래스카를 슈어드의 냉장고라고 부르면서 알래스카 매입(Alaska Purchase)을 "슈어드의 어리석은 투자"(Seward's Folly)라고 비난했으나 결과적으로는 엄청난 횡재라는 것이 밝혀졌다. 알래스카에서는 금, 은, 석유 등을 비롯한 각종 자원과 금속들이 발견되었던 것이다. 알래스카에서 채굴된 철광석만 해도 당시 기준으로 알래스카 매입가인 7,200,000달러의 몇 배나 되는 40,000,000달러어치나 발견되었다. 현재 미국은 중동, 베네수엘라에 이어 세계 석유 매장량이 3위인데, 이는 알래스카에 엄청난

33) 1853년 10월부터 1856년 2월까지 지속된 러시아 제국과 연합국과의 전쟁이다. 연합국에는 영국, 프랑스, 사르데냐 왕국, 오스만 제국이 참가하였다. 전쟁의 직접적인 원인은 러시아 제국이 오스만 제국 내의 정교회 교도들에 대한 보호권을 주장한 것이었다. 그러나 실상은 팔레스타인의 성지를 둘러싼 러시아 정교회와 로마 가톨릭 교회 사이의 권한 다툼을 배경으로, 프랑스와 영국이 중동에 대한 이권 다툼을 벌인 것이다. 사르데냐 왕국은 크림 반도에 아무런 이권이 없었고 러시아 제국과 특별히 대립 관계도 아니었지만, 이탈리아 통일을 위해 영국과 프랑스의 지원을 받을 계산으로 참전했다. 전쟁의 대부분은 흑해에 위치한 크림 반도에서 일어났으며, 1856년의 〈파리 조약〉으로 종전을 맞이했다. 〈파리 조약〉의 결과로 러시아 제국은 다뉴브 강(Danube River) 하구 및 흑해(Black Sea) 인근에서의 영향력을 잃게 되었고, 이후 흑해는 모든 국가에 대해 군함 통과 및 무장이 제한되며 중립이 선언되었다.

양의 석유가 매장되어 있기 때문이다. 1912년 의회의 인준을 받으면서 알래스카 준주가 설치되었고 1959년 정식 주로 연방에 합류했다.

28) 애리조나 주(State of Arizona)

남서부의 주이며, 내륙주 중 하나이다. 남쪽으로 멕시코와는 626km의 국경을 접한다. 1912년, 미국 본토에서는 마지막인 48번째 주로 가입했다. 원래는 뉴스페인의 알타캘리포니아(Alta California) 지역의 일부였는데 멕시코가 독립하면서 멕시코 땅이 되었다가 나중에 〈멕시코-미국 전쟁〉 후에 미국의 영토가 되었다. 애리조나 주의 최남단(southernmost) 부분은 1853년 개즈던 매입(Gadsden Purchase)[34]으로 획득했다.

애리조나 주는 남쪽은 선인장(cactus)이 많은 사막 풍광이며 뜨거운 여름과 온화한 겨울 날씨로 유명하다. 하지만 주의 북쪽은 소나무, 더글러스 전나무(Douglas fir), 가문비나무(spruce trees) 숲이 많으며, 콜로라도 고원(Colorado Plateau)과 깊은 계곡이 있고 스키장(ski resorts)도 많다. 유명한 그랜드캐니언 국립공원(Grand Canyon National Park)[35]을 비롯해 많은 국립공원과 인디언 거류지가 있다. 애리조나의 초기 경제는 5C에 의존했는데, 5C는 구리(copper), 면화(cotton), 축우(cattle), 감귤류(citrus), 그리고 기후(climate)이다. 구리가 노천 광산과 지하 광산 등에서 활발히 채굴되어 현재 미국 구리 생산의 3분의 2를 차지하여 "구리주"(Copper

---

34) 1853년 멕시코 대사 제임스 개즈던이 프랭클린 피어스 대통령의 지시로 멕시코에서 매입했다.

35) 고원 지대를 흐르는 콜로라도 강에 의해서 깎여진 거대한 계곡이다. 1908년 시어도어 루스벨트 대통령에 의해 국립 기념공원(National Monument)으로 지정되었다가 1919년에 국립공원(National Park)으로 승격되었으며, 1979년에 유네스코 세계 유산으로 지정되었다.

State)라는 별명을 얻었다.

29) 앨라배마 주(State of Alabama)

남부의 주로, 딥사우스(Deep South)[36]에 속하며, 남부 최대의 공업 주이다. 주의 북동쪽에는 애팔래치아 산맥이 위치해 있다. 앨라배마 주는 주를 상징하는 노랑촉새(yellowhammer) 때문에 "노랑촉새 주"라고도 하고, "면화 주"(Cotton State)라고도 하며, 남부의 한 가운데에 위치했다고 해서 "딕시의 심장"(Heart of Dixie)이라고도 한다. 1540년 스페인의 탐험가가 발견한 후, 1711년 프랑스계 캐나다인들이 지금의 모빌(Mobile)에 정착지를 설립하였고, 〈프렌치-인디언 전쟁〉 후 1763년부터 영국이 점유하였다가, 독립 전쟁 후 1783년에 미국의 점유가 되었으며, 1819년에 22번째 주가 되었다.

앨라배마 주는 과거 미국 제1의 면화 생산지로, 이 지역의 가운데를 지나는 비옥한 대지인 블랙벨트(Black Belt)[37]에서 흑인 노예의 노동력을 기반으로 면화 및 면제품을 많이 생산하였고, 따라서 남북 전쟁 때는 남부 연합에 합류했다. 전쟁 후 1868년 합중국으로 재편입되었다.

---

36) 미국 최남부 지방. 남북 전쟁 전에 플랜테이션 농업에 의존하던 곳을 가리킨다. 전쟁 전에는 로어사우스(Lower South)로 지칭되었으나 20세기 중반에는 딥사우스라는 명칭을 더 많이 쓴다. 가장 남부적인 지역, 즉 미시시피 남부, 루이지애나 북부, 앨라배마 남부, 조지아, 플로리다 북부 등을 가리키기도 하고, 좀 더 확장된 지역까지 포함하기도 한다. 이 지역은 면화 주(Cotton States)라고 불리기도 한다. 딥사우스의 북쪽 지역은 어퍼사우스(Upper South)라고 한다. 딥사우스는 흑인 노예를 대규모로 이용하는 면화 플랜테이션을 운영한 반면 어퍼사우스에서는 자작농들이 대부분이었으므로 노예 제도에 대한 입장이 달라 서로 갈등했고 분리되었다.

37) 원래 앨라배마 주 중앙부에서 미시시피 주 북동부에 걸쳐 펼쳐지는 대초원의 비옥한 검은 흙을 가리키는 말이었다. 지금은 흑인 인구가 많고, 그로 인해 빈곤, 낮은 교육 수준, 높은 범죄율과 실업률 등의 특징을 가진 미국 남부의 일부를 가리키는 말로 사용된다.

20세기 후반이 되어서도 앨라배마 주에서는 흑인에 대한 편견과 억압이 극심했다. 1965년 3월 선거권 보장을 요구하는 흑인들의 평화적 시위가 일어났는데 이를 경찰들이 무력으로 진압했다. 이 사건을 계기로 1965년 8월 흑인들의 투표권을 실질적으로 보호하는 〈투표권법〉이 채택되었다. 앨라배마 주 몽고메리(Montgomery)의 목사인 마틴 루터 킹(Martin Luther King)은 흑인 인권 운동을 벌이다가 체포되었으며 이때 쓴 "버밍햄 감옥에서의 편지"가 유명하다.

현재, 중공업이 발달한 신흥 공업지역인 선벨트(Sun Belt)[38] 지역을 중심으로 자동차 산업이 급속도로 발전하고 있다. 독일의 메르세데스 벤츠, 일본의 혼다와 도요타 뿐 아니라 현대 자동차의 미국 현지 공장이 있고, 조지아 주와의 경계에 기아 자동차 공장도 있다.

* 딕시(Dixie)

남부를 가리키는 별명이다. 이 이름에는 몇 가지 유래가 있으나 가장 유력한 설은, 루이지애나의 은행에서 발행된 10달러짜리 통화를 가리키는 말에서 비롯되었다는 것이다. 10달러짜리에 프랑스어 "Dix"(10)이 적혀 있어서 "딕시"라고 불렸다고 한다. 처음에는 루이지애나가 딕시랜드(Dixieland)로 알려졌으나, 곧 남부 연합을 형성해서 분리된 11개의 남부 주[39] 전체를 지칭하게 되었고, 현재는 전쟁 전(Antebellum)의 유산과 전통이 많이 남아 있는 전통적인 남부를 의미한다.

---

38) 북위 37도 이남의 따뜻한 남부 지역을 가리키며, 일조 시간이 길기 때문에 생긴 이름이다. 앨라배마 주, 애리조나 주, 캘리포니아 주, 플로리다 주, 조지아 주, 루이지애나 주, 미시시피 주, 네바다 주, 뉴멕시코 주, 노스캐롤라이나 주, 사우스캐롤라이나 주, 텍사스 주를 포함한다.

39) 사우스캐롤라이나, 미시시피, 플로리다, 앨라배마, 조지아, 루이지애나, 텍사스, 버지니아, 아칸소, 노스캐롤라이나, 테네시.

오늘날 남부의 많은 사업체들은 이 이름을 달고 있는데, 슈퍼마켓 체인점인 윈-딕시(Winn-Dixie)도 그 중 하나이다. 생산품에는 "딕시 생산"(Dixie Produce)을 붙여서 남부에서 나온 것임을 나타낸다. "내가 딕시에 있으면 좋겠네."(I Wish I Was in Dixie)[40]라는 노래가 남북 전쟁 때 남부연합의 비공식 국가로 쓰였다.

30) 오리건 주(State of Oregon)

서북부의 주로, 주의 절반이 산림으로 덮여있으며, 목재 제조업이 주의 주요 산업을 이룬다. 초기의 오리건 컨트리(Oregon Country)는 북위 42도 북쪽, 북위 54도 40분 남쪽, 그리고 로키 산맥의 서쪽에서 태평양까지 북미 지역의 서쪽 전체를 가리키는 말이었므로, 현재의 캐나다의 브리티시 컬럼비아의 일부, 미국의 오리건 주, 워싱턴 주, 아이다호 주의 전역과 몬태나 주, 와이오밍 주의 일부를 포함했다. 미국, 영국, 프랑스, 러시아, 스페인이 모두 이곳에 대한 영유를 주장했다가 차례로 권한을 포기했고, 미국과 영국이 1818년 〈영미 회담〉(Anglo-American Convention)에서 양국의 경계를 협의했다. 1843년 일부 오리건 주민이 임시 공화국을 설립하는 등 오리건은 독립 국가로 발전하기를 희망했다. 그러나 미합중국에 가입하라는 압력이 점점 커져 1848년 오리건 준주(Oregon Territory)가 되었다가 1859년 자유주로 33번째로 연방에 합류했다.

---

40) "Dixie" 혹은 "Dixie's Land"라고 불리기도 한다.

31) 오클라호마 주(State of Oklahoma)

중남부 지역의 주로, 세로로 위치한 중부 6개 주를 가리키는 프런티어 스트립(Frontier Strip)[41] 중 남부에 해당되며, 대평원(Great Plains)의 남쪽 지역에 위치해 있다. 자연 환경이 다양한 지역으로 손꼽히는데, 남쪽의 가장 오래된 국립 삼림 지대인 와시타 국립 삼림지(Ouachita National Forest)를 포함하여 많은 숲이 있다. 오클라호마 주의 곳곳에 원유가 매장된 사실이 밝혀지면서 원유 산업의 중심지가 되었으며 인구와 부가 동시에 늘었다. 북동부 중심도시인 털사(Tulsa)는 "세계 원유의 수도"(Oil Capital of the World)라고 불린다.

오클라호마 주의 명칭은 "붉은 사람들"을 의미하는 원주민 말인 "okla humma"에서 비롯되었다. 주민은 "Oklahomans"라고 하며 비공식적으로 "오키즈"(Okies)라고 한다. 오클라호마 주는 복음주의의 영향이 강한 중남부와 남동부의 바이블 벨트(Bible Belt)에 속하는 보수적인 성향의 주이다.

1541년에 스페인인이 이 지역을 여행했다는 기록 후에, 18세기에 프랑스 탐험가들이 점유해서 프랑스의 영토가 되었다가, 1803년 미국의 루이지애나 매입을 통해 미국의 영토가 되었다. 1866년 오클라호마 준주(Oklahoma Territory)로 성립하였고, 1907년 46번째로 연방에 가입하였다.

오클라호마 주의 중서부는 미국에서 토네이도가 가장 많이 발생하는 토네이도 지대(Tornado Alley=Tornado Belt)에 속하는데, 연간 54개의 토네이도가 주를 강타한다. 1934년과 1936년, 오클라호마의 팬핸들

---

41) 노스다코타 주, 사우스다코타 주, 네브래스카 주, 캔자스 주, 오클라호마 주, 텍사스 주. 마지막 프런티어(Last American Frontier)라고도 한다. 이 스트립은 북에서 남으로 일직선을 형성하며 대평원(Great Plains)과 대응한다.

(panhandle)[42] 지역과 텍사스 팬핸들 지역, 인접한 뉴멕시코 주, 콜로라도 주, 캔자스 주 등지에서 가뭄과 강풍이 동시에 지속되는 더스트보울(Dust Bowl) 현상이 발생하여 엄청난 크기의 농토가 황폐화되었다. 1934년 11월 상공으로 올라간 흙과 모래는 동부 지역으로 이동해 대서양과 인접한 지역에서는 붉은 눈이 내리기도 했다. 이때 이후 오클라호마 주는 토양의 급수 보존에 필요한 저수지와 인공호수의 건설에 힘을 썼고 그 결과 1960년대에 200개가 넘는 인공 호수가 존재하게 되었다.

오클라호마 주 내에는 25개가 넘는 원주민 언어가 사용되고 있을 정도로 원주민 인구가 많고, 캘리포니아 주에 이어 미국에서 두 번째로 원주민이 많이 산다. 그만큼 오클라호마는 인디언의 역사와 깊이 연결되어 있다. 1831년 미국의 남동부 지역에 살던 촉토족(Choctaw)과 체로키족(Cherokee) 등 30여 부족이 고향을 떠나 당시의 인디언 준주(Indian Territory)인 오클라호마로 이동한 길을 "눈물의 길"이라고 한다. 그러나 백인 개척민의 토지 수요가 증가하자 미국 정부는 다시 〈도스법〉(1887)을 통과시켜, 각 원주민 부족이 소유한 토지를 개별 원주민 가족에게 나누어준 후 남는 토지를 강제로 수용하여 백인 개척민들에게 선착순으로 나누어주었다. 개척민 중에는 더 많은 땅을 갖기 위해 미리 토지 경계를 넘는 사람들이 있기 마련이었고, 이처럼 서부 지역에서 정부의 개방 허가 이전에 선취권을 얻기 위해 앞질러 간 사람들을 "선점이주자"(sooner)라고 했다. 이 말이 나중에 오클라호마 주민을 부르는 말이 되었다. 오클라호마는 "sooner state"라고 불리기도 한다.

오클라호마 주에는 아프리카계 미국인 사회도 발달해 있는데 그것은 정책적 고려의 결과이다. 흑인 공화당 공직자이며 토지 개발자인 에드워드 맥케이브(Edward P. McCabe)는 시어도어 루스벨트의 승인을 얻어 흑

42) 팬 손잡이처럼 튀어나와 있는 땅이다.

인이 다수인 주를 만들려는 의도로 흑인의 유입을 장려했다. 그러자 북쪽의 캔자스에서 많은 흑인들이 남하해서 이곳에 정착했고, 따라서 털사에는 아프리카계 미국인 사회가 크게 발달하였다. 그러나 백인 주민들의 차별과 억압으로 긴장이 조성되다가 1921년 털사 인종 폭동(Tulsa Race Riot)이 발생해 300명에 가까운 사망자와 180만달러에 이르는 피해액을 남겼다.

20세기 후반에 일어난 테러로 오클라호마는 다시 주목의 대상이 되었다. 1995년 4월 19일, 오클라호마 시에 있는 앨프리드 P. 뮤러 연방 정부 청사(Alfred P. Murrah Federal Building)에서 폭탄 테러가 발생해서 19명의 어린이를 포함해 총 168명이 사망했다.[43] 이 폭탄 테러는 2001년 뉴욕의 911 테러 이전까지는 미국 전역에서 가장 큰 테러 사건이었다.

* 더스트보울(Dust Bowl)

1930년대의 극심한 모래 폭풍, 혹은 모래 폭풍이 부는 황진 지대를 말한다. 이로 인해 그 시기를 "흙먼지의 30년대"(Dirty Thirties)라고 한다. 극심한 가뭄으로 흙먼지가 발생했고, 바람을 타고 올라간 흙먼지가 하늘을 새까맣게 뒤덮었다. 숨을 막히게 하는 이 먼지 폭풍을 "검은 폭풍"(black blizzards) 혹은 "검은 파도"(black rollers)라고도 했다. 1935년 4월 14일 오클라호마에 분 바람은 "검은 일요일의 검은 폭풍"(Black Sunday black blizzards)이라고 불렸는데, 캔자스 시의 뉴스 편집자가 오클라호마의 상황을 묘사하면서 더스트보울이라는 용어를 만든 후 널리 쓰이게 되었다.

43) 백인 보수주의자인 티머시 멕베이(Timothy McVeigh)와 테리 니콜라스(Terry Nicholas)가 독재적인 연방 정부에 대항하는 의미에서 테러를 일으켰다고 주장했다.

* 오키즈(Okies)

오클라호마 사람들을 비공식적으로 오키즈라고 한다. 원래는 1930년대에 오클라호마를 강타한 더스트보울과 그로 인한 불황으로 인해 일자리를 찾아 다른 주로 이주한 250,000명의 오클라호마인들을 오키즈라고 하였으므로 이 명칭에는 다소 경멸적인 뉘앙스가 들어 있다. 각 주의 경찰들은 주의 경계에서 "더러운 오키즈"가 자기 주에 들어오는 것을 막았고, 주 의회에서는 자기 주에서 오키즈를 쫓아내는 법을 통과시켰다. 그러나 연방 대법원은 이 법을 위헌이라고 판결했다. 오키즈들은 농업 노동자를 필요로 하는 캘리포니아로 많이 이주했는데 막상 캘리포니아에 가보니 그곳에도 노동자가 넘쳐난 데다 대공황 때문에 일자리가 줄어서 오클라호마와 상황이 별로 다르지 않다는 것을 알고 좌절했다.

존 스타인벡(John Steinbeck, 1902-1968)은 『분노의 포도』(*The Grapes of Wrath,* 1939)에서 오키즈의 상황을 사실적으로 그렸다. 캘리포니아 출신인 스타인벡은 명문 사립대학인 스탠포드에 입학할 정도로 뛰어나고 집안도 부유했지만, 대학을 중퇴하고 화물선을 타기도 했고, 신문 기자를 하다가 벽돌 운반공과 품팔이 노동자를 하면서 사회적인 불평등에 관심을 가지게 되었다. 스타인벡은 미국의 상업주의가 소박한 본능에 따라 사는 사람들을 억압하고 그들의 생활을 파괴한다고 보았다.

1937년 스타인벡은 디트로이트에서 자동차를 구입해 시카고를 경유하여 오클라호마 주로 들어갔다가 66번 도로를 타고 캘리포니아로 돌아왔다. 이 때 스타인벡은 66번 도로에서 떼를 지어 서부로 일자리를 찾아가는 이주 노동자인 오키즈를 목격했다. 그들은 오클라호마에 불어 닥친 가뭄으로 대출금을 갚지 못해 땅을 빼앗기고 캘리포니아로 일자리를 찾아 가는 중이었다. 스타인벡은 이들의 이동을 관찰했고, 이들이 도착한 캘리포니아 주의 천막촌을 찾아다니며 인터뷰를 했다. 스타인벡은 이들의 고통이 자본주의의 구조적인 결함 때문이라고 보았고, “100만 에이커를 가진 한 사람의 대지주를 위하여 10만 명이 굶주리고 있다.”며 분노했다. 이 경험에서 탄생한 것이『분노의 포도』이다.

*『분노의 포도』 존 스타인벡

마지막 비는 오클라호마 주의 불그레한 지대에도 회색지대에도 부드럽게 내렸는데, 이미 상처를 입은 대지에 물 흐르는 자리를 낼 정도의 비는 아니었다…

비구름 뒤를 따라 산들바람이 불어 구름을 북쪽으로 쫓아버렸다. 시들어가는 옥수수를 부드럽게 스쳐가는 바람이었다. 그러나 하루가 지나자 바람은 더욱 강해졌고 중단되는 일도 없이 꾸준히 불었다. 신작로로부터 먼지가 뭉게뭉게 떠올라 밭 옆의 잡초 위에 내려앉았고, 밭 가운데로도 약간 내려앉았다. 그러는 사이 바람은 더 세차게 불어서 앞서의 비 때문에 굳어진 옥수수 밭의 흙 껍데기를 점점 변화시켰다. 하늘은 뒤섞이는 먼지 때문에 점점 캄캄해졌고, 바람은 땅 위를 더듬듯 먼지를 일으키며 멀리까지 날려 보냈다. 바람은 점점 강해졌다. 비로 인해 생긴 흙 껍데기가 갈라지고 먼지가 밭에서 떠올라 회색 깃털 같은 것이 구름처럼 하늘로 올라갔다. 옥수수는 도리깨가 되어 바람을 치며 마른 소리를 쏴쏴 내질렀다. 가장 부드러운 먼지는 이제 땅으로 가라앉지도 않고 점점 어두워지는 공중으로 사라져 버렸다.

바람은 더욱 기승을 떨며 돌 아래까지도 스쳐, 짚이며 마른 잎, 조그만 흙덩이조차 휘날리며 밭을 질러가는 것이 보였다. 대기도 하늘도 컴컴해졌고 그 사이로 햇빛이 빨갛게 비쳤으며, 사방엔 살을 에는 듯한 추위가 휘몰아쳤다. 밤사이에 바람은 한층 더 속력을 더하여 땅 위를 뒹굴며 옥수수의 작은 뿌리 사이를 교묘하게 파헤쳤다. 옥수수는 그 맥 빠진 잎사귀로 끝까지 바람과 싸웠지만 끝내는 염탐꾼과 같은 바람에게 못 이겨 뿌리는 부러지고 줄기란 줄기는 온통 나른하게 땅 위에 나자빠져 바람의 방향을 가리키는 결과가 되고 말았다.

동은 텄어도 낮은 오지 않았다. 회색 하늘에 밝은 태양이 모습을 나타냈으나 어슴푸레한 빛을 던져주는, 그저 희미하게 불그레한 동그라미였으며 황혼이나 마찬가지였다. 그리고 그러한 날이 자꾸만 앞을 재촉함에 따라 황혼은 어느 사이에 저도 모르게 어둠 속으로 되돌아왔고, 바람에 쓰러진 옥수수 위로 비명을 지르고 또 흐느껴 울었다…

그 땅의 지주들이 그 땅으로 찾아왔다. 아니 지주의 대리인들이 찾아오는 때가 더 많았다. 그들은 지붕 달린 자동차를 타고 와서는 마른 땅을 손가락으로 만져 보았다. 때로는 토질 검사를 위하여 커다란 나사 송곳을 땅 속에다 박았다. 소작인들은 지붕 달린 자동차들이 밭을 따라 달려 올 때면 햇빛에 바랜 문간에 나와서서 불안스러운 눈길로 지켜보았다. 마침내 지주의 대리인들은 마당까지 차를 몰고 들어와 차 안에 앉은 채 창문 너머로 말을 건넸다. 소작인들은 잠시 동안 자동차 옆에 서 있다가 쭈그리고 앉아 막대기로 흙먼지를 표시해 보였다.

열어젖힌 문간에서는 아낙네들이 서서 밖을 내다보고 있고, 그 뒤에는 옥수수 대가리 같은 머리를 한 아이들이 눈을 크게 뜨고서 맨발인 한쪽 발을 다른 발 위에 올려놓고 발가락으로 발등을 긁었다. 아낙네들과 아이들은 자기 아버지가 지주 대리인과 이야기하는 것을 지켜보았다. 모두가 말이 없었다.

지주 대리인 가운데는 자기가 해야 할 일이 싫었기 때문에 친절하게 구는 사람도 있었고, 잔인하게 굴기가 싫었기 때문에 화를 내는 사람도 있었다. 냉정한 사람도 있었다. 냉정하지 않고선 지주가 될 수 없다는 것을 먼 옛날부터 잘 알고 있기 때문이었다. 그리고 모두는 한결같이 자신들보다 더 큰 어떤 존재에 사로잡혀 있었다. 대리인들 가운데 어떤 사람은 그들을 몰아치는 계산을 싫어했고, 어떤 사람은 두려워했고, 또 어떤 사람은 공연히 머리와 마음을 쓰지 않아도 좋기 때문에 계산을 존경했다. 은행과 금융 회사가 토지를 소유하고 있을 경우에는 대리인은 다음과 같이 말했다. 은행 또는 금융 회사는 필요로 하고 구하고 주장하고 소유해야 합니다라고. 마치 은행이나 회사가 사상이나 감정을 가진 괴물로서 그들을 얽매고 있는 것처럼. 이런 부류들은 은행과 회사를 대신하여 아무 책임도 지지 않았다. 왜냐하면 자기들은 인간이며 노예이고, 은행은 기계이고 주인이기 때문이다. 어떤 대리인은 그토록 냉정하고 세력 있는 주인의 머슴 노릇하기를 자랑으로 알았다. 그들은 차 안에 떡 앉아서 설명을 했다. 당신들도 땅이 나빠진 것은 알고 있을 테지. 정말 너무 오랫동안 긁어대기만 했으니까.

32) 오하이오 주(State of Ohio)

북동부의 주로, 북쪽으로는 이리 호를 끼고 캐나다 온타리오 주와 국경을 이룬다. 오하이오라는 이름은 아메리카 원주민의 말로 "큰 강"을 의미한다. 1670년 프랑스의 탐험가가 발견하여 프랑스령으로 있다가, 1763년 영국의 식민지가 되었으며, 독립 후인 1787년 노스웨스트 준주에 속했다가 오하이오 주로 분리되어 1803년 17 번째로 연방에 합류했다. 주를 대표하는 나무인 벅아이(buckeye) 때문에 "벅아이 주"(Buckeye State)라고 불리며, 오하이오 사람들은 "벅아이"라고 불린다.

오하이오 주는 대통령 선거에서 가장 결정적인 영향력이 있는 선거인단을 보유하고 있다. 미국의 정계에서는 오하이오 징크스, 즉 오하이오 주의 선거인단을 빼앗긴 후보는 대통령에 당선되지 못한다며, "오하이오가 가면 미국이 간다."(As Ohio goes, so goes the nation)는 말까지 있다. 이런 특징 때문에 오하이오 주는 "스윙 주"(swing state) 혹은 "선도자"(bellwether)라고 불린다.

제2차 세계 대전 이후 대통령 선거에서 오하이오를 빼앗기고도 당선된 대통령은 케네디가 유일하다. 2000년 대선에서는 조지 W. 부시 전 대통령이 오하이오 주에서 이겨서 엘 고어보다 더 표를 적게 받고도 대통령이 되었고, 2012년 대선에서는 오바마가 오하이오 주의 선거인단을 확보한 뒤 밋 롬니(Mitt Romney)에게 승리를 거두면서 오하이오 불패 신화를 이어갔다.

33) 와이오밍 주(State of Wyoming)

서부의 주로, 50개 주 중에서 인구가 가장 적은 주이다. 18세기 중엽부터 프랑스가 점유했으며 1803년 미국의 루이지애나 매입으로 미국령이 되었다. 1868년에는 준주, 1890년에 미국의 44번째 주로 승격했다. 원주민 말로 "대평원"이라는 뜻인 와이오밍에는 넓은 평야를 기반으로 한 농업이 발달했다. 로키 산맥 지대에는 석유, 천연 가스와 석탄 등의 에너지 자원이 매장되어 있다. 1872년에 옐로스톤(Yellowstone)이 첫 국립공원으로 지정되었다. 1840년대에는 서부 개척을 위한 오리건 통로(Oregon Trail)가 주의 내부를 통과하면서 많은 발전을 했지만 원주민과의 갈등은 19세기 후반까지 계속되었다. 1869년 유니온 퍼시픽 철도가 개통되자 많은 도시가 생겨 발전하였다.

34) 워싱턴 주(State of Washington)

태평양 연안 북서부에 있는 주로, 초대 대통령인 조지 워싱턴의 이름에서 주 이름을 땄다. 북쪽으로는 캐나다의 브리티시컬럼비아 주와 접하고 있다. 워싱턴 주의 주요 산업은 농업과 수산업이다. 산림이 풍부하여 임업도 발달했다. 1775년 스페인의 탐험대가 상륙하여 점유하였으나 스페인이 물러간 후 영국이 이 지역을 점유했고, 1805년 미국 탐험대인 루이스-클라크 탐험대가 탐험을 했다. 1853년 오리건 준주를 분리해 일부를 워싱턴 준주로 설정했고, 워싱턴 준주는 1889년에 미국의 42번째 주가 되었다.

35) 웨스트버지니아 주(State of West Virginia)

포토맥 강을 경계로 오하이오 주와 분리되어 있다. 웨스트버지니아 주는 1607년에 세워져 1776년까지 존속한 버지니아 식민지(Virginia Colony)에 속했고, 독립 후에는 버지니아 주에 속했다. 그러나 노예제 문제를 두고 버지니아 동부의 주민들과 서부의 주민들의 입장의 차이가 대두되었다. 서부 지역의 주민들은 노예제 폐지를 주장하는 북부에 공감했던 것이다. 버지니아 주가 남부 연합에 가입하자 서부의 주민들은 1861년 휠링 전당 대회(Wheeling Conventions)에서 웨스트버지니아 주로 독립할 것을 가결하였고, 1863년 연방의 35번 째 주가 되었다. 1864년 노예제를 폐지한 웨스트버지니아 주는 전쟁 동안 경계주(border state)의 역할을 했다.

36) 위스콘신 주(State of Wisconsin)

중북부의 주로, 주의 명칭은 아메리카 원주민 말로 "붉은 강"이라는 뜻의 위스콘신 강에서 유래했다. 1673년 프랑스 탐험가가 위스콘신 강을 "Meskousing"이라고 기록한 것을 다른 프랑스 탐험가들이 "Ouisconsin"이라고 적었고 이것이 이름으로 전해졌다. 19세기에 영어권 이민자들이 이주해 오면서 이 이름의 철자를 영어식으로 바꾸었고, 1845년 주 의회는 지금의 철자 "Wisconsin"을 공식화했다. 독일계 이민이 다른 곳보다 많이 들어와 밀워키(Milwaukee)를 중심으로 맥주 양조업이 발달했다.

위스콘신은 처음에 프랑스가 점유했다가 1763년 영국이 점유했다. 미국이 독립한 후 실제적으로는 미국의 영토가 되었으나 여전히 영국이 통제하다가 1812년 〈영미 전쟁〉 이후 미국이 실제로 통제권을 가지게 되었다. 이후 납 채굴이 본격화되면서 이주자들이 몰려들었고 이들은 광부로 일하면서 자신들이 판 굴에서 생활했으므로 "뱃저"(주머니쥐, badger)라고 불렸다. 따라서 위스콘신 주의 별명이 "뱃저 주"(Badger State)이고, 위스콘신 주민을 뱃저라고 한다. 1836년 위스콘신 준주(Wisconsin Territory)가 되었고 1848년 미국의 30번째 주가 되었다. 처음부터 자유주로 출발했으며 북부의 노예폐지론의 중심이 되었다.

37) 유타 주(State of Utah)

서부에 있는 주이다. 유타는 원주민의 말로 "산에 사는 사람"이라는 뜻이다. 아메리카 대륙을 남북으로 가로지르는 로키 산맥 서편을 따라 남북으로 도시가 형성되어 있다. 염도 27%로 어류가 살지 못하는 소금호수인 솔트 레이크(Salt Lake)에는 두꺼운 소금 층이 얼음처럼 덮여 있다.

유타 지역은 원래 멕시코 영토의 일부였으나 〈멕시코-미국 전쟁〉에서 미국이 승리하여 1848년 〈과달루페이달고 조약〉의 체결로 미국의 영토가 되었다. 1850년 유타 준주가 되었고 1896년 미합중국에 45번째 주로 가입하였다.

유타 주는 모르몬교로 유명하다. 동부에서 박해를 받아 쫓기던 모르몬교도들이 1847년 지도자 브리검 영을 따라 유타로 이주해 와서 정착했다. 유타 주의 주도인 솔트레이크 시티에 모르몬교의 본산이 있다. 주민

대부분이 백인이며 절반 이상이 모르몬 교인이다.

38) 인디애나 주(State of Indiana)

동부 오대호 남쪽에 있는 주로, 인디애나폴리스(Indianapolis)가 주도이다. 인디애나는 "인디언의 땅"이란 뜻이다. 1679년에 프랑스의 탐험가들이 지역을 탐사했고 1732년 프랑스의 정착지가 설립되었다. 1763년 〈프렌치-인디언 전쟁〉 후 프랑스가 물러나고 영국이 이 땅을 점유했다. 그러나 전쟁 중에 캐나다 프랑스인(French Canadians)의 편이던 인디애나의 원주민들은 물러나지 않고 저항했다. 결국 영국은 애팔래치아 산맥(the Appalachians) 서쪽의 땅을 원주민이 사용하도록 정했고 그 지역에서 영국 식민지인들을 철수시켰다. 미국이 독립한 후 개척민을 우선하는 정책이 시행되면서 피해를 입게 된 원주민들은 미국의 정책에 반발해 1810년 전쟁을 일으켰으나 완전히 패배 당했고 1820년대와 30년대에 미시시피 강 서쪽으로 강제로 이주 당했다.

1816년 19번째로 미국의 주가 된 인디애나 주는 중서부에서 공화당 성향이 가장 큰 주이다. 1992년과 1996년에는 인디애나 주의 주변에 공화당이 승리한 주가 하나도 없어 인디애나는 공화당의 상징색을 따서 "붉은 섬"(Island of Red)이라고 불리기도 하였다.

39) 일리노이 주(State of Illinois)

중서부의 주로, 북동쪽으로 미시간 호와 닿아 있다. 남쪽으로 오하이오 강을 끼고 켄터키 주와 접한다. 중서부에서 가장 인구가 많은 주인데 대부분의 인구가 시카고와 그 주변 지역에 밀집해 있다. 1673년 프랑스의 탐험가들이 발견하여 프랑스 정착지를 설립하여 1717년 프랑스 루이지애나 식민지의 일부가 되었다가, 〈프렌치-인디언 전쟁〉으로 프랑스가 영국에게 지면서 1763년 영국이 점유하게 되었고, 미국의 독립 후 미국의 영토가 되었다. 1809년 일리노이 준주가 되었으며 1818년에 21번째 주로 합중국에 합류했다.

일리노이의 수도인 시카고(Chicago)에서는 1871년 대화재가 나서 전 도시가 불에 탔고 이후 최초의 고층 빌딩인, 108층 402미터 높이의 윌리스 타워(Willis Tower)[44]가 세워졌다. 일리노이 주는 현직 미국 대통령인 오바마의 정치적 기반이 된 주이다.

40) 조지아 주(State of Georgia)

조지아 주는 미국 제1의 복숭아 산지여서 "복숭아 주"(Peach State)라는 별명과 "남부의 제국주"(Empire State of the South)라는 별명을 가지고 있다. 코크(Coke)라고 불리는 코카콜라(Coca-Cola)의 본산지가 애틀랜타에 있다.

조지아 식민지는 1733년 조지 2세의 칙허(charter)를 받은 식민지로 출발했고 주의 명칭은 왕의 이름을 딴 것이다. 1776년 독립 선언에 참가한 13개 주에 속하며 1788년 현재의 합중국 헌법을 승인했다. 1829년에 북부에서 금이 발견되어 "조지아 골드러시"(Georgia Gold Rush)가 시작되었다. 백인 개척민들이 밀려들면서 체로키국(Cherokee Nation)[45]이 설립된

---

44) 시어스 타워(Sears Tower)라고도 불림.

45) 20세기의 체로키국과 구별되는 19세기의 체로키국은 북아메리카에서 1794년에서 1907년까지 존속된 합법적이고 자치적인 부족 정부이다. "The Nation"이라고도 한다. 체로키국은 콸라 경계 구역(Qualla Boundary)의 체로키족, 1820년경 남동 지역에서 자발적으로 인디언 준주로 온 사람들(Old Settlers), 1930년대에 인디언 퇴거법령으로 눈물의 행군을 한 원주민들, 체로키 자유인, 다른 인디언 부족의 후손 등을 포함했다.

땅에 대한 요구가 커지자 1830년 앤드루 잭슨 대통령이 〈인디언 이주법〉(Indian Removal Act)을 제정해서 조지아의 원주민을 비롯하여 동부에 사는 원주민을 현재의 오클라호마의 인디언 거류지로 쫓아내었다. 연방 대법원은 〈우스터 대 조지아〉(Worcester v. Georgia) 재판[46]에서 주가 원주민 거류지의 경계를 새로 설정하는 것이 위헌이라고 판결했다. 그러나 잭슨 대통령과 조지아 주는 판결을 무시하고 인디언 강제 이주를 강행했다. 1838년 밴 뷰런 대통령은 이 정책을 이어받아 연방군을 파견해서 체로키족을 미시시피 강의 서쪽으로 추방했다. 이 재배치(relocation)가 체로키족의 눈물의 길로 알려져 있다. 이 행군에서 4,000명이 넘는 체로키족이 죽었다.

조지아 주는 노예제 중심의 플랜테이션 농업 중심으로 발달했다. 따라서 남북의 갈등이 극심해지자 1861년 연방을 탈퇴하고 남부 연합에 가입하여 전쟁에 참가하였고, 남북 전쟁의 최대 전투지(major theater)가 되었다. 1864년 애틀랜타에서 사바나에 이르는 대부분 지역이 윌리엄 셔먼 장군의 〈바다를 향한 행군〉 때 파괴되었다. 20,000명에 가까운 조지아 군이 사망했는데 이는 입대한 군인의 20퍼센트에 달했다. 1870년 남부 연합 중에 마지막으로 연방에 합류했다.

전쟁 후 조지아 주는 흑인에 대한 인종 차별을 계속 했다. 주 의회에서는 백인 민주당원(white Democrats)이 다시 힘을 얻어 1877년 인두세(Poll Tax)[47]를 통과시켰다. 이로 인해 많은 가난한 흑인과 백인은 투표에 등록

---

46) 이 결정은 종족(tribe)과 주(state), 연방 정부(federal government) 간의 관계를 정립한 선언(dicta)으로 유명하다. 존 마셜(John Marshall)부장판사는 이 판결에서, 인디언 국가들(Indian Nations)과 미국의 관계는 국가 간의 관계로 보았다. 그래서 개별 주가 인디언의 문제에 나설 수 없다는 것이다.

47) "head tax," "capitation tax"라고도 한다. 인구조사에 따라 모든 개인에게 고정되게 부과되는 세금이다. 세금을 내지 않은 사람에게 투표권을 주지 않아서 흑인, 원주민, 외국 태생의 백인 등 가난한 사람들의 투표권을 박탈하고자 한 것이다.

하지도 못하는 참정권 박탈(disfranchisement)이 일어났다. 1908년 백인 예비 선거(White Primary)[48]를 확립해서 흑인을 정치에서 배제시키는 방식을 채택했다. 이런 차별은 1965년 연방 정부가 〈투표권법〉을 제정해서야 끝이 났다.

남북 전쟁 때의 조지아 주를 배경으로 한 소설로 마거릿 미첼의 『바람과 함께 사라지다』가 있다. 앨리스 워커(Alice Walker)의 『칼라 퍼플』(*The Color Purple*)은 1930년대의 조지아 주에 사는 흑인 여성의 고단한 삶을 그린 작품이다.

41) 캔자스 주(State of Kansas)

중부의 주로, 본토 한가운데 위치해 있다. 주를 가로질러 흐르는 캔자스 강의 이름에서 주의 이름을 따왔다. 캔자스는 인디언 말로 "남쪽 바람의 사람"(people of the south wind)이라는 뜻이다. 캔자스의 주민은 "Kansans"라고 한다.

캔자스는 1803년 루이지애나 매입을 통해 미국의 영지가 되었다. 1827년부터 정착이 본격화되었고, 1854년의 〈캔자스-네브래스카법〉으로 두 준주의 영역이 정리되면서 백인의 정착이 더욱 빨라졌다. 이때 들어온 이주민들이 노예제 지지자와 반대자 세력으로 나뉘어 싸우면서 폭력이 난무했으므로 캔자스는 피흘리는 캔자스(Bleeding Kansas)라는 이름을 얻게 되었다. 1861년 캔자스는 자유주로 연방에 합류했다.

남북 전쟁이 끝나자 많은 참전 용사(veterans)들이 캔자스에 농장을

---

48) 남부 주들이 비백인 유권자들의 참가를 금지한 예비 선거이다. 1890년 이후로 남부 주들의 주 의회에서 입법화되었다. 연방 대법원은 여러 번의 심리를 거친 후 〈스미스 대 올라잇 소송〉(Smith v. Allwright, 1944)에서 백인 예비 선거가 비합법이라고 판결했다. 이후 대부분의 남부 주에서 백인 예비 선거가 끝나게 되었다.

세워 정착했다. 또 흑인들은 캔자스가 존 브라운(John Brown)[49]의 이상을 실현할 수 있는 곳으로 여겨서 지도자인 벤저민 팹 싱글턴(Benjamin "Pap" Singleton)을 따라서 흑인구역을 확립했다. 그러나 1870년대 후반 인종 차별이 급증하자 남부를 떠났다. 이들을 "대이주자들"(Exodusters)이라고 한다.

치좀 길(Chisholm Trail)[50]이 열리면서 대중문화에서 흔히 미화되는 19세기 후반의 서부인 "와일드 웨스트"(Wild West) 시대가 열렸다. 카우보이들의 소몰이로 돗지 시(Dodge City)까지 들어온 소떼들은 기차를 타고 동부로 옮겨졌으므로 이 시는 "축우 도시의 여왕"(Queen of the Cowtowns)이라는 별명을 얻게 되었다.

원래 캔자스는 토네이도가 많은 곳이었다. 토네이도를 이야기의 배경으로 이용하여 큰 인기를 끈 것이 아동문학 시리즈물인 오즈의 마법사 이야기이다. 프랭크 바움(L. Frank Baum)이 쓰고 덴슬로(W. W. Denslow)가 삽화를 그린 총 14편 중 1편은『오즈의 위대한 마법사』(*The Wonderful Wizard of Oz,* 1900)라는 이름으로 출판되어 엄청난 인기를 거두었고 이후 브로드웨이 뮤지컬과 영화로도 성공을 거두었다.[51]

주인공인 도로시(Dorothy)는 캔자스의 농가에서 농부인 헨리 아저씨

49) 백인 노예폐지론자로서 무장 봉기가 미국의 노예제를 뒤엎을 유일한 길이라고 주장했다.

50) 19세기 후반 텍사스의 목장에서 캔자스의 기차 종점(railheads)으로 소떼를 몰고 가는데 사용하던 길이다.

51)『오즈의 마법사』의 단순한 도덕을 새로운 관점에서 패러디한 책으로, 그레고리 맥과이어(Gregory Maguire)가 쓰고 더글러스 스미스(Douglas Smith)가 삽화를 그린『서쪽 악한 마녀의 생과 시대』(*The Life and Times of the Wicked Witch of the West,* 1995)가 있다. 이 책은 아동용이라고 볼 수 없을 정도로 격렬한 이미지와 성적인 상황을 포함하고 있다. 초록 피부의 엘파바(Elphaba)는 현실과의 타협을 거부하고 정의를 추구하지만 사람들의 편견으로 인해 악한 마녀로 오해받으나 나중에 진정으로 사랑하는 사람을 만나게 된다. 착한 마녀로 여겨지는 글린다(Glinda)는 멍청한 미녀에 불과하다. 이 소설은 뮤지컬 〈위키드〉로 인기를 끌고 있다.

(Uncle Henry)와 엠 아주머니(Aunt Em)와 함께 살고 있었다. 모든 것이 회색인 황량한 초원에서 도로시의 유일한 친구는 강아지 토토(Toto)였다. 회오리바람이 불어온 어느 날 도로시는 토토와 함께 숨었는데 회오리바람이 집을 그대로 들어 올리는 바람에 멀리 날아가 오즈의 세계(Land of Oz)인 먼치킨 마을(Munchkin Country)에 떨어진다. 집이 떨어지면서 나쁜 마녀가 깔려 죽자 도로시는 영웅으로 대접받으며, 허수아비, 양철 나무꾼, 사자와 함께 다른 나쁜 마녀를 물리치는 모험을 한다. 이 판타지 동화의 세부 묘사에서 힘든 켄자스의 삶이 잘 나타나 있다.

*『오즈의 위대한 마술사』 프랭크 바움

도로시는 캔자스의 초원에서 농사를 짓는 헨리 삼촌과 엠 숙모와 함께 살았다. 그들이 사는 집은 방이 하나밖에 없는 아주 작은 집이었다. 삼촌은 집 짓는데 쓰이는 나무들을 멀리까지 가서 마차로 실어오기가 힘들어서 그냥 집을 조그맣게 지었다고 했다. 가구도 몇 개 안되었다. 그릇을 넣어두는 찬장 하나, 식탁 하나, 의자 몇 개와 녹슨 난로, 침대 두 개가 전부였다.

헨리 삼촌과 엠 숙모는 한쪽 구석에 있는 큰 침대에서 잤고 도로시는 반대편에 있는 작은 침대에서 잤다. 다락방이나 지하실 같은 건 아예 없었다. 대신 바닥에 구덩이를 하나 파 놓았는데 도로시 가족은 그걸 "회오리바람구멍"이라고 불렀다. 캔자스는 건물도 쓰러뜨릴 만한 강한 회오리바람이 자주 불곤 했다. 그 구덩이는 그런 회오리바람이 불 때 피하는 곳이었다. 마룻바닥에는 구덩이로 내려갈 수 있는 뚜껑문이 있었다. 그리고 그 문을 열면 또 재빨리 구덩이 속으로 내려갈 수 있는 사다리가 걸쳐져 있었다.

도로시네 집 앞 들판은 온통 회색빛이었다. 들판은 지평선까지 펼쳐져 있었다. 사방을 둘러봐도 집 한 채, 나무 한 그루 없었다. 태양이 어찌나 뜨거운지 땅들을 갈아 놓으면 곧 쩍쩍 갈라져 회색 먼지만 날렸다. 그곳 풀들 역시 땅과 마찬가지로 회색빛으로 말라 버렸다. 원래 도로시네 집 벽에는 밝은 색 그림들이 그려져 있었다. 하지만 모두 뙤약볕에 바래고 빗물에 씻겨 이제는 집 앞 들판처럼 회색빛이 되었다.

엠 숙모도 이곳에 처음 왔을 때는 젊고 예뻤다. 하지만 강렬한 태양과 모진 바람은 숙모를 변하게 했다. 숙모의 활기찬 눈빛은 어느 새 어두운 회색빛이 되었고 발그레했던 뺨과 입술도 창백해졌다. 몸도 마음도 깡말라 버린 숙모는 웃음을 잃어버렸다.

도로시가 부모님을 여의고 고아가 되어 처음 이 집에 왔을 때 엠 숙모는 도로시가 까르르 웃는 소리를 듣고 어찌나 놀랐던지 비명이 터져 나오지 않게 입을 막아야 했다. 뿐만 아니라 두 손으로 놀란 가슴을 쓸어내리기까지 했다. 지금도 숙모는 밝게 웃는 도로시를 신기하다는 듯이 바라보곤 했다.

헨리 삼촌도 결코 웃는 법이 없었다. 아침부터 밤까지 일만 했다. 즐거움이 뭔지 모르는 사람 같았다. 긴 수염에서 장화 끝까지 온통 회색빛 차림인 삼촌은 언제나 무뚝뚝하기 그지없었다.

하지만 도로시는 언제나 명랑했다. 도로시가 웃음을 잃지 않은 건 검은 강아지 토토 덕분이었다. 비단처럼 윤이 나는 긴 털과 반짝이는 검은 눈, 우스꽝스럽게 생긴 코를 가진 토토는 굉장한 장난꾸러기였다. 토토는 잠시도 가만히 있지 않았다. 도로시는 그런 토토와 하루 종일 놀았다. 토토가 정말 좋았다.

하지만 그날은 도로시와 토토가 뛰어놀지 못했다. 헨리 삼촌은 현관 앞에 앉아 보통 때보다 훨씬 더 컴컴해진 하늘을 올려다보았다. 삼촌은 근심이 가득한 표정을 지었다. 도로시도 토토를 품에 안고 삼촌 곁에서 하늘을 올려다보았다.

갑자기 북쪽에서 요란하게 윙윙거리는 회오리바람 소리가 들려왔다. 초원의 풀들이 여기저기로 마구 쓰러졌다. 남쪽에서도 바람소리가 들려왔다. 풀들은 또 일제히 고개를 숙였다.

헨리 삼촌이 벌떡 일어나 숙모에게 소리쳤다.

"엠, 회오리바람이 다가오고 있어! 가축들을 보고 와야겠어."

삼촌은 곧 젖소와 말들이 있는 외양간으로 달려갔다.

설거지를 하던 엠 숙모도 그릇들을 닦다 말고 문쪽으로 왔다. 숙모도 한눈에 위험이 닥쳐오고 있음을 알아차렸다.

숙모는 도로시에게 비명을 지르듯이 외쳤다.

"서둘러, 도로시! 어서 구덩이로 내려가거라."

도로시는 얼른 구덩이로 내려가는 뚜껑 문으로 향했다. 그런데 그 순간 토토가 도로시의 품을 빠져나가 쪼르르 침대 밑으로 달려갔다. 도로시가 토토를 잡으러 간 사이에 엠 숙모가 먼저 뚜껑 문을 열고 좁고 컴컴한 구덩이 속으로 내려갔다.

도로시는 간신히 토토를 붙잡아서 구덩이로 내려가려고 했다. 그 때 무시무시한 바람이 오두막을 덮쳤다. 도로시는 균형을 잃고 바닥에 쿵 엉덩방아를 찧고 말았다. 그런데 조금 뒤에 정말 놀라운 일이 벌어졌다. 집이 두 세 번 빙글빙글 돌더니 풍선처럼 하늘로 붕 떠오른 것이다. 북쪽에서 불어온 세찬 바람과 남쪽에서 불어온 거센 바람이 도로시네 집에서 강하게 충돌하면서 그곳을 중심으로 거대한 회오리바람을 일으켰다. 보통 회오리바람의 중심이 되는 곳에서는 공기가 정지되어 고요하다. 하지만 사방에서 불어오는 사나운 바람의 압력을 받아 기류가 자꾸만 상승하게 된다. 그렇게 해서 회오리바람의 중심에 자리 잡은 도로시네 집은 자꾸만 높이 더 높이 올라갔다. 마침내 회오리바람의 꼭대기까지 올라갔다. 집은 회오리바람에 실려 가벼운 깃털처럼 수천 킬로미터를 날아갔다.

42) 캘리포니아 주(State of California)

캘리포니아 주[52]는 서부 해안선의 반 정도를 차지하는 남북으로 긴 형태의 주이며, 남쪽으로는 멕시코의 바하칼리포르니아 반도(Baja California peninsula)와 국경을 접하고 있다. 서쪽으로 태평양과 접하며, 환태평양 조산대(Pacific Ring of Fire)에 포함되어 진도(magnitude) 8급의 지진을 경험한 바 있다. 현재 미국에서 가장 인구가 많은 주이며, 아시아계와 히스패닉계 인구가 많은 것으로도 유명하다.

미국 본토의 동쪽 끝인 캘리포니아 주의 중앙에는 미국인이 먹는 야채와 과일의 상당량을 생산하는 캘리포니아 센트럴 밸리(California Central Valley), 동쪽은 시에라네바다 산맥(the Sierra Nevada), 북서쪽은 레드우드 더글러스 전나무 숲(Redwood Douglas fir forests), 남동쪽에는 모하브 사막(Mojave Desert), 서쪽에는 태평양 연안(Pacific Coast)이 있다. 1906년의 샌프란시스코 지진은 가장 큰 지진으로 기억되며, 지금도 지진의 공포가 각종 대중 매체의 단골 메뉴가 되어 있다.

1542년 스페인의 탐험가가 샌디에이고 만을 여행하였고, 1769년에는 원주민에게 기독교를 전파하기 위한 스페인의 첫 선교소가 세워지면서 뉴스페인의 알타칼리포르니아(Alta California)[53] 주가 되었다. 1821년 멕시코가 스페인에서 독립하면서 알타칼리포르니아는 멕시코의 땅이 되었는데, 당시는 네바다 주, 유타 주, 애리조나 주, 와이오밍 주까지 포함하는 큰 지역이었다. 1848년 〈멕시코-미국 전쟁〉을 통해 미국은 캘리포니아를

52) 캘리포니아라는 이름은 스페인 소설가 가르시 몬탈보(Garci Rodríguez de Montalvo)가 쓴 『에스플란디안의 모험』(*The Adventures of Esplandián*)(1510)에 나오는, 흑인 아마존들의 여왕인 칼라피아 여왕(Queen Calafia)이 다스리는 허구의 낙원에서 나왔다.

53) "alta"는 "upper," "baja"는 "lower"의 의미이다.

차지했다. 오늘날 많은 멕시코인들이 캘리포니아로 불법 이민을 시도하여 미국 정부는 골머리를 썩고 있지만 정작 멕시코인들은 자신들을 불법 이민으로 생각하지 않는다고 하는데, 바로 그런 역사적 맥락이 있기 때문이다. 캘리포니아 주는 1850년 자유주로 미국의 31번째 주가 되어 1852년 대통령 선거부터 주민들이 대통령 선거권을 행사하였다.

1849년 캘리포니아에서 금이 발견되자 엄청난 이주민들이 몰려드는 캘리포니아 골드러시가 시작되어 인구가 집중되었다. 또 1869년 1차 대륙 횡단 철도가 완성되어 쉽게 접근이 가능해지면서 인구가 급증했다. 20세기 초에는 링컨 고속도로(Lincoln Highway)와 66번 도로(Route 66) 같은 대륙 횡단 고속도로가 완성되면서 캘리포니아로의 이주가 급증했다. 결과적으로 1900년에서 1965년까지 인구가 1,000,000명 정도 증가하여 연방에서 가장 인구가 많은 주가 되었다. 특히 히스패닉계 인구가 많이 증가하고 있다.

2차 대전 후 캘리포니아의 경제는 항공 우주 산업(aerospace)과 방어 산업(defense industries)으로 활발해졌으며, 냉전 시대가 끝나면서는 실리콘 밸리(Silicon Valley)를 하이테크 지역(high-tech region)으로 설정하여 하이테크 산업을 발전시켰다. 인터넷 거품(Dot-com bubble)[54]이 꺼지면서 닷컴 폭락(Dot com bust, 인터넷 상거래 폭락)이 오기 전의 캘리포니아는 세계 5위의 경제에 이를 정도였다.

캘리포니아의 명성은 할리우드(Hollywood)의 인기와 연결되어 있다. 캘리포니아의 온화한 날씨, 값싼 땅, 지형의 다양성으로 인해 영화 제작자들이 몰려들어 1920년대에 할리우드에 영화사를 차렸으며 이후 미국의 영화는 전 세계를 지배하였다. 이 신생 장르는 신생 대국인 미국의 문

54) "Dot-com boom," "Internet bubble," "Information technology bubble"이라고도 한다. 1997년에 2000년까지 증권 시장에서 인터넷 관련 회사와 그 관련 증권이 급등했던 시기를 말한다. 마지막에 급등과 폭락 사이클(boom and bust cycle)을 그렸다.

화를 전 세계에 퍼트리는 가장 적절한 도구가 되었고, 미국의 영화 산업을 대표하는 할리우드는 전 세계적으로 유명해졌다.

영화의 시작은 1895년 프랑스의 뤼미에르 형제(Lumière brothers)가 만든 영화 찰영기 시네마토그래프(cinematograph)에서 시작되었다. 이 기계는 1894년에 공개된 미국의 토마스 에디슨(Thomas Edison)의 키네토스코프(kinetoscope)[55]보다 가벼워서 야외에서도 촬영이 가능했으며 혼자서만 보던 에디슨의 기계와 달리 찰영 중에 영사 기능이 가능했다. 이들은 파리의 그랑 카페(Grand Cafe)에서 10편의 짧은 영화를 상영했고 이후 런던, 몬트리올, 뉴욕 등으로 순회 상영을 했다. 그러나 1897년 미국은 자국의 영화 제작을 보호하기 위해서[56] 꼬투리를 잡아 프랑스 기계를 압수했고 프랑스 기사가 프랑스로 도망가는 것으로 일단락되었다. 이후 영화 산업이 발달하면서 거대 자본의 메이저 영화사들이 결성한 MPPC(영화 특허권 회사)와 독립영화사들이 대립하는 일이 생기면서 메이저 영화사는 독립 영화사의 스튜디오에 총잡이를 보내서 억압하는 사건도 일어났다.

미국에서 1910년대에서 1930년대에 지어진 영화관은 마치 궁전과 같이 화려하고 거대한 모습으로 관객을 매혹했다. 무성 영화에서 유성 영화로 바뀐 1929년부터 약 20년간 약 80,000,000명에서 90,000,000명의 미국인들이 매주 영화를 보러갔다. 6세에서 60세의 연령층의 모든 미국인이 적어도 한 주에 한 번은 영화를 보러 간 셈이다. 2차 대전 후 유럽 각국은 대부분 본토에 전쟁의 피해를 입었으므로 영화를 만들 여력이 없었지만, 미국에서는 영화 제작과 관람이 그 어느 때보다 활기를 띠었고, 그 영화들은 유럽에 수출되어 엄청난 인기를 누렸다. 전 세계인들이 미국 영

---

55) 구멍으로 들여다보는 요지경(peep show)식 영사기.

56) 에디슨의 기계를 이용한 바이오그래프 회사(Biograph Company)의 영상이 시네마토그래프처럼 환영이 흔들리지 않고 화면도 더 넓어, 미국적 특성을 더 담을 수 있다고 주장했다.

화를 통해 낙관적이고 화려한 미국적 삶과 가치관을 접하고 미국에 대한 꿈을 키우게 되었다. 이처럼 미국 영화가 전 세계의 영화 시장을 장악하는 현상은 계속되어, 1992년 미국이 유럽에 수출한 영화와 텔레비전 드라마는 37억 달러에 달했지만 유럽에서 미국으로 수출한 영화는 3억 달러에도 미치지 못했다. 영화의 본고장인 프랑스마저도 50퍼센트 이상의 상영관이 미국 영화를 상영했으며, 유럽 이외의 나라에서는 미국 영화가 거의 100퍼센트를 장악한 나라도 있었다. 미국 이외의 나라들은 각기 자국의 영화 산업을 보호하기 위해서 자국의 영화를 일정 부분 상영하게 하는 스크린 쿼터제(Screen Quotas)[57]를 법제화해서 미국 영화에 대항했으며, 그로 인해 시장 개방을 주장하는 미국과 갈등을 겪고 있다.

할리우드의 큰 제작사만 미국 영화를 만드는 것은 아니지만 전 세계에 영향을 끼치는 것은 주로 할리우드의 대형 제작사의 블록버스터 영화이다. 그러므로 할리우드 영화의 영향력이 가장 문제가 된다. 영화는 현실을 그대로 재현하는 기능도 있지만 인간의 현실을 교묘하게 왜곡하는 기능이 그 어떤 장르보다도 크기 때문이다. 중세의 장르인 로망스(Romance)가 기사와 아름다운 레이디의 낭만적인 사랑이라는 이야기로 어려운 삶을 사는 민중들이 잠시나마 힘든 현실을 잊고 도피할 수 있게 해주었다면, 영화는 그보다 수천 배나 강력한 힘으로 현실을 왜곡하고 망각하게 한다. 1930년대의 공황기에 할리우드에서는 고의로 환상적이

57) 국산 영화 의무 상영제이다. 일정 기간 자국의 영화를 의무적으로 상영하도록 하는 일종의 무역 장벽이다. 영국의 〈영화 필름법〉(Cinematograph Films Act, 1927) 등 현재 한국과 프랑스를 비롯한 몇 개국이 시행 중이다. 1995년 대한민국 헌법 재판소는 국산 영화의 창작 기반이 극도로 열악한 상황에서 외국 영화의 무제한 수입을 허용하면 국산 영화의 존립 자체가 위태롭게 되므로 공공복리를 위한 목적의 정당성이 인정된다며 합헌 결정을 내렸다. 그러나 2000년대에 들어와 한국 영화가 발전을 하면서 스크린 쿼터의 폐지에 대한 논란이 많았고, 2006년 스크린 쿼터를 146일에서 73일로 줄이는 영화 진흥법 시행령 개정안을 통과시켰다.

고 호사스러운 내용의 영화를 양산하여 어려운 현실을 잊게 했고, 소련에서는 공산주의의 업적을 예찬하고 폭력적인 독재를 숨기는데 영화가 이용되었다. 독일의 히틀러는 금발 미녀가 거의 벌거벗은 몸으로 군무를 추는 화려한 뮤지컬 영화를 양산해서 자국 국민들에게 장미 빛 환상을 심어주었으며, 이탈리아의 독재자 무솔리니는 영화를 이용해 국책 사업을 선전했다. 영화가 이처럼 선전과 교화의 가장 효과적인 수단으로 이용될 수 있으므로, 미국적 이상을 최고의 가치로 선전하는 할리우드 영화가 무차별적으로 전 세계로 확산되는 것은 무기 수출 못지않은 위험성을 내포하고 있다.

43) 켄터키 주(Commonwealth of Kentucky)

중동부의 주로, 북쪽으로 오하이오 강, 서쪽으로 미시시피 강이 흐르고 있다. 켄터키는 원래 독립된 주가 아니라 버지니아 주 켄터키 카운티였다. 켄터키 정착민들은 버지니아 주의 여러 정책이 자신들의 이익에 맞지 않다고 느끼고 분리를 주장하여 1792년 켄터키 주로 분리되었고 미국의 15번째 주가 되었다. 땅이 비옥하여 블루그래스가 풍부하므로 켄터키 주는 "블루그래스 주"(Bluegrass State)로 알려져 있다. 5달러 지폐에 그려진 16번 째 대통령 에이브러햄 링컨이 켄터키 주 출신이다. 패스트푸드 식당인 KFC(Kentucky Fried Chicken)가 루이스빌(Louisville)에 본부를 두고 있다.

1750년 미국의 개척자를 통해 켄터키가 알려지기 시작했고 독립 전쟁을 겪던 1775년경부터 버지니아, 펜실베이니아, 노스캐롤라이나 등 다른 주에서 살던 개척민들이 많이 이주해 왔다. 이주자 중에서 가장 유명한 사람이 켄터키 주의 탐험가이자 정착민으로 알려진 대니얼 분(Daniel Boone, 1734-1820)이다. 미국 최초의 민중 영웅으로 기억되는 분은 노스캐롤라이나와 테네시에서 애팔래치아 산맥을 넘고 컴벌랜드 협곡

(Cumberland Gap)을 지나서 켄터키에 이르는 "윌더니스 길"(Wilderness Road)을 개척했다. 18세기 후반에 200,000명 이상의 이주민이 분이 개척한 통로를 통해 켄터키로 이주했다.

켄터키 주민들도 흑인 노예를 이용했지만 딥사우스 처럼 집약적인 노예 노동에 의존하는 것이 아니었고, 딥사우스 쪽으로 노예를 파는 노예무역으로 더 이익을 얻었다. 루이스빌에 개설된 노예 시장에서 매매를 했고, 미시시피 강을 따라 뉴올리언스 노예 시장으로 싣고 가기도 했다. 그래서 "강 아래로 팔려간다"(sold down the river)는 표현은 배반당한다는 의미가 되었다. 켄터키에서는 오하이오 강만 건너면 자유주가 있었기 때문에 도망 노예들은 먼저 켄터키로 달아났다가 여기서 다른 곳으로 탈출했다.

켄터키에서는 1790년대부터 노예폐지론이 활발했으며 1808년에는 켄터키 노예제 폐지협회(Kentucky Abolition Society)가 창설되었다. 정치계에서도 노예 수입 금지 법안이나 폐지 법안이 발의되었으나 통과되지는 않았다. 노예 문제로 남북이 대치하자 켄터키는 경계주가 되었으나 전쟁이 터지자 1861년 연방에 합류했다. 남북 전쟁 중에 정식으로 노예제를 폐지하지는 않았으나 주의 75퍼센트에 이르는 노예가 자유가 되었거나 자유주로 탈출했다. 켄터키에서 노예제가 공식적으로 끝난 것은 〈수정안 13조〉가 효력을 발휘한 1865년이었다.

전쟁이 끝난 후 켄터키는 연방군의 점령과 통치를 받지 않았기 때문에 남부의 보수 세력인 민주당이 주 의회를 장악하게 되었고, 〈추방법〉(Expatriation Act, 1862)[58]을 폐지하여 남부 연합에 참가한 군인들의 시민권을 회복시켜 주었고, KKK단은 켄터키에서 엄청난 린치와 학살을 감행했다.

58) 남부 연합에 참여한 군인의 시민권을 박탈한 법.

44) 코네티컷 주(State of Connecticut)

뉴잉글랜드 지역의 주로, 코네티컷 주의 남부와 서부의 지역은 뉴욕 메트로폴리탄 지역(New York metropolitan area)의 일부이다. 코네티컷의 3개 카운티는 뉴욕 시 통합 통계 지역(New York City combined statistical area)에 포함된다. 뉴욕, 뉴저지, 코네티컷에서 여기에 포함되는 지역을 삼주 지역(Tri-State area)이라고 한다. 코네티컷 주의 별명은, 헌법 주(Constitution State), 너트맥 주(Nutmeg State) 등이다. 주의 노래인 양키 두들(Yankee Doodle)[59]이 유명하다.

1614년에 네덜란드 탐험가가 도착한 후 네덜란드 모피 상인들이 하트포드(Hartford)에서 코네티컷 강줄기를 따라 통하는 무역로를 이용했다. 1633년 윈저(Windsor)에 영국인들의 첫 정착이 시작되었으며, 1662년에 영국의 식민지로 확정되었다. 1776년 독립 전쟁 때 참가한 13개 주에 속하며 1788년에 미국의 5번째 주로 통합되었다.

아이비리그(Ivy League)[60] 중 하나인 예일 대학교(Yale University, 1701)가 있고, 코네티컷 대학교(1881)를 비롯해 많은 명문 대학의 소재지로 유명하다. 마크 트웨인은 하트포드에서 1871년부터 20년간을 살면서 대표작들을 출간했다. 『웹스터 사전』을 만든 노아 웹스터(Noah Webster)는 현재의 웨스트 하트포드 지역의 한 마을에서 태어났다.

---

59) "양키 두들은 타운에 갔네. / 당나귀 타고서. / 모자엔 깃을 꽂고선 / 마카로니라고 불렀네."(Yankee Doodle went to town / Riding on a pony; / He stuck a feather in his hat, / And called it macaroni.)

60) 원래 북동부에 위치한 8개 사립대학의 스포츠 팀으로 이루어진 운동 경기 연맹을 지칭하는 용어였으나 해당 사립 대학교를 통틀어 가리키는 용어이기도 하다. 브라운 대학교, 컬럼비아 대학교, 코넬 대학교, 다트머스 대학교, 하버드 대학교, 펜실베이니아 대학교, 프린스턴 대학교, 예일 대학교가 포함된다. 현재 "아이비리그"라는 용어는 학문적 우수성, 까다로운 입학 조건, 사회 엘리트주의를 상징한다. 아이비리그는 "Ancient Eight"이라고 불리기도 한다.

45) 콜로라도 주(State of Colorado)

서부의 주이다. 와이오밍 주, 유타 주와 함께 주 경계가 위선과 경선을 따라 직선으로만 이루어진 주이다. 주의 남북으로 로키 산맥이 관통하고 있어 주 전체의 평균 고도가 미국 전체에서 가장 높은 산악 지대이다. 주의 동쪽은 대평원이다. 1876년 독립 100주년을 맞는 해에 주로 승격되어서, 별명이 "100년 주"(Centennial State)이다. 주의 이름은 콜로라도 강에서 땄는데, 콜로라도는 스페인어로 "붉은 빛을 띠다."는 의미이다. 콜로라도에는 산맥, 숲, 높은 평원, 메사(mesa),[61] 협곡(canyon), 고원, 강, 사막 등 다양한 지형이 있어 아름다운 경치로 유명하다.

1600년대에 스페인의 탐험가들이 지금의 콜로라도 땅을 여행한 바 있으며, 1803년에 미국이 프랑스로부터 루이지애나를 구입할 때 콜로라도의 동부가 포함되어 있었다. 이후 1848년 〈멕시코-미국 전쟁〉에서 현재의 콜로라도의 서부를 획득했다. 1861년 콜로라도 준주가 신설되었고, 1876년 미국의 38번째의 주가 되었다. 1915년에는 〈로키 산맥 국립공원〉이 설립되었다.

46) 테네시 주(State of Tennessee)

남부의 주로, 미주리 주와 함께 8개 주와 접해 있어 다른 주와 가장 많이 접해 있는 주이다. 테네시 강이 주를 삼등분하며 흐르고 있다. 프랑스의 탐험가들이 들어와서 프랑스의 식민지가 되었다가 1763년 〈프렌치-인디언 전쟁〉의 결과로 영국에 할양되었고, 1796년 미국의 16번째 주가 되었다. 남북 전쟁 때는 남부 연합에 가입하였고, 전쟁 후 그 중 처음으로

61) 꼭대기가 평평하고 주위가 절벽으로 된 대지.

미국 연방에 편입되었다.

1929년의 대공황 때 큰 피해를 입은 테네시 밸리(Tennessee Valley) 지역의 경제 발전을 돕기 위해 연방 정부는 〈테네시 밸리 공사〉(Tennessee Valley Authority, TVA, 1933)를 설립하여 관개, 홍수 통제, 전기 발전, 비료 생산 등을 발전시켰다. 연방 정부의 과감한 투자로 농업 경제를 벗어나 다양한 산업 구조로 전환했다.

테네시는 록큰롤(rock and roll), 블루스(blues), 컨트리(country), 로커빌리(rockabilly)[62] 등 다양한 대중 음악의 발전에 중요한 역할을 했다. 엘비스 프레슬리(Elvis Presley)가 음반을 취입한 선 레코드(Sun Records)가 멤피스(Memphis)에 있으며 멤피스의 빌 스트리트(Beale Street)는 음악인들에게 중요한 장소이다. 내슈빌(Nashville)은 1930년대에 컨트리 음악의 중심이 되었다.

47) 텍사스 주(State of Texas)

남부에 있는 주로, 남쪽으로는 리오그란데 강을 따라 멕시코와 국경을 이룬다. 면적은 알래스카 주 다음으로 넓어서, 크다는 것을 강조할 때 "텍사스 사이즈"(Texas size)라고 한다. "텍사스를 더럽히지 말라"(Don't Mess with Texas)는 1986년에 휴지를 버리지 말자는 광고였는데, 이것이 "텍사스인을 건드리지 말라."는 뜻으로 전이되어 텍사스인의 허풍을 드러내는 말로 굳어졌다. 넓고 평평한 지대가 펼쳐져 있어 자가용으로 대형 트럭을 가장 많이 사용하는 지역이다. 캘리포니아 주 다음으로 인구가 많다.

스페인의 정착민들이 1682년 지금의 엘 파소(El Paso)에 정착해서 스

62) 록과 컨트리 음악의 요소를 지닌 음악.

페인의 점유지가 되었고, 1821년 멕시코가 독립하면서 멕시코의 영토였으나, 1835년 독립 전쟁을 일으켜 텍사스 공화국(Republic of Texas)이 되었다. 처음부터 미국과의 통합을 원했던 텍사스 주는 1845년 28번째 주가 되었다. 독립국으로서의 텍사스의 과거는 “고독한 별 주”(Lone Star State)라는 별칭에서 나타나며, 텍사스 주의 깃발에는 별 하나가 그려져 있다. 유명한 놀이 공원 회사인 식스 플래그(Six Flags)가 맨 먼저 텍사스에 세운 놀이공원은 “텍사스의 여섯 깃발”(Six Flags over Texas, 1961)이다. 이 이름은 텍사스를 지배했던 여섯 국가, 스페인, 프랑스, 멕시코, 공화국, 연방, 남부 연합을 암시한다. 노예주였던 텍사스 주는 남북 전쟁 중에는 남부 연합에 가입하였다가 전쟁 후에 다시 합중국에 편입되었다.

1900년 9월 8일 갤버스턴(Galveston)에 4급(Category 4) 태풍이 와서 거의 10,000명에 이르는 주민이 사망하였다. 1930년대는 대공황과 더스트 보울로 경제가 더욱 악화되어 많은 주민이 텍사스를 떠났다. 텍사스의 흑인들도 이 시기에 일자리를 찾아서, 또 인두세와 백인 예비 선거 등으로 흑인을 억압하는 정책을 피해, 북부나 캘리포니아로 이주했는데 이것을 대이주(Great Migration)라고 한다.

텍사스 주는 소떼를 몰고 다니는 카우보이로 연상되듯이 광대한 영토에서 가축을 기르는 것으로 유명하다. 엄청난 원유와 천연 가스의 생산지여서 석유 화학 공업을 위시한 중공업이 주의 경제에서 중요한 위치를 차지한다. 휴스턴에 자리 잡은 미국 항공 우주국(National Aeronautics and Space Administration, NASA)을 중심으로 우주 개발 사업도 활발하다. 텍사스는 또한 1963년 11월 22일 케네디 대통령이 댈러스에서 차를 타고 사열을 하던 중 암살을 당한 사건으로 유명해졌다. 범인은 리 하비 오스월드(Lee Harvey Oswald)로 밝혀졌지만 그도 역시 암살당하면서 케네디의 사망은 지금까지 각종 음모론에 싸여있다.

텍사스는 남부(딕시), 서부(프런티어), 남서(멕시코/앵글로 혼합)의 문화가 섞여 있어서 문자 그대로 문화의 멜팅 팟(melting pot) 역할을 한다. 가장 인기 있는 아침 버리토(breakfast burrito)는 토티야(tortilla)[63]에 베이컨, 달걀 스크램블(scrambled eggs),[64] 매운 속(fillings)이 들어있어 혼합 문화를 잘 나타낸다.

48) 펜실베이니아 주(Commonwealth of Pennsylvania)

북동부의 주이다. 1643년 스웨덴의 이주민들이 정착했고, 1655년에 네덜란드인들 역시 비슷한 지역에 정착했으며 1664년에는 영국인들이 정착했다. 따라서 세 나라 사이에 다소 갈등이 있었지만 합의 하에 1667년 영국의 점유지로 인정되었다. 1681년 찰스 2세는 퀘이커 교도인 윌리엄 펜(William Penn)에게 진 채무를 변제받는 대신 이곳을 펜실베이니아[65]라고 명명하면서 그에게 증여했고 여기에 펜이 식민지 정부를 세웠다.

1776년 당시 펜실베이니아의 주도인 필라델피아에서 미국의 독립이 선언되었고 펜실베이니아는 1787년에 미국의 2번째 주가 되었다. 남북 전쟁 때는 북군이 승리를 거둔 게티즈버그 전투가 유명하다. 독일계 이민들이 많이 정착한 주이며, 이들이 쓰는 펜실베이니아 독일어는 영어와 그들의 사투리가 섞인 언어이다. 또한 미국에서 아미시(Amish)[66] 교인이 많이

---

63) 옥수수 가루를 반죽하여 구운 멕시코의 얇고 둥근 떡.

64) 달걀 프라이에서 양면 익힘은 “over easy,” 한쪽만 익힘은 “sunnyside up.”

65) 가족의 성인 “Penn”에 숲(woods)을 뜻하는 라틴어 “sylvania”를 붙인 것이다.

66) 개신교의 재침례교(Anabaptist)중 한 일파로, 메노파(Mennonite)와 조금 다르다. 창시자는 스위스의 종교 개혁가 야곱 아망(Jakob Ammann)으로 알려져 있다. 주로 17세기 이후 탄압을 피해서 유럽에서 이주한 스위스-독일계 이민들로 구성되었다. 주로 미국 펜실베이니아 주와 캐나다 온타리오 주에 거주한다. 자동차나 전기, 전화 등의 현대 문명을 거부하는 것으로 유명하며, 단순하고 소박한 검은색 계통의 옷만 입으며, 대다수의 교인들이 전통적 방식의 농업과 축산업에 종사한다. 어린이들도 자신들이 설립한 마을 내 학교에서만 교육을 시키며, 읽고 쓰는 법등 생활에 필요

사는 주이다.

49) 플로리다 주(State of Florida)

남동부의 주로, 주의 대부분은 플로리다 반도에 위치해 있다. 늘 햇살이 좋아 "햇빛 주"(Sunshine State)라는 별칭을 얻었다. 플로리다의 최남단인 키웨스트(Key West)가 미국의 최남단이다.

1513년 스페인의 탐험가가 상륙하여 스페인의 영토가 되었으므로 히스패닉계의 인구가 많은 주 중의 하나이다. 1819년 〈애덤스 오니스 조약〉(Adams-Onís Treaty)으로 미국이 스페인으로부터 매입했다. 이때 미국의 통제에 들어가는 것을 두려워한 많은 자유 흑인들, 인디언들, 노예들이 쿠바의 하바나(Havana)로 달아났다. 1830년 〈인디언 이주법〉으로 미국 정부가 원주민들을 이동시키려고 하자 원주민들이 저항하면서 3차에 걸친 〈세미놀 전쟁〉이 일어났다. 〈3차 세미놀 전쟁〉에서 원주민들은 거의 격파되어 일부는 플로리다에 남고 대부분 미시시피의 서쪽으로 쫓겨 갔다. 광활한 영토를 가지게 된 백인 정착민들은 대규모 면화 플랜테이션을 세우고 노예에 기반을 둔 농업을 발전시켰다.

플로리다는 1845년 미국의 27번째 주가 되었지만 노예 문제로 남북의 갈등이 고조되자 1861년 분리를 선언하고 남부 연합에 가입하였다. 그러나 전쟁에서 큰 역할은 못해서 북부의 신문은 플로리다를 "분리의 더러운 웅덩이에 사는 가장 작은 올챙이"(the smallest tadpole in the dirty pool of secession)라고 비웃었다.

전쟁이 끝난 후에 다시 합중국으로 편입되었지만 민주당이 장악한 플

한 기본 지식만 배울 뿐이다. 이들은 양심적 병역 거부를 실천하여 군대에 가지 않고, 공적 연금을 수령하지 않는 등, 정부로부터 어떤 종류의 도움도 받지 않으며, 대부분이 의료 보험에 들지 않는다.

로리다 주 의회는 인두세, 문맹 테스트 등을 입법화해서 흑인의 참정권을 박탈하는 정책을 폈다. 인종 차별과 린치, 폭력 때문에, 또 목화 바구미(boll weevil)로 인해 목화 농사를 망쳐서, 주의 흑인들은 거의 5분의 1이 북부와 중서부의 산업 도시로 떠나는 대이주(Great Migration)에 가담했다.

1920년대에 미국 경제가 호황을 맞으면서 플로리다의 관광 산업이 발달했고 호텔과 리조트를 지어 파는 부동산 호황(land boom)이 일어났다. 하지만 1926년과 1928년의 강력한 태풍과, 1929년의 대공황의 영향으로 플로리다의 경기는 완전히 얼어붙었다. 2차 대전 후에 날씨가 좋고 생활비가 적게 드는 플로리다 주가 다시 각광을 받게 되어 〈녹지대〉(Rust belt)[67]와 북동쪽에서 많이 이주를 해왔다. 케네디 우주 센터(Kennedy Space Center), 월트 디즈니 월드 리조트(Walt Disney World Resort), 유니버설 올란도 리조트(Universal Orlando Resort), 시월드(Sea World) 등 각종 휴양지와 놀이 공원(amusement parks)이 생기면서 미국인들이 봄 방학(spring break)에 가장 가고 싶은 곳으로 손꼽히게 되었다. 그로 인해 직업도 많아져서 인구 유입도 늘면서 플로리다는 이제 남동부에서 가장 인구가 많으며 미국에서 4번째로 인구가 많은 지역이 되었다.

50) 하와이 주(State of Hawaii)

본토에서 3,700km 떨어져 있는 태평양의 하와이 제도(Hawaiian Islands)에 위치해 있다. 하와이, 마우이(Māui), 오아후(O'ahu), 카우아이(Kaua'i), 몰로카이(Moloka'i) 등의 8개의 주요 섬과 100개 이상의 작은 섬으로 구성되어 있다. 하와이는 열대에 가까운 기후인 관계로 아열대 작물

67) 녹지대는 중공업과 제조업으로 발전하다가 몰락하면서 경제적 불황과 인구 감소, 도시 황폐화를 겪게 된 북동부과 동북 중앙 주(East North Central States) 지역을 말한다.

들이 많이 난다. 마우이 섬을 중심으로 사탕수수와 파인애플이 많이 생산되며, 다른 섬들에서는 바나나, 구아바(guava) 등의 과일들을 생산한다. 이들의 재배가 발달하면서, 설탕, 파인애플 통조림, 주스 등의 제조업이 성하게 되었다. 버락 오바마가 하와이 주 출신으로는 처음으로 대통령에 당선되었다.

하와이에는 폴리네시아 원주민들이 정착하여 살고 있었으나 1778년 영국의 제임스 쿡(James Cook)이 발견한 이후로 유럽의 탐험가들이 몰려들었다. 그러나 원주민의 부족 국가로 유지되다가 1795년 카메하메하 1세(Kamehameha the Great, 1738-1819)가 하와이 왕국(Kingdom of Hawaii, 1795-1893)을 세우고 입헌 군주제에 기초한 정치 체제를 발전시켰다. 그러나 미국인들의 이주를 허용하면서 점점 미국에게 경제적 속박을 당하게 되었고, 1887년에는 진주만(Pearl Harbor)을 미국의 해군기지로 양도했다. 1893년 릴리우오칼라니(Lili'uokalani 1838-1917) 여왕이 사탕수수 플랜테이션의 국유화 조치를 발표하자 친미주의자인 샌포드 돌(Sanford B. Dole)을 중심으로 미국계 이주민과 공화파 농장주들이 가담하여 임시 정부(Provisional Government)를 세우고 1894년에 하와이 공화국(Republic of Hawaii)을 선포했다.

당시 클리블랜드 대통령 정부는 이 사건의 진위를 파악할 조사단을 파견했다. 조사단은 여왕의 퇴위가 불법이라고 보고 여왕의 복귀를 요구했으나 하와이 임시 정부는 이를 거절하고 미국의 일원이 되기를 주장했다. 그 와중에 다른 조사단에서는 퇴위 과정이 정당하다는 정반대의 의견을 내어서 계속 논란이 벌어졌다. 결국 하와이는 1898년 하와이 준주가 되었고, 1959년에 미국의 50번째 주로 승격되었다. 1993년 클린턴 대통령은 하와이 왕국의 전복에 대한 정부의 사과를 담은 사과 결의문(Apology Resolution)을 승인했다.

현재 폴리네시아 계의 원주민들은 전체 인구의 9% 밖에 안 되고, 한국, 일본, 중국, 필리핀 등의 아시아인들이 인구의 절반 이상을 차지한다. 이처럼 다양한 계통의 다민족이 섞여 있으므로 공식적인 언어는 하와이어(극히 소수만 사용함)와 영어이지만, 40가지의 언어와 방언이 함께 쓰이고 있다. 한국에서는 20세기 초에 하와이의 사탕수수와 파인애플을 재배하는 농장의 노동자로 다수가 이민을 왔다.

* 주 명—약어—주 도—연방 가입일

주 명	약어	주 도	연방 가입일
네바다 주 (Nevada)	NV	카슨시티(Carson City)	1864-10-31
네브래스카 주 (Nebraska)	NE	링컨 (Lincoln)	1867-03-01
노스다코타 주 (North Dakota)	ND	비즈마크 (Bismarck)	1889-11-02
노스캐롤라이나 주 (North Carolina)	NC	롤리 (Raleigh)	1789-11-21
뉴멕시코 주 (New Mexico)	NM	샌타페이 (Santa Fe)	1912-01-06
뉴욕 주 (New York)	NY	올버니 (Albany)	1788-07-26
뉴저지 주 (New Jersey)	NJ	트렌턴 (Trenton)	1787-12-18
뉴햄프셔 주 (New Hampshire)	NH	콩코드 (Concord)	1788-06-21
델라웨어 주 (Delaware)	DE	도버 (Dover)	1787-12-07
로드아일랜드 주 (Rhode Island)	RI	프로비던스 (Providence)	1790-05-29
루이지애나 주 (Louisiana)	LA	배턴루지 (Baton Rouge)	1812-04-30
매사추세츠 주 (Massachusetts)	MA	보스턴 (Boston)	1788-02-06
메릴랜드 주 (Maryland)	MD	아나폴리스 (Annapolis)	1788-04-28
메인 주 (Maine)	ME	오거스타 (Augusta)	1820-03-15
몬태나 주 (Montana)	MT	헬레나 (Helena)	1889-11-08
미네소타 주 (Minnesota)	MN	세인트폴 (Saint Paul)	1858-05-11
미시간 주 (Michigan)	MI	랜싱 (Lansing)	1837-01-26
미시시피 주 (Mississippi)	MS	잭슨 (Jackson)	1817-12-10
미주리 주 (Missouri)	MO	제퍼슨시티 (Jefferson City)	1821-08-10
버몬트 주 (Vermont)	VT	몬트필리어 (Montpelier)	1791-03-04
버지니아 주 (Virginia)	VA	리치먼드 (Richmond)	1788-06-25
사우스다코타 주 (South Dakota)	SD	피어 (Pierre)	1889-11-02
사우스캐롤라이나 주(South Carolina)	SC	컬럼비아 (Columbia)	1788-05-23
아이다호 주 (Idaho)	ID	보이시 (Boise)	1890-07-03
아이오와 주 (Iowa)	IA	디모인 (Des Moines)	1846-12-28
아칸소 주 (Arkansas)	AR	리틀록 (Little Rock)	1836-06-15

알래스카 주 (Alaska)	AK	주노 (Juneau)	1959-01-03
애리조나 주 (Arizona)	AZ	피닉스 (Phoenix)	1912-02-14
앨라배마 주 (Alabama)	AL	몽고메리 (Montgomery)	1819-12-14
오리건 주 (Oregon)	OR	세일럼 (Salem)	1859-02-14
오클라호마 주 (Oklahoma)	OK	오클라호마시티 (Oklahoma City)	1907-11-16
오하이오 주 (Ohio)	OH	콜럼버스 (Columbus)	1803-03-01
와이오밍 주 (Wyoming)	WY	샤이엔 (Cheyenne)	1890-07-10
워싱턴 주 (Washington)	WA	올림피아 (Olympia)	1889-11-11
웨스트버지니아 주 (West Virginia)	WV	찰스턴 (Charleston)	1863-06-20
위스콘신 주 (Wisconsin)	WI	매디슨 (Madison)	1848-05-29
유타 주 (Utah)	UT	솔트레이크시티 (Salt Lake City)	1896-01-04
인디애나 주 (Indiana)	IN	인디애나폴리스 (Indiana-polis)	1816-12-11
일리노이 주 (Illinois)	IL	스프링필드 (Springfield)	1818-12-03
조지아 주 (Georgia)	GA	애틀랜타 (Atlanta)	1788-01-02
캔자스 주 (Kansas)	KS	토피카 (Topeka)	1861-01-29
캘리포니아 주 (California)	CA	새크라멘토 (Sacramento)	1850-09-09
켄터키 주 (Kentucky)	KY	프랭크퍼트 (Frankfort)	1792-06-01
코네티컷 주 (Connecticut)	CT	하트포드 (Hartford)	1788-01-09
콜로라도 주 (Colorado)	CO	덴버 (Denver)	1876-08-01
테네시 주 (Tennessee)	TN	내슈빌 (Nashville)	1796-06-01
텍사스 주 (Texas)	TX	오스틴 (Austin)	1845-12-29
펜실베이니아 주 (Pennsylvania)	PA	해리스버그 (Harrisburg)	1787-12-12
플로리다 주 (Florida)	FL	탤러해시 (Tallahassee)	1845-03-03
하와이 주 (Hawaii)	HI	호놀룰루 (Honolulu)	1959-08-21

7 미국의 정부

미국의 정부는 대통령으로 대표되는 행정부, 의회로 대표되는 입법부, 연방 법원으로 대표되는 사법부로 구성된다.

1) 행정부(Executive branch)

연방 행정부는 대통령 행정실, 일반 행정 부서, 대통령 직속 독립기관으로 구성되어 있다. 〈연합 규약〉과 〈미국 헌법〉을 기초로 1789년 조지 워싱턴 대통령의 취임과 동시에 재무부, 전쟁부, 국무부를 부처로 두고 설립되었다. 2014년 행정부의 수반인 대통령은 버락 오바마이며, 부통령(Vice President) 겸 상원 의장은 조 바이든(Joe Biden)이며 국무장관은 존 케리(John Kerry)이다.

(1) 대통령(President of the United States, POTUS)

수도 워싱턴에 있는 백악관에 거주하면서 대통령 업무를 수행하는 대통령은 국가의 원수로서 외교의 총책임자이며, 연방 정부를 대표하는 의식적 활동에 종사한다. 미국 헌법은 "행정권은… 대통령에 속한다."(2조 3항)는 조문으로 행정권을 대통령에게 전속시키고 있다. 대통령은 행정부의 수반으로서 내각을 총괄하며, 내각은 대통령을 보좌할 뿐 연대 책임을 지지 않는다. 총리를 중심으로 하는 합의체로서 연대 책임을 지는 영국의 의원 내각제와는 정 반대의 정치 형태이다. 대통령은 또한 육군, 해군, 공군의 최고 사령관이기도 하다. 미국 대통령은 "선출된 군주"라고 불릴 만큼 막강한 권한과 책임을 지니고 있다.

대통령과 의회는 서로 독립되어 있다. 대통령의 임기는 의회와 상관없이 보장되며, 대통령이 의회로부터 탄핵될 수는 있으나 내각제에서의 불신임과 달리 쉽게 이루어질 수 없다. 대통령은 의회를 해산시킬 수 없고 예산 법률안에 대한 제안권도 없다. 오직 교서를 통해서 희망을 밝히거나 의회의 법안에 대해 거부권(veto)을 행사할 수 있다.

대통령의 임기는 4년이다. 1804년의 〈헌법 수정안 12조〉에 따라 대통령 후보와 부통령 후보가 분리되었고,[1] 1951년 〈수정안 22조〉에 따라 대통령직의 3선은 금지되었다.[2] 대통령이 임기 중에 면직, 사망 또는 사임하게 될 경우에는 부통령, 연방 하원 의장(Speaker of the House) 등의 순서로 헌법에 정한 순서에 따라 대통령직을 승계한다.

(2) 대통령 선거

4년 임기인 대통령과 부통령을 선출하는 총선은 4년마다 실시되는데, 이 선거에서 하원 의원 전원과 상원 의원의 3분의 1도 선출된다. 대통령입후보자의 자격은 "미국에서 출생하여 미국에서 14년 이상을 거주한 35세 이상의 미국시민"이어야 한다. 대통령을 뽑을 수 있는 유권자(voter)의 자격은 만 18세 이상의 미국 시민으로 거주하는 주, 카운티, 시의 투표기준에 적합해야 한다.

대체로 미국의 2대 정당인 민주당(Democrats)과 공화당(Republicans)에

---

1) 이전에는 두 번째로 득표한 대통령 후보자가 자동으로 부통령이 되었다.

2) 초대 대통령인 워싱턴이 3선 연임을 거절하면서 3선 연임 불가는 불문율로 지켜졌으나 프랭클린 루스벨트 대통령이 4선에 선임되면서 그 전통이 깨어진 후 3선 연임 불가 법안이 성문법으로 제정되었다.

서 각각 대통령 후보자(candidate)가 등록한다. 대통령 후보자들이 결정되면 각 정당에서는 각 주나 지역에서 조직하는 예비 선거(primary election) 혹은 당에서 조직하는 당원 대회인 코커스(caucus), 혹은 두 과정을 통합한 선거에서, 각 당의 당원 및 유권자들이 참여해서 대의원(delegate)을 선출한다. 아이오와 코커스와 뉴햄프셔 예비 선거가 가장 먼저 치러진다. 이때 대의원들은 대통령 후보자들 중에서 자신이 지지할 후보를 미리 밝히고 그것을 근거로 해서 선출된다. 이들을 서약 대의원(pledged delegates)이라고 한다.[3] 2월이나 3월의 화요일에 대규모의 예비 선거가 한꺼번에 있으므로 이 날을 슈퍼 화요일(Super Tuesday)이라고 한다. 이 날 후보자 지명을 따내는 데 필요한 대의원의 절반 이상이 결정되므로 사실상 민주당과 공화당 양당의 후보가 판가름이 난다.

예비 선거에서 대의원들이 다 선출되면 대통령 지명 전당 대회(presidential nominating convention)가 열린다. 여기서 슈퍼 대의원들(super delegates)[4]과, 예비 선거에서 선출된 서약 대의원들, 비서약 대의원들이 참가하여 소속 정당의 대통령 지명자(presidential nominee)를 선출한다. 대통령 지명자는 자신의 러닝메이트(running mate)인 부통령 후보를 지명한다. 이때부터 공식적인 선거 운동이 시작된다. 대개 야당의 전당 대회가 8월에 열리며 관례상 현직 대통령이 속한 당은 한 달 정도 늦게 전당 대회를 개최한다.

각 정당은 해당 주에 배정된 숫자의 선거인 후보(elector candidate)의 명단을 뽑아 주의 선거 관리 위원회에 제출한다. 선거인단 선거인(Electoral College elector)은 총 538명으로, 각 주에 2명씩 배정된 100명,

---

3) 민주당은 전부가 서약 대의원이나 공화당은 비서약 대의원(unpledged delegates)도 섞여 있다.

4) 선거직 공직자와 상·하원 의원, 주지사 등 전 현직 고위 핵심 인사들로 구성된 당연직 대의원이다. 자신들이 선호하는 후보를 꼭 밝힐 필요는 없다.

인구 비례로 배정된 435명, 수도 워싱턴 D.C.에 배정된 3명이다. 당선에 필요한 과반수의 선거인단 수는 270명이다.

11월 대통령 선거일(Election day)이 되면 유권자들은 자기가 속한 주의 선거인을 뽑는 투표를 한다. 연방법의 규정에 따르면 모든 선거인은 같은 날 선출되어야 한다. 그 날은 11월의 첫 월요일 이후의 첫 화요일이며, 따라서 11월 2일보다 이르지 않고 11월 8일보다 늦지 않아야 한다.[5] 이 날 유권자는 대통령이 아니라 선거인을 뽑는 것이지만, 각 선거인은 자신이 어느 대통령 후보를 뽑을지 미리 선언한 상태이므로, 유권자는 간접적으로 대통령을 뽑는 셈이다. 유권자의 편의를 위해 투표용지에는 선거인과 그 선거인이 지지하는 대통령 후보 이름이 같이 표기되어 있다. 그래서 이 선거인 선거를 대통령 선거라고 하는 것이다. 선거인단은 자신이 뽑을 대통령 후보를 선언하고 그것을 근거로 선출되기 때문에[6] 선거인의 선출이 확정되는 순간이 바로 대통령 선출이 확정되는 순간이다.

선거인단 선거는 "승자 독식제"(Winner Takes All)의 원칙을 따라 각 주에서 한 표라도 더 얻은 정당이 그 주에 배당된 선거인을 전부 차지한다.[7] 승자 독식제 방식 때문에 대통령 후보가 유권자의 직접투표에서 이기고서도 낙선한 경우가 네 번 있었다. 1824년 민주공화당 존 퀸시 애덤스 대통령, 1876년 공화당 러더퍼드 헤이스 대통령, 1888년의 공화당 벤

5) 2012년의 대선에서는 관례에 따라 11월 6일 새벽 0시 미국 뉴햄프셔 주 북부의 산골 마을 딕스빌 노치(Dixville Notch)에서 첫 투표가 시작되었다. 미국은 시간대가 다양하기 때문에 개표 시간도 다르다. 동부 표준시 기준으로 볼 때 오후 7시에 버몬트, 버지니아 등에서 개표가 이루어진다면, 오전 1시에 알래스카에서 개표가 이루어진다.

6) 선거인은 선출된 후 자유롭게 투표할 수 있다. 그러나 대부분 원래 정했던 지명 후보(designated candidates)에게 투표한다. 선거 후에 갑자기 지명을 바꾸는 불성실 선거인(faithless elector)은 그 후 당이나 유권자의 신뢰를 잃게 되므로 그런 모험을 하지 않는다. 몇 차례 그런 경우가 있었으나 투표 결과에 영향을 끼치지는 못했다.

7) 메인 주와 네브래스카 주는 그 원칙에서 제외된다.

저민 해리슨 대통령, 2000년 민주당의 엘 고어이다.

선거인단에 대한 투표가 완결되면 사실상 대통령은 정해진 셈이지만, 형식적으로 각 주에서 승리한 정당의 선거인단이 12월 둘째 수요일 다음의 첫 월요일에 모여 투표를 해서 대통령을 확정한다. 선거와 취임식(Inauguration Day) 사이에는 대통령 당선자(President-elect)로 호칭한다.[8] 당선자는 의회 의사당 중앙 발코니 무대에서 열리는 취임식에서 선서하고 축하 퍼레이드를 한 뒤 백악관에 입성하여 공식 업무를 시작한다. 대통령 선거운동에서 최종 대통령 확정까지는 대체로 2년이 걸린다.

* 대통령 선거 과정

직전 해의 봄	후보자들이 참여하겠다는 의사를 표명한다.
직전 해의 여름에서 겨울	예비 선거와 코커스 토론회
1월에서 6월	여러 지역에서 예비 선거와 코커스가 열린다.
7월에서 9월초	후보자 전당 대회
9월 후반에서 10월	대통령 선거 토론회
11월 초	선거일
12월	선거인단이 선거인표를 행사한다.
다음 해의 1월 초	의회에서 선거인단의 표를 계산한다.
다음 해의 1월 20일	취임일

* 경합주(swing states)와 안전주(safe states)

대선은 승자 독식제이므로, 특정 정당이 압도적인 지지를 받는 안전주에서는 그 주의 선거인단 전체를 확보한 것을 확신하므로 굳이 치열한 선거 운동을 할 필요가 없다. 반대당도 이미 선거인단을 잃은 것이나 마찬가지이므로 굳이 선거 운동에 열을 올리지 않는다. 반면 특정정당

8) 재선(re-election)에서 이긴 현 대통령(sitting President)이 아닌 경우.

이 압도적인 지지를 얻지 못하여 선거 때마다 치열한 접전이 벌어지는 주를 경합주 혹은 전쟁주(battleground state)라고 한다. 공화당의 상징색인 빨간색과 민주당의 상징색인 파란색을 오가는 주라는 의미에서 보라주(purple state)라고도 한다. 대선 후보는 선거 운동을 해서 새로 선거인을 확보할 가능성이 있는 경합주에 돈과 에너지를 집중한다. 1960년의 대선에서는 일리노이, 텍사스가 주요 경합주였으며, 2000년 대선에서는 플로리다, 2004년, 2012년 대선에서는 오하이오가 경합주였다.

현재 공화당의 대표적인 안전주는 텍사스, 미시시피, 앨라배마, 사우스캐롤라이나, 와이오밍, 유타, 아이다호, 네브래스카 등 전통적으로 보수적이고 종교적인 색채를 지닌 곳이다. 자유주의적인 성향이 강한 캘리포니아, 버몬트, 매사추세츠, 오리건, 하와이, 코네티컷, 일리노이, 로드아일랜드, 뉴욕은 대체로 민주당을 지지한다.

(3) 내각(Cabinet)

내각은 중앙 정부의 행정을 맡는 14개 부서로 구성되며, 각 부의 장관은 대통령이 상원의 승인을 얻어 임명한다. 내각은 각부 장관이 참가하여 정기적으로 회의를 열고 정책 입안 등 중요한 역할을 하지만 영국의 내각과 달리 대통령에게 조언하는 자문 기관일 뿐이다. 내각은 법적인 지위나 권한을 가지지 못하고, 연대 책임을 지는 기관도 아니다.

농무부	the Department of Agriculture
상무부	the Department of Commerce
국방부	the Department of Defense
교육부	the Department of Education
에너지부	the Department of Energy
보건복지부	the Department of Health and Human Services
국토 안보부	the Department of Homeland Security
주택도시개발부	the Department of Housing and Urban Development

내무부	the Department of the Interior
법무부	the Department of Justice
노동부	the Department of Labor
국무부	the Department of State
운수부	the Department of Transportation
재무부	the Department of the Treasury
보훈부	the Department of Veterans Affairs

대통령 직속 독립 기관은 행정 규제가 늘어나면서 활성화된 기관이다. 항공, 우주, 금융, 재정, 민권, 통신, 노동관계, 핵에너지, 과학, 중소기업, 교통안전 같은 업무를 맡은 기관이다. 각 기관장은 대통령이 상원의 승인을 얻어 임명하며, 해임할 경우에는 그 사유를 밝혀야 한다.

대통령은 권한이 확대되면서 3,000명이 넘는 요원으로 구성된 대통령부를 별도로 두고 있다. 국방, 외교 관계의 대통령 보좌관을 포함한 백악관의 스태프(staff), 예산국, 경제 자문 위원회, 국가 안전 보장 회의 등이다. 이들 기관은 대통령의 보좌기관으로서 존재하는 것이고, 대통령직의 수행은 대통령 개인의 소신에 따라 좌우된다.

* 미국 행정부의 폐쇄(Shutdown)

2013년 10월 1일 연방 정부가 일시적으로 폐쇄되어 공무원 1,000,000명이 일시적으로 직장을 잃게 되었다. 1995년 클린턴 정부에서 연방 정부의 폐쇄가 일어난 지 17년 만에 다시 폐쇄된 것이다. 오바마 대통령이 야심을 가지고 시행하려던 전 국민 건강 보험인 오바마케어(Obama care)를 공화당이 다수인 하원에서 부결시켰다. 그러자 상원의 다수를 이룬 오바마의 민주당이 하원에서 가결된 임시 예산안을 부결시켰다. 그 결과 연방 공무원에게 지불할 임금이 없어 정부가 폐쇄된 것이다. 단 군인, 전기와 수도 담당 공무원 등 필요불가결한 공무원은 국가 비상시에 대비해 출근했다.

2) 입법부(Legislative branch)

입법부인 연방 의회(Congress)의 구성과 직무는 〈헌법 1조〉에 정해져 있다. 의회는 상원과 하원의 양원(two chambers)[9]으로 구성된다. 상원과 하원 모두 직접 선거를 통해 선출된다. 연방 의회 의원의 피선거권은 25세 이상의 나이에 7년 이상 미합중국 시민의 신분을 유지하고 있는 사람이며, 선거 당시 그 주의 주민이어야 한다. 연방 의회 의원은 헌법상 불체포 특권과 면책 특권을 보장받으며, 다른 관직의 겸직이 금지된다. 의회는 연방법을 제정, 폐지, 개정하는 일을 하며, 연방 세금의 규모를 결정하고, 정부의 예산을 승인한다. 최초의 의회는 1764년 독립 전쟁 때 13개의 식민지의 대표가 모여 개최한 제1차 대륙 회의이다.

(1) 상원(Senate)

상원은 양원제 중 상급 의회이다. 부대통령이 직무상의 상원 의장(ex officio President of Senate)으로서 상원의 회기를 주재한다. 의장은 투표권이 없고 동률일 경우에만 투표한다. 각 주당 2명의 상원 의원이 선출되므로 현재 100명의 상원 의원이 있다. 임기는 6년이며, 2년마다 50개 주 중 3분의 1씩 새로 선출한다. 상원 의회는 국회 의사당(Capitol Hill)[10]의 북쪽 건물(north wing)에 있다. 상원은 하원보다 의원 수가 적고 임기가 더 길므로 하원보다 더 강력한 권한을 발휘한다. 상원은 하원에게 없는

9) 원래 일원제였으나 4대 대통령 매디슨에 의해 양원제가 주창되었다.

10) 보통 "the Capitol" 혹은 "the Hill"이라고 한다. 주 의회 의사당은 "capitol" 혹은 "statehouse"라고 한다.

몇 가지 고유한 권한(exclusive powers)을 가지는데, 첫째, 하원이 탄핵한 연방 고위 공무원에 대한 재판을 열 수 있는 권한이 있으며, 둘째, 대통령이 지명하는 연방 고위 공무원에 대한 승인권을 가지며, 셋째, 미국이 체결하는 조약에 대한 승인권이 있다. 상원의 지도급 의원은 상원 의장, 상원 의장 대행(President pro tempore), 다수당 원내 대표(Majority Leader), 소수당 원내 대표(Minority Leader)이다.

(2) 하원(House of Representatives)

하원은 주로 하우스(the House)라고 불리며 의사당의 남쪽 건물에 위치해 있다. 하원 의원(representative) 435명으로 구성되며 각 주에서 선출하는 하원 의원의 수는 10년에 한 번 하는 인구 조사를 기준으로 인구 비례에 따라 정해진다. 캘리포니아 주처럼 인구가 많은 주에서는 53명을 선출하는 반면, 노스다코타, 사우스다코타, 버몬트, 델라웨어, 와이오밍, 알래스카와 같이 인구가 적은 주는 1명을 뽑는다.

하원 의원의 임기는 2년이며 2년 마다 전원을 새로 선출한다. 하원 선거 두 번에 한 번은 대통령 선거와 같이 치루어진다. 대통령 선거와 일치하지 않는 해에 열리는 하원 선거와 3분의 1을 뽑는 상원 선거를 중간 선거(midterm election)라고 한다. 중간 선거는 대통령의 임기 중반에 연방 정치에 대한 유권자의 의사를 묻는다는 의미를 가지고 있다.

하원의 주된 권한은 전국에 관련된 연방 법안(federal legislation)을 제정하는 것이다. 이 법은 상원을 통과하고 대통령의 승인을 얻어야 법(law)이 된다. 상원에는 없는 하원의 고유 권한은, 연방 고위 공무원에 대한 탄핵권과 세법(revenue bills)이다. 선거인단(Electoral College)에서 다수결로 대통령을 뽑지 못한 경우 대통령을 선출할 권한도 있다.

하원의 지도급 의원은 하원 의장(Speaker of the House), 다수당 원내 총무(Majority Leader), 다수당 원내 부총무(Majority Whip), 소수당 원

내 총무(Minority Leader) 등이다. 하원 의장은 하원을 주재하며 하원 의원들의 투표에 의해 선출되므로 대개는 다수당의 지도자이다. 민주당이 다수당일 경우 하원 민주당 코커스(House Democratic Caucus)의 지도자이고, 공화당이 다수일 경우는 하원 공화당 전당 대회(House Republican Conference)의 지도자이다.

* 〈미국 헌법〉(Constitution of the United States)

헌법은 성문 헌법으로서의 헌법전과 불문 헌법으로서의 판례법을 포함하는 소위 헌법률(Constitutional law)을 의미한다. 미국의 성문 헌법은 1788년에 발효된 〈미국 헌법〉을 말한다.[11] 헌법은 전문(Preamble), 총 7개조의 본문(Article), 총 27개의 수정안(Amendment)으로 구성된다. 수정안은 헌법의 본문을 다른 내용으로 개정하거나 또는 본문의 내용을 그대로 유지한 채 새로운 조항을 추가한 것이다. 1789년 10개의 수정안이 덧붙여졌는데 이것을 미국의 〈권리 장전〉(Bill of Rights)이라고 한다. 〈수정안 1조〉는 종교와 언론, 출판, 집회의 자유를 보장하였다.

〈미국 헌법 수정안 1조〉(Constitution of USA, Amendment Article 1)
1조 : 의회는 국교를 정하거나 종교 행위를 금지하는 법을 제정하여서는 안 된다. 또 의회는 언론 · 출판의 자유 또는 국민들이 평화적으로 집회를 할 수 있는 권리와 고충 처리를 위해 정부에 청원할 수 있는 권리를 제한하는 법을 제정하여서는 안 된다. (Article 1: Congress shall make no law respecting an establishment of religion, or prohibiting the free exercise thereof; or abridging the freedom of speech, or of the press; or the right of the people peaceably to assemble, and to petition the Government for a redress of grievances.)

11) 연방 헌법을 개정하려면 연방을 구성하는 주 의회의 4분의 3 이상의 찬성을 얻어야 한다. 헌법 개정을 위한 국민 투표 제도는 없다.

불문 헌법은 미국의 법원이 〈헌법〉에 관한 해석과 판결을 통하여 정립한 판례상의 원칙이다. 미국 법원은 헌법의 해석을 통해 무수한 불문 헌법을 창조하였다. 미국에서 성문 헌법은 상징적이고 형식적인 존재에 불과하다. "판사가 헌법이라고 말하는 것이 바로 헌법이다."라는 말까지 있다.

3) 사법부(Judicial branch)

〈헌법 3조〉는 연방 대법원과 연방 법원의 설립과 제한을 규정하고 있다.[12] 법관의 자의적 판단을 막기 위해 소배심 제도(Petty jury system)를 두었고, 검사의 기소권 남용을 막기 위해 대배심 제도(Grand jury system)를 두었다. 연방 법관(federal judges)은 대통령이 상원의 동의를 얻어 임명하며, 사법부의 독립성을 보장하기 위해 은퇴하거나 기소당하거나 탄핵당하거나 죽지 않는 한 종신 임기를 보장한다.

* 배심제(Jury system)

영미권에서 시행하는 제도로, 법조인이 아닌 일반 시민이 재판 과정에 참여하여 범죄의 사실 여부를 판단하는 사법 제도이다. 미국의 경우 〈헌법 수정안 5조〉에 규정되어 있다. 기소를 평결하는 대배심과 재판에 참여하는 소배심으로 나뉜다. 대배심은 형사 사건에서 피의자를 기소하기 위해 일반 시민 가운데 무작위로 선발된 사람들로 구성된 집단을 말한다. 정부의 기소 재량권 남용을 제한하기 위해 국민이 기소하는 철학에 의한 것이다. 23명 이상으로 구성된다. 이들은 정부나 주의 법무관의 감독 아

12) 그래서 연방 법원을 "3조 법원"(Article III courts)이라고 한다.

래 한 집단으로서 일정 기간에 걸쳐 여러 사건에 대한 논의를 한다. 대배심은 법원과 분리되어 있다. 증거법에 의해 위법 수집으로 배제되거나 전문 증거로 증거 능력이 없는 증거도 대배심에서는 사용이 가능하다. 소배심은 특정한 하나의 사건의 공판에서 사실 문제를 결정하는 배심을 말한다. 공판 배심은 12인으로 구성된다.

(1) 연방 대법원(Supreme Court)

연방 대법원은 최고 법원으로서 사법부를 총괄한다. 워싱턴 D.C.에 건물이 있다. 연방 대법원은 본래 상고 법원이므로, 주의 대법원에서 패소한 원고가 불복할 경우 연방 대법원에 최종적으로 항소할 수 있다. 소수의 사건에서는 1심 재판의 관할권이 있다.

대통령이 지명하고 상원의 청문회에서 동의를 거쳐 임명되는 대법원장(Chief Justice)과 8명의 대법관(Associate Justice)으로 구성되어 있다. 일단 대법관으로 임명되면 "선한 행동을 하는 동안"(during good behavior) 대법관직을 수행하는 종신직이다. 사망, 사직, 은퇴, 의회에 의한 탄핵의 확정에 의해서만 물러난다. 연방 대법원에서는 대법원 변호사 명단에 올라온 변호사만 소송사건을 변호할 수 있다.

(2) 연방 법원 제도(federal court system)

연방 지방 법원(federal district court)은 약 94개의 연방 사법 구역(federal judicial districts)에 하나씩 있으며, 헌법과 연방법을 적용하여 사건을 판결한다. 연방 법원의 판사는 대통령이 상원의 승인을 얻어 임명하며 임기는 종신이다. 연방 지방 법원의 판결에 불복하면 항소 법원(appellate courts)에 상고하는데, 13곳의 연방 항소 법원(federal courts of appeals)[2]에서 모든 항소 사건에 대한 의무 심리(mandatory review)를 하도록 되어 있다. 연방 항소 법원의 판결에 불복하면 연방 대법원에 상고

할 수 있지만, 연방 대법원은 상고 사건을 모두 처리할 의무가 없으므로 매년 10,000건 이상 신청된 상고심 중에서 100건 이하만 선택하여 처리한다. 따라서 연방 항소 법원의 판결을 최종심이라고 보는 것이 상식이다.

* 법 집행(Law enforcement)

법 집행 기관(law enforcement agency)인 경찰(police)은 법원(court), 교정 시설(correction)과 함께 형법 제도(criminal justice system)의 세 요소를 이룬다. 각 기관은 독립적으로 작용하면서도 함께 연결되어 범죄 행동의 혐의에 대한 조사에서 판결, 처벌까지 다룬다. 연방 차원의 법집행은 법무부(Department of Justice, DOJ)가 관할하는데, 그 산하에 연방 수사국(Federal Bureau of Investigation, FBI)[14]을 비롯한 여러 부서가 있다. 연방 정부는 비연방적인 범죄에 관해서는 관할권이 없지만 범죄자가 주 경계를 넘으면 〈연방 주간 도주법〉(federal law of interstate flight)을 범했으므로 연방의 관할이 된다.

미국 경찰은 근본적으로 영국의 제도를 본받은 자치제 경찰이지만 세계에서 가장 복잡한 경찰 제도이다. 각 주에는 공공안전부(Department of Public Safety) 산하에 주 경찰(State Police), 주 순찰대(State Patrol), 고속도로 순찰대(Highway Patrol) 등이 있다. 카운티(county), 패리쉬(parish), 바로우(borough)에는 보안관(sheriff)이나 카운티 경찰(county police)이 법을 집행한다. 콘스타블(constable)이 있는 경우도 있다. 시 경찰(Municipal police)은 수천 명의 경찰을 거느린 뉴욕 시 경찰국(New York City Police

---

13) = circuit court.

14) 연방 수사국은 수사 기관이자 정보 기관으로서, 범죄 수사와 미국 내의 정보 수집 업무를 담당하고 있다. 1908년에 법무부 검찰국(Bureau of Investigation, BOI)으로 발족하였고 1935년 연방 수사국(FBI)으로 개칭되었다. 본부는 워싱턴 D.C.에 위치하고 있으며 범죄의 국제화에 대비해 전 세계적으로 지부를 두고 있다.

Department)에서 아주 적은 수의 경찰이 있는 곳까지 다양하다. 경찰 업무 수행에서 가장 중요한 것은 연행의 이유, 변호인의 도움을 받을 수 있는 권리, 진술을 거부할 수 있는 권리 등이 있음을 알려 주는 "미란다 원칙"(Miranda rule)[15]을 통지하는 일이다. 경찰은 대부분 권총을 항시 휴대하며 그 사용은 영국에 비해 자유로운 편이다.

* 금주법(Prohibition Law)

주류의 양조, 판매, 운반, 수출입을 금지하는 법으로 1919년 1월 제정되어 1933년 폐지되었다. 금주법[16]의 취지는 알코올 중독과 범죄를 줄이기 위한다는 것이었으나, 사실은 1차 대전 중에 주로 양조업에 종사하는 독

---

15) = Miranda warning, Miranda rights. 1966년 연방 대법원의 〈미란다 대 애리조나〉(Miranda v. Arizona) 소송에서 확립된 판결이다. 1963년 3월, 애리조나 주 피닉스 시 경찰은 멕시코계 미국인 어네스토 미란다(Ernesto Miranda)를 납치와 강간 혐의로 체포했다. 경찰서로 연행된 미란다는 변호사를 선임하지 않은 상태에서 2명의 경찰관에 의해 조사를 받았다. 미란다는 처음에는 무죄를 주장했으나, 피해자에 의해 범인으로 지목되었고, 약 2시간의 심문을 받고 범행을 인정하는 구두 자백을 했고 범행 자백 자술서를 제출했다. 그러나 재판이 시작되자 미란다는 자백을 번복했고 진술서를 증거로 인정하는 것에 이의를 제기했다. 이를 무시하고 애리조나 주 법원에서는 중형을 선고했고 상고한 애리조나 주 대법원에서도 유죄가 선고되자, 미란다는 연방 대법원에 상고하면서, 〈수정안 5조〉에 보장된, 불리한 증언을 하지 않아도 될 권리와 〈수정안 6조〉에 보장된 변호사의 조력을 받을 권리를 침해당했다고 주장했다. 연방 대법원은 1966년 미란다가 진술 거부권과 변호인 선임권 등의 권리를 고지 받지 못했기 때문에 무죄라고 선고했다. "미란다 판결"은 대법원이 범죄 예방이나 범죄 피해자의 권리보다 범죄자의 권리를 더 존중하고 있다는 비난을 받았지만, 이후 수사관들이 피의자를 체포하거나 심문할 때 반드시 경고문을 읽어 주는 전통이 확립되었다.

16) 금주법과 같이 제한을 하는 법을 청색법(Blue laws)이라고 한다. 원래 청색법은 일요일에 물건을 사고 파는 일을 제한한 일요일법(Sunday laws)을 말했다. 뉴저지의 베르겐 카운티(Bergen County)는 옷, 구두, 가구, 가전제품 등을 일요일에 팔 수 없게 한 청색법으로 유명하다.

일계 이민자들이 부를 쌓는 것을 견제하려는데 목적이 있었다. 이 법은 당시의 풍요롭고 자유로운 사회 분위기를 퇴폐적이라고 여긴 기독교 근본주의자들과 보수적 복음주의자들의 지지를 얻었다. 이들은 인간의 죄를 개인의 음주, 흡연, 성적 문란 때문이라고 한정지었고 그 악덕의 원인이 되는 술을 금지시키는데 찬성했다. 그러나 술에 대한 수요는 여전히 많았으므로, 주류 밀거래, 무허가 술집 개업 등 불법이 난무했고, 폭력 조직배가 만들어져 폭력 행사가 줄을 이었다. 유명한 범죄 조직의 우두머리로 알 카포네(Al Capone, 1899-1947)가 있다.

미국의 주류법은 주에 따라 다소 다르다. 어떤 주는 주류를 식료품과 함께 진열해두고 팔지만 대체로 주류의 종류에 따라 파는 가게가 제한되어 있다. 주류를 구매할 수 있는 최저 나이(minimum purchase age)는 주에 따라 달랐지만, 〈전국 음주 최소 연령법〉(National Minimum Drinking Age Act, 1984)이 발효되면서 1988년부터 50개 주 모두 21세로 결정되었다.[17]

17) 연방법의 허점을 이용해서 미성년 음주(underage drinking)를 일부 허용하는 주도 있다. 테네시와 워싱턴은 종교적 이유에서의 미성년의 음주를 허락한다.

8 미국의 외교

미국은 18세기에 독립을 이루고 19세기에 국가로서의 발전을 구가한 짧은 역사를 가지고 있지만 20세기에 들어와 세계의 정의를 지키는 지도적인 국가로 인정받았다. 그러나, 국제 정치에 과연 정의가 있는가? 오늘날의 경제 전쟁, 환경 전쟁에서 미국은 정의를 실행하는 편인가?라는 질문을 제기할 때 딱히 긍정적인 답을 할 수 없다. 아니 이런 질문을 하는 것 자체가 어리석을 수도 있다. 모든 국가는 자국의 이익을 추구하는 것을 우선으로 하며 그것은 미국의 경우도 마찬가지이다. 미국은 20세기 후반기에 소련과의 힘의 균형 속에서 자본주의 이념의 수호자로서 일부 국가를 지원하였지만, 20세기 말에 소련이 붕괴되고 레이건 행정부와 같은 보수적인 정부가 들어서면서 자국 국민의 이익을 추구하는 쪽으로 정책 방향을 선회했다. 미국이 자국의 상황과 시대적 요구에 따라 달리 행동한 면을 미국의 국제관계를 통해 살펴보자.

1) 영토 확장의 시대

식민지이던 미국이 식민 제국으로 변모한 것은 20세기로 들어오면서이지만 미국이 북아메리카에서 영토를 확장한 과정은 식민의 역사와 별반 다를 바 없다. 미국의 역사는 처음부터 강탈과 착취를 기반으로 한 팽창의 역사이다. 미국의 정신적 기조를 이루는 프런티어 정신은 개척민의 용기와 모험 정신을 미화하면서 원주민 착취의 역사를 외면한다. 서부극에서 개척민은 총으로 무장하여 열세인 원주민을 물리치면서 공동체적 가치를 수호하는 존재로 부각되며, 이 과정에서 폭력과 총이 정당화되었다. 원주민을 잔인한 야만인으로, 개척민을 근면하고 정의로운 존재로 설정한 팽창의 역사는 "명백한 천명"이라는 개념으로 미화되었다.

독립 후 미국은 영토를 확장하는 과정에서 온 나라가 "명백한 천명"의 최면에 걸린 듯이 행동했다. 1845년 팽창주의자 제임스 포크 대통령은 멕시코 땅인 비옥한 캘리포니아를 차지하기 위해 〈멕시코-미국 전쟁〉을 선포했다. 포크의 행동은 언론에서 열렬한 지지를 받았다. 언론은 캘리포니아의 비옥한 땅을 열등한 멕시코보다는 미국같이 훌륭한 나라가 가져야 한다는 논리를 설파했다.

> 이 아름다운 정원이 거칠고 쓸모없는 황야로 잠자게 내버려 둘 것인가?… 진취적인 수만의 미국인들이 풍부하고 매력적인 대초원으로 몰려들 것이다. 계곡에서는 앵글로-아메리칸의 산업이 발전하는 우렁찬 함성이 들려오고, 평원과 해변에는 도시가 세워질 것이며, 국가의 자원과 부가 한없이 증가할 것이다. 〈일리노이 스테이트 레지스터〉(*Illinois State Register*)

> 보편적인 양키 민족은 2, 3년 만에 멕시코인을 갱생시키고 해방시킬 수 있으며, 우리는 그 아름다운 나라를 문명화시키는 것이 신이 우리에게 부여한 운명의 일부임을 믿는다. 〈해럴드〉(*Harold*)

먼로 대통령은 미국이 아직 국가로서 확실한 기반을 확립하지 못한 상태에서 유럽의 분쟁에 말려들지 않기 위해 〈먼로 독트린〉을 선언했다. 〈먼로 독트린〉은 미국의 고립주의 외교를 선언한 것으로 여겨졌으며, 이후 미국의 외교 정책의 근간이 되었다. 그러나 사실 먼로주의는 양날의 칼이었다. 한편으로는 미국이 유럽에 간섭하지 않는다는 불간섭 선언이지만,

동시에 유럽이 미국 뿐 아니라 남아메리카에도 간섭하지 말라는 경고였다. 즉 남아메리카에 대한 유럽의 불간섭을 요구하면서 장래에 미국이 남아메리카를 통제하겠다는 목적을 포함한 정책이었다. 실제로 19세기 말에 미국의 자본주의 체제가 정돈되고 국내의 프런티어의 개척이 끝나자 미국은 적극적인 해외 진출 정책을 모색했고, 그 결과 중남미의 쿠바를 손에 넣기 위해 1898년 스페인과 전쟁에 돌입했다. 미국은 전쟁의 결과로 쿠바를 얻지는 못했지만 괌, 필리핀, 푸에르토리코 등을 병합할 수 있어 해외 진출의 발판이 생겼고 이어서 중국으로 진출을 시도하게 되었다.

2) 민주주의의 수호자

미국이 세계의 확실한 강대국으로 부상하면서 세계 질서를 유지하는 경찰 국가의 역할을 맡게 된 것은 1차 세계 대전과 2차 대전을 치르고 난 이후이다. 1차 세계 대전이 끝난 후 서구의 열강은 전쟁의 후유증으로 경제적인 어려움을 겪었지만, 미국은 전쟁의 영향을 직접 받지 않은데다 무기를 생산하여 공급하면서 더 부강해졌다. 미국은 또 유럽의 재건을 돕는 역할을 하면서 정치적 역량도 커졌다. 1917년 러시아가 레닌의 공산혁명으로 무너지는 것을 목격한 서구의 국가들은 공산주의가 전 세계로 확산될 위험에 대비하기 위해 미국을 중심으로 연합을 도모하게 되었다.

2차 세계 대전이 발발한 시점에서 이미 초강대국이 된 미국은 전쟁 초기에는 연합국에 군수 물자만 공급하다가, 독일과 동맹을 맺은 일본이 하와이의 진주만을 공습하자 공식적으로 연합국에 합류했다. 전쟁에 참가한 거의 모든 국가가 직접 폭격을 당하는 전쟁의 피해를 입었지만 미국은 본토에는 전혀 피해를 입지 않았고, 호황을 이룬 무기 사업으로 국가적 경제력은 더욱 증대했다. 전후 미국 주도로 국제 연합(United Nations, UN)이 창설되면서, 특히 소련의 공산주의 혁명이 확산될 것이라는 위협 속에서, 미국은 실제적인 지도자로 부상했다. 소련이 경제 원조와 무기 원조를 통해 중소 국가들을 공산화시키는 정책을 시행하자, 미국은 〈마셜 플랜〉으로 유럽의 부흥을 원조했고, 유럽과의 상호 방위 조약을 체결하였으며, 신흥 국가들을 반공 국가로 만들기 위해 경제적, 군사적 원조를 확대했다.

미소 냉전(Cold War)은 1959년 흐루시초프(Nikita Khrushchev) 소련 수상의 미국 방문을 계기로 해빙의 기미를 맞았다. 미국은 1962년 쿠바 위기를 거쳐, 1963년 〈부분적 핵실험 정지조약〉을 체결했고 1970년부터 시작된 〈전략 무기 감축 협정〉(Strategic Arms Limitation Talks, SALT)에서는 1971년 〈우발 핵전쟁 방지 협정〉이 체결되었다. 1972년 닉슨 대통령이 소련을 방문하여 〈탄도탄 요격 미사일 조약〉(Anti-Ballistic Missile Treaty, ABM)을 체결했다.[1]

미소관계는 1980년대 레이건 대통령 때 다소 경직되었다가 1989년 부시 대통령이 몰타(Molta)에서 고르바초프(Mikhail Gorbachev) 소련 공산당 서기장과 정상 회담을 하면서, 적대 관계에서 동반 관계로 변화했다. 두 정상은 베를린 장벽 개방과 동유럽의 혁명적 개혁을 지지하면서 미소 양국의 비개입 선언을 발표했고 냉전 시대를 종식시켰다. 소련이 붕괴되면서 군소 국가들이 소비에트 연맹에서 탈퇴한 후의 러시아와 미국은 현재 새로운 협력관계를 이루고 있다.

미국은 타이완에 있는 중화민국(Republic of China, ROC)[2]을 정식 국가로 인정했으므로 공산주의의 새로운 대국으로 부상한 중화인민공화

---

1) 2002년 미국이 미사일 방어 개발을 위하여 일방적으로 파기했다.

2) 1971년 국제 연합의 회원국 지위를 잃은 후 본토의 중국과 구별하기 위해 현재는 타이완(Taiwan)으로 더 많이 불린다. 1980년대부터 올림픽 등의 국제회의에서는 중화 타이베이(Chinese Taipei)라는 명칭을 쓴다. 중화인민공화국은 두 개의 중국을 인정하지 않는다는 정책이므로 타이완을 국가가 아닌 특별구로 인정한다.

국(People's Republic of China)과는 오랫동안 국교가 정상화되지 못했다. 1979년 미국이 중국을 정식 국가로 인정하면서 정치적, 경제적 교류가 활발해졌다. 중국의 민주화 운동인 톈안먼 광장 항쟁(Tiananmen Square protests, 1989)으로 미중 관계가 잠시 냉각되기도 했으나, 1990년대에 들어오면서 미국은 중국을 최혜국으로 대우하며 양국 관계 강화와 경제 협력을 위한 다각적인 방안을 모색하고 있다.

* 사회주의(Socialism)와 공산주의(Communism)

인간은 본능적으로 자신의 이기적인 욕구를 우선시하므로 인간의 역사에는 경제적 불평등이 항상 존재했다. 사회 정의를 추구하는 사람들은 부의 불평등을 해소하여 빈곤이 존재하지 않는, 모두가 함께 잘 사는 사회를 만들고자 했다. 구약의 예언자들이나 신약의 예수가 주장한 것도 가진 자들이 가난한 자들을 착취하는 짓을 멈추고 나눔의 미덕을 실천하라는 것이었다.

나눔의 개념은 근대로 오면서 사회주의라는 개념으로 이론화되었다. 주창자들의 이론이 조금씩 다르지만, 대체로 사회주의는 민중이 직접 생산 수단을 소유하고 자원을 효율적으로 분배하며 공동으로 운영하는 협동 경제를 실행하며, 모든 민중이 노동의 대가로서 정당하고 평등하게 분배받는 사회를 지향하는 다양한 사상을 통틀어 일컫는다. “사회주의”라는 용어는 1826년 로버트 오언(Robert Owen)이 정립했지만 사실 그 사상은 고대의 플라톤의 철학, 16세기 영국의 토마스 모어(Thomas More, 1478-1535)의 『유토피아』(*Utopia*) 등에서 이미 피력된 것이다. 오언과 더불어 프랑스의 앙리 생시몽(Henri de Saint-Simon, 1760-1825), 프랑수아 푸리에(François Fourier, 1772-1837)는 이 개념을 실천하는 사회주의적 공동체를 제안했다.

공산주의는 사회주의에서 한 걸음 더 나아가 역사적으로 억압받던 계층의 해방을 주장하면서, 그 해방된 주체들이 자유로운 공동체 조직을 이루는 것을 궁극적 목표로 한다. 특히 칼 마르크스(Karl Marks, 1818-1883)의 저서『공산당 선언』(*Communist Manifesto*, 1948)에서 주장된 이론이 오늘날 공산주의 혁명의 기초를 이룬다. 마르크스는 생산 수단을 소유한 자본가 계급과 노동자 계급 사이의 계급투쟁의 최종 결과가 공산주의이며, 자본주의 생산 방식에서 공산주의 생산 방식으로 전환하는 과도기에 "프롤레타리아 독재"의 시기가 필요하다고 보았다. 마르크스 이론에 기초하여 블라디미르 레닌(Vladimir Lenin, 1870-1924)이 일으킨 공산주의 혁명으로 이루어진 나라가 소련이다.

1917년 러시아의 2월 혁명으로 러시아 제국이 멸망하고 러시아 임시 정부가 설립되었다. 그러나 1917년 10월 혁명으로 붕괴되고 볼셰비키(Bolsheviks)[3]가 정권을 잡았다. 공산주의에 반대하는 왕당파인 백군(White Army)[4]과의 내전에서 볼셰비키가 승리하여 1922년 러시아 소비에트 연방 사회주의 공화국(Russian Soviet Federative Socialist Republic, 1917-22)이 탄생하였으며, 곧 소비에트 사회주의 공화국 연방(Union of Soviet Socialist Republics, USSR, 1922-1991)으로 전환했다. 1924년 초대 지도자 레닌이 사망하고 스탈린(Joseph Stalin, 1878-1953)이 새로운 지도자가 되면서 미국을 중심으로 한 서방 세계와의 냉전 체제가 구축되었다. 1980년대 후반 소련의 지도자 미하일 고르바초프는 페레스트로이카와 글라스노스트를 실시하면서 소련연방의 경제적 회생을 위해 노력했지만

3) 다수파라는 뜻이며, 레닌이 인솔한, 러시아 사회민주 노동당(Russian Social-Democratic Labour Party)의 분파이다. 멘셰비키(Mensheviks, 소수파의 의미)나 사회혁명당에 비하여 소수였지만, 인사와 요직을 차지했으므로 다수파라고 자칭했다. 폭력에 의한 혁명, 철저한 중앙 집권에 의한 조직 통제를 주장하였다. 이 특징은 후신인 소비에트 연방 공산당(소련 공산당)으로 인계되었다.

4) 공산당의 붉은 군대에 반대해서 백색 깃발을 사용했다.

실패했다. 1991년 고르바초프가 사임하면서 소련은 공식적으로 해체되었고, 연방에 강제로 속했던 소수 민족 국가들이 제각기 독립을 선포하였다.

* 적색 공포

미국은 국내의 공산주의[5]를 억제하기 위해 적색 공포(Red Scare) 정책을 시행했다. "진정한 미국인"(real American)을 보호한다는 명목으로 공산주의, 무정부주의, 급진주의, 노동조합주의, 기타 모든 비미국적(un-American)이라고 여겨지는 사상과 행위에 대해 국민적인 공포를 조장하는 정책이었다. 1차 적색 공포(1917-1920)에서는 노동 혁명과 정치적 급진주의를 매도했다. 보수 언론은 합법적인 노동자 파업마저 "사회에 어긋나는 범죄," "정부타도의 음모," "공산주의 수립 계획"이라고 매도하면서 비미국적 요소를 가진 모든 개인과 집단을 적으로 치부하면서 이들에 대한 불관용을 주장했다. 2차 적색 공포(1947-1957)는 연방 정부에 국내외의 공산당원들이 침투해있다는 주장이 제기되어 공산주의자에 대한 대대적인 색출이 감행되고 각종 탄압이 행해진 시기를 가리킨다. 1947년 트루먼 대통령은 행정명령에서, 연방 정부의 피고용인은 "미국주의"를 준수해야 한다면서 비미국적인 인물들을 정부에서 퇴출시켰고, 〈비미국적 활동 하원 위원회〉(House Committee on Un-American Activities)가 미국에 대한 스파이 활동을 조사할 것을 명령했다.

---

5) 당시 유럽을 비롯한 전 세계의 지식인에게 공산주의 혁명을 현실화한 소련은 엄청나게 매력적인 존재로 여겨졌다. 평등한 사회에 대한 인간의 오랜 꿈이 현실화된 것으로 여겼던 것이다. 따라서 전 세계의 지식인들이 공산주의 사상에 몰두했으며 미국에서도 1939년 당시 공산당에 약 50,000여 명이 가입했다. 그러나 스탈린의 공포정치가 소련을 지배하면서 소련과 공산주의에 대해 실망하고 돌아서는 사람이 많았다.

적색 공포의 절정은 매카시즘(McCarthyism, 1950-54) 광풍으로 나타났다. 위스콘신 주 상원 의원 조셉 매카시(Joseph McCarthy, 1909-1957)는 공화당 당원 집회에서, "국내에 공산주의자들이 암약하고 있으며, 내가 그 명단을 갖고 있다."고 주장하였다. 그의 발언은 아무런 근거가 없었지만 적색 공포의 분위기에서 사실로 치부되었고, 누구든 공산주의자라고 지명만 하면 그 사람은 적절한 조사도 받지 못하고 가차 없이 직장을 잃거나 공동체에서 매도되거나 투옥되었다. 대표적인 사건이 로젠버그 부부 사건(the Rosenbergs, 1950)이다. 정부는 미국의 원자탄 제조 기밀을 소련으로 유출시킨 죄로 로젠버그 부부[6]를 사형에 처했는데, 그 진위에 대해서는 아직도 논란 중이다.

매카시즘의 광풍은 곧 그 진위를 의심받게 되었고, "독재자의 방법으로 자유를 지켜서는 안 된다."는 비판이 이어졌다. 연방 대법원에서도 국가 안보보다는 헌법의 정신에 따라 사상과 표현의 자유가 중요하다는 판결이 내려졌다. 1954년 CBS의 에드워드 머로우(Edward R. Murrow) 기자는 〈이제 제대로 보자〉(*See It Now*)라는 시사 프로그램에서 매카시의 주장이 거짓임을 폭로했다. 그러나 이미 너무나 많은 사람들이 매카시즘이라는 마녀 재판으로 희생당한 뒤였다. 수천 명의 노동자, 회사원, 문학가, 배우, 작가, 감독 등이 공산주의자로 의심되어 직업을 잃고 가난에 시달리는 희생을 치렀다.

---

6) 로젠버그 부부가 정말로 간첩인지 아니면 억울하게 누명을 쓴 것인지에 대해서는 오랫동안 의견이 분분했다. 2008년 간첩죄로 17년이 넘게 복역했던 모턴 소벨(Morton Sobell)이 인터뷰에서, 남편인 줄리어스는 소련을 위해 정보를 전달하는 행위를 했으나 그것이 원자 폭탄에 대한 기밀은 아니었으며, 부인 에델은 연관되지 않았다고 증언했다. 그러나 사실 여부를 떠나서, 일반적인 범죄일 경우 자식을 양육할 한 부모를 남겨두는 불문율을 무시하고 부부를 함께 처형한 것은 미국 정부의 과잉 반응이라는 비판을 피할 수 없다. 로젠버그의 두 아들은 성인이 되어 부모의 무고함을 알리는 일에 참여했다.

매카시즘에 적극 동조한 유명인으로는 전 대통령 로널드 레이건, 영화 감독 엘리아 카잔(Elia Kazan), 월트 디즈니(Walt Disney)를 꼽을 수 있으며, 반대로 피해자로는 영화인 찰리 채플린(Charlie Chaplin), 극작가 아서 밀러(Arthur Miller), 음악가 레너드 번스타인(Leonard Bernstein), 극작가 베르톨트 브레히트(Bertolt Brecht) 등을 들 수 있다.

3) 대한 정책

19세기에 서구의 열강이 아프리카와 아시아에서 활발하게 식민지를 개척할 무렵 신생 독립 국가인 미국은 뒤늦게 아시아로 관심을 돌렸다. 당시 한국은 조선 왕조의 말기였다. 미국은 1834년(순조 34년) 한 차례, 1845년(헌종 11년) 한 차례 조선과의 교역의 가능성을 타진했으나 성사되지는 않았다. 그러던 중 제너럴셔먼 호(General Sherman) 사건[7]과 〈신미양요〉(Shinmiyangyo)[8] 때문에 조선과 미국은 서로 좋지 못한 관계로 끝났다. 1874년(고종 11년) 대원군이 실각하면서 1876년 조선이 일본과 수호조약을 맺자, 1880년 미국은 일본을 중재국으로 하여 조선과의 통상 교섭을 시도하였으나 조선 측의 거부로 실효를 거두지 못하였다.

이후 조선 정부는 1882년(고종 19년) 〈조미 수호 통상 조약〉(A Treaty of Peace, Amity, Commerce, and Navigation)을 체결하여, 미국의 도움으로 청국, 일본, 러시아를 견제하고자 했다. 그러나 미국은 불간섭 정책을 고수하면서 조선에 도움을 주기를 거절하였고 오히려 일본과 협조 체제

7) 1866년(고종 3년) 8월 21일 대동강을 거슬러 와 평양에서 통상을 요구하던 미국 상선 제너럴셔먼 호를 평양 군민들이 응징하여 불에 태워버린 사건이다.

8) = United States to Korea 혹은 the Korean Expedition. 1871년 6월 10일(고종 8년)에 발생한 조선과 미국 간의 전쟁이다. 미국은 제너럴셔먼 호 사건의 책임을 묻고 통상을 교섭할 명분으로 강화도로 올라왔으나 조선측의 거부로 퇴각하였다. 이후 조선은 척화비를 세우고 쇄국 정책을 강화하였다.

를 유지했다. 미국은 1898년 〈스페인-미국 전쟁〉에서 차지한 필리핀을 지키기 위해, "미국은 조선에 대한 일본 지배의 우월권을 인정해 주고, 대신 일본은 미국의 필리핀 지배권을 인정한다."는 비밀 협약을 맺고는, 1905년 11월 을사조약(Eulsa Treaty)[9]이 체결되자 이듬해 3월 가장 먼저 조선에서 공관을 철수시켰다.

대한제국[10]의 국민들은 일본의 식민지로 강제 통합된 후에도 지속적으로 독립 운동을 벌이다가 미국의 윌슨 대통령의 〈민족 자결권〉 선언에 크게 고무되어, 1919년 3월 1일 일본에 대한 대대적인 저항운동을 벌였다. 미국의 언론에서는 이 사실을 보도하면서 일본을 규탄했고 한국을 돕는 조직이 구성되었다. 의회는 일본의 한국 강점을 방관한 미국의 외교적 과오를 반성하는 결의문을 채택했다. 그러나 미국 정부는 한국의 독립에 대해 냉담해서 한국의 애국지사들은 크게 실망했다. 독립투사들은 자주적으로 1919년 4월 13일 중화민국 상하이에서 망명 정부 형태의 대한민국 임시 정부(Provisional Government of the Republic of Korea, 1919-1948)를 설립하고 독립을 위해 노력했다.

2차 대전의 종전을 논의하는 국제회의에서 한국의 독립에 대한 논의가 본격화되었다. 1943년 이집트의 카이로에서 열린 회담에서 미국의 루스벨트 대통령, 영국의 처칠 수상, 중국의 장제스 총통은 한국의 자유 독립을 보장하는 카이로 선언(Cairo Declaration)[11]을 채택했다. 그러나 종전을 앞두고 극동 지역에 대한 패권을 노리던 미국과 소련의 갈등이 극대화되면서 극동 진출의 중요한 교두보인 한국의 정치적 미래에 대한 논란

9) = 제2차 한일 협약(Japan-Korea Treaty, Japan-Korea Protectorate Treaty).

10) 조선은 1897년 대한제국을 선포했다.

11) 이 선언에서는 전쟁의 목적이 일본의 침략을 정지시키는 것이며, 승전국의 이익을 추구하거나 영토 확장을 의도하지 않을 것임을 천명했다. 따라서 일본이 전쟁 중에 탈취한 영토를 각 본국에 반환할 것이며, 그에 따라 한국도 자주 독립시킬 것임을 선언했다.

이 커졌다. 결국 1945년 2월의 얄타회담(Yalta Conference)에서, 한국의 정치적 혼란을 방지하기 위하여 신탁통치가 필요하다는 합의에 이른다. 그 해 7월 포츠담선언(Potsdam Declaration)에서는 한국을 북위 38° 선을 경계로 이북은 소련이, 이남은 미국이 점령 통치하는 것으로 결론을 맺는다.

한국 내에서는 일본이 항복을 선언하면 국정을 인계받기 위한 건국 준비 위원회(Committee for the Preparation of Korean Independence)를 결성하였고, 미군이 주둔하기 전에 국가의 형태를 갖추어 놓기 위해, 1945년 9월 6일 조선 인민 공화국(People's Republic of Korea)을 수립하여, 이승만 주석, 여운형 부주석, 중도 좌파인 허헌 국무총리로 발족하였다. 이 정부는 한민족의 자주적 노력에 의한 독립 국가의 확립을 목표로 하였고, 한반도 전 지역에 인민 위원회를 수립하여 일본 경찰의 무기를 빼앗아 자체적인 치안을 확보하였다. 그러나 이 정부에는 대한민국 임시 정부 측 요인이 참여하지 않았고, 건국 준비 위원회 단계에서 대다수 우익 인사들이 참여를 철회하여 좌익 세력이 주도하였으므로 전체적인 대표성을 얻지 못하여 이후 갈등의 소지가 되었다.

자주적인 독립 국가를 실현하려는 한국의 노력은 미국과 소련의 이해관계에 막혀 중지되었다. 일본의 패망이 확정되자 미국과 소련은 1945년 8월 25일 한국을 38도선에 나누어 분할 점령하겠다고 발표했다. 그에 따라 9월 8일 맥아더 사령부 휘하의 하지 중장(Lieutenant General John R. Hodge)이 인천에 상륙하여 〈조선 주재 미육군 사령부 군정청〉(United States Army Military Government in Korea, USAMGIK)을 발족시켜 남한을 통치했다. 하지 군정청은 미군을 환영하는 한국인을 마치 적군처럼 취급했다. 미군정은 임시 정부의 정통성을 인정하지 않았고 조선 인민 공화국의 정통성도 인정하지 않는 반면, 친미적인 우익 인사를 중심으로 한 한국 민주당(Korea Democratic Party, KDP)을 지원했다. 38도선 이북에서는 소련이 기존의 인민 위원회를 공산주의 조직으로 재편하여 친소련 성향의 김일성을 지도자로 내세웠다.

1945년 12월 17일, 미국, 영국, 소련 삼국은 〈모스크바 삼국 외상 회담〉(Moscow Conference of Foreign Ministers)에서 한반도에 미소 공동 위원회를 설치하고, 최장 5년간 미국, 소련, 영국, 중화민국의 신탁 통치령(Trust Territory)으로 삼겠다고 발표했다. 신탁 통치((trusteeship)의 결정이 알려지자 한반도는 찬성과 반대로 나뉘어 극심한 갈등을 빚었고, 한반도 문제는 국제 연합으로 이관되었다. 국제 연합은 남북한 총선거를 가결하였지만, 남한에 비해 인구가 적은 북한이 불리하다고 판단한 소련은 이 결의안을 거부하였다. 한국 국민은 좌우 합작을 통한 중도적인 통일 정부가 수립될 것을 원했지만 이북을 김일성이 장악하자 이남에서는 1946년 6월 3일 이승만이 단독 정부 수립을 천명했다. 중도 정치 세력들은 1946년 7월 좌우 합작 7원칙을 발표하였으나 미군정은 한국 민주당을 중심으로 한 〈남조선 과도 입법 위원회〉를 구성하였고 이로 인해 좌우 합작은 결렬되었다.

1947년 국제 연합에서 남한 만의 단독 선거가 의결되자 분단을 반대하던 민족주의 정치가들은 위기의 식을 느꼈으며, 한국 독립당의 김구와 민족 자주 연맹을 조직한 김규식 등은 남북의 모든 정치 세력이 평양에 모여 연석회의를 열 것을 제안하였으나 성사되지 못했다. 1948년 8월 15일 이남에서는 대한민국이 정부 수립을 선포하였고, 미군정은 대한민국 정부가 수립된 1948년 8월 15일 0시를 기하여 폐지되었다. 9월 9일에는 이북에 〈조선 민주주의 인민 공화국〉이 선포되어 한반도는 공식적인 분단의 상황에 처하게 되었다.

대한민국이 출범하자 미국은 제일 먼저 한국을 승인하였고, 서로 대사를 임명하여 양국의 공식 외교가 재개되었다. 한국은 건국 초기부터 북한의 군사적 위협과 신생 국가로서의 경제 사정 등으로 인해 대미 일변도의 외교 정책을 고수했고, 미국으로부터 군사, 경제 원조를 획득하기 위해 노력했다. 그러나 미국은 자국의 군사비 삭감을 위해 병력을 감축해야 했으므로 한국에서 전쟁이 일어나지 않을 것이라고 판단하고 한국을 미국의 군사 방위선에서 제외했다. 이것이 〈애치슨라인 선언〉(Acheson line declaration)[12]이다. 이 선언으로 인해 북한은 한국에 전쟁이 터질 경우에 미국이 지원하지 않을 것으로 오판해 남침을 감행했다는 평가도 있다.

한미 관계가 긴밀해 진 것은 6·25전쟁 이후이다. 전쟁이 발발하자 트루먼 대통령은 즉각 군대를 출동시키고 무기를 급송하는 등 한국에 대한 강력한 방어 의지를 보였고, 38선의 획정을 백지화하고 유엔군을 38선 이북으로 북진시켜 거의 압록강까지 점령했다. 이때 위협을 느낀 중공군이 개입하는 바람에 결국 한국은 현재의 휴전선을 경계로 북한과 휴전을 맺으며 전쟁을 끝내게 되었다. 미국은 전시 중에 막대한 군사적 경제적 원조를 했을 뿐 아니라 전후에도 경제 원조를 강화하여 전쟁으로 피폐해진 한국을 부흥시키는데 크게 조력했고, 이후의 북한의 침공을 저지하기 위해 〈한미 상호 방위 조약〉(ROK-U.S. Mutual Defense Agreement, 1953)을 체결했다.

미국은 한국의 역대 대통령들과는 대체로 좋은 관계를 유지했으나 다소의 갈등도 빚었다. 이승만 대통령은 독재적 정치 행태 때문에 6.25 전쟁 중에 트루먼 대통령과 마찰이 있었고, 이승만 대통령이 휴전협정을 반대하면서 아이젠하워 대통령과 불화를 겪었다. 케네디 대통령은 박정희 장군의 5.16 쿠데타에 대해 민정 복귀를 강력히 요구하여 불편한 관계가 한동안 지속되었다. 존슨, 닉슨, 포드 대통령 시대에는 큰 문제가 없이 한미

12) 1950년 1월 12일 미국 국무장관 딘 애치슨(Dean Gooderham Acheson)이 미국의 극동 방위선을 밝힌 선언이다. 애치슨은 미국의 극동 방위선이 타이완의 동쪽, 즉 일본 오키나와와 필리핀을 연결하는 선이라고 선언했는데, 이는 한국을 미국의 방위권에서 제외시키는 것이었다. 한국 정부는 즉시 애치슨 선언의 진의를 요구했지만 애치슨은 회답하지 않았다.

관계가 공조를 유지했으나, 1970년대 후반 카터 대통령 재임시 주한 미군 철수 문제, 인권 문제, 박동선 사건(Koreagate)[13] 등으로 긴장이 고조되었다. 이후 미국이 전두환과 노태우의 독재 정권을 지지한다는 이유로 한국 국민의 반미 감정이 커졌으며, 주한 미군의 철수 문제, 미국산 광우병 쇠고기 수입 문제 등으로 더욱 반미 감정이 고조되었다. 그러나 대체로 한국과 미국은 맹방이라는 구호 아래 좋은 관계를 유지했다. 특히 한국의 모든 대통령이 미국을 한 번 이상 방문했으며, 미국에서는 아이젠하워, 존슨, 포드, 카터, 레이건, 부시, 클린턴, 오바마 대통령 등이 방한하여 양국의 관계를 돈독히 하였다.

미국은 〈한미 상호 방위 조약〉 체결 이후 꾸준히 군사 원조를 제공하여 한국군의 현대화를 도우면서 한국의 방어력을 강화했다. 매년 한미 합동의 군사 훈련인 팀스피리트(Team Spirit, 1976-1992), 한미 연합 전시 증원 연습(Reception, Staging, Onward Movement and Integration of Forces, RSOI, 1994-2007), 키리졸브((Key Resolve, 2008-) 등을 통해 양국군의 실전 능력을 높이고 있다. 1971년 이후에는 〈연례 한미 안보 협의회〉(ROK-US Security Consultative Meeting, SCM)가 개최되어 한반도의 군사적 현안 문제를 협의한다.

미국의 경제 원조는 1961년 초까지 한국 경제에서 거의 절대적인 비중을 차지하였는데, 1960년대까지는 무상 원조가 이루어졌고, 1962년 차관으로 전환되었다. 그 후 현재까지도 미국은 무역, 자본 도입, 합작 투자 등 한국의 경제 전반에 걸쳐 큰 비중을 차지하고 있다.

13) 1976년에 대한민국 중앙정보부가 박동선을 통해 미국 정치인들에게 뇌물을 주면서 한국군의 현대화를 위한 군사 원조를 받으려고 한 사건이다. 이 사건으로 카터는 주한 미군 철수 정책을 촉진했고, 한미 관계는 최악의 사태로 진입했다.

4) 베트남 전쟁(Vietnam War, 1955-1975)

베트남 전쟁[14]은 베트콩(Viet Cong)으로 널리 알려진 남베트남(South Vietnam)의 민족 해방 전선(National Liberation Front)과 북베트남 정규군인 베트남 인민군(People's Army of Vietnam, PAVN)의 합동군이 남베트남 정부를 대상으로 벌인 전쟁이다. 그러나 베트남 전쟁은 내전이라기보다는 당시 냉전을 치르던 자본주의 진영과 공산주의 진영의 대리전쟁이었다. 또 베트남 전쟁은 미국이 "정의의 사자"라는 도덕적 명분을 내세우며 개입했으나 가장 처참한 패배를 당하고 물러난 전쟁이다.

베트남의 마지막 왕조인 응우옌 왕조(Nguyễn dynasty)가 가톨릭교의 선교를 금지하면서 프랑스 선교사를 처형한 것을 빌미로 1843년 프랑스는 베트남에 함대를 파병하였다. 프랑스는 코친차이나(Cochin-china)[15]를 할양받은 후 차츰 식민지를 확대하여, 1887년 베트남과 캄보디아, 라오스를 병합한 프랑스령 인도차이나(French Indochina)를 설립하여 1945년까지 유지했다.

제2차 세계 대전 중 프랑스는 자국의 방어를 위해 프랑스령 인도차이나에 있던 군대를 송환하였는데 그 틈을 타 일본군이 베트남을 점령하였다. 1930년 호치민(Hồ Chí Minh, 1890-1969)[16]이 결성한 베트남 공산당(Communist Party of Vietnam, CPV)을 중심으로 하여 1941년에 결성된 비엣민(Vietminh)[17]은 프랑스에 대항하여 무장 투쟁을 했고, 2차 세계 대

---

14) 프랑스와 베트남의 〈제1차 인도차이나 전쟁〉(1946-1954)의 연장선에 있으므로 〈제2차 인도차이나 전쟁〉(Second Indochina War)이라고도 한다.

15) 프랑스령 인도차이나에서 베트남 남부의 사이공을 중심으로 한 남부 지역. 이 지역에 대한 프랑스의 식민지 통치 기간은 1864년에서 1948년까지 지속되었다.

16) 제1차 세계 대전 전에 프랑스에서 교육받았고, 전쟁이 끝나갈 무렵 프랑스 공산당에 가입하였고 20년간 중국과 소련에 거주하면서 독립운동을 했다.

17) 베트남 독립 동맹회(League for the Independence of Vietnam)의 약칭이다. 1941년 호

전 기간에는 일본과 싸웠다. 비엣민은 중국 국민당 정부와 미국의 승인을 받았으며, 미국의 전략사무국(Office of Strategic Services, OSS)은 일본에 대항하는 비엣민을 지원하였다. 그러나 1945년 프랑스 측이 비엣민이 공산주의 조직이라고 문제를 제기하자 미국은 지원을 중단하였다.

호치민은 1945년 9월 2일 일본이 항복문서에 조인한 날에 맞추어 베트남 민주 공화국(Democratic Republic of Vietnam, DRV)을 세우고 독립을 선포했다. 그는 미국 독립 선언의 구절을 차용하여, "모든 사람은 평등하게 태어났다. 사람들은 모두 생명, 자유, 행복을 추구할 천부의 권리를 조물주로부터 부여받았다."라며 천부 인권을 선언하였다. 호치민은 미국의 전략 사무국 책임자를 귀빈석에 초대하는 등 미국에 우호적인 태도를 보였다. 미국이 〈트루먼 독트린〉(Truman Doctrine)[18]에 입각하여 베트남 민주 공화국을 승인해 주기를 희망하였던 것이다.

사실 호치민은 모스크바의 조종에 따라 움직이는 꼭두각시가 아니라 전쟁과 식민 통치로 황폐해진 나라를 부흥시키기 위해서는 마르크스-레닌주의 사상이 가장 적합하다고 생각한 민족주의자였다. 미국 정부도 융통성 있는 지도자인 호치민을 베트남의 조지 워싱턴이라고 부르면서 그가 성공적으로 베트남 국민을 이끌 것이라고 예견했다. 호치민은 1945년 8월에서 1946년 2월 동안 트루먼에게 여러 통의 편지를 썼는데 대부분 베트남 민족을 살릴 수 있게 도와달라는 내용이었다.

치민을 중심으로 인도차이나 공산당과 다수의 민족주의 계열 정당들의 동맹으로 결성되었다. 비엣민의 당면 목표는 프랑스로부터 베트남의 독립을 쟁취하고 일본 제국에 저항하는 것이었다. 비엣민은 1945년 일본 패망 후 프랑스가 다시 꼭두각시로 세워놓은 바오다이 왕조를 무너뜨리고 베트남 북부 지역을 빠르게 점령하여 베트남 민주 공화국(북베트남)을 세웠다.

18) 1947년 3월 미국 대통령 트루먼이 의회에서 선언한 미국 외교 정책에 관한 원칙으로, 그 내용은 공산주의를 거부하며 자유와 독립의 유지에 노력하는 국가에 군사적·경제적 원조를 제공한다는 것이었다. 이 원칙에 따라 미국은 그리스와 터키의 반공 정부에 군사와 경제 원조를 했다.

> 나는 순수히 인본주의적 이유로 아래와 같은 문제에 대해서 귀하에게 말하고자 합니다. 1944년 겨울과 1945년 봄 동안에 프랑스의 기근정책 때문에 2,000,000명의 베트남인들이 기아로 인해 죽어갔습니다. 프랑스인들은 모든 유용한 쌀을 차지하고 저장하였습니다. 1945년 여름에는 홍수와 심한 가뭄으로 경작지의 4분의 3이 망가졌으며 정상적인 추수량의 6분의 5정도가 상실되었습니다. 많은 국민들은 기근에 허덕이게 되었으며, 세계 열강들과 국제 구호 조직이 우리들에게 즉각적인 보조를 해주지 않는다면 우리는 긴박한 재난을 맞게 될 것입니다.

그러나 트루먼은 호치민에게 한통의 답신도 보내지 않았다. 미국 국방부의 비밀 보고서인 〈펜타곤 보고서〉(Pentagon Paper)에는, "1945년 말에서 1946년 말까지 프랑스와 베트남이 소강상태를 보일 때 호치민은 백악관에 정부의 승인을 요청하는 전문을 계속하여 보냈다… 하지만, 호치민은 아무런 회신을 받지 못하였다."고 기록되어 있다. 미국은 호치민이 주도하는 베트남의 독립을 원하지 않았던 것이다. 미국은 소련과의 냉전에서 프랑스의 협력이 절대적으로 필요했기 때문에 프랑스의 비위를 거스르고 싶지 않았고, 천연자원이 풍부해 경제적 요충지이며 일본과 필리핀을 방어할 수 있는 전략적 요충지인 베트남이 공산주의자인 호치민의 주도 아래 독립하면 공산주의가 확산될지 모른다는 위협을 느꼈던 것이다.

당시 아시아의 정세는 공산주의의 확산을 두려워할 만했다. 1949년 중국의 국공 내전(Chinese Civil War)에서 국민당(Chinese Nationalist Party)이 공산당(Communist Party of China, CPC)에게 패해서 타이완으로 정부를 옮겼고, 공산당은 중화인민공화국(People's Republic of China, PRC)을 수립했다. 한국에서는 북한군의 남침으로 〈한국 전쟁〉(1950-53)이 발발했고, 압록강까지 진격하여 종전을 앞둔 상황에서 공산 중국이 개입하여 결국 휴전 협정으로 끝난 상황이었다. 미국은 아시아 국가들이 공산화될 가능성을 목전의 위협으로 느끼고 있었다.

미국은 호치민의 독립 정부를 외면하고 프랑스가 세운 괴뢰정부인 베트남국(State of Vietnam)을 승인했다. 결국 호치민이 세운 베트남 민주공화국과 프랑스 사이에 〈제1차 인도차이나 전쟁〉(1946-1954)이 벌어지자 미국은 프랑스에 무기를 공급하고 전비를 지원했으며 군사고문단도 파견했다. 8년간 계속된 전쟁은 프랑스가 완전히 패배하면서 종결되었고, 1954년 〈제네바 협정〉(Geneva Conference)에서 평화 협정을 맺게 되었다. 베트남은 잠정적으로 북위 17도를 경계로 남북으로 분할되었고, 통일 베트남을 수립하기 위해 1956년 7월 이내에 보통 선거를 시행할 것으로 결정되었다.

미국은 베트남이 공산 중국을 견제할 전략적 요충지라고 생각했고, 도미노 이론(domino theory)[19]에 따라 베트남이 공산화되면 주변국이 모두 공산화될 것이라고 우려했다. 미국은 베트남에 반공 정부가 세워져야 한다는 입장을 고수하며 〈제네바 협정〉의 승인을 거부했다. 미국은 남베트남과 〈동남 아시아 조약기구〉(Southeast Asia Treaty Organization, SEATO, 1954)[20]를 결성하고 응오 딘 지엠(Ngo Dinh Diem＝고 딘 디엠) 정부를 수립하였다. 호치민은 남쪽과 북쪽을 모두 포함하는 총선을 요구하였으나 남베트남의 정부는 이를 거부하였다. 1956년부터 소규모 충돌이 지속되다가 1959년부터는 남북의 정규군이 전쟁에 돌입했다.

미국은 처음에는 직접 전쟁에 참전하지 않고 남베트남에 군사적·경제적 지원만 했다. 1955년에서 1961년까지 미국은 남베트남에 수십억 달러의 군사원조를 했으나 남베트남 정부의 부정부패만 키우는 결과를 낳았

19) 한 나라의 정치 체제가 붕괴되면 그 파급 효과가 이웃 나라에도 미친다는 이론이다. 아이젠하워 대통령이 도미노의 첫 번째 말을 넘어뜨리면 전체 말이 전부 쓰러지고 마는 현상을 빌려 베트남에 이은 동남아시아 전역의 공산화 위험을 설명한 데서 나온 용어이다.

20) 영국, 프랑스, 오스트레일리아, 뉴질랜드, 필리핀, 타일랜드, 파키스탄이 참여한 반공 기구로 남베트남을 보호하려는 의도이다.

다. 가톨릭교도인 지엠의 정부는 정적 숙청에만 열을 올렸고, 신문을 폐쇄하여 언론의 자유를 막았으므로, 불교 승려들을 중심으로 국민의 반발이 커졌다. 1960년 남베트남의 반정부주의자들은 베트콩을 수립하여 남베트남군을 상대로 게릴라전에 돌입했다.

케네디 대통령은 베트콩과의 게릴라전에서 고전을 면치 못하는 남베트남을 돕기 위해 미군을 파견하였다. 미군은 농민과 베트콩을 구별하기 위해 농민들을 철조망을 둘러친 수용소에 이주시키는 〈전략촌 재정착 작전〉 (Strategic Hamlet resettlement program)을 시행하여 남베트남인들의 불신을 받게 되었다. 미국은 남베트남 국민의 불만을 가라앉히기 위해서 1963년 11월 쿠데타를 유발시켜 지엠을 처형시키고 새로운 정부를 수립했다. 그러나 존슨 대통령은 베트남에 우익과 좌익을 포함하는 거국 내각을 설립하자는 북베트남의 제안을 거부하면서, 공산주의에 대해서는 승리뿐이며, 미개한 베트남에 미국의 발자취를 남기고 싶다고 선언했다.

미국이 베트콩 뿐 아니라 북베트남과 전면전에 돌입하게 된 계기는 통킹 만(Gulf of Tonkin) 사건이다. 1964년 8월 2일 남베트남 특공대를 지원하던 구축함 매독스(destroyer USS Maddox)가 북베트남 초계정(torpedo boats)의 공격을 받았다. 구축함은 가벼운 피해를 입었을 뿐이었지만 미국은 북베트남을 응징하겠다며 의회에 승인을 요청했고, 의회는 〈통킹 만 결의안〉(Tonkin Gulf Resolution)을 통과시켰다. 의회는 "미군에 대한 무력 공격을 응징하고 이후의 침략을 방지하기 위해서 모든 가능한 수단을 사용할 수 있는 권한"을 압도적인 지지로(하원 466대 0, 상원 88대 2) 대통령에게 주었다. 그때부터 미국은 북베트남을 직접 포격하기 시작했다. 그러나 나중에 공개된 미국의 극비 문서인 국방부 백서(Pentagon Papers)에서 통킹 만 사건이 미국의 극우파에 의해 조작되었다는 것이 밝혀져 미국의 비도덕성이 비판받았다.

미국의 북베트남 정글에 대한 무차별적인 폭격은 전쟁 끝까지 계속

되었고 여기 사용된 폭탄은 2차 대전 때보다 더 많았다. 1965년 전쟁에 참가한 미군은 184,300명이었지만 1968년에는 536,100명, 1969년에는 543,000명이 투입되어 베트남 전쟁은 미국의 전쟁이 되었다. 평균 연령이 19세인 어린 미군들은 정글 속을 헤매면서 곳곳에 있는 부비 트랩에 당했고, 정글의 거머리와 싸워야 했고, 군화 속의 발은 계속 내리는 비에 썩어갔다. 미군의 사기는 저하되었고, 군인들의 마약 복용이 심각했으며, 군대 내의 인종 갈등으로 내분이 심했다. 절망적이 된 미군은 베트남의 정글을 없애기 위해 오렌지 폭탄(Agent Orange)같은 고엽제를 뿌려 밀림을 완전히 고사시켰고, 필요 없이 잔인하게 민간인들을 학살했다. 1968년 3월의 밀라이 학살 사건(My Lai Massacre)[21]은 그 대표적인 경우이다. 그러나 북베트남과 베트콩은 미국의 막강한 공군력이 퍼붓는 엄청난 폭탄 공세와 수많은 병력의 공격에도 항복하지 않았고 전쟁은 장기화되었다. 존슨 대통령은 베트남 전쟁에 대해, "나는 마치 텍사스의 고속도로에서 우박을 동반한 폭풍우 속에 옴짝달싹 못해 갇혀 있는 방랑자와 같은 기분이다... 나는 달릴 수도 숨을 수도 그리고 정지할 수도 없다."고 탄식했다. 미국은 베트남 같은 작은 나라가 세계 최강의 국가에게 저항할 수 있다는 사실을 믿을 수 없었다.

베트남 전쟁의 참상이 미국의 각 가정에 보급된 텔레비전을 통해서 일반 미국인들에게 생생히 전달되면서, 국민들은 베트남 전쟁의 정당성에 의문을 품게 되어 반전 운동이 점점 더 확산되었고, 징병기피자가 수 만 명에 달했다. 대학에서는 베트남 전쟁을 반대하는 장기 토론회(teach-in)가 열렸고, 수만 명이 백악관으로 몰려가 항의의 행진을 했다. 무하마드 알리(Muhamad Ali)는 베트남 전쟁이 백인들의 전쟁이라며 징병을 거부하여 챔피언 타이틀을 박탈당했다.

---

21) 미군들이 200명 이상의 민간인을 학살했는데 20개월 이후에야 그 사실이 알려졌다.

전쟁으로 인한 사회의 불안, 경제의 악화 등 여러 상황을 고려한 존슨은 1968년 3월 북베트남의 폭격을 완전 중단하는 조건으로 평화 협상을 제의했다. 그러나 통일을 원하는 북베트남은 이를 거절했다. 새로 당선된 리처드 닉슨은 〈닉슨 독트린〉(1969)을 발표하여, 미국은 자립 의지를 가진 국가만을 돕겠다고 선언하면서, 군대를 점진적으로 철수시켰다. 미국은 그 와중에도 협상시 유리한 고지를 점령하기 위해서 무차별적인 폭격을 계속했다. 닉슨이 북베트남의 보급로인 중립국 캄보디아로 폭격을 확대하자 반발은 더 커졌다.

1970년 6월 상원은 〈통킹 만 결의안〉을 폐기했고, 1971년 6월 〈뉴욕 타임즈〉의 다니엘 엘즈버그(Daniel Ellsberg) 기자는 〈통킹 만 결의안〉에 이르게 된 과정을 밝힌 국방부 백서를 공개했다. 닉슨은 게재 금지 명령을 내렸으나 대법원이 그 명령을 취소하면서 미국 행정부의 거짓이 전국에 공개되었다.

1973년 1월 27일 헨리 키신저(Henry Kissinger) 국무장관은 북베트남의 수석대표와 비밀리에 접촉했고, 양자는 휴전 협정, 전투 중지와 60일 내에 모든 미군의 철수, 거국 내각의 구성을 약속했다. 그러나 양측이 다 이 협정을 위반하여 다시 전면전에 들어갔다. 1975년 4월 30일 사이공이 함락되면서 남베트남이 항복했고 미국이 철수하면서, 베트남 전쟁은 북베트남의 승리로 끝이 났다. 1975년에 베트남 전체가 공산화되었으며, 캄보디아, 라오스에서도 공산 정권이 들어섰다.

이 전쟁으로 미국은 국민의 신뢰를 잃었고, 인플레이션으로 국민의 삶의 질이 저하되었고, 빈민 개혁은 중단되었다. 국제적으로는 소련과 중국과의 관계가 더 악화되었고, 미국이 힘을 자랑한 전쟁이며, 신무기를 실험한 전쟁이라는 의심을 받으면서 제3 세계 국가들의 불신을 받게 되었다.

베트남 전쟁은 세계 최강의 현대식 과학 기술과 잘 조직된 부대를 가진 거대 국가와의 전쟁에서 인간 조직이 승리를 거둔 전쟁으로 평가받았다. 또 황인종에 대한 경멸적 태도를 가진 미국에 대한 아시아의 승리로 여겨졌다. 미국은 아시아인들은 인디언과 마찬가지로 본질적으로 열등하다고 보았고, 이 열등한 종족에게 고귀한 민주주의를 전하고 문명화시키기 위해서 수단과 방법을 가리지 않고 행동해야 한다고 믿었고, 그 과정에서 베트남을 제대로 이해하려고 하지 않았기 때문에 전쟁에서 진 것으로 평가받았다.

5) 이슬람 문화권과의 갈등

1991년 소련이 붕괴되고 동구권 공산 국가들이 자유 시장 경제를 지향하면서 전 지구적 자본주의 시대가 도래했고 미국은 경쟁자가 없는 초강대국이 되었다. 미국의 세력에 대응해서 유럽 각국이 힘을 모은 유럽 연합(European Union)은 미국과 동반자 관계를 구축하였다. 그러자 미국은 소련과 각축을 벌이던 때와 달리 자국의 이익을 추구하는 방향으로 정책을 선회했다. 레이건 정부의 신자유주의 경제 정책과 개발도상국들에 대한 시장 개방 압력이 그 가시적인 모습이다.

소련의 붕괴 이후 세계의 가장 큰 문제는 이스라엘과 이슬람권 국가의 갈등이며, 그로 인해 미국에 대한 이슬람권 국민들의 반미 투쟁이 강화된 것이다. 미국의 경제와 정치의 상층부에 친이스라엘 인물들이 많이 포진한 관계로 미국은 친이스라엘 정책을 시행했으며, 그로 인해 이슬람 문명과 갈등을 겪고 있다.

* 9 · 11 테러(September 11 attacks)

2001년 9월 11일 이슬람 과격파 테러 분자들이 항공기를 다발적으로 납치하여 테러를 벌인 사건이다. 그 중 두 대는 뉴욕의 110층짜리 세계 무역 센터(WTC) 쌍둥이 빌딩에 돌격하였고 이 거대한 두 개의 빌딩이 그대로 붕괴되었다. 워싱턴 D.C의 국방부 건물인 펜타곤(Pentagon)도 비행기의 공격으로 일부 파괴되었다. 이 폭발 광경은 CNN 방송망을 타고 시시각각으로 전 세계에 생중계되어 전 세계인을 충격에 빠트렸다. 이로 인해 세계 경제의 중심부이자 미국 경제의 상징인 뉴욕은 아수라장으로 변했고 세계 최강대국 미국은 테러의 공포에 빠졌다. 이 테러로 인해 90여 개국의 2,800 ~ 3,500여 명이 생명을 잃었다.

FBI의 조사 결과 납치당한 4대의 항공기에는 3명에서 5명의 납치범들이 탔으며 이들은 사우디 아라비아와 이집트 출신으로 추정되었다. 미국은 테러의 배후에 사우디 아라비아 출신의 오사마 빈 라덴과 알카에다 조직이 있다고 보았다. 조지 W. 부시 대통령은 이 사건을 "미국에 대한 명백한 테러 공격"으로 규정하였다. 미국과 영국 연합군은 빈 라덴의 색출을 위해 2001년 10월 탈레반 정권의 아프가니스탄에 공습을 감행하여 아프가니스탄 전역을 함락하고 반탈레반 친미 정부를 수립하였다. 그러나 전쟁의 목표였던 빈 라덴을 체포하지는 못했다. 이후 미국은 "테러와의 전쟁"을 계속 하여 2011년 5월 제로니모(Geronimo) 작전의 일환으로 오사마 빈 라덴을 사살 후 수장하였다. 그러나 테러는 끝나지 않고 있다. 알카에다 이외에도 팔레스타인 해방 기구(PLO) 산하의 무장 조직인 하마스(HAMAS), 이슬람 원리주의 기구인 지하드(Jihad), 레바논의 헤즈볼라(Hezbollah) 등 여러 이슬람 테러 조직의 활동이 지금도 계속되면서, 중동 권역은 전쟁과 테러의 소용돌이에 빠져 있고, 미국 본토에서도 테러의 두려움이 상존해 있다.

* 〈이라크 전쟁〉(Iraq War, 제2차 걸프 전쟁)

2003년 3월 20일 영국과 미국의 합동군이 이라크 자유 작전(Operation Iraq Freedom)으로 이라크를 침공하면서 〈이라크 전쟁〉이 시작되어 2011년 12월 오바마가 군대를 철수시키면서 종결되었다. 미국과 영국 연합군이 이라크 침공의 근거로 제시한 것은, 이라크의 민주화를 위해서 독재자 사담 후세인을 제거해야 된다는 것과, 이라크가 대량 살상 무기를 다량 보유하고 있어서 세계의 안보가 위협당하고 있으므로 이를 색출해서 제거해야 한다는 것이었다. 그러나 사실은 이라크의 석유 시설의 독점권 장악이 우선적인 이유였으므로 연합군의 행위는 아랍권 국가들의 비판을 받았다. 더구나 2004년 10월 미국의 조사단이, "이라크에 대량 살상 무기는 존재하지 않는다."는 최종 보고서를 제출하였고, 이로 인해 미국과 영국의 정당성이 크게 상처 입었고, 이슬람권 문화권에서 반미 감정은 더욱 고조되었다.

9 아메리카 원주민

1) 신대륙의 발견과 원주민

미국의 역사에서 아메리카 대륙은 "신대륙"(New Continent)으로 지칭된다. 그러나 아메리카 대륙은 수억 년 전부터 존재하던 땅이며 수많은 원주민들이 독특한 문화를 이루면서 살았으므로 실제로는 "구대륙"(Old Continent)이다. 신대륙이라는 명칭은 아메리카 원주민의 존재를 "보이지 않는"(invisible) 존재로 설정한 서구 중심적인 발상의 결과이다.

아메리카 원주민에 대해서는 여러 설이 있지만 가장 믿을만한 설은, 시베리아에 살던 몽고계 종족이 약 15,000년 전 빙하기에 베링 해의 수위가 낮아져 다리처럼 연결되었던 베링 육교(Bering land bridge)를 건너왔으며 이들이 알래스카를 거쳐 남북 아메리카 각지로 분산되었다는 것이다. 이들은 유럽인이 등장하기 전까지 개별 부족 국가로 유목 문화를 이루었고, 일부는 농경 문화를 이루고 살았다.

아메리카 대륙의 존재가 유럽인에게 알려지게 된 것은 크리스토퍼 콜럼버스의 항해 덕분이며 원주민에 대한 기록도 콜럼버스에게서 찾을 수 있다. 콜럼버스는 서인도 제도에서 처음으로 원주민인 아라와크족(Arawak)을 만났는데, 이때 콜럼버스의 행동 양태는 이후 북미의 개척자들이 아메리카 원주민을 대하는 태도에서 그대로 나타난다. 인도에 도착했다고 착각한 콜럼버스는 자신의 항해 일지에 인디언들, 즉 실제로는 루카얀(Lucayan), 타이노(Taíno), 아라와크족들에 대한 첫 인상을 다음과 같이 적어놓았다.

> 인디언들은 실제로 보지 않고서는 믿지 못할 정도로 지나치게 순진하고 욕심이 없다. 자신이 가지고 있는 것을 원하는 사람이 있으면 인디언은 거절하지 않는다. 오히려 모든 이와 함께 나누어 가지려 한다… 인디언들은 자기들이 가지고 있는 것들을 기꺼이 교환하였다… 그들은 좋은 체격과 수려한 용모를 지닌 건장한 사람들이었다. 무기를 지니고 있지도 않았으며 또 무기라는 것을 알지도 못했다… 그들은 좋은 하인이 될 수 있을 것이다… 50명만 있다면 그들 모두를 정복하여 마음껏 부릴 수 있을 것이다.

콜럼버스의 글에서 우리가 알 수 있는 것은 원주민의 멋진 외모와 선량함, 순수함이며, 백인의 탐욕이다.

원주민 추장에게서 황금 가면을 선물 받은 콜럼버스는 스페인으로 돌아가 자신이 아시아와 중국 해안의 한 섬에 도착했다고 주장하면서, 그곳은 기름진 초원이 펼쳐져 있고 넓은 강에는 황금이 쌓여 있다고 허풍을 떨었다. 과장된 보고와 허황된 약속을 남발해 많은 투자자를 모은 콜럼버스는 이번에는 17척의 배를 몰고 신대륙으로 돌아왔다. 그러나 막상 금이 그렇게 많이 모이지 않자 이윤을 내는데 혈안이 된 콜럼버스는 잔인하게 원주민들을 혹사했다. 원주민들에게 3개월 마다 금을 가져오게 해서 할당량을 채우지 못하면 수족을 잘랐고, 달아나는 원주민들을 동물처럼 사냥해서 학살했다. 원주민에 대한 잔인한 행위는 끝이 없었는데, 당시 쿠바 정복에 참가했던 한 성직자의 기록에서도 알 수 있다.

> 백인들은 인디언의 등에 업혀 다니면서 다른 인디언이 넓은 나뭇잎을 들고 따라오면서 햇빛을 가리게 했다. 또 칼날이 얼마나 날카로운지 시험하기 위해서 인디언을 한 번에 10명에서 20명씩 죽여 보았다.

당연히 원주민들은 저항했으나 우수한 무기를 가진 백인들의 공격을 막아낼 수 없었다. 원주민들은 백인에게 학살당했고, 절망에 빠져 집단으로 동반 자살을 택했고, 면역이 없던 백인의 전염병에 걸려 대규모가 병사했다. 일부 건강한 원주민들은 포획되어 유럽으로 실려 가던 중에 상당수가 죽었다.

콜럼버스의 행동은 이후 아메리카 대륙에 도착한 거의 모든 백인 정복자들에게서 되풀이해서 나타났다. 코르테스(Hernán Cortés, 1485-1547)는 멕시코의 아즈텍족(Aztec)에게, 피사로(Francisco Pizarro, 1476(?)-1541)는 페루의 잉카족(Inca)에게, 영국은 포우하탄족(Powhatan)과 피쿼트족(Pequot)에게 콜럼버스와 비슷한 잔혹한 행위를 계속했다.

미국의 기초가 된 북아메리카 대륙에도 원주민 문명이 존재하고 있었다. 현재 발굴된 유적으로 보면 8세기에서 16세기 무렵까지 계속되었던 미시시피 문화(Mississippian culture)의 존재가 마운드 군락(Mounds)으로 불리는 유적에 의해 확인된다. 그중 가장 큰 것은 미주리 주 세인트루이스 교외 카호키아 유적으로, 전성기에 주민이 10,000명에 이른 것으로 짐작된다. 이 거대 유적은 1982년 〈카호키아 마운드 주립 사적지〉(Cahokia Mounds State Historic Site)로 세계 유산에 등록되었다.

유럽인이 오기 전에 아메리카 대륙 전체에 약 15,000,000명 내지 20,000,000명의 원주민이 있었고, 북아메리카에는 5,000,000명이 거주했다. 거의 2,000종에 이르는 언어를 쓰는 다양한 부족으로 나누어져 있어서 부족 간에 전투가 있었지만, 전쟁에서 잡은 포로는 양자로 입적해서 자신들의 부족으로 만들기도 했다. 이들은 일정한 문명 생활을 영위했고 농업 기술도 상당히 발달해 있었다. 옥수수, 땅콩, 초콜릿, 담배, 고추 등 곡식, 채소, 과일의 경작법이 개발되어 있었고, 댐을 만들어 관개용수로 이용했고, 도자기를 구웠으며, 바구니를 짰고, 목화로 옷을 지어 입었다. 유럽, 아시아, 아프리카와 동시대에 농업 혁명을 이룬 수준 높은 문화라고 할 수 있다.

이로쿼이 연방(Iroquois League)[1]은 토지를 공유하며 공동 노동을 했다. 종족의 문화적 유산을 존중했고, 유대감을 중시했으며, 계급적 구별이 거의 없이 모두 평등했다. 여성은 남성과 거의 동등한 자격을 누렸고 중요한 존재로 여겨졌다. 아이들을 독립적으로 키우면서 오만한 권위에 복종하지 않도록 가르쳤지만 아이들에게 가혹한 벌을 내리는 일은 드물었다. 원주민들은 식민지의 백인들이 아이를 엄격하고 잔인하게 다루는 것을 보고 매우 놀랐다고 한다.

북아메리카의 원주민들도 콜럼버스가 만난 원주민들처럼 처음에는 이방인 백인들을 친근하게 맞았다. 초기의 개척민들은 굶주려 죽을 지경에 이르렀을 때 원주민들의 도움을 받아 생존할 수 있었다. 디즈니 만화영화로도 만들어진 포카혼타스(Pocahontas, 1595(?)-1617)[2] 이야기가 전형적인 예이다. 포카혼타스는 현재의 버지니아에 거주하던 포우하탄족 추장의 딸이었다. 1607년 4월 영국의 개척자들이 버지니아에 도착하여 거류지를 세울 무렵 포카혼타스는 12세에서 14세가량의 소녀였다. 식민지인 존 스미스가 포우하탄의 사냥꾼들에게 잡혀서 사형을 당하기 직전에 포카혼타스가 그를 감쌌으며 이후 자신의 아버지를 설득해서 스미스를 제임스타운으로 안전하게 호송시켰다. 포카혼타스는 존 스미스와 친해졌고, 제임스타운 식민지에 자주 찾아가 식민지의 아이들과 놀기도 하였다. 또 식민지인들이 굶주림에 시달릴 때 식량을 공급해주었다.

---

1) 북미의 가장 강력한 원주민 집단으로 6부족을 포함한다. 모학(Mohawk), 오논다가(Onondaga), 오네이다(Oneida), 카유가(Cayuga), 세네카(Seneca), 투스카로라(Tuscarora).

2) 포카혼타스는 나중에 영어를 배우고 기독교를 접한 뒤 레베카로 개명하였고, 1614년 개척민인 존 롤프(John Rolfe)와 결혼하여 아들을 낳았다. 포카혼타스는 나중에 런던을 방문해서 "문명화된 야만인"(civilized savage)의 표본으로 여겨지며 유명 인사가 되었다.

그러나 곧 원주민과 식민지인 사이에서 갈등이 생기고 전투가 진행되었다. 갈등의 가장 큰 원인은 식민지인들이 원주민의 문화를 전혀 이해하지 못했고, 이해하려는 노력도 하지 않았기 때문이었다. 특히 토지에 대한 인식 차이가 가장 컸다. 원주민들은 토지는 "위대한 영"(Great Spirit)의 뜻에 따라 모두가 평등하게 공유하므로 개인의 소유가 아니라고 생각했다. 백인들은 원주민에게 물건을 주고 영토를 "구매"했다고 생각했는데 백인에게 구매란 원주민이 떠나고 자신이 땅을 독차지하는 행위를 의미했다. 그러나 원주민에게는 땅을 사고파는 문화가 없었기 때문에 백인이 같이 살자고 부탁하는 것으로 이해했다. 블랙피트(Black Feet) 부족의 추장은 밀크 강(Milk river) 유역에서 영토 조약에 서명하라고 요청받자 백인들의 돈을 거절하면서, "이 땅은 위대한 영이 우리를 위해 여기에 둔 것이며, 우리 것이 아니기 때문에 팔수 없소."라고 대답했다. 조셉 추장도 같은 취지의 말을 했다.

> 나는 이 땅을 내 마음대로 처분할 수 있는 것이라고 말한 적이 없소. 이 땅을 마음대로 할 권리를 가진 분은 이 땅을 창조한 바로 그 분이오, 나는 내 땅에서 살 권리를 주장하며 당신들은 당신들 땅에 살 수 있는 특권이 있다는 점을 인정하겠소.

백인들은 원주민을 열등한 존재로 생각했지만, 원주민이 보기에 백인은 필요 없이 축적을 일삼고 모든 것을 독차지하려는 탐욕에 가득 찬 존재였다. 시팅벌(Sitting Bull)은 백인을 이렇게 평가했다.

> 그들은 우리 선조들이 처음 만났을 때는 조그마하고 힘도 없었으나 지금은 거대하고 우쭐거리는 종족이 되었다. 이상하게도 그들은 땅에서 무엇을 지어 먹으려 하고, 무엇을 갖기를 좋아하는 그런 병이 들었다. 이자들은 부자는 무시해도 좋지만 가난한 자는 꼭 지켜야 되는 법들을 잔뜩 가지고 있다. 그들은 가

난한 자와 약한 자로부터 십일조를 받아 부유한 지배자를 살찌운다. 그들은 우리의 어머니인 대지를 자기네 것이라고 주장하며 울타리를 치고 이웃을 막는다. 그들은 건물을 짓고 쓰레기를 버려 대지를 더럽힌다. 이 종족은 둑에서 넘쳐 나와 길을 타고 흐르며 모든 것을 망치는 봄의 홍수와 같다.

백인들은 아메리카 원주민 부족은 추장(chief)이 지배하는 사회라고 믿었다. 그러나 인디언 사회는 합의제이므로 추장은 왕과 같은 권력자가 아니라 중재자이며 봉사자였다. 그런데 미국 정부는 협상 대표로 나온 추장을 책임자로 간주하여 서명하게 한 뒤 그것을 부족 전체의 뜻으로 해석하는 오류를 범했다. 원주민은 부족의 지도자가 아닌 추장이 서명한 협상은 전체의 뜻이 아니었으므로 무시했고, 미국 정부는 이를 조약 파기로 간주했다. 게다가 원주민 부족은 여러 갈래로 세분되어 있었고 각 부족은 자치를 유지하면서 제각각 움직이는 체제였으므로, 미국 정부가 한 부족의 추장을 여러 부족들의 대표자로 임명하여 협상한 것은 아무런 효력을 갖지 못했다. 미국 정부는 원주민들이 협정을 위반했다고 주장했지만, 원주민으로서는 협정 자체가 없었던 것이다. 반면 원주민들은 백인들과 모닥불에 둘러 앉아 파이프로 담배를 돌려 피우면서 위대한 영에게 맹세한 것을 약속을 맺은 것으로 생각했지만, 백인들은 종이에 서명하지 않은 계약을 무시했다.

그러나 식민지인들이 원주민의 문화를 이해했다 하더라도 이들 사이에 평화적인 공존이 가능했을 지는 의문이다. 식민지인들은 땅을 독점하기를 원했기 때문이다. 매사추세츠의 통치자 존 윈스롭은 원주민의 땅이 법적으로 “공지”(blank area)라고 선포했다. 원주민들은 그 땅을 정복한 것이 아니므로 땅에 대한 자연권만 있을 뿐 시민권을 가지고 있지 않으며, 자연권은 법적 소유권으로서의 효력이 없다는 해괴한 논리였다. 원주민들이 사는 땅은 그들의 소유가 아니라 그 땅을 정복한 사람들의 땅이라는 것이다. 그러므로 정복을 통한 땅 빼앗기는 정당한 행동이라고 공인되었다.

그러나 이론만으로는 원주민의 저항을 물리치고 땅을 빼앗기가 가능하지 않으므로 결국 식민지인들은 무력을 쓰게 된다. 식민지인들의 목표는 평화적인 공존이 아니라 원주민을 제거하거나 근절시키는 것이었다. 이를 위해 미국 정부는 전쟁 뿐 아니라 다양한 정책을 썼다. 예로 다음 인용을 보자.

> 인디언들은 영국인보다 재빠른 사람들이어서 추적하기가 힘들기 때문에, 방법은 평화를 가장하여 그들이 원하는 곳 어디든지 정착하여 농사짓게 하고, 추수 직전에 습격하여 가능한 많은 사람을 죽이고 옥수수 밭을 불태우는 것이었다.

또 원주민들의 필수 식량인 버펄로(buffalo)를 멸종시키는 정책을 통해서 원주민의 점진적인 멸종을 시도한 정책도 있었다. 대평원의 원주민들의 기본적인 의식주를 보장해주는 버펄로는 40,000,000 마리에 이르렀지만 백인의 무분별한 남획으로 멸종 위기에 몰리면서 원주민들은 대평원을 떠나지 않을 수 없었다. 수우족(Sioux)의 추장인 블랙엘크(Black Elk, 1863-1950)는 백인의 탐욕에 대해 이렇게 말했다.

> 들소가 너무 많아서 셀 수도 없던 때를 나는 기억할 수 있어. 그러나 점점 더 많은 와시추(백인)들이 몰려와서 들소들을 죽여 버려서 마침내 들소가 있던 곳에는 뼈 무더기만 흩어져 있을 뿐이었어. 와시추들은 먹기 위해 들소를 죽이지는 않았어… 그저 죽이는데 흥이 나서 죽이고 또 죽였단 말이야. 우리가 들소를 사냥할 때는 꼭 필요한 것만 잡았는데.

1875년 로키산맥에 출현한 대규모의 메뚜기[3]들로 인해 버펄로의 식량인 초원이 황폐해지면서 버펄로가 급감한 것은 정부의 버펄로 멸종 정책을 크게 도운 셈이 되었다.

2) 미국 인디언 전쟁(American Indian wars)

미국 인디언 전쟁은 1622년에서 1890년 사이에 백인 정착민과 아메리카 원주민 사이에 일어난 전쟁을 총칭하는 말이다. 식민 초기부터 개척민과 원주민 사이의 소규모의 갈등이 계속 되다가 이민이 증가하면서, 또 유럽 열강의 식민지 확보 전쟁과 연결되어, 전투가 점점 대규모화되었다. 백인에 대응하는 원주민들은 통일된 체제를 가지지 못한 다양한 부족이었으므로 여러 지역에서 여러 방식으로 백인의 침입에 저항했고, 백인과 화평을 맺는 방식도 제각기 달랐다. 일부 원주민 부족은 동맹을 맺어 대항하기도 했고, 일부 부족은 영국과 연합하고, 일부 부족은 프랑스와 연합하는 등, 상황에 따라 식민 열강과 연합하여 자신들의 땅과 부족을 지키려는 전쟁에 참가했다. 그러나 결국 열세인 원주민들은 자신들의 땅을 빼앗기고 미국 정부가 정해 준 인디언 거류지에 갇혀 사는 비극을 당해야 했다.

인디언 전쟁은 크게 네 단계로 나누어진다. 백인이 미국에 들어와 조심스럽게 원주민과의 공존을 모색한 개척 초기, 독립 국가 미국에서 백인 정착민이 증가하자 원주민이 격렬히 저항하다가 미시시피 강 동쪽의 땅을 빼앗기고 서쪽으로 쫓겨난 시기, 개척민들이 미시시피 강 서쪽으로 몰려들자 다시 원주민들이 굴복당하는 시기, 20세기에 미국 정부가 많은 인디언 조약을 파기하여 인디언 부족 자체가 소멸되는 시기이다. 그 중

3) 이것을 앨버트의 메뚜기떼(Albert's Swarm)라고 한다.

대표적인 갈등만 살펴보자.

최초의 식민지인 제임스타운은 원주민의 영토에 세워졌지만 처음에는 전혀 공격을 받지 않았다. 식민지인들이 버지니아에 정착한 첫 해인 1607년 포우하탄족의 추장은 존 스미스에게, "사랑으로 평화스럽게 획득할 수도 있는 것을 왜 무력으로 빼앗으려 하는가?"라고 반문했다. 그러나 굶주린 정착민들은 식량 확보를 위해 인디언 마을을 습격하여 추장을 인질로 잡고 물품과 식량을 강탈했다.

1610년 식민지의 가혹한 신정 정치 아래서 기아에 시달리던 몇 명의 개척민들이 원주민 마을로 숨어들었다. 식민지의 통치자는 질서 유지를 위해 이들을 처벌하려고 원주민에게 이들을 추방하라고 요구했다. 그러나 원주민 측에서 식민지의 요청을 거절하자 식민지는 군대를 파견하여 십여 명의 원주민을 살해하고 옥수수 밭을 불태우고 추장의 아내와 자식을 살해하는 일방적인 공격을 가했다.

1622년 식민지인들이 급속도로 증가하는 것에 위협을 느낀 원주민들은 백인 정착촌을 공격해서 여성과 아이를 포함해 300여 명이 넘는 백인들을 몰살시켰다. 이후로는 백인들의 거의 일방적인 잔혹 행위가 계속되는데, 그 대표적인 전쟁이 1637년의 피쿼트 전쟁(Pequot War)이다. 영국의 무역상 한 무리가 원주민에게 몰살당하자 매사추세츠 만 식민지와 플리머스 식민지의 백인들이 피쿼트 족을 섬멸시켰다. 플리머스 식민지의 지도자였던 윌리엄 브래드포드(William Bradford)는 『플리머스 플랜테이션에 대해』(*Of the Plymouth Plantation,* 1630-1651)에서 이 전쟁의 잔혹함을 생생하게 기록했다.

> 불 속에서 빠져 나온 인디언들은 칼로 살해되었다. 어떤 인디언은 토막 나서 죽고 또 어떤 이들은 도망가다가 칼에 맞아 죽었다. 인디언들은 순식간에 습격을 당했기 때문에 거의 도망가지 못했다. 이때 약 400명이 죽은 것으로 추산

된다. 인디언들이 불에서 타면서 흘린 피로 인해 불이 꺼지는 광경은 차마 눈 뜨고 보지 못할 정도로 참혹했으며 악취는 고약했다. 개척민들은 이러한 승리를 신선한 희생적인 행위로 받아 들였다. 개척민들은 그들을 위해 선하게 역사하셔서 거만하고 무례한 적을 수중에 사로잡아 신속하게 물리치고 승리할 수 있도록 해주신 데 대하여 하나님께 감사기도를 드렸다.

17세기 중반부터 후반에 걸쳐 뉴잉글랜드에 수차례에 걸쳐 전염병이 돌았고 면역력이 없던 원주민들이 병사하면서 원주민의 수가 급감했다. 1670년대 뉴잉글랜드 남부의 인구는 백인 35,000명에, 원주민 15,000명으로 백인의 수가 더 많은 상황이 되었다.

1675년 왐파노아그(Wampanoag)족의 메타 코멧(Metacomet)이 뉴잉글랜드의 정착촌을 공격했다. 뉴잉글랜드 식민지는 다른 인디언 부족을 끌어들여 반격을 가하였고 왐파노아그족은 크게 패하여 인구가 10분의 1 이하로 줄어들었다. 백인은 메타 코멧을 지도자라고 착각하고 필립 왕이라고 불렀기 때문에, 이 전쟁을 〈필립 왕 전쟁〉(King Philip's War)이라고 부른다. 그 외에도 개척민과 원주민 사이에 소규모 전투가 여러 번 벌어졌다.

유럽 열강의 대립 구도가 북아메리카에도 반영되어 영국의 식민지와 프랑스의 식민지 사이에 반복적으로 전투가 벌어졌다. 이때 일어난 〈윌리엄 왕 전쟁〉(King William's War, 1688-1697), 〈앤 여왕 전쟁〉(Queen Anne's War, 1702-1713), 〈조지 왕 전쟁〉(King George's War, 1744-1748) 및 〈프렌치-인디언 전쟁, 1754-1763〉을 통틀어 〈북아메리카 식민지 전쟁〉(French Indian Wars, 1689-1763)[4]이라고 한다. 이 전쟁에서 프랑스와 영국은 각각 동맹을 맺은 인디언을 동원하여 대리전쟁을 벌였다. 이 전쟁의 결과로 〈1763년 파리 조약〉에서 프랑스가 북미에서 식민지를 포기하게 되었고,

4) "Intercolonial wars"라고도 하며, 〈프렌치-인디언 전쟁〉과 구별한다.

프랑스의 편을 들었던 원주민 부족들은 이제 캐나다에서 멕시코까지 광대한 식민지를 지배하게 된 영국을 상대로 전투에 돌입해야 했다.

프랑스와 동맹을 맺었던 원주민 부족 연합은 영국의 오대호 지역 통치에 저항해서 〈폰티액 전쟁〉(Pontiac's Rebellion, 1763)을 일으켰다. 영국은 〈국왕 선언〉(Royal Proclamation)으로, 애팔래치아 산맥 서쪽으로 백인의 정착을 금지하여 원주민의 저항을 잠재우려고 했다. 그러나 계속 서부로 나아가려는 개척민들이 많아서 갈등이 계속 되던 중, 1773년 일단의 원주민들이 오하이오 강 남쪽까지 침입해 온 개척민들을 습격하는 일이 발생했고, 이에 버지니아 주지사 던모어 경(John Murray, 4th Earl of Dunmore)이 군대를 보내 진압했다. 이것이 〈던모어 전쟁〉(Dunmore's War, 1773-1774)이다. 영국 정부는 서부로 정착지를 확장하려는 개척민과 원주민 사이에 평화를 유지시키려는 정책을 택했으므로 개척민들은 불만이 높아졌고 이것이 독립 전쟁의 한 원인이 되었다. 이 전쟁을 경계로 해서 영국 대 원주민의 대립구도는 개척민 대 원주민의 대립 구도로 바뀌었다.

미국 독립 전쟁은 두 방향으로 전개되었다. 한편으로는 영국군과 싸워야 했고 다른 한편으로는 원주민과 싸워야 했다. 원주민들도 누가 자신들의 영토를 보전해 줄 것인지에 대한 판단에 따라, 영국과 동맹을 맺은 부족도 있고, 미국과 동맹을 맺은 부족도 있었다. 한 부족 내에서도 의견이 나누어져서 내부 갈등이 일어났다. 뉴욕과 펜실베이니아에 기반을 둔 이로쿼이 연방은 미국편과 영국편으로 나누어졌고, 남동쪽에서는 체로키족이 친미와 친영으로 분열되었다. 독립 전쟁에서 승리한 미국 정부는 영국 편을 든 원주민을 피정복민으로 취급했고, 저가 매입이나 전쟁 등 다양한 방법으로 원주민의 땅을 몰수했다.

1787년의 〈북서부 조례〉(Northwest Ordinance)[5]에 따라 공식적으로 조직된 백인 정착민들이 대거 북서부 준주에 유입되었다. 이 지역에 살던 원주민들은 영토를 침범 당하자 블루재킷(Blue Jacket)[6]이 이끈 원주민 연합군으로 대항했지만, 1794년 〈폴른팀버스 전투〉(Battle of Fallen Timbers)에서 패배했다. 원주민들은 영국의 원조를 기대했지만 미국과의 우호 관계를 중시한 영국은 이를 무시했다. 결국 원주민들은 〈그린빌 조약〉(Treaty of Greenville, 1795)에 서명했고 오늘날의 오하이오 전체와 인디애나의 일부를 미국에 양도하면서, 원주민과 개척민의 경계로 〈그린빌 선〉이 확정되었다. 그러나 개척민들은 〈그린빌 선〉을 무시하고 수시로 원주민의 땅을 침범하였으므로 위협을 느끼던 원주민들은 쇼니족(Shawnee) 추장 테쿰세(Tecumseh 1768-1813)를 중심으로 원주민 연합을 결성하여 세력을 확장했다. 테쿰세는 주지사 윌리엄 해리슨에게 그들의 땅을 빼앗고 분할하려는 백인정부를 비난하는 연설을 했다.

> 이 땅은 같은 부모의 자손인 인디언의 땅이다. 위대한 영께서 그들을 만들었고, 이 땅을 지키고 뛰어다니며, 이 땅에서 나는 것을 먹고 마시고, 온 땅을 같은 종족으로 채우라고 여기에 데려다 놓으셨다. 우리는 행복한 종족이었다. 그러나 결코 만족할 줄 모르고 계속 우리 땅을 잠식해 오는 백인들에 의해 불행해지고 말았다. 이런 악한 일을 저지해 중단시키는 방법, 그 유일한 방법은 모든 인디언이 일치단결하여 이 땅에 대한 동등한 권리를 주장하는 것이다.

---

5) 정식 명칭은 〈오하이오 강 북서부 미합중국 영토 통치 조례〉(Ordinance for the Government of the Territory of the United States, North-West of the River Ohio)이며, 〈자유 조례〉(Freedom Ordinance)라는 이름으로도 알려져 있다. 오대호의 남쪽 오하이오 강 북쪽과 서쪽, 미시시피 강 동쪽 지역을 북서부 준주(Northwest Territory)로 정했다. 이 준주는 노예 제도를 금지했기 때문에, 애팔래치아 산맥과 미시시피 강 사이의 지역에서 오하이오 강이 노예 제도를 인정하는 주와 인정하지 않는 주의 경계가 되었다.

6) 원주민 이름은 웨야피어센와(Weyapiersenwah, 1743-1810). 쇼니 족 추장이다.

이 땅은 처음부터 그러했고 지금도 결코 나누어진 적이 없었다. 각 부족이 사용하도록 모두에게 속한 것이기 때문이다. 어느 쪽도 땅을 팔 권리가 없다. 심지어는 서로에게도 팔 권리가 없다. 하물며 이 땅 전부를 원할 뿐만 아니라 적은 부분으로는 만족할 줄 모르는 이방인에게 팔 수 없다. 인디언들이 처음 이 땅을 소유했고 이 땅이 우리 것이기 때문에 백인들은 인디언에게서 이 땅을 뺏을 아무런 권리도 없다.

테쿰세는 〈티페카누 전투〉(Battle of Tippecanoe, 1811)에서 해리슨의 군대에게 패배하자, 영국인들과 공개적으로 동맹을 맺고 미국에 대한 전쟁을 시작하였다. 이것이 확전되어 〈영미 전쟁〉(1812)이 되었다. 테쿰세의 저항에 공감한 크리크족이 벌인 〈크리크 전쟁〉(Creek War, 1813-1814)[7]도 〈영미 전쟁〉의 연장선이다.

〈크리크 전쟁〉을 승리로 이끈 앤드루 잭슨은 대통령이 되어 의회 연설에서 "인디언은 없어져야 할 열등 민족이다."라고 선언하면서 〈인디언 이주법〉을 시행해 인디언 강제 이주를 실행했다. 잭슨은 〈인디언 이주법〉에 대해, "인디언을 백인이 없는 서부의 인디언 준주(현 오클라호마)에 이주시켜 연방 정부가 정한 거류지에 살게 함으로써 백인 사회 체제를 구축하여 인디언을 백인 사회에 동화시키는 일종의 인종 청소 정책이다."라고 설명했다. 많은 인디언들은 이 법 때문에 고향을 버리고 머나먼 거류지로 떠나야 했는데, 그 중 유명한 것이 "체로키족의 눈물의 길"이다. 이 조약에 저항한 원주민의 항전이 〈블랙호크 전쟁〉(Black Hawk War, 1832),[8] 〈크리크 전쟁〉(1836), 〈제2차 세미놀 전쟁〉(1835-1842) 등이다. 대평원에서는

---

7) 크리크족의 전사들은 전투를 할 때 붉게 칠한 지팡이를 사용했으므로, "Red Stick War"라고도 하며, 백인 정착민 가족을 살해한 원주민에 대한 처벌을 두고 크리크족 사이에서 내전이 벌어지자 미국과 영국이 각각 지원을 했으므로, "Creek Civil War"라고도 한다.

8) 사우크족(Sauk)의 블랙호크(Black Hawk)가 일으킨 전쟁이다.

수우족, 샤이엔족(Cheyenne), 코만치족(Comanche) 등이, 남서부 산악지대에서는 아파치족(Apache)이 사막과 협곡의 주변 지형을 이용하여 게릴라전을 펼치면서 저항했다.

남북 전쟁 동안에도 백인과 원주민의 충돌은 계속되었다. 1862년 미네소타에서 벌어진 〈다코타 전쟁〉(Dakota War)은 전쟁이라기보다 거류지에 갇힌 다코타족이 굶주림에 지쳐서 일으킨 대규모 폭동이었다. 이로 인해 38명의 다코타 전사들이 교수형에 처해졌다. 정부는 거류지의 식량 정책을 해결하기는커녕 미네소타의 거류지를 해제하고 영토를 몰수하여 원주민의 수를 더 줄이는 말살 정책을 시행했다. 1864년에는 콜로라도 민병대(Colorado Territory militia)가 원주민을 습격하여 150여 명의 남녀노소를 죽이는 〈샌드크리크 학살〉(Sand Creek massacre)이 일어났다.

1876년 다코타 주에서 황금이 발견되어 다코타 골드러시가 일어나면서 블랙힐즈(Black Hills)에서 〈수우족 전쟁〉이 발발했다. 블랙힐즈 일대는 〈라라미 요새 조약〉(Fort Laramie Treaty, 1688)에서 "영원히 수우족의 사냥 장소이며, 백인의 출입은 금지된다."고 백인이 서약한 불가침 영토였다. 그러나 금이 발견되자 그 조약은 완전히 무시되었고 백인은 마음대로 침범했던 것이다. 1871년 미국 정부는, "미합중국은 인디언 부족을 독립 국가로 간주하며 앞으로 주권 조약을 체결한다."고 선언했다가 곧 조약을 깨고 수우족에게 영토를 떠나라고 명령했다. 이 파기에 대해 수우족 전사인 시팅벌은 다음과 같이 항의했다.

> 백인들이 어떤 조약을 지켰는데 붉은 피부의 인간들이 깨뜨렸단 말인가? 그런 것은 하나도 없다. 또 우리가 함께 맺은 어떤 조약을 백인들이 지킨 적이 있는가? 그런 것도 없다…. 내가 내 것을 사랑하는 것이 나쁘단 말인가? 내 피부가 붉다고 해서 내가 나쁜 놈이란 말인가? 내가 수우족이기 때문에, 내가 나의 아버지가 살았던 곳에서 태어났기 때문에, 또 내가 내 부족과 내 나라를 위해 기꺼이 죽을 것이기 때문에 내가 나쁘단 말인가?

몇 번의 사소한 교전이 있은 후 조지 커스터 장군은 원주민들이 리틀 비그혼 강변에서 야영하는 것을 발견하고 기습하였지만 본대와 떨어져 행동하던 커스터 장군의 부대는 원주민 군대에 의해 섬멸되었고 커스터도 전사했다. 이것이 리틀 비그혼 전투(Battle of the Little Bighorn, 1876)이다. 그러나 이후의 전투에서 미국 정부는 더 강력하게 원주민을 억압했고, 1877년 크레이지호스(Crazy Horse)가 살해되고, 1890년 시팅벌이 처형당하면서 서부 최대의 반항 세력이었던 수우족도 완전히 힘을 잃었다. 1886년 아파치족의 지도자인 제로니모(Geronimo)가 체포되었고, 1890년 사우스다코타의 운디드니의 거류지에서 비무장인 남녀노소 300명 이상이 학살되는 〈운디드니 대학살〉(Wounded Knee Massacre)을 끝으로 원주민의 저항은 종지부를 찍었다. 미국 정부는 "개척에 방해가 되어 온 인디언 소탕 작전을 종료했다."고 선언했다. 미국 정부는 남은 소수의 원주민에 대한 동화 정책을 천명하면서, 거류지의 원주민 아이들을 부족과 가족에게서 분리시켜 인디언 기숙학교에 강제로 입학시켜 인디언의 전통에서 유리시키는 정책을 시행했다.

이처럼 미국의 역사는 인디언의 희생을 담보로 해서 이루어진 역사이다. 1967년 캐나다의 벤쿠버에서 캐나다의 건국 100주년을 기념하는 행사에서 연설을 부탁받은 댄 조지(Dan George) 명예추장의 말은 인디언의 현주소를 잘 드러낸다.

> 하지만 백인이 온 다음 기나긴 일백년 동안, 까닭 모르게 바다로 나가버리는 연어처럼, 나의 자유가 사라지는 것을 나는 보아왔다. 이해할 수 없는 백인들의 이상한 관습들이 나를 억눌러, 마침내 나는 더 이상 숨을 쉴 수 없게 되었다. 나의 땅과 고향을 지키려고 싸웠을 때, 나는 야만인이라고 불렸다. 지금의 생활방식을 이해하지도, 기꺼이 받아들이지도 않았을 때, 나는 게으름뱅이라고 불려졌다. 부족들을 통치하고자 애썼을 때 나는 권한을 박탈당하고 말았

다. 나의 종족은 그대의 역사 교과서에서 무시되었으며, 캐나다의 역사에서 우리는 넓은 들판을 헤매는 들소보다 하찮은 존재였다. 그대의 술을 마셔 취했을 때, 몹시, 몹시 취했을 때, 나는 그대의 연극과 영화에서 조롱거리가 되었다. 나는 모른 체 하였다. 오, 캐나다여, 내가 어찌 그대와 더불어 이 〈일백년제〉를 경축할 수 있으리오?

원주민들의 권리 찾기는 1950년대에서 70년대 사이의 민권 운동과 연계해서 〈레드파워 운동〉(Red Power movement)[9]으로 활성화되었다. 이 운동은 잃어버린 원주민의 땅을 돌려달라는 소송과 더불어, 인디언 거류지의 지하자원인 우라늄, 석탄, 물 등에 대한 정부의 수탈을 막고 원주민의 권리를 지키자는 운동이다. 1978년의 최장거리 행진(Longest Walk)에서 레드파워 운동은, 연방 정부가 부족의 주권을 지켜줄 것, 경제적인 재원, 교육, 주택, 의료 보험을 제공하여 빈곤을 완화시켜 줄 것 등을 요구했다. 2004년 워싱턴 D.C.에서 아메리카 인디언 국립 박물관(National Museum of the American Indian, NMAI)이 문을 열었고, 2008년 다시 한 번 장거리 행진이 이루어졌다.

문학에서는 1960년대에 "인디언 르네상스"(Indian Renaissance)가 도래했다. 1930년대에 나왔던 고전 『블랙엘크가 말한다』(*Black Elk Speaks*, 1961)가 다시 출판되었고, 바인 델로리아(Vine Deloria, Jr.), 스콧 노마데이(N. Scott Momaday), 레슬리 실코(Leslie Silko), 루이스 에드리히(Louise Erdrich), 마이클 도리스(Michael Dorris), 셔먼 알렉시(Sherman Alexie), 린다 호건(Linda Hogan) 등의 문학가들이 인디언의 삶을 새로이 조명했다.

---

9) =American Indian Movement (AIM).

10 아프리카계 미국인

오늘날의 아프리카계 미국인의 상황은 과거와는 천양지차로 달라졌다. 1960년대에 시드니 포이티어(Sidney Poitier, 1927-)[1]가 흑인 주인공으로 나온 〈초대받지 않은 손님〉(*Guess Who's Coming to Dinner*, 1967)[2]은 20세기 후반에도 여전히 존재하던 인종 차별을 잘 드러낸다. 현재는 상황이 너무나 달라져 영화에서도 흑인 배우의 약진이 돋보인다. 윌 스미스(Will Smith)나 사무엘 잭슨(Samuel Jackson) 등 흑인이 단독 주인공으로 등장하는 경우가 허다하다. 한때 미국의 가장 섹시한 남자 배우로 백인인 멜 깁슨(Mel Gibson)이 뽑혔는데 이후 흑인인 덴젤 워싱턴(Denzel Hayes Washington, Jr.)이 뽑혔으니 격세지감을 느끼게 된다.

그러나 현실은 그렇게 낙관적이지만은 않다. 아름다움의 기준은 여전히 백인적 표준을 따른다. 흑인 여성도 아름답다고 인정받으려면 백인적인 미를 지녀야 한다. 가장 아름다운 흑인 여성으로 여겨지는 할리 베리

1) 미국의 배우, 영화감독이며, 1963년 〈들백합〉(*Lilies of the Field*)으로 아프리카계 미국인 최초로 아카데미상 남우 주연상(Academy Award for Best Actor)을 수상하였다. 영국 연방인 바하마 국적이었으므로 1974년 대영 제국 훈장 2등급(Knight Commander of the Order of the British Empire, KBE, 작위급 훈장)을 받았으며 따라서 "경"(Sir)으로 불린다.

2) 백인 지식인 부부는 딸에게 인종 차별은 나쁜 것이라고 교육시켰지만, 막상 그 딸이 결혼할 남자로 흑인을 데려오자 이를 받아들이지 못해 소동이 벌어진다. 당시에는 흑인 배우가 조연이 아니라 주인공으로 나온 것만도 대단한 일이었다.

(Halle Maria Berry)는 피부만 검을 뿐 거의 백인의 외형이다. 혼혈인 오바마 대통령을 굳이 흑인 대통령이라고 지칭하는 것도 인종 차별적인 시선이다. 백인 주도의 사회에서 흑인으로 사는 것은 아직도 여전히 힘든 일이다. 노예제를 겪은 데다 해방 후에도 여전히 핍박과 억압을 받았으며, 경제적으로 빈곤에 시달리는 흑인들이 인간으로서의 자존감을 회복하는 것은 쉽지 않다. 1960년대 흑인해방운동에서는 흑인의 자존감을 고취시키기 위해 "검은 것이 아름답다."(Black is beautiful)는 구호를 높이 외쳤다. 그러나 구호만으로 흑인의 자존감을 고양시킬 수 없었다.

이런 역사를 거치면서 흑인에 대한 공식 호칭은 니그로(Negro)에서 흑인(Black People)으로 바뀌었고 지금은 아프리카계 미국인(African Americans)이라고 지칭한다. 아프리카계 미국인의 역사는 강제된 이산의 경험, 노예제를 벗어나려는 투쟁, 흑인의 정체성을 확보하려는 노력으로 이루어져 있으며, 이 역사는 미국문화의 근간을 이루고 있으므로 이에 대한 통찰은 중요한 의미가 있다.

1) 흑인 노예제

미국의 노예제는 인류 역사상 가장 잔인한 노예제이다. 인간이 인간을 소유하는 노예제는 고대부터 있었고 흑인들의 고향인 아프리카에도 있었다. 대부분 전쟁에서 승리한 민족이 패배한 민족을 노동력으로 이용하는 것이었다. 이 노예제에서는 노예도 사유 재산을 소유했고, 서약과 증언을 할 자격이 있었고, 주인의 상속자가 될 권리가 있었고, 때로는 결혼을 통해 가족의 일원이 되기도 했고, 노예의 후손이 주인의 친족과 결혼할 수도 있었다. 말하자면, 노예도 인간으로 대접 받았던 것이다. 그러나 아메리카의 흑인 노예는 인간이 아니라 동물로 취급받았고, 그 과정에서 인격과 가족 관계가 파괴당했다. 흑인 노예제는 인종적 차이를 근간으로

하여 피부색에 따른 주종 관계를 형성하면서 다른 인종을 동물 수준으로 비하하는 행위로 점철되었다.

1619년 제임스타운 식민지에 처음으로 20명의 아프리카인이 노예로 들어온 후 흑인 노예에 대한 수요가 급증하였다. 대규모 플랜테이션에는 노예의 노동력이 필수적이었는데, 가까이 있는 원주민을 길들여 노예로 삼는 것은 불가능하다는 것이 곧 드러난 반면 고향에서 강제로 끌려온 흑인들은 정신적으로 무력해졌고 체력도 훨씬 튼튼했기 때문이다. 1700년경에는 버지니아 인구의 12분의 1에 해당하는 6,000명의 노예가 있었는데, 1763년에는 인구의 2분의 1에 해당하는 17,000명의 노예가 있었다. 1790년에서 1860년 사이에 남부의 면화 생산이 수백만 톤에서 수천만 톤으로 증가하면서, 노예는 500,000명에서 4,000,000명으로 늘어났다. 남부의 대규모 농업에 의존하던 초기의 미국 경제에서 흑인 노예는 없어서는 안 되는 중요한 노동 자원이 되었으므로 미국은 정부 차원에서 노예제를 지원했다.

흑인 노예제를 주장하는 백인들은 흑인들이 저항할 줄 모르는 열등한 종족이므로 노예가 되어도 마땅하다는 논리를 폈다. 그러나 이런 논리는 고의로 진실을 왜곡한 것이었다. 노예제 200년 동안 흑인들은 무력하게 복종만 하고 있지 않았다. 〈내트 터너의 반란〉 같은 조직적인 폭동도 있었고 많은 흑인이 죽음을 무릅쓰고 개별적으로 도망을 쳤으며, 자유 흑인들은 일부 백인들과 연계해서 노예들의 탈출을 돕는 〈지하철로〉(Underground Railroad)를 운영했다. 또 사보타주(sabotage), 태업 등을 통해 지속적이고 끈기 있게 반항했다. 미국의 〈독립 선언문〉에 나타난 자유와 평등의 개념이 허구라고 비난한 프레더릭 더글러스처럼 흑인의 상황에 대한 사회적 각성을 일으키기도 했다.

연방 정부는 기본적으로 부유한 노예 소유주들의 편이었다. 정부는 노예 무역 금지법[3]은 시행하지 않으면서 도망 노예 송환법은 엄격하게 시행했다. 1857년 연방 대법원은 드레드 스콧 대 샌드퍼드(Dred Scott v. Sandford, 1857)[4] 판결에서, 노예인 드레스 스콧은 사람이 아니라 재산이므로 자신의 자유를 위하여 제소할 수 없다는 판결을 내렸다. 친노예제인 미국 정부의 입장을 잘 보여주는 판결이었다.

19세기 중반 북부에서 산업이 발달하여 경제의 중심이 남부에서 북부로 옮겨지자 노예제에 대한 정부의 정책이 달라지게 되었다. 제조업의 활성화를 위해 임금 노동자가 필요한 북부를 위해 남부의 노예를 해방시켜야 할 필요가 급증했던 것이다. 그러나 면화 산업이 핵심인 남부의 주들은 면화를 심고 따고 가공하는 데 흑인 노예들의 노동력에 절대적으로 의존했으므로 노예 해방은 도저히 받아들일 수 없는 문제였다. 남부의 정치가들과 교회의 지도자들도 노예제가 필요악이기는 하지만 남부에는 필수적인 제도라고 주장했다.

미국의 영토가 서부로 확장되어 신생주가 생기면서 남북의 갈등은 더욱 커졌다. 서부의 신생주가 노예주로 지정되면 노예의 수요가 급증할 것이고 그러면 남부의 노예주가 현재 보유한 노예의 가격이 급상승할 것이며 남부의 경제력이 더욱 높아질 것이 분명했다. 북부는 남부의 경제력이 커지는 것을 경계했고 임금 노동자들의 공급이 더욱 부족해질 것을 우려했다. 이렇게 이해 관계가 반목되는 가운데 1819년 미주리가 노예주로 연방에 가입하겠다고 요청하면서 남북의 갈등이 고조되었다. 일단 〈미주리

---

3) 영국에서는 〈노예 무역 금지법〉(Slave Trade Act)은 1807년, 노예제 폐지법(Slavery Abolition Act)은 1833년에 만들어졌다. 미국에서는 1808년 노예의 수입은 금지되었지만, 국내의 노예 무역과 해외 노예 무역에서 수출에 가담하는 것은 불법이 아니었다.

4) 노예 제도를 합법화한 기념비적인 판례로서, 이에 대한 반발이 남북 전쟁의 간접적인 기폭제가 되었다. 드레드 스콧은 미주리 주의 노예로 주인을 따라 자유주인 일리노이와 위스콘신에서 오래 머물다 결혼도 하고 아이도 낳은 후 다시 미주리로 돌아왔다. 그는 자신의 가족이 자유주에 오래 기거했으므로 자유인이라며 소송을 제기했다.

합의〉로 미주리 주만 예외적으로 노예주로 하고, 루이지애나 남쪽 지방은 노예주, 북쪽 지방은 자유주로 하기로 타협을 보았다. 1850년 캘리포니아 주가 연방에 편입되면서 남북은 다시 협상을 통해, 캘리포니아를 자유주로 하는 대신 강화된 〈도망 노예법〉을 통과시켰다. 1854년 〈캔자스-네브래스카법〉에서는 주의 노예제 결정을 주민의 투표에 맡기기로 하여 갈등이 촉발되었다.

개정된 〈도망 노예법〉은 노예제의 폐해를 북부인들에게 각성시키는 계기가 되었다. 이 법은, 자유주 주민에게도 도망 노예를 신고할 의무를 부과하는 것이어서 자유주 주민의 도덕적 갈등을 야기했던 것이다. 해리엇 비처 스토도 〈도망 노예법〉 때문에 노예제의 해악을 더 실감하던 중, 예배를 드리다가 영감을 받아 『톰 아저씨의 오두막』을 썼다고 했다. 1851년 2월 보스턴의 한 식당에서 일하던 도망 노예가 강제로 구인된 사건은 〈도망 노예법〉의 폐해를 정확히 드러낸 사건이었다. 이로 인해 북부에서는 노예제 폐지의 목소리가 더욱 높아졌다.

노예제 폐지를 강력히 주장하던 공화당의 링컨이 대통령에 당선되자 노예제가 폐지될 것을 우려한 남부가 연방으로부터 분리를 선언했고, 1861년 4월 섬터 요새를 공격하면서 남북 전쟁이 시작되었다. 그러나 링컨 정부는 완전한 노예 해방을 지향하는 정책을 시행하려는 의도는 아니었다. 링컨은 개인적으로는 인도적인 차원에서 노예제를 반대했지만 그렇다고 흑인을 동등한 인간으로 보지는 않았다. 그는 백인과 흑인이 정치적, 사회적으로 평등하다고 보지 않았고 흑인에 대한 선거권 부여와 흑인과 백인의 결혼을 반대했다. 또한, 정치가로서의 링컨에게는 노예제 폐지가 우선적인 과제가 아니었다. 남부의 분리를 취소시키고 연방을 유지하는 것이 최우선 목적이었던 링컨은 노예제에 대해 남부와 타협안을 도출하려고 했다. 그래서 〈도망 노예법〉을 공식적으로 비난하지는 않았다.

링컨은 점진적인 노예 해방을 계획하고 있었다. 따라서 전쟁이 시작된 직후 미주리 주에서 서부군 대장인 존 프레몽(John C. Frémont)이 남부 연합에 저항하는 노예주의 노예를 모두 자유인으로 해주겠다고 선포하자 링컨은 그 명령을 철회시키고 그를 해임했다. 노예폐지론자들이 노예 해방 조처를 취할 것을 촉구하자 링컨은 1862년 7월 남부 연합을 돕는 자의 노예를 자유인으로 하겠다는 〈징발법〉(Confiscation Act)만 통과시켰을 뿐이다. 1862년 9월의 〈노예 해방 예비 선언〉은 흑인 노예들을 북군으로 징집하려는 목적에서 비롯된 것이었고, 1863년 1월의 〈노예 해방 선언〉은 연방 전체의 노예 해방이 아니라 연방에 대항한 남부 지역의 노예 해방만을 선언한 것이었고 법적 효과도 없었다. 흑인들은 1864년 노예 해방을 법제화하라는 서명 운동을 벌였고 1865년 1월 드디어 노예제 폐지가 정식으로 선포되었다. 이후 흑인들의 연방군 입대가 허용되었고 더 많은 흑인이 전쟁에 참가하여 노예 해방 전쟁의 성격을 띠게 되었다. 결국 흑인 노예의 해방은 링컨의 결단 만으로 이루어진 것이 아니라, 흑인들이 꾸준히 싸워 얻어낸 결과이기도 했던 것이다.

2) 문학 속의 노예제

해리엇 비처 스토(Harriet Beecher Stowe, 1811-1896)는 『톰 아저씨의 오두막』(1852)에서 노예제 문제를 공감적으로 그려서 링컨 대통령에게서 "큰 전쟁을 촉발시킨 작은 여인"이라는 찬사를 들었다. 스토는 이 소설에서, 켄터키에서 루이지애나로 팔려간 흑인 노예 톰의 궤적을 따라가면서, 〈도망 노예법〉이 통과된 당시의 노예제의 실상과 노예 제도의 추악함을 비판했다. 선량한 노예주 셸비(Arthur Shelby), 노예 제도를 비판하는 지적인 노예주 세인트클레어(St. Clare), 악덕 노예주 레글리(Simon Legree)를 대비시키면서, 주인의 미덕에 상관없이 노예제가 인간을 타락시키는 제도임을 보여주었다. 또 노예제를 비판하는 지적인 노예 조지(George),

아들을 노예로 만들지 않기 위해서 오하이오 강의 둥둥 떠다니는 얼음을 딛고 뛰어서 강을 건너는 일라이자(Eliza)를 통해, 흑인들의 저항을 생생히 묘사했다. 그러나 현실에 순종하고 인내하면서 하느님의 뜻을 기다리는 톰은 백인이 탄생시킨 흑인의 모습이며 짐 크로우의 이미지라는 비판을 받았다.

마크 트웨인은 『허클베리핀의 모험』(1885)에서 1835년에서 1845년을 배경으로 하여, 미주리 주에 사는 백인 거지 소년인 헉이 도망 노예인 짐과 뗏목을 타고 미시시피 강을 내려가는 모험을 그리면서, 어린 아이의 시각을 통해 노예제를 비판했다. 짐이 자유주에서 돈을 벌면 자신의 아내와 자식도 사거나 훔쳐내겠다는 말을 하자 헉은 깜짝 놀라서, 다른 사람의 재산이 도난당하는 일을 자신이 방조하고 있다는 반성을 하고 짐을 노예 사냥꾼에게 고발하겠다고 결심한다. 그러나 자신을 친구로 여기는 짐을 인간적으로 배신할 수 없어, 세상에서는 나쁜 일이라고 하지만 자신의 마음이 옳은 일이라고 믿는 일을 하겠다고 결심한다. 어린 소년 헉은 백인의 인위적인 교육에 세뇌되기를 거부하고 인간성에 대한 자신의 본능을 따른 것이다.

*『톰 아저씨의 오두막』 해리엇 비처 스토

"톰 아저씨, 클로이 아줌마, 난 아들과 함께 멀리 달아나려고 해요. 주인님이 내 아들을 팔아버렸어요!"

"팔았다고?" 두 사람은 놀라서 손을 쳐들며 소리쳤다.

"네, 팔았어요." 일라이자가 단호한 목소리로 말했다. "오늘밤 마님의 벽장에 몰래 숨어 있었어요. 그리고 주인님이 마님에게 하는 말을 엿들었어요. 내 아들과 톰 아저씨, 이렇게 두 사람을 노예 상인에게 팔았대요. 주인님이 내일 아침 말을 타고 외출하면 노예 상인이 두 사람을 데리러

온대요.”

톰은 일라이자가 말하는 동안 양손을 쳐들고 서 있었다. 그의 두 눈은 꿈꾸는 사람처럼 멍한 표정이었다. 그 말의 의미를 서서히 깨닫게 되자 그는 낡은 의자에 펄썩 주저앉아서 머리를 양 무릎 사이에 떨어뜨렸다.

“주님, 우리를 불쌍히 여기소서!” 클로이 아줌마가 말했다. “아, 그건 사실이 아닐 거야. 저이가 도대체 무슨 일을 했기에 주인님이 저 양반을 팔아넘긴단 말이야?”

“톰 아저씨의 잘못이 아니에요. 주인님은 팔 생각이 없었고 마님은 언제나 그렇듯이 좋은 분이세요. 마님은 주인님에게 우리를 위해 간청하고 또 애원했어요. 하지만 주인님은 아무 소용없다고 했어요. 주인님이 그 노예 상인에게 빚을 졌고 그래서 그 상인이 하자는 대로 할 수밖에 없대요. 만약 주인님이 부채를 갚지 않으면 이 농장과 일꾼들을 모두 팔고 다른 곳으로 이사 가야 한대요. 주인님은 일꾼을 모두 파는 것과 두 사람만 파는 것 중에서 선택해야 한다면 달리 길이 없다고 했어요. 노예 상인이 주인님을 아주 거세게 몰아붙인 것 같아요. 주인님은 정말 미안하다고 말했어요. 또 마님은, 아, 마님이 하시는 말씀을 두 분이 들었더라면 좋았을 텐데. 마님처럼 기독교인이면서 또 천사 같은 분은 아마 없을 거예요. 마님 몰래 이렇게 도망을 치는 저는 나쁜 년이에요. 하지만 저도 어쩔 수 없어요. 마님은 한 사람의 영혼이 이 세상 전체보다 더 소중하다고 하셨어요. 우리 애는 영혼을 가졌어요. 만약 이 애를 빼앗아가는 걸 그냥 내버려둔다면 이 애의 영혼은 어떻게 되는 걸까요? 제가 이렇게 행동하는 것이 옳다고 생각해요. 만약 옳지 않다 해도 주님께서는 저를 용서해주실 거예요. 저도 어쩔 수 없어서 이렇게 하는 거니까요!”

“여보.” 클로이 아줌마가 말했다. “당신도 이참에 도망가 버려요. 중노동과 굶주림으로 결국에는 노예를 죽이고 만다는 남부로 팔려갈 필요가 뭐 있어요? 난 거기 가느니 차라리 죽고 말겠어요! 그래요. 때가 되었어요. 리지와 함께 도망가 버리세요. 당신은 아무 때나 오갈 수 있는 통행증도 가지고 있잖아요. 자 일어나요. 내가 당신 물건을 챙겨 줄게요."

톰은 천천히 머리를 쳐들고 슬픈 눈빛으로 가만히 주위를 돌아보았다.

"아니, 난 가지 않을 거야. 일라이자는 가라고 그래. 그렇게 하는 게 옳은 일이야. 난 저 애가 그렇게 해서는 안 된다고 말하지 않겠어. 저 애가 여기 그대로 있는 게 오히려 이상해. 하지만 당신은 저 애의 말을 다 들었잖아. 내가 팔려가거나 아니면 농장의 일꾼이 다 팔려가야 한다고. 어차피 둘 중 하나라면 내가 팔려가는 게 나아. 나도 다른 사람들처럼 그곳 생활을 견뎌낼 수 있을 거야." 그 순간 흐느낌 같은 한숨이 그의 커다란 가슴을 뒤흔들었다. "나는 언제나 주인님이 원하는 곳에 있었어. 그래서 주인님은 나를 아주 신임했지. 나는 그 신임에 어긋나는 행동을 한 적이 없고. 내 약속과 다르게 통행증을 사용한 적이 없어. 앞으로도 그럴 거야. 농장이 아주 넘어가고 일꾼들이 모두 팔려가는 것보다는 나 혼자 가는 게 나아. 클로이, 주인님을 원망해서는 안 돼. 그 분은 당신과 우리 아이들을 돌봐주실 거야."

톰은 곱슬머리들이 누워 있는 작은 침대 쪽으로 몸을 돌리더니 감정을 주체하지 못하고 완전히 허물어졌다. 그는 의자 등받이에 몸을 기대더니 두툼한 손으로 자신의 얼굴을 감쌌다. 목이 쉰 듯한 커다란 흐느낌이 의자를 흔들었고 굵은 눈물이 손가락 사이로 흘러 내려 바닥에 떨어졌다. 맏아들을 잃은 아버지가 아들의 관 위에 흘리는 것 같은 그런 눈물이었다. 죽어가는 딸의 비명 소리를 듣고 있는 어머니가 흘리는 그런 눈물이었다. 톰 아저씨가 바로 그 아버지 처지였고, 클로이가 바로 그 어머니 처지였다. 검둥이 역시 비단과 보석을 두른 귀부인들과 마찬가지로, 인생의 고난과 비탄 앞에서는 동일한 슬픔을 느끼는 것이다! …

일라이자에게는 목숨이 달린 절체절명의 순간이었다. 그녀가 있던 방은 옆문을 통하여 강 쪽으로 열리게 되어 있었다. 그녀는 아이를 껴안고 계단을 내려가 강 쪽으로 내달렸다. 노예 상인은 둑 아래쪽으로 사라지는 일라이자의 모습을 똑바로 볼 수 있었다. 그는 말에서 내려 샘과 앤디를 큰 소리로 부르면서 그녀를 뒤쫓아 갔다. 사슴을 뒤쫓는 사냥개의 모습이었다. 그 현기증 나는 순간에, 그녀의 발은 거의 땅에 닿지 않고 공중을 내달리는 듯했다. 그녀는 곧 강가에 도착했다. 바로 뒤에 추적대가 따라오는 상황에서, 오로지 절망적인 사람들에게만 하느님이 주시는 괴력을 발휘하여, 그녀는 외마디 비명을 내지르며 공중으로 몸을 날렸다. 그녀는 탁한 강물 위에 떠 있는 얼음덩이 중의 하나에 사뿐히 착지했다. 정말이지 필사적인 도약이었다. 절망과 광기가 뒤섞인 무모한 짓이었다. 그녀가 공중에 몸을 날리는 동안 헤일리와 샘, 앤디는 양손을 쳐들고 본능적으로 비명을 내질렀다.

거대한 초록색 얼음 덩어리는 그녀의 체중이 실리자 삐걱거리는 소리를 내며 흔들렸다. 그녀는 거기에 길게 머물지 않았다. 그녀는 날카로운 비명 소리를 내지르며 초자연적인 괴력을 발휘하면서 이 덩이에서 저 덩이로 건너뛰었다. 그녀는 얼음덩이 위에 착지할 때마다 비틀거리며 미끄러지는 듯했으나 곧 중심을 잡고 다시 건너편 얼음 덩어리를 향해 뛰어올랐다. 구두는 날아갔고 양말은 찢어졌다. 한 걸음씩 떼어 놓을 때마다 핏자국이 얼음 위에 선연하게 찍혔다. 하지만 오하이오 강의 건너편 둑에 이를 때까지 그녀는 아무 것도 보지 못했고 듣지도 못했고 느끼지도 못했다. 그녀는 마치 꿈속인 것처럼 오하이오 둑을 올려다보았고, 어떤 남자가 그녀를 도와 둑 위로 끌어올리고 있다는 걸 느꼈다.

"누군지 모르지만 정말 용감한 여자군!" 남자가 감탄해서 말했다…

"이걸 좀 보세요, 윌슨 사장님." 조지가 가까이 다가와 윌슨 씨 옆에 앉았다. "자, 저를 보세요. 사장님 앞에 앉은 저는 사장님과 똑같은 사람이 아닌가요? 제 얼굴을 보십시오. 제 손을 보십시오. 제 몸을 보십시오." 젊은이는 그의 몸을 쭉 펴면서 말했다. "왜 저는 남들과 같은 사람 대접을 받지 못해야 합니까? 윌슨 사장님, 제 얘기를 좀 들어보십시오. 제게는 아버지가 있었습니다. 사장님처럼 켄터키 신사였습니다. 하지만 아버지는 저를 대단치 않게 생각했고, 죽을 때 남긴 유언장에서 영지의 채권자와 상속인을 만족시키기 위해, 저를 개들과 말들과 함께 팔아넘기라고 했습니다. 어머니가 일곱 자식과 함께 유언 집행 공매에 붙여질 때 저는 함께 있었습니다. 어머니가 보는 앞에서 자식들은 하나하나 각기 다른 주인에게 팔려갔습니다. 저는 일곱 자식 중 막내였습니다. 어머니는 어떤 늙은 나리 앞으로 가서 무릎을 꿇고 부탁했습니다. 자식들 중 하나라도 곁에 두고 싶다면서 제발 저를 함께 사달라고 애걸했습니다. 그 늙은 나리는 둔탁한 장화로 어머니를 걷어찼습니다. 제 눈으로 그 광경을 직접 보았습니다. 제가 마지막으로 들은 것은 어머니의 신음과 비명 소리였습니다. 저는 그 늙은 나리의 말에 묶여 그의 집으로 갔습니다."…

"윌슨 사장님, 생각해 보십시오. 제 어머니와 누나와 제 아내와 제 가슴을 찢어놓은 그런 잔인한 짓들은 모두 하나같이 당신의 법이 허용한 것들입니다. 그 법이 켄터키의 모든 사람에게 그런 짓을 하도록 권리를 부여하고 있습니다. 아무도 그런 짓을 한 자에게 '안 돼.'라고 말하지 못합니다. 과연 이런 게 '제' 나라의 법률입니까? 사장님, 저는 아버지가 없듯이 조국도 없습니다. 저는 이런 조국은 필요 없습니다. 그저 절 조용히 내버려두었으면 좋겠습니다. 전 이 나라로부터 조용히 빠져나갈 생각입니다. 저를 인정하고 보호해주는 캐나다로 가게 되면 그곳이 제 나라가 될 것입니다. 그 나라의 법에 복종하겠습니다. 만약 어떤 사람이 가로막으려 든다면 그 사람은 조심하는 게 좋을 겁니다. 저는 막다른 골목에 내몰렸으니까요. 저는 마지막 숨이 붙어 있는 순간까지 저의 자유를 위해 싸울 겁니다. 사장님은 선조들이 자유를 위해 싸웠다고 말했습니다. 그들이 한 행동이 옳다면 제 행동도 옳습니다."

*『허클베리 핀의 모험』 마크 트웨인

이제 우리는 정신을 바짝 차리고 케이로를 놓칠세라 지켜보는 것 말고는 아무 일도 할 일이 없었습니다. 짐은 케이로를 꼭 발견할 것이라고 했습니다. 케이로를 발견한 순간 자기는 자유의 몸이 되는 것이며, 만일 놓치게 되면 다시 노예의 땅으로 돌아가 자유의 몸이 될 기회가 영영 없어지고 말 것이기 때문이라는 겁니다. 짐은 몇 번이나 벌떡 자리에서 뛰어일어나 이렇게 말했습니다.

"저기다!"

그러나 아니었습니다. 도깨비 불 아니면 개똥벌레 불이었지요. 그래서 짐은 다시 풀썩 주저앉아 아까와 마찬가지로 열심히 지켜보았습니다. 자기가 자유세계 바로 가까이에 와 있다고 생각하니 온몸이 후들후들 떨리고 신열이 날 지경이라고 했습니다. 헌데 짐의 말을 듣고 보니 나도 정말 온몸이 후들후들 떨리고 열이 올랐습니다. 짐이 자유의 몸이 된 거나 마찬가지라는 생각이 갑자기 머리에 떠올랐기 때문입니다. 과연 그건 누구의 책임일까요? 바로 내 책임이었습니다. 암만해도 그 생각을 머리에서 떨구어낼 수가 없었습니다. 그 때문에 괴로워서 마음의 안정을 얻을 수가 없어서 한 곳에 가만히 앉아 있을 수가 없었습니다. 전에는 내가 무슨 일을 하는지 절실하게 느끼지 못했던 겁니다. 이젠 그렇지 않았습니다. 그 생각이 머릿속에서 사라지지 않고 계속 남아 더 나를 괴롭혔지요. 이건 내 탓이 아니야. 내가 짐을 정당한 소유주한테서 빼낸 것은 아니니까라며 자신을 타일러보려고 했지만 모두 헛수고였지요. 그럴 때마다 양심이 고개를 쳐들고 이렇게 말하는 겁니다. '하지만 너는 짐이 자유를 찾아서 도망친 것을 알고 있었잖아. 강둑에 배를 대고 누구에게든 그 일을 고발할 수가 있었잖아.' 정말로 지당한 말이었지요. 피할래야 피할 길이 없었습니다. 내 마음을 괴롭히는 것은 바로 이 점이었습니다. 양심은 나에게 이렇게 말했습니다. '불쌍한 왓슨 아무머니가 도대체 너에게 무슨 짓을 했다고 그녀의 검둥이가 바로 네 눈앞에서 도망을 치는데 너는 말 한마디도 하지 않은 거지? 그 불쌍한 아주머니가 너에게 무슨 짓을 했길래, 너는 아주머니에게 이렇게까지 지독한 짓을 하느냐 말이다. 아주머니는 너에게 공부를 가르쳐주려고 했고, 예의범절을 가르쳐주려고 했으며, 힘자라는 데까지 여러 가지로 너에게 친절히 대하려고 한 사람이 아니었냐? 아주머니가 그런 일을 했을 뿐이지 않은가.'

내가 너무 비열하고 비참한 존재로 여겨져서 나는 그만 죽어버리고 싶었습니다. 나는 자신의 양심에 채찍질을 하면서 조바심하며 뗏목 위를 이리저리 왔다 갔다 했고, 짐은 안달이 나서 내 옆을 왔다 갔다 했지요. 짐도 나도 가만히 있을 수가 없었던 겁니다. 짐이 벌떡 일어나며, "저기가 케이로다!"라며 소리를 지를 때마다 나는 총알을 한 방 얻어맞은 것만 같았지요. 그게 정말 케이로라면 나는 비참한 나머지 그만 죽어버리고 말 것 같은 생각이 들었습니다.

내가 혼자 생각을 하고 있는 내내 짐은 큰 소리로 떠들어대었습니다. 자유주에 이르면 자기가 제일 먼저 할 일은, 한 푼도 쓰지 않고 돈을 모을 것이고, 충분히 모아지면 왓슨 아줌마가 사는 데서 그리 멀지 않은 농장으로 팔려간 마누라를 다시 살 것이고, 그 다음에는 부부가 둘이서 열심히 일을 해서 아들 둘을 되살 것이며, 만일 주인이 팔지 않는다면 노예폐지론자에게 부탁해서 애들을 훔치게 할 작정이라고 했습니다.

이런 얘기를 듣고 있자니 나는 몸이 꽁꽁 얼어붙는 것만 같았습니다. 이제까지 짐은 감히 이런 이야기를 한 적이 없었지요. 자유의 몸이 다 되었다고 생각하는 순간 짐은 이렇게 돌변한 것이 아니겠습니까. 옛날 격언

대로 '검둥이에게 하나를 주면 열을 바란다.'는 식이지요. 내가 생각이 모자라서 이런 일이 생긴 겁니다. 지금 내 앞에 도망치는 것을 내가 도와준 거나 다름없는 검둥이가 있는데, 자기 아들들을, 내가 알지도 못하고 나에게 아무런 해를 끼친 일도 없는 사람이 소유하고 있는 애들을 훔쳐 내겠다는 말까지 또렷이 말하고 있는 게 아닙니까.

짐이 그런 말을 하는 것을 들으니 기분이 나빴습니다. 짐이 영 형편없는 사람으로 보였지요. 내 양심이 아까보다도 한층 더 나를 갈구기에 마침내 내가 양심을 향해 대꾸를 했지요. '제발 그만 해. 아직 늦지 않았으니까. 불빛이 보이는 대로 곧 강둑으로 달려가 신고할 테니까.'라구요. 그러고 나니 금방 마음이 놓이고 기분이 좋아지고 깃털처럼 마음이 가벼워졌습니다. 모든 고민이 말끔히 사라졌지요. 나는 불빛이 보이지 않을까하고 날카롭게 지켜보며 혼자서 회심의 미소를 지었지요…

그 사나이들은 가버렸고, 나는 뗏목에 올라탔습니다. 내가 한 일이 나쁜 일이라는 걸 잘 알고 있었기 때문에 비참한 마음이었지요. 암만 좋은 일을 하려고 별러도 나에겐 아무 소용없다는 것을 알 수 있었습니다. 어렸을 적부터 좋은 일을 하는 걸 배우지 못한 인간한테는 전혀 기회가 없었던 겁니다. 위급한 상황에 부딪치면 뒤를 밀어서 좋은 일을 할 수 있게 해주는 것이라곤 아무 것도 없으니 결국 손을 들고 말지요. 나는 잠시 생각해 본 다음 이렇게 혼자 중얼거렸습니다. 가만 있자. 내가 옳은 일을 해서 짐을 남의 손에 넘겨주었다고 하면, 내 마음이 지금보다 더 편할 수 있을까? 천만의 말씀, 기분이 좋지 못했을 거야. 아마 지금과 마찬가지 기분이었을 거야. 나는 다시 생각해 보았습니다. 그렇다면 옳은 일을 하는 데 힘이 들고, 나쁜 짓을 하는 데는 힘이 들지 않는다면, 그리고 그 결과가 똑같다면, 옳은 일을 하려고 노력해 본댔자 소용없는 일이 아닌가? 나는 여기서 그만 딱 막히고 말았지요. 이 문제에 대해 답을 내릴 수가 없었던 겁니다. 그래서 이 일로 마음을 쓰는 일을 아예 그만두고, 이제부터는 그때그때 편리한 방법을 택하기로 마음먹었습니다.

3) 아프리카계 미국인의 정체성

남북 전쟁이 끝나고 흑인들은 명목상의 해방을 이룩했으나 경제적인 힘이 없는 상황에서는 실제적인 독립이 있을 수 없었다. 해방 노예들은 남북 전쟁 중에 교회 대표와 흑인 목사들의 노력으로 남부의 땅 일부를 얻었지만 전쟁이 끝나자 흑인은 강제로 추방되고 그 땅은 다시 원소유주에게 환원되었다. 북부의 연방 정부는 해방 선언만 했을 뿐 해방 노예들의 삶을 위한 어떤 정책도 시행하지 않았다. 재건 시대와 그 이후에 남부는 흑인에 대한 인종 차별적 정책을 법제화했고, 대통령과 의회는 남부에 대한 유화책으로 이런 법들을 승인해주였다. 공공시설에서 흑인을 차별하지 못하게 하는 〈공민권법〉(Civil Rights Act, 1875)은 1883년의 대법원 판결에서 무효화되면서, 남부의 모든 주는 흑인의 공민권을 박탈하고 흑인의 분리를 법제화했다. 불법적인 민간단체의 흑인에 대한 강간, 폭력, 살인 등의 테러는 극에 달했다. 노예 해방을 주도한 북부에서도 인종 차별적인 정서는 마찬가지였다. 노예로서는 해방시켰지만 백인과 흑인을 동등한 존재로 볼 수 없었던 것이다.

그러나 흑인 스스로 권리와 정체성을 확립하려는 노력은 계속되었다. 흑인 교회가 중심이 되어 가족 간의 유대감을 강화하여 무너진 가족체제를 확립하려고 노력했으며, 교육에 심혈을 기울였고, 정치적 힘을 기르고자 노력했다. 1869년 2명의 흑인이 상원 의원, 20명이 하원 의원으로 등단했고, 사우스캐롤라이나에서는 1876년 무료 공립학교를 세워 흑인 어린이가 학교에 입학하였다.

흑인의 권리 찾기와 정체성 확립을 위해 노력한 대표적인 사상가는 프레더릭 더글러스(Frederick Douglass, 1818-1895), 부커 T. 워싱턴(Booker T. Washington, 1856-1915), W. E. B. 두 보이스(W. E. B. Du Bois, 1868-1963) 등이다. 프레더릭 더글러스는 노예로 태어났으나 탈출한 후 노예폐지론자가 되었고, 『미국인 노예 프레더릭 더글라스의 삶의 이야기』(*Narrative of the Life of Frederick Douglass, an American Slave,* 1845)에서 흑인 노예제의 실상을 비판하였다. 훌륭한 연설가인 더글라스는 남북 전쟁 때 링컨 대통령의 부탁으로 노예 해방에 대한 연설을 하였다.

워싱턴은 노예로 태어나 남북 전쟁 이후 자유인이 되었다. 워싱턴은, 당시 상황에서는 흑인은 백인의 반발을 일으키지 않기 위해 "느린 접근"(slow approach)을 해야 하며, 따라서 공민권, 고등 교육, 정치 권력은 일단 포기하고, 먼저 산업 교육을 받고 부를 축적하여 힘을 쌓은 후에 홀로 서기를 하자고 주장했다. 그는 흑인의 경제적 자립을 돕기 위해 앨라배마에 터스키기 기술학교(Tuskegee Institute)를 설립하였다. 1895년의 애틀랜타 박람회 연설(Atlanta Exposition Speech)에서 워싱턴은 흑인에게 최소한의 경제적 기회 균등을 달라고 백인 사회에 부탁하면서, 흑인과 백인 간의 비폭력을 호소했다. 워싱턴은 백인과 흑인을 하나의 손에 붙어 있지만 서로 분리된 손가락으로 비유했다. 이 연설은 "애틀랜타 타협"(Atlanta Compromise)이라고 비판받기도 했다. 『노예 신분에서 벗어나서』(*Up from Slavery*)에서 워싱턴은 "흑인은 농민, 기계공, 상인, 하인 그리고 전문직이 되도록 노력하라. 일하면서 인내하면 남부에서도 인간적 기회가 있을 것이다. 백인은 흑인을 고용해 주면 흑인은 헌신적이 될 것이다."라고 설득했다. 이런 타협주의로 인해 워싱턴은 "톰 아저씨의 태도"(Uncle Tomism)를 취한다고 비판 받았지만 사실 당시와 같은 열악한 상황에서는 최선의 현실적인 선택이기도 했다.

두 보이스는 하버드 대학교에서 박사 학위(1895)를 받고 애틀랜타 대학 교수로 재직한 지식인이었다. 그는 흑인이 처한 환경에 대해 경험적인 조사를 한 결과, 적대적인 인종 차별주의로 가득 찬 상황에서는 선동과 저항을 통해서만 사회변혁이 가능하다고 결론지었고, 따라서 화해의 철학을 설파한 워싱턴과 대립했다. 워싱턴의 전략은 흑인을 해방하기는커녕 오히려 억압의 영구화에 기여할 것이라고 비판하면서, 두 보이스는 유명한 저서 『흑인의 영혼』(*The Souls of Black Folk*, 1903)에서 흑인은 두 개의 영혼을 가진 존재라고 주장했다.

> 흑인은 언제나 자신이 미국인인 동시에 흑인이라는 두 개의 존재로 분열되어 있음을 느낀다. 두 개의 영혼, 두개의 생각은 화해할 길 없이 갈등하며, 검은 몸 안에 있는 두 개의 이념도 서로 투쟁한다. 필사적인 노력만이 몸이 산산조각 나는 것을 막아준다…… 다만 동료로부터 저주와 멸시를 당하지 않고, 눈앞에서 기회의 문이 굳게 닫히는 일 없이, 흑인인 동시에 미국인으로 존재할 수 있기를 바랄 뿐이다.

두 보이스는 나이아가라 폭포 근처에서 같은 뜻을 가진 사람들과 모임을 갖고 워싱턴의 〈애틀랜타 타협〉과 반대되는 원칙을 선언하였고, 이를 기반으로 하여 나이아가라 운동(Niagara Movement, 1906)을 추진했다. 그는 흑인 지위 향상 협회(National Association for the Advancement of Colored People, NAACP, 1909)의 창설에 기여했다.

흑인 민권 운동은 2차 대전 동안에 잠시 중단되었다. 흑인들은 조국을 위해서 싸우면 인종 차별을 받지 않을 것으로 기대하며 입대했다. 그러나 군대에서도 인종 차별이 계속되자 흑인 병사들의 불만이 고조되었다. 1960년대에 이르러 여성 해방 운동, 베트남 반전 운동과 함께 맬컴 엑스(Malcom X, 1925-1965)와 마틴 루터 킹(Martin Luther King, Jr., 1929-1968) 같은 우수한 지도자를 중심으로 흑인 민권 운동도 힘을 얻었다.

〈브라운 대 교육위원회〉(Brown v. Board of Education) 사건은 1954년 흑인 지위 향상 협회(NAACP)가 공립학교의 인종 차별에 이의 신청을 한 사건이다. 이 사건에 대해 법원은, "격리하지만 평등하다"는 개념은 잘못된 것이라고 판결했다. 이 판결 후 10년이 지나도 남부 학교의 75% 이상이 인종 차별을 계속했지만 정부 차원에서 인종 차별로 인한 격리를 불법이라고 선언하였다는 점에서 중요한 의미가 있다.

몽고메리 버스 보이콧(Montgomery Bus Boycott)은, 1955년 앨라배마주의 몽고메리 시에 사는 흑인 여성 로자 팍스(Rosa Parks)가 시내버스의 백인 구역에 앉았다가 인종 분리를 규정한 몽고메리 시법를 준수하지 않았다는 이유로 체포되자 마틴 루터 킹의 지도로 시내버스를 타지 않는 보이콧을 벌인 사건이다. 이 사건을 계기로 1956년 대법원은 지방 노선버스에서의 인종 차별은 불법이라고 선언했다.

그린스보로 농성(Greensboro Sit-ins)은 1960년 2월 1일 노스캐롤라이나주 그린스보로에서 흑인 대학생 4명[5]이 월워스(Woolworth) 백화점 매장에서 물건을 사고 같은 매장에 있는 간이식당에서 식사를 하려다가 "백인 전용"(white only)이라며 거부당한 일에서 비롯되었다. 이 대학생들이 항의의 표시로 계속 이 식당에 머물자 많은 흑인 학생들이 이에 동참했고, 다른 도시에서도 항의 농성이 이어졌다. 결국 월워스는 인종 격리 정책을 포기하고 종업원들에게 흑인에게도 음식 주문을 받게 했다.

1961년에는 북부에 본부를 둔 인종 평등회(CORE)에서 두 대의 버스로 여행단을 조직하여, 워싱턴에서 출발하여 뉴올리언스를 향해 남부 지방을 통과하면서 인종 차별을 비판하는 운동을 펼쳤다. 이들을 자유 여행단이라고 했다. 이들은 폭행을 당하기도 했고 버스가 불태워지기도 했다. 이 유혈 사태에 대해 FBI는 수동적으로 대처했고 법무부는 비폭력 시위에 대한 보호요청을 거절하는 등 연방 정부는 방관적인 자세로 일관하다

5) North Carolina Agricultural and Technical State University 재학생들. 이후 "A&T Four" 혹은 "Greensboro Four"라고 불렸다. 이 대학의 캠퍼스에는 제임스 반힐(James Barnhill)이 만든 4명의 동상이 서있고 그 제목은 "February One"이다.

가 결국 케네디 대통령이 개입했다.

1963년 흑인 운동가들은 인종 문제에 대해 정부에 항의하기 위해 워싱턴을 향한 대규모 행진을 조직했다. 이 워싱턴 대 행진(March on Washington)으로 워싱턴 기념비 앞에 약 200,000명이 운집했다. 여기서 마틴 루터 킹 목사는, "나는 꿈이 있습니다."(I have a dream)라는 연설을 했다.

이처럼 자신들의 권리를 찾으려는 아프리카계 미국인들의 노력에 대해 연방 정부는 처음에는 방관적인 자세를 취하거나 FBI를 통해 흑인 지도자들을 협박했다. 그러나 아프리카계 미국인들의 집단적인 행동의 파급력이 커지자 지도자들을 백악관에 초대하는 등 유화정책을 폈다. 그러나 흑인과 백인의 완전한 분리를 주장하면서 흑인만의 나라를 세울 수 있도록 땅을 할애해 달라는 맬컴 엑스 대신 온건한 마틴 루터 킹을 더 지지했다. 킹의 생일을 국가 공휴일로 정한 것은 미국 정부의 태도를 보여주는 단면이다.

오늘날은 법적, 정치적, 사회적인 부분에서 인종 차별이 많이 해소되었으며, 불과 수십 년 전과 비교하더라도 놀라울 정도로 흑인의 인권이 향상되었다. 그러나 여전히 흑인이 빈곤한 절대 다수를 이룬 상황에서, 눈에 보이지 않는 인종 차별은 계속되고 있다. 수십 명이 죽은 1992년의 LA 흑인 폭동(1992 Los Angeles Riots)[6]과 같은 폭동이 심심찮게 일어나는데, 대부분 인종 차별에 대한 불만에서 비롯된다.

---

6) 백인 경찰관들이 과속 운전을 하던 운전자인 흑인 로드니 킹(Rodney King)을 무자비하게 구타하는 장면이 인근 주민의 비디오에 찍혀 방영되면서 이 경찰관들이 재판을 받게 되었다. 그러나 이들이 무죄로 판결나자 흑인들은 인종 차별이라며 시위를 벌였고 이것이 폭동으로 변했다. 그 과정에서 평소 흑인을 무시하는 태도를 취해 유감을 샀던 한인 가게가 약탈당하는 사태가 이어졌다. 이후 한인들은 흑인과의 관계를 개선하기 위해 노력한다.

* 마틴 루터 킹(Martin Luther King, Jr.)과 맬컴 엑스(Malcom X)

마틴 루터 킹은 앨라배마 주 몽고메리의 침례교회 목사로서 1955년 버스 보이콧 운동을 비폭력 전술로 이끌어 1년 만에 승리를 거두었다. 1963년의 워싱턴 대행진을 비롯해, 법률과 제도의 수정, 공민권법, 투표권법의 개정, 흑인의 권리 증진을 위해 노력했다. 킹 목사는 비폭력적인 저항 운동을 주도한 공로로 1964년 노벨 평화상을 수상했다. 킹은 1968년 테네시 주 멤피스의 흑인 미화원 파업 운동을 지원하러 갔다가 백인 우월주의자 제임스 레이(James Earl Ray)의 총에 맞아 사망했다.

맬컴 엑스[7]는 여러 모로 킹 목사와 반대되는 인물이다. 원래 이름은 맬컴 리틀(Malcolm Little)이었으나 백인이 준 성을 부정한다는 의미로 성을 엑스로 바꾸었다. 맬컴 엑스의 아버지 얼 리틀(Earl Little)은 백인 우월주의자에게 살해당했고, 맬컴이 13세일 때 어머니는 정신병원에 입원하였다. 그 후 맬컴은 위탁 가정을 전전하며 범죄를 저지르는 불량소년이었으며, 1946년 불법 침입과 기물 파손 혐의로 징역형을 받았다. 맬컴 엑스는 수감 생활을 하면서 이슬람교의 수니파(Sunni Islam)로 귀의하여 〈네이션오브이슬람〉(Nation of Islam)에 가입하였고, 1952년 가석방으로 출감한 이후 지도자급 인물이 되었다. 그러나 1964년 〈네이션오브이슬람〉의 회장인 일라이저 무하마드(Elijah Muhammad)와 불화를 겪고 탈퇴하여 〈무슬림모스크〉(Muslim Mosque, Inc.)를 만들어 활동하던 중, 1965년 이슬람 극단주의자에 의해 암살되었다. 맬컴 엑스는 흑인만의 분리된 나라를 구성하겠다고 주장했고, 자신이 주장하는 분리는 평등을 전제로 한다고 주장했다.

7) 스파이크 리(Spike Lee) 감독, 덴젤 워싱턴 주연의 〈맬컴 엑스〉(1992)는 다큐멘터리 형식으로 맬컴 엑스의 삶과 업적을 감동적으로 영상화했다.

노예 시절의 우리 선조들이 이른바 "흑백 통합"을 주장했다면 아마 목이 잘렸을 것이다. 그런데 우리가 이제 "흑백 분리"를 주장하자 백인들은 우리가 증오를 가르치는 파시스트라고 비난한다… 우리는 당신보다 더 단호하게 "격리"를 거부한다. "분리"와 "격리"는 명백히 다르다. "격리"는 강한 자가 약한 자에게 강요하는 것이다. 그러나 "분리"는 평등한 둘이 서로의 이익을 위해 자발적으로 하는 것이다.

맬컴 엑스는 1964년 4월 미국의 대선 경선이 시작된 오하이오 주 클리블랜드에서 한 연설에서는, 흑인에게 투표권을 주지 않는 미국의 민주주의를 통렬히 비판하면서, 선거로 흑백 평등이 이뤄지지 못한다면 흑인들은 총으로 싸워서 얻어내어야 한다면서, "투표권이 아니면 총알을 달라!"(The Ballot or the Bullet)고 선언했다.

여러분에게 자유를 줄 수 있는 사람은 아무도 없습니다. 여러분에게 평등과 정의, 그 외 어떤 것도 줄 수 있는 사람은 아무도 없습니다. 여러분이 인간이라면, 스스로 쟁취해야만 합니다… 나는 누가 비인간적인 대접을 받으면서도 자기 자신을 방어하기 위한 어떤 조치도 취하지 않고 그 비인간적인 대접을 계속해서 받아들이는 것이야말로 하나의 범죄라고 믿고 있습니다. 만일 기독교 철학이 그렇게 해석되고 간디의 철학이 그것을 가르치고 있는 바라면, 나는 그것들을 범죄의 철학이라고 부르겠습니다… 투표권이 아니면 총알을 달라!

* "I have a Dream." by Martin Luther King Jr.

I have a dream that one day this nation will rise up and live out the true meaning of its creed: "We hold these truths to be self-evident; that all men are created equal."

I have a dream that one day on the red hills of Georgia the sons of former slaves and the sons of former slave owners will be able to sit together at the table of brotherhood.

I have a dream that one day even the state of Mississippi, a state sweltering with the heat of injustice, sweltering with the heat of oppression, will be transformed into an oasis of freedom and justice.

I have a dream that little children will one day live in a nation where they will not be judged by the color of their skin but by the content of their character.

4) 흑인 여성의 정체성

미국의 흑인이 노예제 하에서 백인에 의해 억압당하고 착취당했다면, 흑인 여성은 여성이기 때문에 더 심한 억압을 당하고 착취를 당하면서 자신의 정체성을 상실했다. 노예제 아래서 흑인 여성은 모성이 없는 존재로 왜곡되었다. 백인들은 흑인 여성이, "백인 남성에게 자신의 다리를 닫지 못하고 백인 아이에게 자신의 젖가슴을 거부하지 못하는" 존재, 즉 백인 주인을 유혹하는 요부이거나 자신의 아이는 내버려 두고 백인 주인의 아이를 무조건적으로 사랑하는 유모라는 두 가지 모습 밖에 없다고 강조했다. 그러나 사실은 흑인 여성은 자신의 아이를 내버려둔 채 강제로 백인의 아이를 돌봐야 하는 상황을 고통스러워했으며, 백인 주인의 성적 요구를 만족시켜야 하는 것을 참을 수 없어 저항했다.

흑인 여성에 대한 왜곡된 이미지를 벗기고 이들의 정체성을 향상시키려고 노력한 여성들로는 프랜시스 하퍼(Frances Ellen Watkins Harper, 1825-1911)와 소저너 트루스(Sojourner Truth, 1797-1883)[8], 해리엇 터브먼(Harriet Tubman, 1820-1913) 등을 들 수 있다. 메릴랜드 주에서 자유인으로 태어난 프랜시스 하퍼는 노예의 탈출을 돕는 단체인 〈지하철로

8) 원래 이름은 이사벨라 바움프리(Isabella "Bell" Baumfree)였으나 1843년 성령의 부름을 받고 이름을 "소저너 트루스"(진실에 머무르는 사람)로 바꾸었다.

〉(Underground Railroad)와 함께 노예들이 캐나다로 도주하는 것을 도왔다. 또 1953년 〈미국 반노예협회〉(American Anti-Slavery Society)에 가입하여 연설가로, 정치 활동가로 활약했다. 하퍼는 1866년 전국 여성 권리 대회(National Women's Rights Convention)에서, 흑인 여성에게 평등한 기회를 보장하라는 감동적인 연설을 했다. 이후 흑인 여성의 복지를 돕기 위한 전국 흑인 여성 협회(National Association of Colored Women, 1894)의 창설에 적극적으로 기여했다.

소저너 트루스는 뉴욕 주에서 노예로 태어나 29살의 나이에 갓난아이를 데리고 탈출한 이후 흑인의 권리를 위해 싸웠으며, 노예로 있는 아들을 찾기 위해 재판을 걸어 백인에게 승소한 최초의 흑인 여성이다. 트루스는 1851년 오하이오 여성대회(Ohio Women's Convention)에서 한 〈나는 여성이 아닌가요?〉(Ain't I a Woman?)라는 연설을 통해 그동안 무시받던 흑인 여성의 권리를 주장했다.

그러나 노예제를 거치면서 왜곡된 삶을 살아온 흑인 여성이 자신의 정체성을 찾는 일은 쉽지 않았다. 미국 사회는 흑인 여성을 19세기의 여성 이데올로기에 맞지 않는 존재라며 비판적인 시각을 유도했다. 순종하는 딸, 헌신적인 아내, 훌륭한 어머니라는 기준에 맞는 이상적인 여성은 연약하고 순종적이어야 하는데, 흑인 여성은 거칠고 강인하다는 것이다. 노예제가 끝난 후 가족 관계가 해체된 상황에서, 또 빈곤한 삶을 영위하면서, 흑인 여성들은 가족을 위해 강해질 수밖에 없었는데, 이런 강인함이 비여성적이라고 비판되었던 것이다. 가족을 버리고 떠나는 흑인 남성들이 많은 이유는 흑인 여성들이 너무 강해서 흑인 남성이 집에서 남자 구실을 하지 못하게 만들기 때문이라며, 흑인 여성들에게 비난의 화살을 돌렸다.[9] 흑인 여성은 흑인이기에 고통을 받았고 또 여성이기 때문에 고통

9) 미국 흑인 가정에 대한 연구 보고서인 「니그로 가정: 국가 정책을 위한 과제」(The Negro Family: The Case for National Action, 1965), 일명 「모이니한 보고서」

을 받았으므로, "흑인 여성이 니그로의 신화에서 구출되면 여성의 신화가 그녀를 옭아매고, 그녀가 여성의 신화를 벗어나면 니그로의 신화가 여전히 그녀를 잡아매었다."고 할 수 있다.

백인 중심의 문화가 주도하는 사회에서 흑인 여성이 자신에 대한 자존감을 가지고 살기는 쉽지 않다. 미국 사회의 모든 문화는 백인을 정통으로, 모범으로 제시한다. 백인 인형을 가지고 노는 흑인 아이, 백인의 가정이 정상적인 모범으로 제시되는 초등학교 교과서를 공부하는 흑인 어린이들, 백인 주인공이 등장하는 영화를 보고 백인 미녀가 미모를 뽐내는 잡지를 보는 흑인들은, 백인의 가치로 자신의 삶을 측정하고 평가하도록 강요받는다. 백인의 가치와 백인의 시선으로 자신을 보고 평가할 때 흑인이, 특히 흑인 여성이 자신의 몸에 대해 자존감을 가지기는 쉽지 않다.

이처럼 자신의 정체성을 상실한 흑인 여성들에 대한 이야기를 토니 모리슨(Toni Morrison, 1931-)[10]은 『가장 푸른 눈』(*The Bluest Eye,* 1970)에서 하고 있다. 모리슨은 어린 시절 이웃에 살던 흑인 여자아이가 푸른 눈을 가지게 해달라고 기도하는 모습을 보고 분개했던 기억에서 이 소설을 구상했다. 1970년대의 오하이오에 사는 흑인 소녀 피콜라 브리드러브(Pecola Breedlove)는 가난하게 살면서 늘 싸우기만 하는 부모를 보면서, 그 모든 불행이 자신이 못생겼기 때문이라고 생각하고, 자신이 푸른 눈과 금발의 예쁜 소녀가 되면 모든 불행이 사라질 것이라고 여기고 푸른 눈을 달라고 기도한다.

(Moynihan Report)는 이런 통념을 확인시킨다. 다니엘 모이니한(Daniel Patrick Moynihan)은 흑인 가정을 조사한 후, 흑인의 열악한 삶은 가족의 와해에 그 근본적인 원인이 있으며, 가족 해체의 책임은 흑인 여성에게 있다고 결론을 내렸다.

10) 본명은 클로에 워포드(Chloe Ardelia Wofford). 모리슨의 대표 소설 『빌러비드』(*Beloved*, 1987)는, 1856년 켄터키에서 자유주인 오하이오로 탈출했다가 노예사냥꾼에게 잡히게되자 자식을 죽이고 체포된 마거릿 가너(Margaret Garner)의 이야기를 소설화했다. 모리슨은 1993년에 노벨상을 수상했다.

피콜라의 어머니인 폴린(Pauline)은 아름다운 백인 여성이 멋진 백인 남성과 사랑을 나누는 할리우드 영화를 보면서 그 여배우를 자신과 동일시하며 행복해 한다. 그러나 영화가 끝나고 극장을 나서는 순간, 현실 속의 자신의 검고 추한 몸을 보면서 더욱 절망하며 자신의 흑인성을 저주한다. 그녀는 가난한 집도 싫고, 남편도 밉고, 심지어 딸인 피콜라도 너무 못생겼다고 외면하면서, 깨끗하고 멋진 백인의 집에서 하녀가 되는 것에 만족하는 비정상적인 삶을 살게 된다.

*〈나는 여성이 아닌가요?〉 소저너 트루스

여러분, 이렇게 야단법석인 곳에는 뭔가 정상이 아닌 게 있음이 틀림없어요. 내 생각에는 남부의 검둥이와 북부의 여성 모두가 권리에 대해 얘기하고 있으니 그 사이에서 백인 남성들이 곧 곤경에 빠지겠군요. 그런데 여기서 얘기되고 있는 건 전부 뭐죠?

저기 저 남성이 말하는군요. 여성은 탈것으로 모셔 드려야 하고, 도랑은 안아서 건너드려야 하고, 어디에서나 최고 좋은 자리를 드려야 한다고. 아무도 내게는 그런 적 없어요. 나는 탈것으로 모셔진 적도, 진흙구덩이를 지나도록 도움을 받은 적도, 무슨 좋은 자리를 받아본 적도 없어요. 그렇다면 나는 여성이 아닌가요? 날 봐요! 내 팔을 보라구요! 나는 땅을 갈고, 곡식을 심고, 수확을 해왔어요. 그리고 어떤 남성도 날 앞서지 못했어요. 그래서 나는 여성이 아닌가요? 나는 남성만큼 일할 수 있었고, 먹을 게 있을 땐 남성만큼 먹을 수 있었어요. 남성만큼이나 채찍질을 견뎌내기도 했어요. 그래서 나는 여성이 아닌가요? 난 5명의 아이를 낳았고, 그 아이들 대부분 노예로 팔리는 걸 지켜봤어요. 내가 어미의 슬픔으로 울부짖을 때 그리스도 말고는 아무도 내 말을 들어주지 않았어요. 그래서 나는 여성이 아닌가요?

이런 일을 사람들이 머리와 관련해 얘기할 때 뭐라고 부르죠?

맞아요. 지성이에요. 지성이 여성의 권리나 흑인의 권리와 무슨 관계가 있는 거죠? 나의 잔이 1파인트도 담지 못하고, 당신의 잔이 2파인트를 담고 있는데, 당신은 내 보잘 것 없는 절반 크기의 잔을 채우지 못하게 할 만큼 야비하지는 않겠지요?

저기 검은 옷을 입은 작은 남자가 말하네요. 여성은 남성만큼의 권리를 가질 수 없다고요. 왜냐하면 그리스도가 여성이 아니었기 때문이라고요! 당신들의 그리스도는 어디서 왔죠? 어디서 왔느냐고요? 신과 여성으로부터 왔잖아요! 남성은 그리스도와 아무런 관계가 없었죠.

신이 만든 최초의 여성이 혼자서 세상을 엉망으로 만들만큼 강했다면, 이 여성들이 함께 세상을 다시 올바른 방향으로 되돌려 놓을 수 있어야 해요. 그리고 지금 여성들이 그렇게 할 것을 요구하고 있고, 그렇게 하도록 하는 게 더 좋을 겁니다.

내 말을 들어야만 해요. 이제 늙은 소저너는 더 이상 할 말 없어요.

*『가장 푸른 눈』 토니 모리슨

피콜라는 손을 모으며 나지막하게 말했다.

"하느님, 제발, 제발 저를 사라지게 해주세요."

피콜라는 눈을 꽉 감았다. 몸이 사라졌다. 천천히 사라지다가 갑자기 빨라졌다. 다시 천천히 사라졌다. 손가락이 하나씩 사라졌다. 그런 다음 팔꿈치까지 사라졌다. 이제는 발이 없어질 차례였다. 그래, 멋진 걸. 두 다리가 한꺼번에 사라졌다. 허벅지 위가 가장 힘들었다. 정말 조용히 있어야 하고 대담해야만 한다. 배는 사라지려 하지 않았다. 하지만 마침내 배도 사라졌다. 그 다음은 가슴과 목이다. 얼굴도 힘들었다. 거의 다 사라졌다. 거의. 다루기가 아주 힘든 눈만 남았다. 두 눈은 항상 남았다.

아무리 애를 써도 눈을 사라지게 할 수 없었다. 그렇다면 무엇이 문제였을까? 눈은 모든 것이었다. 모든 것이 그 안에 담겨 있었다. 모든 광경과 얼굴들…

피콜라는 몇 시간이고 거울을 들여다보며 어째서 이렇게 추한지 알아내려고 했다. 선생들과 친구들이 자신을 무시하거나 경멸하는 이유를. 학교에서 그녀만 짝이 없었다. 알파벳 순서로 앉았기 때문에 그녀는 늘 교실 앞쪽에 앉았다. 하지만 마리 아콜로네어는 그녀보다 앞에 앉았는데도 루크 안젤리노와 짝이었다. 선생들도 다를 게 없었다. 선생들은 한 번도 피콜라를 보지 않았고, 학급 전체의 이름을 부를 때만 피콜라의 이름을 불렀다. 또한 피콜라는 여학생들이 남학생에게 모욕을 주거나 골릴 때, "바비는 피콜라 브리드러브를 사랑한대요! 바비는 피콜라 브리드러브를 사랑한대요!"라고 말한다는 것을 알고 있었다. 그러면 다른 학생들은 박장대소했고 모욕을 당한 남학생은 화를 냈다.

얼마 전부터 피콜라는, 세상을 보고 세상을 담는 자신의 눈만 지금과는 달리 아름다웠다면 자신은 전혀 다른 존재가 되었을 거라고 생각하게 되었다. 피콜라의 치아는 예뻤고 코도 지나치게 크거나 납작하지 않았기 때문이다. 피콜라가 지금과는 다르게, 예쁘게 보였더라면 촐리[아빠]도 달랐을 것이고 브리드러브 부인[엄마]도 그랬을 것이다. 아마도 그들은 이렇게 말할 것이다.

"이런, 피콜라의 예쁜 눈을 봐. 이렇게 예쁜 눈이 보는 앞에서 나쁜 일을 하면 안되지."…

피콜라는 하루도 빠지지 않고 매일 밤 푸른 눈을 달라고 기도했다. 일 년 동안 아주 열정적으로 기도했다. 다소 낙심하긴 했지만 희망을 잃은 것은 아니었다. 그처럼 멋진 일이 벌어지는 데는 기나긴 시간이 걸릴 것이다…

그것은 정말 단순한 기쁨에 불과했지만 폴린은 사랑하는 것과 미워하는 것 모두를 은막에서 배웠다.

"극장에 가는 것만이 나를 행복하게 해주었어, 틈만 나면 극장에 갔어. 영화가 시작되기도 전에, 불을 끄면 사방이 어두워지고 스크린이 환하게 밝아왔어. 나는 금세 그 영상 속으로 빨려 들어갔지.

백인 남자들은 아내에게 자상했고 옷도 잘 차려 입었지. 변기와 욕조가 있는 크고 깨끗한 집에서 살았고, 영화는 내게 많은 기쁨을 주었어. 하지만 기쁨이 큰 만큼 집에 돌아오면 촐리를 쳐다보는 것이 힘들었어.

잘 기억은 나지 않지만 한 번은 클라크 게이블과 진 할로우를 보러 갔었어. 나는 잡지에서 본 진 할로우의 머리 모양을 하고 갔어. 옆 가르마를 타고 이마에 작은 애교머리를 늘어뜨리고. 꼭 그 여자처럼. 아니 거의 그 여자처럼. 어쨌든 그런 머리 모양으로 그 영화를 봤지. 아주 즐거웠어. 끝까지 다시 봐야겠다고 생각하며 사탕을 사러 갔다 왔지. 다시 의자에 편안히 앉아 사탕을 덥석 깨물었는데 이빨이 하나 딱 빠지는 거야. 소리를 지를 뻔했어. 원래 이빨이 좋았거든. 충치가 하나도 없었던 나는 충격에서 벗어나지 못했어. 임신 5개월에, 진 할로우처럼 꾸민, 앞니 하나가 빠진 내가 그곳에 있었어.

그 뒤로는 모든 것이 엉망이었어. 모든 일에 무관심해졌고 머리는 원래대로 밉살맞게 땋아 올렸지. 하지만 영화는 계속 보러갔어. 더 비참해졌을 뿐이지."

11 아시아계 미국인

이민의 역사를 통해 이루어진 미국은 다양한 인종, 다양한 민족이 만들어내는 다양한 문화가 갈등하면서도 미묘하게 공존하는 현장이다. 그러나 미국문화의 주류를 이루는 것은 일찍부터 이민을 와 자리 잡은, 와스프(WASP)로 통칭되는 백인이다. 미국의 문화는 백인의 문화가 주체가 되어 타문화를 동화시켜온 역사적 산물이며, 그 과정에서 흑인종이나 황인종은 주류 문화와 갈등을 겪으면서 동화를 강요당했다. 특히 아시아계 미국인은 이민의 역사가 짧아 자신들의 모국의 문화와 더 밀접한 관련을 맺고 있는 만큼 문화적 갈등을 심각하게 겪었다.

1840년에서 1924년 사이에 대거 미국으로 건너 온 아시아계 이민은, 미국의 주류인 백인과는 분명히 구분되는 외모와 뒤늦게 습득한 어눌한 영어로 인해 열등한 주변인으로 인식되었고, 인종 차별을 겪었다. 아시아계 이민에 대한 차별은 미국 정부의 이민 정책에 반영되어 있다. 아시아인의 수가 점점 많아지고 그로 인해 반아시아 감정이 증가하자 정부는 1924년 아시아계 이민을 제한하는 법률을 통과시켜 아시아계 이민을 금지시켰다.[1] 이런 인종주의가 아시아계 이민의 가장 큰 경험 중의 하나가 된다.

1) 필리핀인의 이민은 1934년에 중지되었다. 1965년의 이민법 개정으로 다시 아시아계 이민이 가능해졌다.

1) 아시아계 미국인의 정체성

미국문화에서 흔히 나타나는 전형적인 아시아인의 모습은 아시아인에 대한 미국인의 무지와 혐오감을 잘 드러낸다. 아시아인의 전형적인 모습은 영국 작가인 색스 로머(Sax Rohmer, 1883-1959)가 창조한 악당 후만추(Fu Manchu)[2]와 미국 작가인 얼 데르 비거(Earl Derr Bigger, 1884-1933)가 창조한 상냥한 중국인 탐정 찰리 찬(Charlie Chan)[3]이다. 후만추는 치마같은 검은 옷을 입고 손톱은 길게 기른 여자 같은 모습이고, 쫙 찢어진 눈은 교활하고 사악한 심성을 드러낸다. 찰리 찬은 똑똑하게 사건을 해결하는 탐정이지만 느릿느릿하고 어색한 영어로 유교의 경구를 내뱉는 희극적인 존재이다. 그 외에도 아시아인들은 무기력한 이교도, 우스꽝스런 하인, 공부와 일만 하는 멍청이, 백인 아내에게 잡혀 사는 부자 아시아인, 나비 부인이나 미스 사이공처럼 백인 남자에게 순종하는 아시아 여자들로 나타난다. 이런 이미지와 연결되어 아시아계 이민자들은 주류 문화에 곧잘 적응하는 "모범적 소수족"이거나 도대체 "이해할 수 없는 이방인"으로 여겨진다.

이처럼 적대적이고 편견에 가득 찬 미국에서 아시아계 이민자들이 미국인으로서의 정체성을 이루는 것은 결코 쉬운 일이 아니었다. 특히 독특한 외모 때문에 아무리 미국에서 오래 살아도 동양적인 기원을 벗어버릴 수 없기 때문이다. 그 대표적인 예는 2차 세계 대전 때 일본계 미국인이 당한 상황이다. 미국은 일본과 전쟁에 돌입하자 미국에서 태어나 미국인으로 살고 있는 일본계 미국인을 일본인으로 간주해서 적으로 분류하였

2) 『후만추 박사의 비밀』(*The Mystery of Dr. Fu Manchu*, 1912)에서 처음 등장했고, 이후 텔레비전 드라마로 제작되어 더욱 대중적 인기를 끌었다.

3) 『열쇠 없는 집』(*The House without a Key*, 1925)에 등장해서 역시 텔레비전 드라마로 인기를 끌었다.

고 이들을 모두 전쟁 캠프에 수용하였다. 반면 독일계 미국인에 대해서는 수용 정책을 쓰지 않았으므로 아시아인에 대한 미국의 편파성을 드러낸 정책으로 비판되었다.

아시아계 이민자들은 "충실한 소수족"답게 미국인으로 받아들여지겠다는 소망으로 열심히 노력했다. 아시아계 미국인 2세대, 3세대는 완벽한 미국식 영어를 구사하며 미국적 사고를 하고 미국인다운 행동을 하면서, 자신들을 완벽한 미국인으로 여긴다. 그런데 다른 미국인들이 자신들을 동양인으로 인식하는 경험을 할 때 그들은 새삼 정체성의 혼란을 겪는다. 이때 그들은 자신의 기원인 모국을 돌아보면서 감정적 유대를 느끼게 된다. 일본계 미국인 작가인 데이비드 무라(David Mura, 1952-)도 그런 감정을 토로했다.

> 20대 후반까지도 나는 스스로를 백인 중산층으로 생각하면서 이민 삼세로서의 정체성을 직시하는 일을 어떻게든 피하려고 했다. 결과는 자기 혐오감과 자기 학대였다… 만일 내가 일본인으로서의 나의 정체성을 의식하게 되지 못했다면 나는 파멸했을 것이다.

필리핀계 미국인 작가 제시카 헤게돈(Jessica Tarahata Hagedorn, 1949-)도 1963년에 이민을 와서 미국에서 수십 년을 넘게 살고 있지만 자신의 뿌리는 "다른 곳, 저기 저곳"이라고 고백했다. 이처럼 아시아계 미국인의 특징은 떠나온 고국인 아시아와 끈끈한 관계를 맺고 있는 점이다.

아시아계 미국인의 정체성에 대한 인식은 비교적 일찍 이민을 와서 정착한 중국계 미국인들에게서 시작되었다. 프랭크 친(Frank Chin, 1940-)을 비롯한 몇몇 중국계 미국인들은 아시아계 미국인들의 작품 모음집인 『아이이이이』(*Aiiieeeee*, 1974)를 편집하면서, 백인이 창조한 찰리 찬 같은 사람이 아닌 새로운 정체성을 정의하려고 노력했다. 이후 많은 아시아계 작가들은 문학 작품 속에서 다양한 아시아계 이민자들의 모습을 재현하여 아시아계 이민자에 대한 왜곡된 이미지를 수정하고 또 새로운 정의를 시도하고 있다.

그런데 아시아계 미국인이라는 용어는 사실 진실과 거리가 멀다. 각기 기원이 다른 중국계, 일본계, 한국계 이민자들이 모두 이 용어로 인해 한 범주로 정의되는 것이 타당하지 않기 때문이다. 게다가 1965년 아시아계 이민에 대한 제한이 풀리면서 베트남을 비롯한 인도차이나 반도에서도 많은 이민자들이 몰려들어 아시아계 이민자들의 구성은 인종, 민족, 언어, 사회 계층, 정치 상황, 교육, 정착 양상 등에 있어 더욱 다양해졌다. 그러므로 아시아계 이민자들의 정체성은 단일한 통일성보다는 "이종성과 이산"(heterogeneity and diaspora)의 성격을 띠고 있다는 주장이 있다. 이렇게 아시아계 미국인의 이종성이 분명하지만, 미국이라는 거대한 나라에서 사회적인 단합을 통한 정치적인 힘을 얻기 위해서는 뭉칠 필요가 있고 그런 점에서 아시아계 미국인이라는 큰 범주는 여전히 유효한 개념이다.

아시아계 이민자들의 경제적, 사회적, 정치적 힘이 커지면서 미국문화에서 아시아계 미국인에 대한 이해의 폭이 커졌기는 하지만 아직도 오해와 차별적인 시선이 남아 있는 것이 현실이다. 아시아계 미국인에 대한 왜곡된 시선을 잘 풍자한 근래의 작품이 데이비드 황(David Henry Hwang)(1957-)[4]의 『엠. 나비』(*M. Butterfly,* 1988)이다. 『엠. 나비』는 실화를 바탕으로 한 연극 대본으로, 지아코모 푸치니(Giacomo Puccini, 1858-1924)의 오페라 〈나비 부인〉(*Madame Butterfly*, 1904)의 패러디이기도 하다.

---

4) 캘리포니아 주 로스엔젤리스에서 태어난 중국계 미국인으로 예일 드라마 스쿨과 스탠포드 대학에서 공부를 했으며 그 시절에 동양인으로 인종 차별을 경험했던 것으로 보인다. 『엠. 나비』는 1988년 브로드웨이에서 대성공을 거두었으며 황은 아시아계 미국인 최초로 토니상을 수상했다.

〈나비 부인〉은 20세기 초의 일본을 배경으로 한다. 일본 나가사키에 진주한 미군 장교 핑커턴(Pinkerton)은 일본 여성 초초 상(Cio-Cio San, 나비)을 현지처로 삼았다가 미국으로 돌아가 미국 여성과 결혼을 했다. 초초상은 아이를 낳아 기르며 남편이 돌아오기를 기다리다가 남편이 결혼한 것을 알고 자살한다. 배신한 백인 남성을 일편단심으로 사랑하는 초초 상의 이미지는 곧 동양 여성의 전형으로 인식되면서 특히 서양에서 큰 인기를 끌었다.

한편 1986년 5월 11일 자 〈뉴욕 타임즈〉(*New York Times*)에 재미있는 기사가 실렸다. 전 프랑스 외교관 베르나르 부리스꼬(Bernard Bouriscot)는 중국 오페라 여가수인 쉬 페이푸(Shi Pei-pu)와 사랑에 빠져 20년간 동거를 하면서 아이까지 낳았다. 그 과정에서 부리스꼬는 베트남에서의 미군의 증감 여부 등 프랑스의 민감한 기밀 정보를 중국에 빼돌렸다가 발각되어 스파이 혐의로 재판을 받게 되었다는 내용이었다. 그런데 놀라운 일은, 쉬 페이푸가 온전한 남성이었고 부리스꼬는 그때까지도 자신의 동거녀가 남성이라는 것을 몰랐다는 사실이었다.

황은 이 기사를 본 순간, 이런 말도 안되는 사건이 일어날 수 있었던 것은, 서양인들이 동양을 나비 부인으로 보는 환상에 빠져 있기 때문이라고 확신했다. 동거녀가 자신의 나신을 보여주지 않는 것이 정숙함을 중시하는 중국의 관습이라고 부리스꼬가 생각했다는 것이야말로 서양이 동양에 대해 가지는 대표적인 문화적 오해였던 것이다. 따라서 이 사건이 동양에 대한 서양의 오리엔탈리즘을 나타내는 것으로 파악한 황은 이 왜곡된 환상을 전복시키는 내용의 『엠. 나비』를 구상했다. 황은 부인(Madame)과 무슈(Monsieur)를 동시에 포괄하는 엠(M.)을 사용하여, 〈나비 부인〉이 보여주는 백인 우월주의 신화와, 복종적인 동양인 여성을 상징하는 "나비의 신화"를 해체하고자 했다. 〈나비 부인〉이 만들어낸 허구적 신화를 전복하여, 동양이 서양을, 여성이 남성을, 아시아 여성이 백인 남성을 이용하는 현실을 재현한 것이다.

『엠. 나비』의 주인공 르네 갈리마르(Rene Gallimard)은 프랑스의 중국 주재 외교관으로 근무하던 중에 〈나비 부인〉에 나오는 아리아를 부르는 송 릴링(Song Liling)을 보고 매혹되어 그녀와 사귀고 동거한다. 갈리마르는 자신이 〈나비 부인〉의 핑커턴이고, 핑커턴에게 순정을 바치며 그리워하는 초초 상이 송이라고 생각한다. 별로 매력적이지 못한 서양 남성인 갈리마르는 송을 자신의 "나비"라고 부르며 으스대고, 송은 힘없는 여인처럼 순종하면서 그의 비위를 맞추어준다. 그러나 그녀가 남성이며 자신을 이용한 스파이라는 것을 알게 된 순간 갈리마르는 오히려 자신이 "나비"였음을 깨닫고 감옥에서 자결한다.

재판정에서 판사가 송에게 어떻게 그를 여자로 착각하게 갈리마르를 속일 수 있었냐고 질문하자, 송은 서양이 동양에 대해 가지고 있는 환상 덕분이라고 진술한다.

> 송: 법칙 두 번째. 서양 남자들은 동양과 만나는 순간부터 혼란에 빠진다는 것입니다. 서양은 동양에 대해 일종의 국제적 강간 심리를 가지고 있습니다. 이 강간 심리에 대해 아십니까?
>
> 판사: 정의를 내려주기 바라오.
>
> 송: 근본적으로, "그녀의 입이 안 된다고 해도, 눈으론 된다고 한다."는 믿음을 칭합니다. 서양은 스스로를 남성적이라고 생각하고 있습니다. 자신을 거대한 총, 거대한 산업, 거대한 돈과 일치시키지요. 상대적으로 동양은 여성적으로 여깁니다. 약하고 섬세하고 가난하고…. 하지만 예술에 능하고 신비스러운 지혜로 가득 찬 존재, 다시 말해서 여성적 신비와 동일시합니다. 그녀의 입이 부정해도 그녀의 눈은 긍정한다. 바로 이 논리에 근거해 서양은, 동양이 마음속 깊은 곳에서는 굴복 당하기를 간절히 원한다고 믿고 있습니다. 여자란 스스로 혼자 생각할 수 없기 때문이라는 거지요.

2) 아시아계 미국 입양인

(1) 해외 입양의 의미

아시아계 이민자와 별도로 논의를 할 필요가 있는 다른 이민자는 입양을 통해 미국인이 된 아시아계 미국 입양인이다. 부모가 없는 아동을 혈족이나 공동체가 키워주던 과거의 전통적인 입양과 달리, 멀리 바다 넘어 다른 국가가, 심지어 다른 인종이 입양하는 해외 입양(overseas adoption)[5]은 지극히 현대의 일이다. 해외 입양은 제2차 세계 대전 이후 서구의 부국들이 인도주의적인 차원에서 전쟁 고아들을 입양하면서 시작되었다. 〈한국 전쟁〉 이후에는 한국 아동을 비롯하여, 중국, 베트남 등 아시아계 아동이 대대적으로 서구로 입양되었다.

입양은 정상적인 양육을 필요로 하는 곤경에 처한 아동을 돕는 행위라는 면이 강조되었다. 또 입양 부모의 선한 동기와 그런 양부모를 만나게 된 아동의 행운이 강조되는 편이었다. 해외 입양에서도 마찬가지로 양부모의 도덕적 선행이 높이 평가되었다. 더구나 국가와 인종이 다른 아동을 가슴에 품는 것은 진정한 도덕적 순수성이라고 평가되었다.

그러나 해외 입양에는 복잡한 이해관계가 얽혀 있다. 가난한 나라의 아동이 부유한 나라로 수출되는 일방 통행적인 구조를 가지고 있기 때문이다. 부국이 빈국의 아동을 도울 수 있는 다른 방법이 있다는 점을 감안할 때, 아동을 전혀 낯선 나라, 심지어 인종적 차이로 인해 갈등을 겪을 수도 있는 나라에서 입양하는 것을 단순히 선의의 행동이라고 말하기는

5) 국가간 입양(intercountry adoption), 국제 입양(international adoption)으로도 지칭된다. 국외 입양이 동등한 국가 간의 상호교류가 아니라 경제적으로 열악한 제3 세계에서 제1 세계로 가는 일방 통행식의 교류라는 점에서, 초국가적 입양(transnational adoption)이라고 하며, 백인이 입양되는 경우보다는 아프리카 흑인이나 동양인이 백인 가정에 주로 입양되는 현실을 주시해서, 초인종적 입양(transracial adoption)이라는 용어를 사용한다.

힘들다. 사실 해외 입양은 빈곤국의 빈곤 계층의 여성, 특히 미혼모가 자신의 아이를 제대로 키울 수 없는 사회 구조를 이용해서 부국의 부모들의 욕망을 만족시키는 구조이기도 하다. 중국, 러시아 등과 더불어 가장 많이 입양을 보내는 국가 중의 하나인 한국과, 가장 많이 입양을 받는 미국의 입양 현실을 살펴보면 이 구조가 이해된다.

한국이 압도적으로 많은 아동을 해외로 입양 보내는 국가가 된 이유는 한국의 열악한 경제 사정 때문만은 아니다. 한국의 정책 방향과 가부장적 사회 구조가 큰 관련이 있다. 한국은 식민 통치에서 벗어난 직후 전쟁을 겪으며 피폐해진 상태에서 경제적 발전을 국가의 최우선 목표로 삼았다. 그래서 전쟁고아를 비롯해 버려진 아동을 국내에서 돌보는 복지 정책을 개발하는 대신 해외 입양이라는 손쉬운 방법을 택했던 것이다. 경제적으로 안정된 1970년대 이후로도 해외 입양은 계속 증가하였다. 그 이유는, 이때 입양아들 중에 미혼모의 아이가 많았다는 데서도 알 수 있듯이, "없어도 좋은 불결한 국외자"를 해외로 방출해도 된다는 국가적 의식이 작용했기 때문이다. 1980년대에 해외 입양이 급격히 증가한 이유는, 정통 정권으로 인정받지 못한 전두환 정부가 입양을 통해 미국을 비롯한 서구권 국가의 호의를 얻으려는 정치적 목적이 있었다. 해외 입양은 1988년 서울 올림픽을 기점으로 주춤해졌는데, 그 이유는 올림픽을 계기로 한국의 비약적인 경제 발전을 선전하려던 정부가 세계 제1위 고아 수출국이라는 세계 언론의 비난을 부담스러워했기 때문이었다. 그러나 1998년 경제 위기가 발생하면서 다시 해외 입양은 증가했으며, 2000년대에도 여전히 세계 상위권에 맴돌고 있다. 이렇게 볼 때 한국에서 과도하게 해외 입양을 많이 추진한 것은 자국의 아동에 대한 책임을 방기한 것이라고 볼 수밖에 없다.

한편 최대로 입양을 많이 받는 미국의 입장을 살펴보자. 미국은 한국을 비롯한 아시아 여러 나라에서 가장 입양을 많이 한 "입양 산업의 최대

소비국가"이다. 미국은 냉전 시대에 소련의 공산화에 맞선 민주주의의 종주국으로 활약하면서 빈국에 많은 군사적·경제적 원조를 했고, 그 연장선에서 빈국의 고아에게도 도움의 손길을 뻗쳤다. 미국은 아시아 전역에 걸쳐 "자비로운 백인 어머니"의 역할을 하면서 "백인이 비백인을 구원한다."는 이데올로기를 실천한 셈이다.

그런 한편 미국이 아시아의 아동을 적극 입양한 것은 현실적인 필요성에서였다. 국내에서 입양 아동에 대한 수요는 급증하는데 아동의 공급은 절대적으로 부족한 수요와 공급의 불균형이 벌어졌던 것이다. 게다가 입양을 원하는 대다수 백인 가정은 대체로 흑인 아이를 기피했고, 흑인 사회에서도 흑인 아동이 백인 가정에 입양되는 것을 강력하게 반대했다. 결국 아시아계 아동이 손쉬운 대안이었다. 게다가 아시아계 아동은 훨씬 싼 가격으로 "구매"가 가능했다. 또, 주변의 아시아계 이민자들이 부지런하고 똑똑하며 주류문화에 순종적인 것을 보았던 백인들은, 아시아계 아동 역시 백인 핵가족에 쉽게 동화될 것으로 생각했다. 여러모로 아시아계 아동은 매력적인 입양 대상이었다.

미국의 부모 중에서 자기 자식이 있지만 인도주의적인 입장에서 다시 입양을 하는 선량한 부모도 있지만, 사실은 대부분 자식이 없는 백인 부모들이 입양을 많이 했다. 완벽한 백인 중산층 핵가족을 구성하려면 아이가 필요했던 것이다. "가족을 이루지 못한 여성은 무슨 가치가 있는가?"라는 당시의 질문에서 짐작되듯이, 아이를 키워야만 제대로 된 시민으로 역할을 할 수 있었다. 불임 부부에게 입양은 미국에서 완벽한 삶을 살기 위해 필수적인 조건이었던 것이다. 보수적인 미네소타에서 한국인 아동을 많이 입양한 것도 그런 상황과 관계가 있다. 남자는 남편이자 아버지, 여자는 아내이며 어머니였어야 온전한 인간으로 인정받는 보수적인 사회였으므로 아이가 없는 많은 백인 가정이 입양을 결정했던 것이다. 그런 점에서 입양아는 백인 핵가족을 완성시키는 "이데올로기적 노동"을 수행하는 셈이다. 이렇게 볼 때 해외 입양은 선의의 행동이기도 하지만, 한국이 자국의 국민에 대한 보호의 의무를 저버린 결과이기도 하며, 미국이 백인 중산층의 욕구를 충족시키는 정책이라는 점을 부정할 수 없다.

(2) 아시아계 입양인의 정체성 찾기

해외 입양은 이민의 가장 특권적인 형태라고 얘기된다. 아시아계 이민자들이 미국 입국 심사대에 길게 늘어서서 입국이 거부될지도 모른다는 두려움에 초조한 얼굴로 기다리는 반면, 아시아계 입양아는 백인 양부모가 서류를 제출하는 순간 곧 바로 그 품에 안겨 백인 가족의 중심으로 진입하는 특권을 누리기 때문이다. 입양아는 입양 가족과 만나는 공항에서 공식적인 입양 서류를 통해 일단 백인 주체로서의 사회적 정체성을 획득한다. 아이의 유일한 법적 보호자가 된 백인 부모는 입양아가 마치 입양 부모와 혈통적으로 연결된 것처럼, 즉 백인인 것처럼 가정하면서 입양아의 타자성을 외면한다.

그러나 입양아들은, 입양이 된 나이에 따라 다르기는 하지만, 곧 자신의 존재에 대한 의문을 품게 된다. 백인 가정에서 백인의 문화를 향유하면서 자신이 백인이라고 생각하며 살던 아시아계 입양인은, 어느 날 갑자기 자신의 몸이 부모나 형제, 친척의 몸과 완전히 다르다는 것을 의식하게 된다. 그 순간부터 입양인들은 고립감, 소외감, 인종주의를 경험하면서 입양으로 인한 감정적, 정신적 대가를 치르게 된다. 타인인 자신을 양육하고 사랑하며 교육의 기회를 준 입양 부모에게 새삼 감사하면서도, 자신의 정체성에 대해 고민하고, 특히 자신의 인종적 정체성에 대해 갈등하게 된다.

그런데 아시아계 입양인은 인종적 정체성에 대한 고민을 가족의 도움으로 해결할 수 없기 때문에 더 큰 좌절을 경험한다. 아시아계 이민자들은 인종 차별을 당할 때 가족과 아시아계 이민 공동체에서 도움을 얻을 수 있지만, 입양아는 백인 가족에게서 아무런 도움을 받을 수 없다. 대부분의 백인 부모는 아시아계 아동을 양육하지만, 다른 아시아인에 대해서는 인종적인 경멸감을 드러내며, 입양아를 아시아인과 아시아 문화와 단절시켜 키운다. 그러므로 입양은 "고립된 경험"이다. 제인 트렌카(Jane Jeong Trenka, 1972-)[6]의 『피의 언어』(*The Language of Blood*)에서, 제인을 입양한 부모는 제인을 진심으로 사랑하지만, 제인이 아시아계 남자친구를 데려오자 원숭이같은 존재라며 비웃어서 제인에게 혼란과 상처를 준다.

사실 미국의 해외 입양은 입양인의 인종에 대한 무지와 억압을 기초로 한다. 해외 입양에 대한 공식적인 규정을 정한 〈헤이그 입양 회의〉(Hague Adoption Convention, 1995)[7]는 입양아와 입양 부모의 관계를 공고히 하기 위해 입양아의 과거를 깨끗이 지워야 한다며 완벽한 단절 정책을 명시했다. 미국의 입양 정책도 입양에 관한 모든 과정이나 서류를 기밀로 유지하면서 입양가족이 마치 혈통적 가족인양 설정하는 닫힌 입양(closed adoption)이었다. 다행히도 1990년대 이후에는 열린 입양(open adoption)으로 방향을 선회하여, 해외 입양아의 과거를 이해하며 입양아를 모국의 문화와 접촉하게 하여 입양인이 "복수의 유연한 정체성"을 이룰 수 있는 쪽으로 향하고 있다. 그러나 현실적으로는, 다른 국가와 다른 인종에 대한 경험이나 이해가 부족한 백인부모들은 대체로 "순전히 축제적이고 역사가 배제된 문화"를 전달하는 경향에 그치고 말며, 입양아의 갈등이나 고통을 제대로 이해할 만한 수준이 되지 못한다.

---

6) 1972년에 서울에서 태어났으며 2004년 6개월의 나이에 4살 반인 언니와 함께 미네소타 주에 있는 시골 마을의 백인 부부에게 입양되었다. 1995년에 한국의 가족과 재회했으며 현재는 한국에서 해외 입양인 문제를 해결하는 일에 관심을 기울이고 있다.

7) Hague Convention on Protection of Children and Co-operation in Respect of Intercountry Adoption.

백인 사회에서 갈등은 겪던 입양인은 정체성의 혼란을 경험하고 방황하다가 그 중 일부는 생부모를 찾아서 모국으로 귀환한다. 입양인의 귀환은 현실적인 여러 제약 때문에 1990년대 이후에야 활발하게 진행되었다. 입양인이 성인이 되어 모국을 찾으려는 정신적인 각성을 할 수 있어야 했고, 장거리 여행을 감당할 수 있는 경제적인 능력이 있어야 했기 때문이다. 다행히도 김대중 정부에서는 고아 수출국의 오명을 벗기 위해 입양인의 귀환을 물심양면으로 도왔으며, 입양인을 국가가 돌보지 못한 과오를 정부 차원에서 공식적으로 사과했다.

그런데 막상 미국인으로서의 정체성에 갈등을 느끼고 한국을 찾아온 입양인은 스스로를 한국인이라고 할 수 없음을 깨닫게 된다. 한국인의 외모이지만 한국어를 전혀 하지 못하고 한국의 문화가 낯선 입양인은, 미국의 한국계 이민 사회에서 소외되었듯이, 단일 민족이라는 수사로 다져진 한국의 민족주의적 분위기에서 배신자 취급을 받는다. 이 귀환 여행에서 입양인은 막연히 가지고 있던 환상적인 기대와 현실의 차이에서 괴리감을 느끼면서 더 큰 좌절감을 느낀다.

게다가 입양인은 전쟁, 가난, 혼외 임신 등의 이유로 그들의 존재를 서둘러 망각했던 조국이 이제 자신들을 같은 핏줄로 엮어진 한국인이라는 민족 담론에 포함시키면서, 세계화 프로젝트에서 국가의 잠재적인 인적 자원으로 쓰려고 하는 것에 불편을 느낀다. 입양인은 미국적 주체로 살아가는 것에 불편함과 부적절함을 느끼고 거기서 멀어졌듯이, 혈연적 민족주의로 감싸 안는 한국 정부의 공식 담론도 거부하게 된다. 그로 인해 입양인은 많은 갈등과 좌절을 겪게 되면서 자신의 정체성에 대한 새로운 고뇌를 하게 되는 것이다.

제인 트렌카는 이런 좌절을 겪었지만, 이 어머니에서 저 어머니로 옮겨 간 과정, 이 역사에서 저 역사로 옮겨 간 과정을 직시하고 스스로를 규정하고자 하는 의지에서 새로운 정체성이 만들어진다는 각성을 한다. 그러나 이런 각성과 성취가 누구에게나 가능한 것은 아니므로 아시아계 입양인은 여전히 기로에 서있다고 볼 수 있다.

입양인의 경험과 갈등은 제인 트렌카의『피의 언어』에서 생생하게 재현되었다. 트렌카는 자신의 입양 경험을 통해, 미국의 백인 가정에 입양된 한국계 여아로서의 인종적 갈등을 재현했다. 1970년대에 미네소타의 시골에 사는 보수적인 백인 부부에게 입양된 제인의 이야기는 입양 서사의 전형적인 갈등으로 시작한다. 자신이 원래의 부모에게서 버림받은 존재라는 것을 인식한 순간부터 그녀는 자신의 존재에 대한 불안에 빠져들며, 이런 불안은 자신이 또다시 버려질 수 있다는 두려움으로 확대되면서, "나는 나쁜 애인거야"라고 자신을 질타하는 자기 부정이 일상화되어 있다. 불안과 우울감은 어머니가 자신을 특별히 "선택"했다는 말을 듣고서도 줄어들지 않는다. 선택은 임의적이며, 선택되었듯이 반품될 수도 있기 때문이다.

> 혼자 앉아 있으니 문득 어떤 생각이, 무서운 생각이 떠오른다. 나는 다시 가게로 돌려보내 질지 몰라. 나보다 더 착하고 더 철이 들었고, 상처 주는 말 따윈 하지 않는 여자 아이와 교환될지도 몰라. 아니야, 난 돌려보내지기 싫어. 여기 있고 싶어. 우리 가족을 사랑하니까. 두 명의 엄마가 다 날 버린다면 분명 다시는 어느 누구도 날 원하지 않을 거니까. 그렇게 되면 난 가게에서 영원히 살아야 될 거야.

반품되지 않기 위해 어머니를 화나게 하지 않을 것이며 어머니에게 완벽한 딸이 되겠다고 결심하는 어린 제인의 심리 상태는 이미 그녀가 입양으로 인한 트라우마를 겪고 있다는 것을 암시한다. "내가 서류에 얼마나 많은 교육의 기회를 받았다고 표시할 수 있어야 엄마를 잃을만한 가치가 있었다고 말할 수 있을까?"라는 제인의 질문처럼, 과연 얼마나 좋은 양육과 좋은 교육을 받아야 생부모를 상실하고 모국과 인종적 동일성을 상실한 정당한 대가가 될 것인지 묻지 않을 수 없다.

제인은 양부모가 숨겨온 생모의 편지를 발견한 후 생모를 만나러 한국에 와서야 자신이 못생긴 아시아인이 아니라 아름다운 존재로 여겨지는 것에 자부심을 느끼며 한국의 생모와 다른 자매들에게 따뜻한 정을 느낀다.

> 무엇보다도 엄마의 "이쁜 애기"라는 두 마디 말이 내 이야기의 나머지 줄거리를 바꿔 놓았다는 말을 엄마에게 해주고 싶다. 그 이전까지 누군가가 나를 그토록 간절히 원하거나 사랑한다는 느낌을 받아본 적이 없었던 것이다. 엄마의 이 말은 지금, 여기, 엄마와 있는 이 순간부터 시작해 앞으로 내 강인함의 깊은 원천이 되리라.

그러나 생모가 죽은 후 제인은 자신의 삶이 미국에 있음을 느낀다. 또 냉정하다고만 생각했던 양어머니가 사실은 자신을 기르면서 갖은 어려운 일을 다 했다는 것을 실감하고, 그녀가 불임 여성으로서 겪었을 어려움을 이해하면서, 자신의 인종적 갈등을 공감해 주지 못한 것이 그녀의 탓이 아니라 몰랐기 때문에 어쩔 수 없었다는 것을 이해하게 된다.

> 내 양부모님은 그들의 민족과 떨어져 살아본 적이 한 번도 없었는데, 세대를 내려온 기억과 인종적으로 전해온 기억과 풍경으로 전해지는 피할 수 없는 목소리를 어떻게 알 수 있었겠는가? 생존하기 위해서는 그들이 줄 용의가 있었던 것보다, 혹은 줄 능력이 있었던 것보다 더 많은 것들을 필요로 했던 여자 아이에 대해서 뭘 알았겠는가? 그들은 이런 정서, 혹은 그 정서를 표현하는 "한"이라는 말을 알지 못했던 것이다.

결국 제인은 미국인으로 살면서 새로 찾은 한국과의 끈끈한 유대를 꿋꿋하게 지켜나가기로 하면서, 자신의 정체성은 몇 세대에 걸쳐 두 대륙 사이를 이주하는 왕나비처럼 한국과 미국 두 곳 모두에 있다고 생각한다.

12 미국의 꿈

미국문화에 대한 이야기에서 미국의 꿈(American Dream)은 빼놓을 수 없는 중요한 개념이다. 미국의 꿈은 원래 청교도주의를 기반으로 해서, 신세계인 미국에서 유럽의 병폐와 구악을 극복하고 인류해방의 대의에 봉사할 수 있는 새로운 사회를 건설하자는 이상을 말한다. 이런 이상은 이후 미국 정치와 정신사의 기본 방향을 규정했다. 또한 미국의 꿈은 물질적인 성공을 포함한다. 기회가 풍부한 신천지 미국에서는 신분의 귀천에 관계없이 노력하면 성공할 수 있다는 꿈이다. 이 또한 청교도주의와 밀접하게 관련되어 있다. 청교도주의의 사회적 윤리는 근면, 검소, 절약인데, 개인이 청교도 정신에 따라 근면하게 일하고 절약하여 물질적 번영을 이루면 그것은 개인의 성실함에 대한 하나님의 은총의 표시로 여겨졌다. 이처럼 청교도 윤리는 이익 추구의 도덕적 정당성을 지지하므로 청교도들은 물질적 성공을 자랑스러운 것으로 여겼고 따라서 미국의 꿈은 곧 물질적 성공을 의미했다.

미국의 꿈을 대표하는 인물은 벤저민 프랭클린(Benjamin Franklin, 1706-1790)이다. 그는 17세에 맨손으로 필라델피아에 와서 성공한 사업가가 되었고, 과학자이며 외교관으로 활동했다. 그의 성공담과 성공을 위한 13개 미덕(Thirteen Virtues)을 설파한 『벤저민 프랭클린의 자서전』(*Autobiography of Benjamin Franklin,* 1771-1790)은 자수성가에 대한 교본으로 여겨졌다. 프랭클린은 근검, 절약의 미덕을 실천해서 성공한 자신의 실례를 들면서 누구나 노력하면 성공할 수 있다고 주장했다.

템플 대학(Temple University)[1]의 창시자인 러셀 콘웰(Russell Conwell)은 「다이아몬드의 지대」(Acres of Diamonds, 1882)라는 유명한 강연에서 주변의 모든 것이 다이아몬드이므로 열심히 노력하면 누구나 부자가 될 수 있다는 성공 신화를 설파하면서, 가난을 본인의 결함으로 돌렸다.

> 여러분은 부자가 되어야 하며 부자가 되는 것은 여러분의 의무라고 저는 주장합니다… 부자가 된 사람들은 이 사회에서 여러분이 볼 수 있는 가장 정직한 사람일 것입니다. 여기서 분명하게 말한다면 미국 부자 100명 중 98명은 정직합니다. 그것이 바로 그들이 부자가 된 이유입니다. 그것이 그들이 돈을 모을 수 있었던 이유입니다. 또한 그것이 그들이 그렇게 많은 기업을 운영하면서 함께 일할 많은 사람들을 찾게 된 이유입니다. 그것은 그들이 정직하기 때문입니다…. 나는 가난한 사람들을 동정하지만 동정을 받을 수 있는 사람은 극히 소수입니다. 신이 그의 죄에 대해 벌을 내린 사람을 동정하는 것은 잘못된 것입니다… 미국에는 자신의 결함이 없이 가난해진 사람은 없습니다.

그러나 콘웰의 말은 사실이 아니었다. 실제로 가난한 사람이 부자가 되기는 너무나 힘들었다. 1870년대의 직물, 철도, 철강 회사의 중역 300여 명을 조사한 결과 몇몇 전설적인 대부호를 제외하고는 90%가 상층 내지 중간층 출신이었다. 원래부터 좋은 집안에서 태어나 기반이 탄탄한 사람이 성공할 확률이 높았던 것이다.

또 물질적으로 성공한 사람이 도덕적으로 올바른 것도 아니었다. 당시의 대규모 사업가들은 노동자들을 저임금으로 부리고, 토지를 반강제로 헐값에 매입하고, 정부의 관세 정책의 보호를 받으면서 대규모 이윤을 남길 수 있었다. 자수성가의 대표로 알려진 철강업자 카네기(Andrew

---

1) 1884년에 펜실베이니아 주 필라델피아에서 개교했다.

Carnegie, 1835-1919)[2]도 의회에서 수입 강철에 고관세를 부과하여 보호해 준 덕분에 큰 이익을 낼 수 있었다. 모건(J. P. Morgan, 1837-1913)[3]은 남북 전쟁 때 결함이 있는 총을 팔아 이윤을 남겼다고 한다. 록펠러(John D. Rockefeller, 1839-1937),[4] 카네기, 필립 아머(Philip Danforth Armour, 1832-1901),[5] 제이 굴드(Jason "Jay" Gould, 1836-1892),[6] 제임스 멜론(James Mellon)[7] 등은 모두 돈을 내고 군 면제를 받았다. 멜론의 아버지 토마스 멜론은 아들에게 보낸 편지에서, "남자는 목숨을 바치거나 건강을 희생하지 않고도 애국자가 될 수 있다. 세상에는 쓸모없는 인간들이 많이 있다."고 당당하게 말했다.

미국 정부는 하층 계급보다는 상층 계급의 이익을 우선적으로 정책에 반영했다. 1877년 클리블랜드 대통령은 가뭄에 처한 텍사스 농민에게 종자 구입 보조금을 지급하자는 의회의 제안에 대해, "연방의 도움은 정부 측의 온정적인 보살핌에 대한 기대를 고무함으로써 우리 국민의 건실성을 약화시킨다."라는 이유로 거부했지만, 같은 해 부유한 채권 소유자들

---

2) 카네기의 성공은 진정한 "신데렐라의 성공"(rags to riches) 이야기로 여겨진다. 카네기는 1889년에 쓴 「야만의 부」(Savage Wealth)에서 자수성가한 신흥 부자(new upper class of self-made rich)들에게, 가난한 사람에게 부를 나누어 주는 인도주의를 실천할 것을 주장했다. 이 글은 「부의 복음」(The Gospel of Wealth)이라는 제목으로 더 잘 알려져 있다.

3) 금융가이며 기업 합병가.

4) 스탠더드 석유 회사(Standard Oil Company)의 공동 창시자. 록펠러는 인도주의자로서 많은 기여를 했지만 동시에 사회적 다윈주의(Social Darwinism)에 기초를 둔 자본주의의 지지자로서, "대기업의 성장은 적자생존에 따를 뿐이다."(The growth of a large business is merely a survival of the fittest.)라고 주장했다.

5) 시카고에 기반을 둔 육류 포장(meatpacking) 회사인 아머 앤 컴퍼니(Armour & Company)를 세웠다. 산업혁명기의 "악덕 자본가"(robber baron) 중 한 명으로 여겨진다. "baron"은 대실업가의 의미이다.

6) 철도 개발업으로 성공했으며 악덕 자본가의 원형으로 여겨진다. 역대 최악의 CEO에서 8위를 했다.

7) 1869년 멜론 은행(Mellon Bank)를 세운 집안이다.

의 채권을 액면가 이상으로 사주는데 국고를 사용했다.

이런 풍토에서 흑인 뿐 아니라 가난한 백인들의 삶도 성공을 기약할 수 없을 정도로 힘들었다. 가난한 이민자들은 미국에 건너오는 배 삯을 마련하기 위해 일정 기간 동안 무보수로 일하는 계약 노동자로 고용되었다. 이들은 미국에 도착한 후 거의 노예와 같은 노동으로 혹사당했으므로 계약 기간이 끝날 무렵은 건강을 상해서 일을 하기 힘든 경우도 많았다. <베이컨 반란>(Bacon's Rebellion)[8]과 같은 가난한 백인들의 반란이 일어났고, 이를 막기 위해 반란 처벌법이 생겼다. 가난한 백인들은 흑인들과 공조했으므로 이를 막기 위해 임금의 차별을 두어 서로간의 감정을 악화시켰다. 그나마 초기의 이민자들은 계약 노동자로서의 기간이 끝난 후 약간의 자본으로, 혹은 무료로 서부의 개척지에서 토지를 분양받을 수 있었다. 개척지의 개간은 힘들었지만 세월이 흘러 중산 자영농으로 자리 잡을 수 있었다. 그러나 프런티어가 끝나면서 토지를 분양받을 수도 없었고 노동자로 시작해서 부자로 성공하는 것은 아주 특별한 경우에만 가능했다.

물질적인 성공을 거두기도 힘들었지만, 물질적인 성공에 집착하여 미국의 꿈을 추구하는 과정에서 정신적으로 황폐해지는 경우도 많았다. 이 점이 20세기에 들어오면서 미국의 꿈의 타락과 좌절이라는 주제로 문학에서 자주 다루어졌다. 20세기 초의 시어도어 드라이저(Theodore Dreiser, 1971-1945)는 성공의 꿈을 쫓다가 타락한 인간상을 『캐리 자매』(*Sister Carrie*, 1900)[9]와 『미국의 비극』(*An American Tragedy*, 1925)[10]에서 형상화

8) 1676에서 버지니아에서 윌리엄 버컬리 주지사(Governor William Berkeley)의 억압에 반항해서 너새니얼 베이컨(Nathaniel Bacon)을 중심으로 정착민들이 일으킨 최초의 반란이다.

9) 시골 아가씨가 도시로 와서 미모 덕분에 여러 남자의 도움을 받고 성공하지만 성공한 후에는 그 남자들을 가차 없이 차버리는 비정한 존재로 변하는 이야기를 그렸다.

10) 시골 청년이 도시에 와서 공장의 노동자로 일하던 중에 같은 공장의 아가씨와 사귀

했다. F. 스콧 피츠제럴드(Francis Scott Key Fitzgerald, 1896-1940)의 『위대한 개츠비)(*The Great Gatsby,* 1925)는 미국의 꿈의 허구성을 가장 잘 표현한 작품으로 손꼽힌다.

〈재즈 시대〉(Jazz Age)라고도 불리는 1920년대는, 1차 세계 대전 이후 전쟁의 경험으로 인한 환멸과 허무감이 지배하고 있었고, 동시에 경제적 호황에 편승한 향락주의가 만연해 있는 시대로, 물질적 풍요와 정신적 빈곤의 괴리가 두드러졌다. 〈잃어버린 세대〉(Lost Generation)[11]라고 불리는 일군의 작가에 속한 피츠제럴드는 『위대한 개츠비』에서 1920년대의 젊은이들의 삶과 사랑을 통해서 미국문화의 가장 큰 화두인 "미국의 꿈"의 의미를 탐구했다.

지독하게 가난하고 무능한 시골 농부의 아들로 태어난 제이 개츠비(Jay Gatsby)는 성공하겠다는 결심으로 벤저민 프랭클린의 책에서 본 대로 철저한 생활 계획표를 짜서 열심히 노력하지만, 자신의 환경에서 정상적으로 성공할 가능성이 없다는 것을 일찌감치 깨닫고 부모를 떠난다. 개츠비는 우연히 부잣집 아가씨인 데이지(Daisy)를 사귀게 되지만 결국 그녀는 다른 남자와 결혼한다. 그 후 개츠비는 각종 불법적이고 수상한 일을 하여 엄청난 재산을 모아 비싼 저택을 구입하여 화려한 파티를 열면서 데이지의 관심을 끌려고 한다. 개츠비가 데이지에게 이렇게 집착

게 되고 그녀는 임신을 한다. 이 무렵 청년은 부잣집 딸과 결혼할 기회가 생기자 임신한 애인을 살해한다. 이 이야기는 이후 많은 멜로드라마의 원형이 되었다. 1951년 조지 스티븐스(George Stevens) 감독, 엘리자베스 테일러(Elizabeth Taylor)와 몽고메리 클리프트(Montgomery Clift) 주연으로 〈젊은이의 양지〉(*A Place in the Sun*)로 영화화되었다.

11) 1차 대전 중에 성인이 되어 함께 활약하던 작가들로, 시대에 대한 환멸을 삶과 작품 속에서 드러내었다. 어니스트 헤밍웨이(Ernest Hemingway, 1899-1961)는 당시 그들의 정신적 멘토였던 거트루드 스타인(Gertrude Stein, 18741946)이 자신들을 보고 "all of you young people who served in the war. You are a lost generation."라고 한 말을 듣고 전달하여 이 용어를 유행시켰다.

하는 이유는, 데이지는 그에게 단순한 여성이 아니라 미국의 꿈의 상징이며, 과거 로망스의 기사들이 찾아 헤매던 "성배"와 같은 존재이기 때문이다. 그래서 데이지와 데이트를 할 때 개츠비는 보도블록이 사다리를 이루어 나무 위의 비밀스러운 장소로 올라가는 환상을 보면서, 그곳에 올라가면 삶의 경이로운 젖을 빨 수 있을 것으로 여겼던 것이다. 그러나 사실 데이지는 개츠비의 환상을 만족시켜 줄 수 있는 여성이 아니었고, 허영과 싸구려 감상으로 가득 차 있는 허상에 불과했다. 개츠비는 죽기 직전에 데이지의 실상을 깨닫고 따라서 자신의 꿈의 실패를 직면하므로 개츠비의 삶은 비극이다. 개츠비의 좌절을 통해서 피츠제럴드는, 물질적인 성공을 추구하는 미국의 꿈이 잘못된 목표, 타락한 수단, 허무한 결말로 연결됨을 보여주었다. 동시에 작가는, 서술자로 등장시킨 닉 캐러웨이(Nick Carraway)를 통해, 개츠비의 꿈은 비록 실패했으나, 데이지나 그녀의 남편 톰 뷰캐넌(Tom Buchanan) 같이 무의미하게 부를 누리고 살아가는 사람들과 비교할 때, 개츠비는 꿈을 향해 나아갔다는 점에서 "위대한" 면이 있다고 주장하여, 여전히 미국의 꿈의 긍정적인 면을 암시했다.

*『위대한 개츠비』 F. 스콧 피츠제럴드

데이지는 개츠비가 안 첫 번째의 "양가집" 아가씨였다. 여러 가지 수상쩍은 자격으로 그는 그런 계층의 사람들과 접촉은 해봤는데, 눈에 보이지 않는 어떤 철조망이 사이에 있음을 항상 의식했었다. 그에게 데이지는 너무나 매력적인 존재였다. 처음에는 그녀의 집에 테일러 기지의 다른 장교들과 함께 갔다가 나중에는 혼자서도 갔다. 그는 그녀의 집에 탄복했다. 전에는 그렇게 아름다운 집에 들어가 본 적이 없었다. 하지만 그 집이 그토록 숨 막힐 듯이 강렬한 느낌을 준 것은 데이지가 거기에 살고 있기 때문이었다. 기지의 숙소가 그에게 예사롭듯이 그녀의 집은 그녀에게 예사로운 것이었다. 집 주위엔 무르익은 신비감이 넘치고 있었다. 위층에 있는 침실들은 다른 침실들보다 더욱 아름답고 서늘한 것 같았고, 복도에서는 즐겁고 희색이 만연한 활동이 넘쳐나는 것 같았고, 곰팡내 나지 않게 잘 간수해 둔 로맨스가 아니라, 올해 나온 번쩍이는 자동차들처럼, 또 좀처럼 꽃이 시들지 않는 무도회처럼, 싱싱하고 살아 있는 듯하며, 향기 짙은 로맨스들이 있을 것만 같았다. 이미 많은 남자들이 데이지를 사랑했다는 사실 또한 그를 흥분시켰고, 그녀의 가치를 더욱 올려주었다. 집의 어느 곳에나 그러한 사나이들의 존재가 집안 공기를 아직도 설레게 하는 감정의 음영과 반향으로 가득 채우고 있는 것 같았다.

그는 자신이 어쩌다 터무니없이 운이 터져서 데이지의 집에 왔다는 것을 잘 알고 있었다. 제이 개츠비의 미래가 앞으로 얼마나 찬란하게 될지는 모르지만, 현재의 그는 아무런 내력도 없는 무일푼의 청년에 불과했다. 모든 것을 숨겨주는 군복이라는 망토도 언제 어깨에서 미끄러져 내릴지 모를 일이었다. 그래서 그는 주어진 시간을 최대한 활용했다. 그는 가질 수 있는 것이라면 탐욕스럽게 체면 불구하고 손에 넣었다. 마침내 어느 조용한 10월 밤에 그는 데이지를 차지해 버렸다. 그녀의 손을 만질 진짜 권리는 없었으므로 그녀를 차지해 버렸다.

거짓 허세를 부리며 그녀를 차지했기에 그는 자신을 경멸했을지도 모른다. 그가 백만장자인 체 했다는 뜻은 아니다. 그러나 은연중에 데이지가 자신을 믿게 만들었던 것이다. 자기가 그녀와 조금도 다름없는 사회계층의 사람이라고, 그녀를 맡을 능력이 충분하다고 믿게 만들었던 것이다. 사실은 그에게는 그러한 여건이 전혀 마련되어 있지 않았다. 뒤에서 넉넉하게 뒷받침을 해줄 가족 한 사람 없었을 뿐 아니라, 개인 사정 따윈 아랑곳없는 정부 관리의 일시적 변덕에 따라 지구 위 어느 곳으로 전출될지도 모르는 처지였다.

그는 자신을 경멸하지는 않았고, 그가 상상했던 대로 되지도 않았다.

그는 아마도 되는 대로 해보고 떠날 생각이었으나, 새삼 깨닫게 된 것은 자신이 성배를 찾는 운명에 뛰어들었다는 것이었다. 그는 데이지가 특별한 존재라는 것을 알았으나, "양가집" 아가씨가 얼마나 특별한지는 미처 깨닫지 못했던 셈이다. 그녀는 자신의 부유한 집으로, 풍족하고 완전한 삶 속으로 사라져 버렸다. 개츠비에게 아무 것도 남겨 두지 않고. 그는 그녀와 결혼했다고 느꼈고, 그것으로 다였다.

이틀 후, 그들이 다시 만났을 때, 오히려 개츠비가 숨이 막혔고, 그래서 개츠비 자신이 유혹을 당한 사람이라는 느낌이 들었다. 고급으로 화려하게 지은 그녀의 집 베란다는 별빛처럼 빛나고 있었다. 그녀가 그에게 몸을 돌려서 그가 그녀의 매력적이고 사랑스러운 입에 키스를 하자 그녀가 앉은 고리버들 의자가 삐걱거리는 소리를 냈다. 그녀는 감기에 걸렸기 때문에 목이 쉬어 더욱 매력적이었다. 개츠비는 부가 감싸 안아 보호하는 젊음과 신비감, 늘 새로운 많은 의상들, 그리고 가난뱅이들의 악착같은 생존 경쟁과는 동떨어져 아무 근심 걱정 없고 자랑스럽게 은처럼 빛나는 데이지를 실감하며 압도당했다.

13 미국의 여성

1) 식민지 여성의 삶

북아메리카에 도착한 초기의 이주자는 거의 남성들이었다. 따라서 이 남성들에게 가정을 이루어주고 자식을 낳아 줄 여성이 수입되어야 했다. 주로 가난한 집안의 딸들이 한 번도 본 적이 없는 개척민의 아내가 되기 위해 바다를 건너왔다. 1619년 제임스타운의 경매 시장에서는 영국에서 건너온 90명의 여성이 각각 150파운드 무게의 담배 값으로 팔렸다. 이 가격은 선박회사에 지불될 여성의 운임이었다. "담배 신부"(tobacco brides)라고 불린 값싼 상품인 이 여성들은 성적 만족의 제공자, 자손의 생산자, 개척지의 동업자 역할을 했다.

청교도 식민 정착지의 여성 이데올로기는 영국 본토의 전통을 거의 그대로 답습했다. 여성은 이성을 지닌 남성보다 열등한 존재이므로 남성을 돕기 위해 온화하고 겸손한 미덕을 지녀야한다는 것이었다. 따라서 청교도 정착지에서 여성은 남편에게 복종하고, 자식을 경건한 종교인으로 키우는 의무를 부여받았다. 여성에게 주부(housewife 혹은 goodwife) 이외의 다른 직업은 가능하지 않았고, 여성의 공간은 가정이라는 사적인 영역에 한정되어 있었다. 집안을 깨끗이 하고 음식을 준비하고 아이들을 잘 키우고 하인들을 잘 관리하는 것이 여성의 역할이었다. 기혼 여성의 재산권은 인정되지 않았고, 남편은 순종하지 않는 부인에게 매질할 권리가 있었다. 지나치게 뛰어난 여성은 의심의 눈초리를 받았고 박해 당했다. 앤 허친슨(Anne Hutchinson, 1591-1643)은 10명이 넘는 자녀를 둔 전형적인 주부였다. 그녀는 주변 사람들을 약초로 치료해 주고 종교적인 지도자의 역할을 했다가 이단으로 몰려 재판받았고, 1638년에 추방되었다. 1692년에 벌어진 세일럼 마녀 재판(Salem Witch Trials)은 독립적인 사고의 여성들에 대한 식민지인들의 두려움이 광적인 형태로 나타난 전형적인 예이다.

청교도들은 유럽의 비인간적이고 계급적인 구질서를 지양하고 민주적인 공동체를 확립하려는 이상을 품고 있었지만, 여성에 대해서는 구세계적인 사고를 그대로 유지했다. 또 아메리카 원주민 사회와 비교하면 훨씬 더 엄격하고 편협했다.[1] 청교도 사회가 여성에게 가장 요구했던 것은 성적 순결이었다. 남성의 성적 일탈은 용인되었지만 여성의 성적 일탈은 범죄로 간주되어 처벌되었다. 너새니얼 호손의 『주홍 글자』는 17세기의 청교도 식민지의 여성에 대한 성적 억압을 재현하고 있다.

헤스터 프린(Hester Prynne)은 청교도 공동체에서 간통죄로 기소되어 재판을 받고 처벌을 받는다. 갓난쟁이가 있어서 징역형은 면했으나, 수많은 마을 사람들 앞에서 가슴에 간통(Adultery)의 약자인 "A" 글자를 달고 서 있는 수치를 당한 후 평생 그 표식을 달고 살라는 벌을 받는다. 간통은 도덕적인 죄(sin)이기는 하나 형법상의 죄(crime)로 처벌되지 않는 대부분 나라의 관례에 비하면 가혹한 처벌이다. 게다가 헤스터의 남편이 탄 배가 난파되어 남편의 생사를 알 수 없는 지 7년이 지난 상태이므로

1) 아메리카 원주민 여성은 식민지의 여성보다 더 존중받았다. 원주민 사회는 씨족 사회였으므로 결혼한 남성은 여성의 집으로 들어와 여성의 가족과 함께 살았다. 여성이 집을 소유했고 토지는 씨족에 속해 있었다. 여성은 수확에 대해 동등한 권리를 가지고 있었고 이혼하더라도 재산은 여성이 그대로 유지했다. 일부 원주민 사회에서는 여성이 농사 대신 치료자, 약초 채집자, 조언을 해주는 종교인의 역할을 했으며, 여성이 추장이 되기도 하고 무장을 하고 무기도 사용했다.

청교도 사회의 이 처벌은 합리적이라고 보기 힘들다.

헤스터는 청교도 사회가 자신에게 내린 처벌을 아무 저항 없이 받아들이며, 겸손한 마음으로 다른 사람에게 봉사하는 삶을 살아간다. 그러나 헤스터는 마음속으로 청교도의 가치를 부정하는 대담한 사고를 한다. 자신이 가난한 집 딸이었기에 팔려가듯이 노인인 프린 박사, 즉 칠링워스(Chillingworth)와 결혼한 것이 오히려 잘못된 것이고, 마음에 따라 딤즈데일을 사랑한 것이 올바른 일이었다고 생각한다. 헤스터는 여성이 사랑하는 사람과 결혼할 수 없는 현실이 오히려 부당하다고 느끼며, 여성이 진정한 사랑의 결과로 결혼을 할 수 있는 사회로 바뀌어야 하고, 그러기 위해서는 사회, 남성, 여성, 모두가 달라지는 개혁이 있어야 한다고 생각한다.

> 제일 먼저 사회의 모든 체제를 부수고 새로 세워야 한다. 그다음 남성의 본성 자체, 아니 오랫동안 유전되어서 마치 본성처럼 되어버린 습성이 본질적으로 개조되어야만 여자는 정당하고 적절한 지위라고 여겨지는 것을 주장할 수 있을 것이다. 마지막으로 모든 어려움이 제거된 후에도 여자 스스로가 훨씬 더 큰 변화를 겪지 않으면 이런 준비된 개혁을 이용할 수 없을 것이다.

헤스터는 당대 사회의 외적인 억압에 복종하고 있었던 것이 아니라 오히려 혁명적인 저항을 꿈꾸고 있었고 작가 호손은 이를 지지하는 것이다.

2) 독립 미국의 여성들

독립 전쟁 시기에 이르면 전쟁으로 여성의 활동 영역은 다소 폭이 넓어졌다. 독립 전쟁에 참가한 남편을 대신해서 가족 사업을 경영했고, 애국 단체를 결성하여 후원하는 등 사회적인 역할을 수행했던 것이다. 여성에게 한정된 역할을 뛰어넘는 진보적인 여성도 등장했다. 데보라 샘슨(Deborah Sampson)은 남장을 하고 입대했고, 메리 매컬리(Mary Ludwig Hays McCauley)는 몬머스 전투(Battle of Monmouth, 1778)에서 부상당한 남편을 대신해서 대포를 발사했다. 이 실화는 "몰리 피처(Molly Pitcher) 이야기"로 알려지며 널리 퍼졌다.

그러나 여성 자신의 권리를 확보할 수 있는 정치적 활동은 그리 이루어지지 못했다. 토마스 제퍼슨은, 미국 여성은 너무 현명하기 때문에 정치 활동으로 이마에 주름살을 짓지 않을 것이라고 했는데, 이 발언은 여성의 정치 참여를 거부하는 그럴싸한 이유로 곧잘 인용되었다. 여성들은 참정권을 비롯해 여전히 법적인 권리가 거의 없었다.

여성의 유일한 영역은 가정이었고, 여성의 역할은 "공화국의 모성"(republican motherhood)이라는 개념으로 구체화되었다. 여성은 어머니로서 자녀가 공화국의 훌륭한 구성원이 되도록 키워 낼 의무가 있다는 것이다. 한편 가정이라는 제한된 영역에서 주도적인 역할을 능동적으로 수행함으로써 자신의 정체성을 찾으려는 여성들의 노력은 "가정생활 숭배"(Cult of Domesticity) 이데올로기로 구체화되었다. 가정에서 자녀를 훌륭히 키우는 여성의 역할을 하나님이 주신 고귀한 임무를 수행하는 것으로 차원을 높였던 것이다. 가정의 지도자로서의 여성의 역할에 대한 각성은 또한 노예제 폐지 운동이라는 사회적 활동으로 자연스럽게 연결되었다. 여성들은 노예가 만든 물건의 구매를 거부하거나 노예제 폐지 단체를 위한 바자회를 열어 개혁에 대한 관심을 소극적으로 표명하기도 했고, 위험을 무릅쓰고 직접 실천 행위에 참가하는 적극적인 행보를 하기도 했다. 백인인 그림케 자매(Angelina and Sarah Grimke), 흑인인 마리아 스튜어트(Maria W. Stewart, 1803-1880), 프랜시스 하퍼, 소저너 트루스 등은 연설을 통해 노예제의 부당함을 역설했다. 해리엇 터브먼(Harriet Tubman, 1822-1913)은 남부에서 비밀 구출 작전을 통해 70명 이상의 노예를 도망시켰고, 1863년에는 최초의 군대 고문으로 활동하면서 군대를 이끌어 800명의 노예를 해방시키는데 핵심적인 역할을 했다.

여성 교육의 중요성도 부각되었다.[2] 1750년경 백인 남성의 문맹률이 10퍼센트인데 반해 여성의 문맹률은 60퍼센트나 되었으나 1780년에서 1840년 사이에 반으로 줄어들었다. 뉴욕에는 여성을 위한 대학인 트로이 여성학원(Troy Female Seminary, 1821)이 설립되었고, 1841년에는 세 명의 여성이 처음으로 학사 학위(bachelor's degree)를 받았다.[3]

본격적인 여성 해방 운동은 1848년 세네카폴즈 대회(Seneca Falls Convention)에서 시작되었다. 엘리자베스 스탠튼(Elizabeth Cady Stanton)과 루크레티아 모트(Lucretia Mott) 등은 여성의 독립선언이라고 할 수 있는 "감정과 결의의 선언"(Declaration of Sentiments and Resolutions)을 발표했다. 여성의 의상에 대한 개혁도 제기되었다. 여성의 몸매를 드러내는 코르셋과 불편한 긴 드레스 대신에 엉덩이 쪽이 부풀어 있어 마치 칠면조(turkey)와 같은 모양이기는 하나 활동에 편한 드레스가 개발되었고, 뉴욕 주의 여성 운동가인 아멜리아 블루머(Amelia Jenks Bloomer, 1818-1894)가 즐겨 입었으므로 블루머[4]라는 명칭을 얻게 되었다. 블루머는 1850년대 초기의 여성 운동의 상징이 되었다.

---

2) 영국의 여성 운동에서도 영향을 받았다. 18세기 말 영국에서 에드먼드 버크(Edmund Burke, 1729-1797)는 『프랑스 혁명에 관한 성찰』(*Reflections on the Revolution in France*, 1790)에서, "여성이란 높은 지위에는 앉을 수 없는 동물일 뿐이다."라고 주장했다. 이에 반대해서 메리 울스턴크래프트(Mary Wollstonecraft, 1959-1997)는 『여성 권리의 옹호』(*A Vindication of the Rights of Woman*, 1792)에서, 남성의 반려자로서의 여성은 충분히 이성적인 존재이며 교육을 받을 권리가 있다고 주장했다.

3) 오하이오 주의 오벌린 대학(Oberlin College)은 1833년 미국의 최초의 남녀 공학(coeducational) 대학이며, 또한 1862년 최초로 흑인 여성 메리 패터슨(Mary Jane Patterson)에게 학위를 수여한 대학이다.

4) 모양 때문에 터키식 드레스(Turkish dress), 또 미국 드레스(American dress), 개량 드레스(reform dress) 등으로 불렸다.

여성 해방 운동의 핵심은 참정권(suffrage) 운동으로 연결되었다. 1868년 〈헌법 수정안 14조〉는 투표권을 가진 사람을 "남성"(male)이라고 처음으로 구체적으로 밝혔다. 〈수정안 15조〉에서 흑인 남성에게 참정권을 부여하자 여성들은 반발하면서 본격적으로 참정권 운동에 돌입했다.

3) 20세기의 여성 운동

20세기 초에도 여성들은 여성의 핵심을 모성애로 두고서, 가정에서의 여성의 역할을 중시했다. 그러나 1차 세계 대전과 2차 세계 대전은 여성을 사회적, 공적 영역으로 불러들이는데 가장 큰 역할을 했다. 1차 대전 때 많은 여성들은 여성 위원회(women's committees)를 조직하여 자원 봉사를 하고 공동체의 발전을 위해 노력하면서 간접적으로 미국의 승리를 돕는 일에 종사했다. 또 여성 간호 부대[5]가 창설되어 국내 뿐 아니라 프랑스에도 파견되어 직접 전쟁을 도왔으며, 여성 전화 교환수 부대[6]는 "헬로 아가씨들"(Hello Girls)이라는 애칭을 얻으면서 전쟁이 끝날 때까지 국내외에서 활약했다.

1차 세계 대전이 끝나면서 사회 활동을 했던 여성들이 다시 가정으로 들어가는 경우도 있었지만, 상당수의 여성들은 현재의 직업을 고수하려고 노력했다. 그러나 기본적으로 여성의 자리는 가정이라고 여겨졌으므로 여성은 직장에 다니면서 육아와 가사 노동을 도맡아서 해야 했기 때문에 현실적으로 힘들었다. 게다가 결혼한 여성에 대한 직장 내의 차별이 상당히 크게 존재했다. 1930년에서 1931년에 걸쳐 1,500개 도시를 조사한 결과, 63 퍼센트의 학교에서 여교사는 결혼 후 해고되었고, 77 퍼센트의 학교는 기혼 여성을 아예 교사로 채용하지 않았다. 일반 직장의 4

5) Army Nurse Corps(1901-1955), Navy Nurse Corps(1908-1964).

6) Signal Corps Female Telephone Operators Unit 25.

분의 3은 기혼 여성을 전혀 채용하지 않았다. 1932년 의회는 〈연방 경제법〉(Federal Economy Act)에서 한 가족에서 두 사람이 동시에 정부 기관에서 일할 수 없다고 규정했고, 이로 인해 해고된 4분의 3이 여성이었다. 대공황 중에는 백인 여성의 실업률이 남성보다 낮았다. 그 이유는 여성의 임금이 남성보다 적었기 때문에 남성 대신 고용되었고, 또 실업자인 남성들이 여자 일(women's jobs)이라고 여겨지는 저임금 노동을 하지 않으려고 했기 때문이었다.

1941년 2차 대전이 시작되면서 다시 여성들의 직업 활동이 활발해졌다. 이미 12,000,000명의 여성, 즉 전체 노동력(workforce)의 4분의 1이 여성이었는데, 전쟁 동안 여성 직업 인구는 급격히 상승하여 전쟁 끝 무렵에는 18,000,000명에 이르렀다. 그 중 3,000,000명의 여성이 군수 공장을 비롯하여 주로 남성들이 일하던 직종의 중공업에서 일을 했다. 전쟁으로 남성 노동자들이 부족한 상황에서 여성 중공업 노동자는 환영의 대상이었고, 이들은 리벳 공원 로지(Rosie the Riveter)[7]라는 이미지로 미화되었다. 이로써 전통적으로 남성의 영역으로 여겨지던 곳에서도 여성이 충분히 능력을 발휘할 수 있다는 인상을 유포하게 되었다.

그러나 전쟁이 끝나자 여성들은 재향 군인들에게 일자리를 내주고 가정으로 돌아가서 아이를 키우라는 압력을 받았다. 1946년 4,000,000명 이상의 여성이 해고되었다. 전업 주부 여성을 이상적인 여성으로 미화하는 사회적 분위기가 형성되었는데, 전쟁 후의 경제적 호황이 이를 뒷받침해 주었다. 1950년대 중반 중산층의 40퍼센트는 교외에 살면서 서너 명의 자식을 두었고, 차 두 대, 텔레비전 두 대를 가지는 풍요로운 삶을 누렸는데, 이 가정에서 현모양처로 역할 하는 전업 주부의 이미지를 내세운 광고들이 여론을 선도했다. 1950년대에 35퍼센트의 여성이 대학에 갔지

7) 군수 공장에서 일하는 여성의 상징(icon)이다.

만 기술을 배우기 위해서가 아니라 남편감을 찾기 위해서였다.

직업을 가진 여성의 경우에 직장에서 성취감을 누릴 수 있는 상황이 아니었다. 1950년대와 60년대에 30~40퍼센트의 여성이 직장을 다녔지만 그 중 75퍼센트는 비서나 청소부, 교사, 판매원, 여급, 간호원 등 여성에게 한정된 직장이었다. 또한 여성들은 남성 노동자의 60퍼센트에 불과한 임금을 받았다. 고위 관리직은 모두 남성의 몫이었다. 99%가 여직원인 곳도 관리자들은 남성이었다.

1957년 전국 인력 위원회(National Manpower Council, NMC)는 여성의 직업 상황에 대한 연구 보고서를 발표했다.[8] 보고서는 여성이 "필수적이고 뛰어난"(essential and distinctive) 노동자이므로 여성 고용에 대한 현재의 연방법과 주법을 수정할 필요가 있다고 제안했다. 그러나 아이젠하워 정부는 정책을 바꾸지 않았다. 1961년 케네디는 여성계의 압력에 굴복해서, 〈여성 지위에 관한 대통령 특별 위원회〉(President's Commission on the Status of Women)를 설치하고 엘리너 루스벨트를 위원장으로 임명하였다. 이 위원회의 권고로 케네디는 남성과 여성의 〈동등 임금법〉(Equal Pay Act, 1963)을 통과시켰다. 위원회의 보고서인 「미국 여성」(The American Woman, 1963)은 교육, 가정, 공동체, 고용, 세금, 그리고 법적, 시민적, 정치적 권리 등 다양한 분야에서의 여성 차별을 보고했다. 1967년, 존슨 대통령은 직장의 성차별을 금지하는 행정 명령에 서명했다. NOW(National Organization for Women, 1966)는 성차별이 있는 회사에 대해 1,000여 건의 소송을 제기했다. 대표적 성차별 소송은 1999년 앨라배마의 굿이어 타이어 회사(Goodyear Tire Plant)를 대상으로 제기되었다. 매니저인 릴리 레드베터(Lilly Ledbetter)는 자신이 같은 직급의 남자보다 15퍼센트나 적은 월급을 받고 있음을 뒤늦게 알고 소송을 제기했으나 판결은 그녀의 패소

8) "Womanpower, A Statement by the National Manpower Council with Chapters by the Council Staff"

로 끝났다. 그녀가 임금 차별 사실을 인지하고 고소한 시점이 너무 늦었다는 회사 측 입장의 손을 들어준 것이다. 2009년 오바마 대통령은 〈릴리 레드베터 공정 임금법〉(Lilly Ledbetter Fair Pay Act)을 승인하여, 최초의 차별적 임금을 받은 후 180일 이내에 소송해야 한다는 규정을 없애고, 어떤 차별적 임금이라도 받은 지 180일 이내에 고소하는 것이 가능하게 만들었다.

* 여성 참정권 운동

여성의 참정권 운동은 1910년대에 활발해졌다. 전투적인 참정권자들은 기존의 미온적인 참정권 요구 활동에 불만을 품고서, 체포되거나 단식 투쟁(hunger strikes)과 같은 과격한 방법으로 대중의 관심을 끌었다. 이런 호전적인 참정권 운동가들(militants)을 "suffragettes"라고 불렀고 비폭력적인 활동가들을 "suffragists"라고 불렀다. 1920년 모든 여성에게 투표권을 주는 〈수정안 19조〉가 연방의 하원과 상원을 통과한 후 각 주에서 비준이 이루어져야 했다. 각 주의 의회에서 비준을 얻는 과정은 쉽지 않아서 여러 일화가 있다. 특히 주류업계는 선거권을 가진 여성들이 금주법을 통과시킬 것을 두려워해서 수정안의 통과를 저지시키려고 했다. 테네시 주에서는 〈수정안 19조〉가 주 상원의 비준을 통과했지만 하원 투표를 앞두고 주류 회사의 로비스트들이 대거 술을 들고 의사당에 와서 시위를 벌였다. 하원에서 간신히 1표 차이 승리(one-vote victory)로 수정안이 통과될 것이라고 예상되던 중이었다. 그런데 찬성표를 던질 것으로 알려졌던 의장이 반대표를 던져서 비준이 무산될 상황이 되었다. 그 때, 원래 반대할 예정이었던 24살의 가장 어린 의원인 해리 번(Harry Burn)이 벌떡 일어나더니, 자신의 어머니가 편지를 보내어 찬성표를 던지는 착한 아들이 되라고 했다면서, "아들은 언제나 어머니의 충고를 따르는 것이 가장 안전하다는 것을 알고 있습니다."(I know that a mother's advice is always the safest for a boy to follow.)라며 찬성표를 던져 비준이 되었다. 이런 과정을 거쳐서 〈수정안 19조〉는 1920년 8월 26일 공식적으로 헌법으로 인정받았고, 이 날은 "여성 평등의 날"(Women's Equality Day)로 기념된다.

* 신여성(New Woman)

1920년대에는 "신여성"이라는 새로운 여성들이 사회의 이목을 끌었다. 이들은 왈가닥(flapper)이라고도 불렸다. 이 신여성들은 전세대의 경건하고 순결하며 정숙한, 보수적인 여성상을 일부러 거부했다. 그래서 신여성들은 공공장소에서 담배를 피우고 술을 마셨으며 성의 자유를 추구했고 소비적인 문화를 향유했다. 여성다운 긴 곱슬머리 대신 소년처럼 짧게 커트한 머리에 앞머리를 나란히 내린 단발머리(bobbed hair)를 선호했다. 또 코르셋을 속에 입어 여성의 곡선을 강조해 보이는 빅토리아 조의 긴 드레스를 거부하고, 밋밋하게 내려오는 드레스를 입었다. 드레스의 길이는 처음에는 복숭아뼈까지 내려왔으나 나중에는 무릎까지 올라가는 짧은 길이로 변했다. 이 드레스에 맞추기 위해 날씬한 몸매, 납작한 가슴, 긴 팔다리가 선호되었다.[9] 또 창녀들이나 하는 것으로 여겨지던 짙은 화장을 하였으므로 화장품(cosmetics)의 주 소비자로 부상했다.

* 피임(Birth Control)과 낙태(Abortion)

여성의 해방을 주장하게 되면서 여성의 몸과 건강에 대한 관심이 대두

9)『위대한 개츠비』의 영화의 여성 주인공들이 이런 머리와 패션을 잘 나타낸다.

되었고, 그로 인해 가장 첨예한 문제로 부상한 것이 피임과 낙태였다. 당시 피임에 대한 정보나 도구를 주고받는 행위는 연방법에 저촉되는 불법적인 행위였다. 마거릿 생거(Margaret Sanger)는 성교육과 여성 건강에 대한 글에서, 여성의 건강을 위해 피임이 필요하며 중요하다고 역설했다. 그러나 1914년 생거의 글은 〈콤스톡법〉(Comstock Act, 1873)[10]을 위반했다고 고소당했다. 1916년 생거는 최초의 피임 진료소를 열었는데 경찰이 이를 폐쇄하는 바람에 오히려 많은 주목을 받았고 피임에 대한 논란이 확산되었다. 1936년 미국 대 한 상자(United States v. One Package) 사건을 맡은 항소 법원(U.S. Circuit Court of Appeals)은 생거의 승소로 판결했다. 이 판결로 비록 뉴욕, 커네티컷, 버몬트에 한정되기는 했지만, 의사가 피임 도구와 정보를 합법적으로 우편으로 보낼 수 있게 되었다. 1937년 미국 의학 협회(American Medical Association)는 피임이 의학 교육과 실습의 통합 과정이라고 인정했고, 노스캐롤라이나 주가 처음으로 피임을 공중 보건의 일환으로 인지하면서, 가난한 여성들에게 피임 서비스(contraceptive services)를 제공했다. 일반적인 피임은 1961년 최초의 피임약인 에노비드(Enovid)가 FDA(Food and Drug Administration)의 승인을 받아 시장에서 팔리면서 현실화되었다. 1965년 그리스월드 대 커네티컷(Griswold v. Connecticut) 사건의 대법원 판결로 기혼 부부의 피임이 미국 전역에서 합법화되었고, 1972년 아이젠스타트 대 베어드(Eisenstadt v. Baird) 사건의 대법원 판결로 미혼 커플의 피임이 합법화되었다.

낙태의 권리는 1970년대 여성 운동에서 가장 중요한 이슈였다. 1970년 이전에는 매년 1,000,000건의 낙태 수술이 이루어졌는데, 그 중 10,000건만이 합법적인 수술이었다. 불결한 환경의 무허가 진료소에서 불법 낙태를 받은 여성들은 대부분 가난한 여성이거나 미혼모들이었으며, 이들 중

10) 피임 도구를 금지했고, 피임 도구, 성병, 인간의 성애, 낙태(abortion)에 대한 정보를 금지한 법이다.

3분의 1 이상이 수술의 후유증으로 병에 시달리거나 사망했다. 따라서 낙태 금지법을 폐기하려는 여성들의 활동이 1968년과 1970년 사이에 20여개 주에서 본격적으로 시작되었다. 루신다 시슬러(Lucinda Cisler)는 「끝나지 않은 일: 피임」(Unfinished Business: Birth Control, 1970)에서, "낙태는 여성의 권리이다. 어느 누구도 그녀의 결정을 거부할 수 없으며, 그녀의 뜻에 반하여 강제로 아이를 낳게 할 수 없다."고 주장했다. 1973년, 로 대 웨이드(Roe v. Wade) 소송에서 대법원은, 주에서는 임신 7개월 이후의 낙태만 금지할 수 있으며, 4~6개월일 때는 산모의 건강을 고려해 낙태를 규제할 수 있고, 임신 초기 3개월(first trimester of pregnancy)까지는 임부와 의사가 낙태를 결정할 권리를 가진다고 판결했다.

* 여성 해방 운동(Women's Liberation Movement)

여성의 해방에 대한 자각과 실천적 활동이 이루어지고 있는 상황에서 출판된 베티 프리던(Betty Friedan, 1921-2006)의 저서 『여성의 신비』(*The Feminine Mystique*, 1963)는, 여성 해방 운동에 이론적 근거를 제공하면서 운동의 전기를 제공했다. 프리던은, "뭐라고 이름 붙일 수 없는 그 문제는 정말 무엇이었을까?... 이상한 동요, 불만족감, 열망. 아내들은 홀로 그것들과 싸웠다... 아내들은 이것이 전부인가?라고 묻는다."라며, 수많은 중산층 여성들의 명확하게 정의할 수 없는 불만을 요약했다. 그리고, "여성이 남성처럼 자신을 발견하고 한 인간으로서의 자신을 아는 유일한 방법은 여성 자신이 창조적인 일을 하는 것이다."라고 주장했다.

1960년대에는 각종 시민운동과 발맞추어 여성들의 조직적인 집회와 시위도 활성화되었다. 1968년 워싱턴에서 여성 수백 명이 반전 시위를 하면서 횃불을 들고 알링턴 국립묘지로 행진했다. 또 여성 운동가들은 미스 아메리카를 선발하는 미인 대회는 여성을 억압하는 상징적인 사건이라고 규탄하면서, 항의의 표시로 거들, 인조 속눈썹, 가발 등을 "자유 쓰레기 통"(Freedom Trash Can)에 집어 던졌으며, 양에게 미스 아메리카의 왕관을 씌워 주었다. 뉴욕의 급진 여성들은 〈지옥에서 온 여성 국제 테러 음모단〉(Women's International Terrorist Conspiracy from Hell; WITCH)을 결성하고, 마녀 옷을 입고 뉴욕 증권 시장에 나타났다. 이들은 "여성이면서 자신을 들여다 볼 용기를 가지고 있다면 당신은 WITCH 회원이다."라고 주장했다.

여성들의 주장과 실천은 다양한 방식으로 나타났고 그로 인해 여성에 대한 시각과 제도가 변화를 보였다. 직장 여성의 편의를 도모하기 위한 보육 시설의 설립이 추진되었다. 여성이 남성만의 전유물이던 영역으로도 진출을 시도하여, 여성 테니스 선수단이 조직되었고, 최초의 여성 승마 기수가 탄생했다. 여성 예술가들은 뉴욕의 위트니 미술관(Whitney Museum)의 조각전에서 성차별을 공격하는 피켓 시위를 벌였고, 여성 언론인들은 여성을 제외시킨 워싱턴의 언론 단체인 그리드아이언 클럽(Gridiron Club)에서 피켓 시위를 벌였다. 여성을 위한 잡지, 신문, 서적 등이 나왔고, 일부 TV 광고는 여성에게 항의를 받은 후 폐지되기도 했다.

그러나 막상 여성 해방 운동의 구체적인 목표와 투쟁 전략에 대해서는 갈등이 많았다. 여성 운동의 목표를 어떻게 정할 것인지에 따라 투쟁의 전략이 달랐으며, 인종 차별주의와는 어떻게 연결시킬 것인지, 전쟁이나 자본주의에 대한 태도를 어떻게 설정할 것인지에 따라 의견이 나누어졌다. 특히 흑인 여성들은 백인 여성들과의 연합에 회의를 드러냈다. 가난한 흑인 여성 노동자들은 주로 정신적인 정체성의 문제에 집중하는 중산층 백인 여성들의 여성 해방론이 생존과 인종 문제로 허덕이는 흑인 여성들의 이익을 대변하지 못한다고 여겼다. 흑인 여성 해방 운동가들은 백인 여성 운동가들과 결별을 선언하면서, 여성이 먼저 가난을 포함한 모든 굴종을 벗어날 때까지는 해방될 수 없다고 주장했다. 이들은 흑인 여성을 빈곤에서 탈출시키기 위한 여러 활동을 도모했으며. 가정부로 일하는 흑인 여성을 위한 〈국민 가사 노동자 조합〉(National Domestic Workers Union, 1968)을 결성했다.

사적인 영역으로 여겨졌던 결혼에서도 여성의 권리에 대한 주장이 힘을 얻게 되었다. 1970년 캘리포니아는 처음으로 〈유책 사유 없는 이혼법〉(No-fault Divorce Law)[11]을 통과시켜 남녀평등을 향상시켰고, 2010년에는 50개 주 전체가 이 법을 통과시켰다. 가정 폭력(Domestic violence)에 대한 논의도 활발해졌다. 매 맞는 여성(battered women)은 가정 내의 문제로 무시되고 외면되었으나 1970년에 이들을 위한 보호소(shelter)가 생겼으며, 가정 폭력은 공적인 기관에서 다루어야 할 범죄로 간주되기 시작했다. 강간(rape)에 대한 논의도 활발해졌다. 강간 사건 때 여성을 무조건 죄인으로 모는 경찰의 태도에 대한 항의가 일어났으며, 강간의 증인이 있어야 한다는 법을 바꾸려는 노력이 진행되었고, 혼인 중 강간(marital rape)에 대한 입법도 이루어졌다.

4) 문학에 나타난 미국 여성

(1) 19세기의 뉴욕 여성

이디스 워튼(Edith Wharton, 1862-1937)의 『순수의 시대』(*The Age of Innocence*, 1920)는 1870년대에 대도시로 발전해가던 뉴욕의 상류층의 남성과 여성의 삶을 재현하고 있다. 뉴욕의 상류층 남성들은 가부장적인 체제를 견고하게 유지하면서, 여성들을 유아적인 순수함을 가진 열등한 존재로 여기며 사회 활동에서 배제시키고 있다. 여성들은 이 가부장적인 체제 속에서 인습적인 삶을 영위하면서, 옷, 음식, 아이들, 사교, 뒷담화

11) 결혼 생활에서 어느 한 쪽의 유책 사유를 들지 않아도 이혼을 허락하는 법이다.

(Gossiping)로 자신들의 삶을 채워가며, 여러 남성적 활동에 대해 "순수"를 가장하며 모르는 체 하며 살아간다. 워튼은 순수함을 지니도록 훈련받은 이 여성들의 "순수"의 실상을 비판적으로 드러낸다.

뉴랜드 아처(Newland Archer)는 당시의 전형적인 남성답게 자신의 약혼자인 메이 웰랜드(May Welland)가 성인으로서의 판단력이나 융통성이 좀 없더라도 세상의 이면을 잘 모르는 순진한 존재로 남기를 원하며, 자신이 그녀를 소유하고 있다는 것에 대한 "소유주의 전율"을 느낀다. 아처는 진보적인 성향이어서, "여성도 우리처럼 자유로워져야 한다."(Women ought to be free--as free as we are)라고 말로는 주장하지만, 메이처럼 자유가 무엇인지도 모르며 자유를 원하지도 않는 여성에게 굳이 자유가 있다는 것을 가르쳐 줄 필요는 없다고 생각한다. 그런 한편 아처는 메이가 "순수한" 나머지 아예 내면이 텅 빈 존재일지도 모른다는 두려움을 느끼며, 기존의 인습과 도덕에 저항하며 질서와 권위로 가득 찬 가부장적인 뉴욕 사회를 교란시키는 성숙한 여성 엘렌(Ellen Olenska)에게 매력을 느낀다. 아처같은 남성들은 자신들이 메이와 같은 여성을 만들어놓고도 이들이 "인위적 상품"이라며 불만을 토로하는 이중성을 보이는 것이다.

*『순수의 시대』 이디스 워튼

뉴랜드는 난로 옆의 안락 의자에 털썩 앉아 메이 웰랜드의 커다란 사진에 눈길을 던졌다. 그 사진은 그들이 연애를 막 시작했을 때 받은 것으로, 이제는 탁자 위의 다른 모든 초상화들을 제치고 들어서 있었다. 그는 자신이 영혼의 보호자가 되어야 할 그 처녀의 솔직한 이마, 진지한 눈과 쾌활하고 순진한 입을 바라보면서 새삼 경외감을 느꼈다. 그가 속해 있고 믿고 있는 사회 체제의 무서운 산물로서, 아무 것도 모른 채 모든 기대를 품고 있는 이 처녀는 메이 웰랜드의 낯익은 모습 속에서 마치 낯선 사람처럼 그를 돌아보았다. 뉴랜드는 다시 한 번, 결혼은 그가 배워 온 것처럼 안전한 정박지가 아니라 전인미답의 바다를 헤쳐 나가는 항해라는 사실을 절감했다…

"점잖은" 남성으로서 그녀에게 자신의 과거를 숨겨야 하고 그녀는 혼기에 든 처녀로서 숨길 과거가 없어야 한다는 이유로 말미암아, 그들은 진짜 서로에 대해 아는 것이 없지 않은가? 상대방에 대한 사소한 일들이 드러나기 시작하면서 서로에게 싫증이 나고 오해가 생기거나 짜증을 내게 된다면? 그는 친구들 중 행복한 결혼 생활을 한다는 이들을 떠올려 보았으나, 메이 웰랜드와 영원히 열정적이고 애정 넘치는 부부관계를 유지할 수 있을 것이라는 답을 희미하게나마 제시해 주는 예는 하나도 찾지 못했다. 그러한 관계가 되려면 먼저 경험, 다양한 재능, 자유로운 판단력이 전제되어야 하나, 메이는 그런 요소들을 갖지 않도록 세심하게 교육받았다는 사실을 새삼 깨달았다. 자신의 결혼도, 물질적, 사회적 이해로 맺어진 지루한 관계를 한쪽의 무지와 다른 쪽의 위선으로 유지하는 대다수의 결혼과 별반 다르지 않을 거라는 오싹한 예감이 스치고 지나갔다…

뉴랜드는 진지하지만 차분한 사랑을 하고 있었다. 그는 약혼녀의 환하게 빛나는 미모, 건강, 승마술, 우아한 태도와 게임할 때의 민첩한 머리회전, 자신의 지도 아래 계발하기 시작한 책과 사상에 대한 수줍은 관심에 기쁨을 느꼈다. 그녀는 그와 함께 「국왕 목가」를 비웃을 정도로 발전했으나, 아직 「율리시스」나 「연을 먹는 사람들」[12]의 아름다움을 감상할 수준에는 이르지 못했다. 그녀는 솔직하고 충실하며 용감했고, 그의 농담에 웃어주는 것으로 알 수 있듯 유머 감각도 있었다. 순진하게 쳐다보는 그

12) 세 편 모두 앨프레드 테니슨(Alfred Tennyson, 1809-1892)의 시.

녀의 영혼 깊은 곳에 쾌락에 눈뜨게 될 강렬한 열정이 숨어 있을지 모른다는 의심도 들었다. 그러나 그녀를 슬쩍 훑어보면 이 모든 솔직함과 순수함이 단지 인공적으로 꾸며진 데 불과할지 모른다는 생각에 다시 낙담했다. 길들여지지 않은 인간의 본성은 솔직하지도 순수하지도 않다. 본능적으로 뒤틀린 교활함에 가득 차 방어 태세를 취하고 있을 뿐이다. 그는 이 순수가 어머니, 숙모, 할머니들과 이미 죽은 지 오래인 여자 선조들의 음모로 교묘하게 조작되고 인공적으로 만들어졌으며, 왕처럼 마음껏 부술 수 있는 눈으로 빚은 조각인 양 그가 원하고 가질 권리가 있다고 생각하도록 치부되었다는 점 때문에, 이 허구의 순수에 억눌리는 느낌이 들었다.

(2) 개척지의 여성

미국의 발전에서 중요한 역할을 했지만 역사적 서술에서는 거의 묻혀졌던 존재가 개척지의 여성들이다. 대부분의 개척지 문학의 주인공은 항상 남성들이었고 여성들은 보조적인 존재로 등장했다. 그러나 윌라 캐서(Willa Cather, 1873-1947)는 『나의 안토니아』(*My Ántonia*, 1918)[13]에서, 미국 개척사에서 중요한 역할을 담당했지만 여태껏 묻혀있던 여성들의 삶을 발굴하여, 개척지 역사에 대한 새로운 시각을 제공했다. 네브래스카의 이민자들은 두 종류이다. 일찍 미국에 이민 와서 터전을 잡아 잘 살게 된 1세대 이민자 집안들과, 안토니아 쉬메르다(Ántonia Shimerda) 가족처럼 동구권 출신이라 영어를 잘 못하며 가난에 시달리는 후발 이민 세대들이다. 이 후발 이민자들의 딸들은 어려운 집안을 돕기 위해서 읍내의 1세대 이민자들의 집에서 고용살이를 한다. 이들은 억척같이 일을 해서 남동생들을 공부시켰으며 탄탄한 살림 기반도 마련하므로, 이 소설에서 서술자

13) 『오 개척자여!』(*O Pioneers!*), 『종달새의 노래』(*The Song of the Lark*) 등과 더불어 개척지 삼부작(prairie trilogy) 소설.

로 등장하는 짐 버든(Jim Burden)은 이 개척지의 여성들이 개척지를 일구는데 기여했다며 찬사를 보낸다. 주인공인 안토니아는 넓은 황무지를 일구며 가족을 부양하기 위해서 마치 남자처럼 일을 하는 강인한 여성이다. 그리고 마침내 안토니아는 자신의 힘으로 가족을 부양하여 개척지에서의 삶을 한 단계 높이는데 성공한다. 짐은 이런 안토니아를 통해서 "생명의 불꽃"을 느끼면서 그녀를 새로운 여성상으로 제시한다.

*『나의 안토니아』 윌라 캐서

이 시골 아가씨들은 집안 어른들이 새로운 땅에서 자리를 잡으려고 무척 고생할 시기에 어린 시절을 보냈으며 교육이라고는 받아 본 적이 거의 없었다. 그러나 이들이 그토록 대단한 희생을 하여 그 덕분에 "이득"을 본 동생들은, 나중에 어른이 되어서 만나 보니, 자기들 언니나 누나보다 훨씬 흥미 없는 인물들이요 지식도 훨씬 뒤떨어지는 것 같았다. 황야를 일구는 일을 도우며 자란 맏딸들은 삶에서, 빈곤에서, 어머니와 할머니에게서 많은 것을 배운 사람들이었다. 그들은 안토니아처럼 어린 나이에 고국을 떠나 새로운 땅으로 왔기 때문에 남들보다 일찍 철이 들어 세상을 배우게 되었다.

블랙호크에서 수년을 사는 동안 그곳에서 고용살이를 하며 지냈던 시골 처녀들을 나는 아직도 기억하고 있고 그들 한 사람 한 사람의 특징이나 매력 같은 것도 기억에 생생하다. 체격을 보면 거의 다른 인종 같았고 들판에서 일을 하느라 모두들 활력이 넘쳐흘렀으며, 읍으로 옮겨 와 어색해하고 수줍어했던 첫 단계가 지나자 몸속에 있던 그 활력이 다시 밖으로 나와 태도를 항상 긍정적으로 만들어 주고 거동도 자연스럽고 자유롭게 해주었기 때문에 그들은 블랙호크의 여자들하고는 당연히 눈에 띄게 달라 보였다…

블랙호크 상인의 딸들은 자기네가 "세련되었다"는 생각을 전혀 의심치 않는 반면, 시골에서 올라와 "돈벌이하는 처녀들"은 세련과는 무관하다고 굳게 믿었다. 우리 지방에 살던 미국인 농부들은 이민 온 농부들 못지않게 살림이 궁핍했다. 하나같이 자본도 없고 자기들이 경작해야 할 땅에 대한 지식도 전혀 없이 무작정 네브래스카로 온 가난한 사람들이었다. 모두들 자기 토지를 잡히고 돈을 빌려 썼다. 그러나 제 아무리 궁핍한 상태에 있다 하더라도 펜실베이니아 사람이나 버지니아 사람은 절대로 자기 딸을 돈벌이하라고 내보내지 않았다. 딸이 시골 학교에서 가르치는 일을 할 수 있다면 모르거니와 그렇지 않다면 그냥 가난한 집안에 가둬 두었다.

보헤미아 처녀들이나 스칸디나비아 처녀들은 영어를 배울 기회가 없었기 때문에 교사직을 얻을 수 없었다. 자기 집안을 빚에서 벗어나도록 돕겠다고 결심한 그들에게는 품팔이로 나서는 길 이외에는 달리 선택의 여지가 없었다. 그들 중에는 읍으로 나온 이후에도 시골에서 밭을 갈고 농장에서 가축을 몰았을 때와 다름없이 행동이 신중하고 정숙한 채로 남아 있던 처녀들도 있었지만, 그런가 하면 보헤미아 출신인 세 명의 메리처럼 시골 들판에서 잃어버린 젊은 날들을 보상하려는 듯이 살아가는 처녀들도 있었다. 그러나 모두들 자기들이 힘들게 번 돈을 농기구 값, 씨암돼지 값, 수송아지 값 등 이런저런 빚을 갚을 수 있도록 시골집으로 보내면서 각자가 의도했던 바를 실행했다.

집안 식구들 간의 이러한 결속으로 인해 우리 지방에 정착한 외국인 농부들은 누구보다도 먼저 튼튼한 기반을 잡게 되었다. 부친이 빚을 다 갚고 나면 딸들은 대개의 경우 같은 국적의 이웃 남자들과 결혼했다. 한때 블랙호크에 와서 부엌일을 했던 시골 처녀들이 오늘날은 훌륭한 가정을 이루고 거대한 농장을 경영하고 있으며, 자손들은 예전에 그들이 하녀로 일하면서 모셨던 부인네들의 자녀들보다 더 잘살고 있다.

김현숙

부산대학교 사범대 영어교육과를 졸업하고, 서울대학교 영문학과에서 석사와 박사학위를 받았다. 현재 수원대학교 인문대 영문과 교수로 있으며, 풀브라이트 연구비로 미국 하버드 대학교 영문과에서 방문교수로, 한국연구재단 해외파견교수로 미국 스탠퍼드 대학교에서 방문교수로 연구한 바 있다. 저서로 『디킨즈 소설의 대중성과 예술성』, 『영미소설 속의 여성, 결혼, 그리고 삶』(2007년 학술원 우수학술도서 선정), 『영미문학 산책』, 『영국문화의 이해』, 『영미명작, 좋은 번역을 찾아서 1. 2』(공저), 『19세기 영어권 여성문학론』(공저), 역서로 제인 오스틴의 『이성과 감성』, 찰스 디킨즈의 『황폐한 집』(편역), 『아시아계 미국 문학의 길잡이』(공역), 『인간 등정의 발자취』(공역)가 있고, 주석본으로는 *Bleak House, Brave New World, Emma, Pride and Prejudice*가 있다.

미국문화의 이해

초판 1쇄 발행 _ 2015년 2월 20일
초판 3쇄 발행 _ 2024년 3월 20일

저　　자 · 김 현 숙
발 행 인 · 정 현 걸
발　　행 · 신 아 사
인　　쇄 · 대명프린팅
출판등록 · 1956년 1월 5일 (제9-52호)
주　　소 · 서울특별시 은평구 통일로 59길 4 (2F)
전　　화 · 02)382-6411 · 팩스 02)382-6401
홈페이지 · www.shinasa.co.kr
E-MAIL · shinasa@daum.net

ISBN 978-89-8396-886-9(93380)

정가 *17,000*원